난중일기
유적편

이순신 지음
노승석 옮김

여해

충무공 이순신 영정(현충사 소장)

이충무공 초상(이은상의 《이충무공일대기》(1946) 발췌)

국보76호 난중일기(최순선 소유, 현충사 ⓒ)

◎ 이순신 가계도

조부 — 백록(百祿)

조모 — 초계변씨(변성 딸)

부친 — 정(貞)

모친 — 초계변씨(변수림 딸)

큰형 — 희신(羲臣)　아들 뇌(蕾)

분(芬)

번(蕃)

완(莞)

둘째형 — 요신(堯臣) 아들 봉(菶)

해(荄)

본인 — 순신(舜臣)

부인 — 상주방씨(방진 딸) 아들 회(薈)

열(梲)(초명 울(蔚))

면(葂)(초명 염(苒))

딸(홍비 부인)

서자 훈(薰)

서자 신(藎)

동생 — 우신(禹臣)

◎ 충무공 이순신 장군 묘소

◎ 이순신 집안 묘소

1. 조부 이백록
2. 부친 이정
3. 큰형 이희신
4. 조카 이뇌
5. 조카 이분
6. 조카 이완
7. 둘째형 이요신
8. 조카 이봉
9. 조카 이해
10. 맏아들 이회
11. 둘째아들 이열
12. 셋째아들 이면
13. 딸(홍비 부인)
14. 동생 이우신

◎수영

1. **전라좌수영** - 여수시 군자동 472 소재. 현재는 이 터에 진남관이 남아 있다. 사진 여수시ⓒ
2. **전라우수영** - 해남군 문내면 남문길 25-2. 사진은 우수영 남문성벽이다.
3. **경상좌수영** - 부산시 수영구 수영동 229-1 수영공원 소재. 사진은 좌수영 성지이다.
4. **경상우수영** - 거제시 동부면 가배리 산17-1 소재. 가배리 마을 가운데 축조된 가배량성. 사진은 남쪽성곽 일부이다.
5. **충청수영** - 보령시 오천면 충청수영성 내 소재. 사진은 충청수사의 집무실인 공해관의 출입문이다.

◎ 5관 5포사진

전라좌수영 산하의 5관(官)과 5포(浦).
5관은 행정 고을로서 순천도호부, 보성군, 낙안군, 광양현, 흥양현이고,
5포(浦)는 해안의 수군기지로서 사도진, 여도진, 녹도진, 발포진, 방답진이다.

5관
1. 순천도호부(푸조나무)
2. 보성군(보성읍성)
3. 낙안군(객사)
4. 광양현(성외 팽나무)
5. 흥양현(동헌 존심당)

5포
1. 사도진 - 전남 고흥군 영남면 금사리
2. 여도진 - 고흥군 점암면 여호리
3. 녹도진 - 고흥군 도양읍 봉암리
4. 발포진 - 고흥군 도화면 발포리
5. 방답진 - 여수시 돌산읍 군내리

◎ 선소

임진왜란 당시 조선 수군의 전선을 만든 곳.

1. **여수** – 여수시 시전동
2. **보성(득량)** – 보성군 득량면 비봉리
3. **보성(낙안)** – 보성군 벌교읍 진석마을
4. **방답** – 여수시 돌산읍 군내리
5. **흥양** – 고흥군 덕흥마을
6. **발포** – 고흥군 도화면 발포리

7. **광양** – 망덕 선소마을
8. **진도** – 진도군 임회면
9. **통제영** – 통영시 통영항
10. **남해** – 남해군 남해읍 선소리
11. **안골포** – 진해시 안골동
12. **변산** – 부안군 진서면

임진왜란 주요 해전지

경상남도

전라남도

구례
두치
하동
곤양
사천
진주
창원
합포해전 ★
합포
웅포해전 ★
부산
오륙도
절영도
경상

낙안군
순천
순천대도호부
광양현
예교성전투 ★
모자랑포
삼천포
고성
★노량해전
관음포
청산도
소비포
당항포해전 ★
적진포
영등포해전
장문포
★ 안골포해전
가덕도
다대포
부산
해전

보성군
묘도
★사천해전
적진포해전 ★
거제도
★장문포해전
율포해전 ★
★옥포해전

여수
남해
건내량 거제
한산대첩
경상우수영

방답진
돌산도
사량도
당포 ★ 충무
통영
당포해전
미륵도 당포
한산도
통제영

여도진
흥양현
사도진
고흥
녹도진
발포진

거금도(절이도)

목포

안좌도

장산도

상태도

해남
전라우수영
★명량해전
★
벽파진해전
진도
★
어란포해전

● 5관 : 순천도호부, 보성군, 낙안군, 광양현, 흥양현
● 5포 : 사도진, 여도진, 녹도진, 발포진, 방답진

★주요 해전
옥포해전 1592년 5월 7일
합포해전 1592년 5월 7일
적진포해전 1592년 5월 8일
사천해전 1592년 5월 29일
당포해전 1592년 6월 2일
당항포해전 1592년 6월 5일
율포해전 1592년 6월 7일
한산도해전 1592년 7월 8일
안골포해전 1592년 7월 10일
부산포해전 1592년 8월 29일~9월 1일
웅포해전 1593년 2월 10일~3월 6일
2차 당항포해전 1594년 3월 4일~ 5일
장문포해전 1594년 9월 29일~10월 4일
칠천량해전 1597년 7월 15일~16일
어란포해전 1597년 8월 28일
벽파진해전 1597년 9월 7일
명량해전 1597년 9월 16일
고금도해전 1598년 2월
흥양해전 1598년 3월 18일
절이도해전 1598년 7월 18일~19일
예교성해전 1598년 9월 20일~10월4일
노량해전 1598년 11월 19일

　오늘날 우리는 반만년 찬란한 역사 속에서 가장 위대한 인물로 이순신을 손꼽는다. 그러한 이유는 임진왜란이라는 전쟁 위기에서 필사즉생(必死則生)의 각오로 나라를 구원했기 때문이다. 국운을 만회하기까지 보여준 그분의 살신성인의 정신은 오늘날 현대인에게 항상 귀감이 되어 앞날에 길잡이가 되어 주고 있다. 이처럼 우리에게 도움을 주는 이순신은 과연 어떻게 훌륭한 업적을 이룰 수 있었을까.

　나는 이에 대한 대답을 선비의 감화력으로 전쟁에 임했기 때문이라고 말한다. 물론 이순신은 전략과 전술이 뛰어났지만 그 이전에 선비의 덕성을 갖춘 인격자로서 "선비 유[儒]"자에 담긴 "사람의 마음을 부드럽게 적시어 따르게 한다."는 감화의 의미를 몸소 실천했다. 그 결과, 이순신의 감화력은 일상에서는 인사활동을 원활하게 하고, 전쟁 중에는 부하들의 사기를 진작시켜 승리하는 데 항상 밑바탕이 된 것이다.

　이러한 이순신의 남다른 수양 방법은 중요한 의미를 갖는다. 이는 유학의 수기치인(修己治人, 자신을 닦고 남을 다스림)의 이론을 실천한 것으로, 이순신이 통독한 《소서(素書)》의 이론과도 상통한다. 이 책은 중국 진(秦)나라 말기의 은사인 황석공이 장량에게 전해준 비서(비밀책)로서 천하통일의 비법을 논했는데, 선조(宣祖)도 일찍이 이순신의 학문은 이 책의 영향을 받은 것이라고 평가했다.

이순신이 임진왜란의 7년 전쟁 동안《난중일기》를 쓸 수 있었던 것도 바로 이러한 문인적인 소양이 있었기 때문에 가능했다. 어려서부터는 형님 요신을 따라 유교경전을 열심히 배웠고, 22세 때부터는 장인인 방진의 영향으로 10년간 무예를 익혀 32세에 무과에 합격했다. 보통의 무인에게서 볼 수 없는 남다른 학식과 견문을 쌓아 마침내 문무를 겸비할 수 있었던 것이다.

이순신은 전라좌수영에 좌수사로 부임한 이후 전쟁이 일어날 것을 예견하여 거북선을 만들고 1592년 1월 1일부터《난중일기》를 쓰기 시작했다. 전쟁은 이해 4월 14일 새벽 6시경 부산포 우암에서 발생하지만, 연초부터 전쟁대비를 위해 먼저 붓을 든 것이다. 일기에는 주로 진영 중심의 사건들을 기록하면서 당시의 정치, 경제, 사회, 군사 등에 이르기까지 다양한 내용을 적었다.

이순신은 최고지휘관의 신분으로 참전하여 직접 보고 들은 사실들을 거의 매일같이 실시간 기록했다. 간혹 출전하여 사정이 있는 날은 부득이 빼놓더라도 여건만 되면 수시로 틈틈이 적었다. 이러한 체험 기록은 그 당시 3자의 입장에서 기록한 다른 일기들과 다를 뿐 아니라, 세계역사상 그와 같은 유례를 찾아볼 수 없다고 한다. 이것이 바로《난중일기》의 위대한 점이다.

《난중일기》에는 무엇보다 이순신의 정신과 인간적인 면모, 활약상 등이 고스란히 담겨있다. 특히 눈에 띄는 대목은 전쟁 중에 항시 어머니를 걱정하는 효자로서의 모습과 혼자만의 사색을 통해 우국충정을 드러낸 모습이다. 또한 전쟁에 시달리는 민초들에 대한 연민과 무능한 조정에 대한 탄식, 상관과의 갈등 문제 등을 서슴없이 드러내었다.

이밖에 주요 해전과 각 진영 및 해상기지에서 일어난 사건 등이 상세히 적혀 있는데 정사에 없는 내용도 상당수 들어 있다. 특히 이순신이 만난 사람들과 그들을 만나기 위해 오고간 장소는 역사적인 의미가 매우 크다. 이러한 내용들이 망라되어 있는 《난중일기》는 전쟁문학의 백미로서 사료적인 성격이 매우 강하여 이순신 연구는 물론 임진왜란사 연구에 많은 도움이 되고 있다.

《난중일기》친필초고가 1795년 정조의 명으로 윤행임과 유득공에 의해 처음 해독되었고, 그후 1935년 조선사편수회에서 다시 해독하여 《난중일기초》가 간행되었다. 1955년 홍기문의 《난중일기》번역서가 최초로 나왔고 1968년 이은상의 《난중일기》완역본이 출간되었는데, 이 두 번역서가 오늘날 《난중일기》번역서의 모범이 되었다. 그러나 학계에서는 기존 판본과 번역의 오독 문제로 인해 새로운 교감(校勘) 연구가 필요한 상황이었다.

2005년 필자는 《난중일기》완역을 시도하여 《이순신의 난중일기완역본》(동아일보사)을 출간했고, 2007년 성균관대 학문학과 박사과정 중에 현충사의 의뢰를 받아 《충무공유사》를 완역하여 여기서 초고본에 없는 새로운 일기 32일치를 찾아냈다. 이것이 《난중일기》연구를 하는데 특별한 인연이 되었고, 그 당시 고전문학의 최고 권위자이신 송재소, 임형택 두 교수님의 가르침과 은혜가 매우 컸다. 그 결과 난중일기의 빠진 부분을 이본으로 보충하고 오역을 교감하여 〈난중일기의 교감학적 검토〉논문으로 박사학위를 받게 되었다.

그후 2010년 《교감완역 난중일기》(민음사)를 출간하였고, 그 후 홍기문의 난중일기와 삼국지 인용문, 《태촌집》의 난중일기 9일치, 《동포기행록》의 난중일기 1일치, 금토패문 전문을 발굴했고, 그외 장계별책 《충민공계초》, 한효순의 월탄연보를 처음 발표했다. 이러한 연구 성과를 모두 반영한 결과 15

년 만에 《개정판 교감완역 난중일기》(여해)와 《개정판 교감원문 난중일기》(여해)를 간행했는데, 오류를 바로잡은 것이 모두 207곳이고, 새로 발굴한 일기는 모두 35일치이다.

필자는 몇 년 전부터 교감본의 후속작업으로 《난중일기》에 나오는 임진왜란 관련한 모든 유적지를 답사할 계획을 세웠다. 중국 한무제 때 조충국(趙充國)의 "백번 듣는 것이 한 번 보는 것만 못하다[百聞不如一見]"는 말대로 마침내 고지도를 들고 여정에 올랐다. 그 결과 5만여 km를 왕복하며 전국에 있는 임란과 관련된 산과 바다, 육지, 섬, 성곽, 관아, 누대, 사당, 봉수 등이 있는 유적지 4백여 곳을 답사했는데, 해당 지역에 도착하면 먼저 그 지역의 원로 학자들을 찾아가 자문을 구했다. 때로는 배를 타고 바다 가운데의 섬을 찾아가기도 했다. 새벽부터 해가 질 때까지 산을 넘고 강을 건너기를 수십 차례 하며 혹은 지번이 없는 산길로 가고 해질녘에 산성에 올라갔다가 암흑 속에서 하산할 때도 있었다. 주민들이 위험하다고 만류했지만 간혹 산성을 오르기 위해 5백m에서 천m되는 암벽을 목숨 걸고 오르기도 했다. 어느 봄날 새벽에 이순신이 돌을 캤던 여수의 채석장에 갔다가 진흙 구덩이에 빠져 곤혹을 치렀고, 이순신이 채취한 합천의 숫돌 있는 골짜기에 들어갔다가 가시덤불에 심하게 긁히기도 했다.

이러한 고행의 현장 답사는 옛 유적지를 확인한 의미 있는 일이었다. 지금까지 《난중일기》의 지명 위치 논란이 이번의 실사작업으로 거의 다 해결되었다. 2019년 여름에 답사를 모두 마치고 주요 유적지 3백여 곳의 사진을 난중일기의 해당 부분에 수록하여 《난중일기-유적편》을 간행하게 되었다. 이는 국내 최초로 거의 모든 유적지를 고증했기 때문에 가장 완벽한 책이라고 말할 수 있을 것이다. 물론 여기에도 이견이 있을 수 있으나 해당 지역에서 대대로 거주한 원로 분들의 의견과 고지도, 지금까지의 연구내용을 종합하여 판단했기 때문에 큰 문제가 없을 것으로 생각한다.

이 책은 무엇보다 누구나 쉽게 읽을 수 있도록 한글 위주로 작성하여 대중성을 살리는데 주력했다. 또한 그 당시 역사의 현장을 사진으로 고스란히 담아 생생한 현장감을 느낄 수 있도록 했다. 앞으로 세인들의 많은 관심과 질정을 바라며 끝으로 전국 이순신 유적지에서 안내를 도와준 향토사 관계자 분들께 감사의 말씀을 전한다.

2019년 8월 여해(汝諧) 연구소에서

노승석(盧承奭) 씀

목차

*일러두기

1. 이 책은 학생은 물론, 일반인과 전공자까지 누구나 읽기 쉽게 집필한 것이다.
2. 이 책은 최종 완성본인 《교감완역 난중일기》(2016)와 《교감원문 난중일기》(2017)를 저본으로 한 번역문에 해당 유적지 사진을 넣어 편집했다.
3. 번역은 가급적 어려운 한문 용어를 쓰지 않고 쉬운 한글로 풀었다.
4. 각주는 가급적 본문에 반영하고 필요한 경우에만 달았다.
5. 기존의 교감본에 새로 밝힌 내용을 일부 보완 했다.
6. 본문에 없는 옥포해전, 한산해전, 절이도해전, 왜교성전투, 노량해전의 내용을 별도로 작성하여 추가했다.
7. 일기에 나오는 약 3백여 곳의 주요 유적지 사진을 해당 본문에 일일이 삽입했다.
8. 사진에 해당하는 명칭은 본문에서 '*'로 표시했다.
9. 본문에서 일기 이외의 잡문을 일부 생략했다.
10. 유적지의 지번은 현지 사정에 따라 간혹 밝히지 않았다.

임진일기
壬辰日記

이순신의 주요 활동

1월부터 이순신은 전쟁에 대비하여 진영과 무기를 점검하고, 전라도의 발포·사도·여도·방답진을 순찰했다. 3월 거북선을 시험하고, 4월 14일 임진왜란이 발생하여 27일 출동준비를 했다. 5월 7일 옥포해전에서 첫 승리하고, 합포와 적진포 해전에서 연승했다. 29일 사천해전에 거북선을 처음 출동시켜 승리를 거두고, 6월 당포·당항포·율포 등의 해전과 7월 한산도해전에서 전공을 세웠다. 8월 부산포해전에서 일본선 백 척을 격파했다.

그 외 주요 사건

1592년 4월 14일 묘시에 부산포 우암(牛岩)에서 일본군이 조선군과 첫 교전을 하여 임진왜란이 발생하고 동래성과 부산성을 함락했다. 신립이 충주에서 패하자 선조는 파천을 결정한다. 5월 일본군이 임진강을 건너자, 6월 이덕형이 대동강회담을 열었으나 결렬되고 선조는 의주로 갔다. 7월 명나라 부총병 조승훈 부대가 평양성전투에서 패했다. 8월 2차 평양성전투에서 패하고 금산전투에서 조헌이 전사했다. 10월 김시민이 진주성전투에서 승리하고 12월 이여송부대가 도착했다.

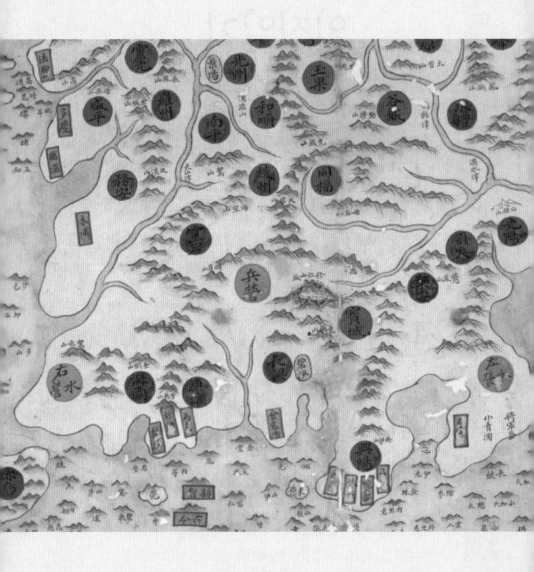

전라좌수영, 《해동지도》 사진 규장각한국학연구원/서울대중앙도서관 ⓒ

임진년(1592)
전쟁 대비를 위해 먼저 붓을 들다

1월

1일임술 새벽에 아우 우신(禹臣)[1]과 조카 봉(菶)[2], 맏아들 회(薈)[3]가 와서 이야기했다. 다만 어머님도 없이 두 번이나 남쪽에서 설 명절을 보내니 북바치는 회한을 가누지 못하겠다. 전라 병사(병마절도사)의 군관 이경신이 상관의 편지와 설 선물, 그리고 장전(긴 화살)과 편전(짧은 화살)[4] 등을 가지고 와서 바쳤다.

2일계해 맑음. 나라(인순왕후 심씨)의 제삿날이라 출근하지 않았다. 김인보와 함께 이야기했다.

3일갑자 맑음. 좌수영의 동헌(관리의 청사)에 나가 별방군을 점검하고 다섯 고을(官, 순천·보성·낙안·광양·흥양)과 다섯 해안기지(浦, 사도·여도·녹도·발포·방답)에 공문을 보냈다.

4일을축 맑음. 동헌에 출근하여 공무를 보았다.

---

1 이순신은 희신, 요신 두 형과 아우 우신이 있었다.

2 이봉(1563~1650)은 이순신의 형 요신의 맏아들. 임진왜란 때 숙부인 이순신을 따라 종군했다.

3 이회(1567~1625)는 이순신의 맏아들이다. 진영에서 부친을 뒷바라지 하며 참전하고, 숨은 공로로 임실현감과 첨정을 지냈는데, 청백하다는 명성이 있었다. 이순신이 전사 후 전쟁을 수습했다.

4 장전은 주로 전시에 사용된 긴 화살이고, 편전은 가볍고 빠르며 독이 있는데, 멀리까지 뚫는 힘이 있다. 《용원필비》당포해전 때 이순신이 편전으로 적장을 죽이고 잔병을 섬멸했다. 〈이충무공 신도비명〉

진남관 | 정유재란 때 불타버린 진해루(수군본부) 터에 1599년 통제사 겸 전라좌수사 이시언이 세운 75칸의 최대 규모 객사로서 1718년 이제면이 중건하였고, 이를 중심으로 망해루, 객사, 고소대 등이 있는 여수시 중앙동과 군자동 일대가 모두 전라좌수영터다. 진남은 남쪽의 왜구를 진압한다는 의미다. 국보 304호. 사진 여수시청 ©

5일^{병인} 맑음. 그대로 뒤의 동헌에서 공무를 보았다.

6일^{정묘} 맑음. 동헌에 나가 공무를 보았다.

7일^{무진} 아침에는 맑다가 늦게부터 눈과 비가 종일 번갈아 내렸다. 조카 봉(菶)이 아산(牙山)으로 갔다. 임금님께 하례하는 글을 갖고 갈 남원의 유생이 들어왔다.

8일^{기사} 맑음. 객사가 있는 동헌에 나가 공무를 보았다.

9일^{경오} 맑음. 아침을 일찍 먹은 뒤에 객사 동헌에 나가 임금님에게 바칠 글을 봉하여 올려 보냈다.

10일^{신미} 종일 비가 내렸다. 방답(防踏, 여수 돌산면 소재)의 신임 첨사(僉使, 이순신(李純信)5)가 부임하여 들어왔다.

11일^{임신} 종일 가랑비가 내림. 늦게 동헌에 나가 공무를 보았다. 이봉수(李鳳壽)6가 선생원*의 돌 뜨는 채석장*에 가서 보고 와서, "이미 큰 돌 17덩어리에 구멍을 뚫었다."고 보고했다. 서문 밖의 성 주위 연못이 4발 쯤 무너졌다. 심

---

5 이순신(1554~1611)(동명이인)은 방답진 첨절제사로서 옥포해전에서 전공을 세웠다. 당항포, 한산, 부산포 등의 해전에서 적을 크게 무찔렀으며, 노량해전에서 이순신이 전사했을 때 전쟁을 지휘했다.

6 이봉수는 제갈량의 진법에 능하여 이순신에게 대비책을 알려주었고, 주요 나루터에 철쇄를 설치하고 높은 산에 망대를 설치하고 화약을 만들어 군대에 공급했다. 옥포, 당포, 사량포 등의 해전에서 전공을 세웠다.

선생원 | 여수시 율촌면 신산리에 있는 여관. 현재 이 옛터에 건물의 담장으로 사용했던 돌이 남아 있다.
채석장 | 주로 선생원에서 철쇄 박을 돌을 뜨던 곳. 전라좌수영을 지을 때에도 여기서 돌을 떠다가 만들었다고 한다. 일기에 이봉수와 박몽세가 채석장을 다녀간 기록이 있다.

사립과 이야기했다.

12일계유 궂은비가 개지 않았다. 식사 후에 객사 동헌에 나갔다. 본영(전라좌수영)과 각 해안기지의 관리들에게 우수자를 뽑기 위해 활쏘기를 시험했다.

13일갑술 아침에 흐림. 동헌에 나가 공무를 보았다.

14일을해 맑음. 동헌에 나가 공무를 본 뒤에 활을 쏘았다.

15일병자 흐렸으나 비는 오지 않았다. 새벽에 망궐례를 행했다.

16일정축 맑음. 동헌에 나가 공무를 보았다. 각 관아의 벼슬아치들과 아전들이 인사하러 왔다. 방답의 병선 담당 군관과 아전들이 병선을 수리하지 않았기에 곤장을 쳤다. 우후(虞候, 정4품의 무관)와 임시 관리가 제대로 단속하지 않아 이 지경에 이르렀으니 해괴함을 참지 못했다. 자기 한 몸 살찌울 일만 하고 이와 같이 돌보지 않으니, 앞날의 일을 알 만하다. 성 아래에 사는 지방의 군사 박몽세는 석수로서 선생원의 쇠사슬 박을 돌을 뜨는 곳에 갔다가 온 이웃의 개들에게까지 피해를 끼치므로 곤장 80대를 쳤다.

전패 | 매월 초하루와 보름, 왕의 생일 및 명절날에 지방관이 망궐례에 절을 올릴 때 사용하던 '대궐 전(殿)'자를 새긴 나무패이다. 사진 국립중앙박물관ⓒ

여도진성 | 전남 고흥 여호리 소재. 왼쪽 사진이 여도 앞바다이고, 오른쪽 사진이 여도진성이다.

17일^{무인} 맑았지만 춥기가 한겨울과 같다. 아침에 순찰사(이광)와 남원 관아의 관리에게 편지를 썼다. 저녁에 쇠사슬을 박으려고 구멍 낸 돌을 실어오도록 배 4척을 선생원으로 보냈는데, 김효성이 거느리고 갔다.

18일^{기묘} 맑음. 동헌에 나가 공무를 보았다. 여도*의 천자선(天字船)[7]이 돌아갔다. 무예가 우수한 자에 대한 보고문과 본인 대신 승진하는 것[代加][8]을 청하는 목록을 봉해 관찰사의 관아로 보냈다.

19일^{경진} 맑음. 동헌에서 공무를 본 뒤에 각 군대를 점검했다.

20일^{신사} 맑았지만 바람이 크게 불었다. 동헌에 출근하여 공무를 보았다.

21일^{임오} 맑음. 동헌에 나가 공무를 보았다. 감목관(목장 담당 관리)이 와서 잤다.

22일^{계미} 맑음. 아침에 광양현감(어영담(魚泳潭))[9]이 와서 인사했다.

23일^{갑신} 맑음. 둘째 형님(요신(堯臣))[10]의 제삿날이라서 출근하지 않았다. 사복시(사육 담당 관서)에서 받아와 기르던 말을 올려 보냈다.

---

7 천자선은《천자문》의 '천지현황(天地玄黃)' 순서대로 배 이름을 정한 것이니, 천자선은 1호선이다.

8 대가는 문무 관원이 더 이상 올라 갈 수 없는 정3품 당하관에 이르렀을 때 본인 대신 아들·사위·동생·조카 등에게 그 품계를 받게 하는 제도를 말한다.

9 어영담은 진해의 진영에서 선박통행을 맡았다. 광양현감으로서 이순신을 도와 옥포와 적진포에서 왜선을 격파하였다. 노량, 어선포 해전에서 전공을 세우고, 1594년 한산도에서 전염병에 걸려 병사하였다.

10 이요신(1542~1580)은 이순신의 둘째 형. 호가 율리(栗里), 퇴계 이황의 제자. 1573년 식년 생원 시에 합격하고 평소 학문에 힘써 언행을 근신하였다.

24일을유 맑음. 맏형님(희신(羲臣))[11]의 제삿날이라서 출근하지 않았다. 순찰사의 답장을 보니, "고부(정읍) 군수 이숭고를 유임해 달라고 올린 장계 때문에 거듭 여론의 지탄을 받아 사임장을 냈다."고 한다.

25일병술 맑음. 동헌에 나가 공무를 본 뒤에 활을 쏘았다.

26일정해 맑음. 동헌에 나가 공무를 본 뒤에 흥양과 순천의 두 원(배흥립(裵興立))[12], (권준(權俊))[13]과 함께 이야기했다.

27일무자 맑음. 오후에 광양현감(어영담)이 왔다.

28일기축 맑음. 동헌에 나가 공무를 보았다.

29일경인 맑음. 동헌에 나가 공무를 보았다.

30일신묘 흐렸지만, 비는 오지 않았다. 초여름같이 따뜻했다. 동헌에 나가 공무를 본 뒤 활을 쏘았다.

2월

1일임진 새벽에 망궐례를 행했다. 안개비가 잠깐 뿌리다가 늦게 갰다. 선창에 나가 쓸 만한 판자를 점검하여 고르는데, 때마침 물을 가둔 곳에 작은 물고기 떼가 구름처럼 몰려들기에 그물을 쳐서 2천여 마리를 잡았다. 매우 장관이었다. 전선 위에 앉아서 술을 마셨고, 우후(이몽구(李夢龜))[14]와 함께 새

11 이희신(1535~1587)은 이순신의 맏형이다. 자가 여익(汝翼)이고 병조참판 지부사 오위도총부 부총관에 추증되었다.

12 배흥립(1546~1608)은 흥양현감으로서 옥포, 합포, 적진포 등의 해전에 참전했다. 장흥부사로 재임 중 칠천량 해전을 치렀는데, 이억기와 최호가 전사하고 원균이 도망하자 전선을 맡아 끝까지 방어했다.

13 권준(1548~1611)은 이순신의 휘하에서 순천부사로서 중위장이 되어 당포, 한산 등에서 전공을 세웠다. 1592년 7월 당포에서 왜군의 대장을 활로 쏘아 죽이자 온 군중들이 경하하였다.

14 이몽구(?~1597)는 이순신에게 나아가 전라도 우후가 되었고, 김완, 이억기 등과 함께 당항포에서

북봉연대 | 전라좌수영 북쪽 종고산 정상에 있는 봉화대. 본영과 5관 5포 사이에 일본군의 침입 정보를 전하는 역할을 함.

봄의 경치를 구경하였다.

2일계사 맑음. 동헌에서 공무를 보았다. 쇠사슬을 건너질러 설치하는데 쓸 크고 작은 돌 80여 개를 실어 왔다. 활 10순(巡, 화살 5대식 쏘는 것이 1순임)을 쏘았다.

3일갑오 맑음. 새벽에 우후(이몽구)가 여러 해안기지의 죄상을 파악하기 위해 배를 타고 나갔다. 공무를 마친 뒤에 활을 쏘았다. 탐라 사람이 자녀 6명을 데리고 도망쳐 나와 금오도(金鰲島, 여수 남면 소재)에 배를 대었는데, 방답 경비선이 붙잡아 왔다. 그래서 진술을 받아내고 순천으로 보내어 가두라고 공문을 보냈다. 오늘 저녁에 화대석(火臺石) 4개를 실어 올렸다.

4일을미 맑음. 동헌에 나가 공무를 본 뒤에 북봉(北峰)의 연대(煙臺)* 쌓은 곳에 오르니, 그곳이 매우 튼튼하여 무너질 리가 전혀 없었다. 이봉수가 힘쓴 일임을 알 수 있었다. 종일 구경하다가 저녁 무렵에 내려와서 해자 구덩이를

———————

적선 12척을 분멸했다.

둘러보았다.

5일병신 맑음. 동헌에 나가 공무를 본 뒤에 활 18순을 쏘았다.

6일정유 맑았지만 종일 바람이 크게 불었다. 동헌에 나가 공무를 보았다. 순찰사의 편지 2통이 왔다.

7일무술 맑았으나 바람이 크게 불었다. 동헌에 나가 공무를 보았다. 고흥의 발포 권관(종9품 무관)이 부임했다는 편지가 왔다.

8일기해 맑았지만 또 바람이 크게 불었다. 동헌에 나가 공무를 보았다. 이날 거북선의 돛으로 쓸 베 29필을 받았다. 정오에 활을 쏘았다. 조이립(趙而立)

석주화대 | 야간훈련 시에 등불을 거는 돌기둥. 현재는 진남관 좌우측에 육각의 석주 2개가 남아 있다. 사진 여수시청ⓒ

과 변존서(卞存緖)[15]가 우열을 겨루었는데 조이립이 이기지 못했다. 우후(이몽구)가 방답에서 돌아왔는데 방답 첨사가 성심으로 방비한 일을 매우 칭찬했다. 동헌 뜰에 석주 화대(石柱火臺)*를 세웠다.

9일경자 맑음. 새벽에 쇠사슬을 꿸 긴 나무를 베어 올 일로 이원룡에게 군사를 거느리고 돌산도[斗山島]로 가게 했다.

10일신축 안개비가 오면서 개다 흐렸다 했다. 동헌에 나가 공무를 보았다. 김인문이 감영에서 돌아왔다. 순찰사(이광)의 편지를 보니, "통역관들이 뇌물을 많이 받고 명나라에 거짓으로 고하여 군사를 청하는 일까지 했다. 게다가 명나라에서도 우리나라가 일본과 함께 하여 딴 뜻이 있는 것이 아닌가 의심하게 했으니, 그 흉포하고 패악한 짓은 참으로 말할 가치가 없다. 통역관들을

---

15 변존서는 이순신의 외사촌으로 훈련원 봉사를 지냈고 이순신의 휘하에서 당항포 해전에 공을 세워 부장(部將)이 되었다.

해운대터 | 해운대는 전남 여수시 수정동에 있는데, 이를 사정대(射亭臺)라고도 한다. 해운대는 이순신이 활을 쏘고 사냥하는 것을 구경하던 곳이다. 사진은 해운대가 있던 터이다.

이미 잡아 가두었다고 한다. 해괴하고 분함을 참을 수 없다.

11일원인 맑음. 식사를 한 뒤에 배 위에 나가 새로 뽑은 군사들의 수효를 조사했다.

12일계묘 맑고 바람도 고요하다. 식사를 한 뒤 동헌에 나가 공무를 보았다. 해운대(海雲臺)*로 자리를 옮겨 활을 쏘았다. 꿩 사냥을 구경하느라 매우 조용히 하다가 군관들은 모두 일어나 춤을 추고 조이립이 절구(絶句)시를 읊었다. 저녁이 되어서 돌아왔다.

13일갑진 맑음. 전라 우수사 이억기(李億祺)[16]의 군관이 왔기에 화살대 큰 것과 중간 것 백 개와 쇠 50근을 보냈다.

14일을사 맑음. 아산의 어머니께 문안하려고 나장(羅將)[17] 2명을 보냈다.

15일병오 비바람이 크게 쳤다. 동헌에 나가 공무를 보았다. 석공들이 새로 쌓은 포구의 해자 구덩이가 많이 무너졌기에, 이들을 처벌하고 다시 쌓게 했다.

---

16 이억기(1561~1597)는 전라우수사로서 이순신, 원균 등과 함께 당항포, 한산도, 안골포, 부산포 등지에서 왜적을 대파하고, 원균의 휘하에서 참전하여 칠천량 해전에서 원균, 최호 등과 함께 전사하였다.

17 나장은 병조 소속의 중앙 서리이다. 의금부, 형조, 사헌부, 사간원, 오위도총부, 전옥서 등에 배속되어 죄인을 심문할 때 매를 치거나 귀양가는 죄인을 압송하는 일을 맡았다.

백야곶의 감목관터 | 여수시 화양면에 백야곶의 감목관이 근무한 관아 터가 남아 있다.
이영산입구 | 화양 관목관터에서 이목구미로 가는 길에 이영산이 있다. 옛날에는 이 산 주변에 진달래꽃이 많았으나 지금은 벚꽃이 피고 있다.

이목구미 | 여수 이목리의 이목마을과 구미마을을 합쳐 이목구미라고 한다. 이곳에서 고흥 여호리가 보인다. 사진은 이목구미 앞바다.

16일^{정미} 맑음. 동헌에 나가 공무를 본 뒤에 활 6순을 쏘았다. 새로 들어온 군사와 임무를 마친 군사들을 검열했다.

17일^{무신} 맑음. 나라(세종)의 제삿날이라 출근하지 않았다.

18일^{기유} 흐림.

흥양선소터 | 흥양의 전선을 만든 곳으로 현재 전남 고흥군 덕흥마을에 있다.
선소창터 | 흥양 선소부근에 선소창의 터가 지금도 남아 있다. 여기서 임진왜란 때의 유물이 출토됨.

19일^{경술} 맑음. 순찰을 떠나 백야곶(白也串, 여수 화양반도)의 감목관*에게 가
니, 순천 부사 권준이 그 아우를 데리고 와서 기다리고 있었다. 기생도 왔다.
비 온 뒤 산(이영산) 꽃이 활짝 피었는데 빼어난 경치를 말로 표현하기 어려
웠다. 저물녘에 이목구미(梨木龜尾)*에 가서 배를 타고 여도(고흥 여호리)에 이
르니 흥양 현감(배흥립)과 여도 권관(만호)이 나와서 맞았다. 방비할 무기를
검열하였다. 흥양 현감은 내일 제사를 지내야한다고 먼저 갔다.

20일^{신해} 맑음. 아침에 각가지 방비와 전선을 점검해 보니, 모두 새로 만든
것이고, 무기도 완전한 것이 적었다. 늦게 출발하여 고흥[18]에 이르니 좌우로
핀 산꽃과 교외에 자란 봄풀이 그림과 같았다. 옛날에 있었다던 영주(瀛州)도
이런 경치가 아니었을까.

21일^{임자} 맑음. 공무를 본 뒤에 주인이 자리를 베풀고 활을 쏘았다. 조방장
정걸(丁傑)[19]이 와서 만나고 황숙도(黃叔度, 능성현령)도 와서 함께 취했다. 배
수립(裵秀立)도 나와 함께 술잔을 나누니 매우 즐거웠다. 밤이 깊어서야 헤어
졌다. 신홍헌(申弘憲)에게 술을 걸러 전날 심부름하던 여러 하인들에게 나누

---

18 이순신은 고흥의 아름다운 경치를 보고 옛날 중국전설에 신선이 살았다는 삼신산(봉래 · 방장 ·
　영주)의 하나인 영주를 떠올렸다.

19 정걸(1516~1597)은 1593년 충청수사로서 권율에게 두 척의 배로 화살을 보내어 행주에서 승리
　하게 했다. 김천일과 함께 서울에 주둔한 왜군을 방어하여 전라조방장이 되었다. 판옥선과 불화
　살, 철익전, 대총통 등을 제조하였다.

발포성 | 전남 고흥군 도화면 발포리 소재. 전라좌수영 산하 수군기지. 이순신이 36세 때 발포만호가 되어 최초 수군생활을 했었다.

어 먹이도록 했다.

22일^{계축} 아침에 공무를 본 후 녹도(고흥 봉암리)로 가는데 황숙도도 같이 갔다. 먼저 흥양의 전선 만드는 곳에 가서 배와 기구를 직접 점검하고, 그 길로 녹도로 갔다. 곧장 새로 쌓은 봉두의 문루에 올라가 보니, 경치의 빼어남이 경내에서 최고이었다. 만호(정운(鄭運))[20]의 극진한 마음이 미치지 않은 곳이 없었다. 흥양 현감(배흥립)과 능성 현령 황숙도, 만호(정운)와 함께 취하도록 마시고, 대포 쏘는 것도 구경하느라 촛불을 한참동안 밝히고서야 헤어졌다.

23일^{갑인} 흐림. 늦게 배가 출발하여 발포*에 도착하니, 역풍이 크게 불어 배가 갈 수가 없었다. 간신히 성머리에 대고는 배에서 내려 말을 타고 갔다. 비가 크게 내려 일행 모두가 꽃비에 흠뻑 젖었다. 발포로 들어가니 해는 이미 저물었다.

24일^{을묘} 가랑비가 산에 가득히 내려 지척도 분간할 수 없었다. 비를 무릅쓰

20 정운(1543~1592)은 1591년 녹도만호가 되고, 이순신 휘하에서 송희립과 함께 옥포, 당포, 한산 등의 해전에서 전공을 세우고, 부산포해전에서 우부장으로 선봉에서 싸우다가 전사하였다.

고 길을 떠나 마북산(馬北山, 고흥 포두) 아래 사량(沙梁)*에 이르러 배를 타고 노질을 재촉했다. 사도(蛇渡, 고흥 영남 금사리)에 이르니, 흥양 현감(배흥립)이 벌써 와 있었다. 전선을 점검하고 나니, 날이 저물어 그대로 머물러 잤다.

25일병진 흐림. 여러 가지 전쟁 준비에 결함이 많아 군관과 하급관리들을 처벌하고 첨사는 잡아들이고 교수(敎授)[21]는 내보냈다. 방비가 다섯 해안기지(여도·녹도·발포·사도·방답) 가운데 가장 하위인데도 순찰사의 포상하는 장계 때문에 그 죄상을 조사하지 못했으니 우스운 일이다. 역풍이 크게 불어 배를 출발시킬 수 없어서 그대로 머물러 잤다.

26일정사 이른 아침에 출항하여 개이도(介伊島, 여수 화정 개도리)에 이르니, 여도의 배와 방답의 마중하는 배가 나와서 기다렸다. 날이 저물어서 방답에 가서 공사간의 인사를 마친 뒤 무기를 점검했다. 긴 화살과 편전은 쓸 만한 것이 하나도 없어서 걱정했으나 전선은 그런대로 완전하니 기쁘다.

27일무오 흐림. 아침에 점검을 마친 뒤에 북봉에 올라가 주변 형세를 살펴보니, 외롭고 위태로운 외딴섬이 사방에서 적의 공격을 받을 수 있고, 성과 해자(성 주변 연못) 또한 지극히 부실하니 매우 걱정스러웠다. 첨사(이순신(李純信))가 심력을 다했지만 미처 정비하지 못했으니 어찌하겠는가. 늦게 배를 타고 경도(京島, 여수 대경도)에 도착하니, 아우 우신과 조이립과 군관, 우후(이몽구) 등이 술을 싣고 마중 나왔다. 함께 즐기다가 해가 져 관아로 돌아왔다.

28일기미 흐렸지만 비는 오지 않았다. 동헌에 나가 공무를 본 뒤에 활을 쏘았다.

29일경신 맑으나 바람이 크게 불었다. 동헌에 나가 공무를 보았다. 순찰사의 공문이 왔는데, 중위장(이순신)을 순천 부사로 교체했다니, 한탄스럽다.

---

21 교수는 서울의 4학 및 도호부 이상 각 읍의 향교에 설치했던 종6품 문관직이다. 향교에서 유학을 가르치고 수령을 보좌하였다.

3월

1일신유 망궐례를 행했다. 식사 후에 별군과 정규군을 점검하고, 당번을 마치고 물러가는 군사를 점검하고 내보냈다. 공무를 마친 뒤에 활 10순을 쏘았다.

2일임술 흐리고 바람이 불었다. 나라(장경왕후 윤씨)의 제삿날이라 출근하지 않았다. 승려 군사 백 명이 돌을 주웠다.

3일계해 저녁 내내 비가 내렸다. 오늘은 명절(삼진날)이지만 비가 와서 답청(踏靑)[22]을 할 수 없었다. 조이립과 우후(이몽구), 군관들과 동헌에서 함께 이야기하며 술을 마셨다.

4일갑자 맑음. 아침에 조이립을 송별하고 객사 대청에 나가 공무를 본 뒤, 서쪽 문의 해자 구덩이와 성벽을 더 올려 쌓는 곳을 순시했다. 승려 군사들이 돌 줍는 일을 성실히 하지 않아 우두머리 승려에게 곤장을 쳤다. 아산에 문안 갔던 나장이 들어왔다. 어머니께서 편안하시다는 소식*을 들으니 매우 다행이다.

5일을축 맑음. 동헌에 나가 공무를 보았다. 군관들이 활을 쏘았다. 저녁에 서울 갔던 해안기지의 관리가 돌아왔다. 좌의정(유성룡)이 편지와 《증손전수방략(增損戰守方略)》[23]이라는 책을 보내 왔다. 이 책을 보니 해상전과 육지전, 화공법 등에 관한 사항을 일일이 설명했는데, 참으로 만고에 뛰어난 이론이다.

6일병인 맑음. 아침 식사를 한 후 출근하여 무기를 점검하니, 활, 갑옷, 투구, 화살통, 환도(環刀)*가 대부분 깨지고 훼손되어 제 모양을 이루지 못한 것이 매우 많았다. 때문에 하급관리, 활 만드는 장인, 물품 관리자 등의 죄를 따졌

---

22 답청은 삼진날 행하는 풍속으로 봄 날 들에 나가 푸른 풀을 밟고 산보하는 것이다.

23 《증손전수방략》은 1591년 여름 유성룡이 20여 조목의 병법 이론을 엮은 책으로 이 책을 이순신에게 보냈으나 원본을 분실했다. 1594년 10월 1일 유성룡이 난리 이후 겪은 내용을 모아 다시 10조를 만들어 《전수기의십조(戰守機宜十條)》라고 책명을 바꾼다. 이는 주로 화포 발사방법, 수중 무기설치와 해상전, 지형의 요새이용 방법 등을 다루었다.

사량 | 고흥군 포두면 마북산 아래에 있는 목이다. 이순신이 사도를 갈 때 이 곳을 경유했다.
아산 염치마을 입구 | 이순신의 형인 희신과 요신이 사망한 후 이순신은 결혼 후 방진의 집에서 처가살이를 했고, 그후 모친은 아산 염치에서 생활한 것으로 추정한다. 사진은 모친이 살았던 마을 입구로 현충사 고택에서 멀지 않다.

다.

7일^{정묘} 맑음. 동헌에 나가 공무를 본 뒤 활을 쏘았다.

8일^{무진} 종일 비가 내렸다.

9일^{기사} 종일 비가 내렸다. 동헌에 나가 공무를 보았다.

10일^{경오} 맑으나 바람이 불었다. 동헌에 나가 공무를 본 뒤 활을 쏘았다.

11일^{신미} 맑음.

12일^{임신} 맑음. 식후에 배 위로 나가서 경강선(京江船)[24]을 점검했다. 배를 타고 소포(召浦, 여수시 종화동 종포)로 나가는데 때마침 동풍이 크게 불고 격군(格軍, 보조사공)도 없어 다시 돌아왔다. 곧바로 동헌에 출근하고 활 10순을 쏘았다.

13일^{계유} 아침에 흐림. 순찰사(이광)에게서 편지가 왔다.

14일^{갑술} 종일 큰비가 내렸다. 이른 아침에 순찰사를 만날 일로 순천으로 가는데, 비가 크게 와서 갈 길을 분간할 수가 없었다. 간신히 선생원에 가서 말을 먹이고 해농창평(海農倉坪, 순천 해룡 해창리)에 도착했다. 길가에 물 깊이가 거의 석 자나 되어 어렵게 순천부에 도착했다. 저녁에 순찰사와 그간 쌓인

---

24 경강선은 서울 한강에 근거를 두고 전라·충청의 세곡을 한양으로 운송하는 배이다.

환도 | 환도는 병사가 몸을 방어하기 위해 칼집에 고리를 만들고 끈을 묶어 항상 휴대하던 칼이다. 전쟁 중에는 이순신도 항상 이 환도를 휴대하였다. 사진 국립민속박물관 ⓒ

이야기를 나누었다.

15일^{을해} 흐리다가 가랑비가 오더니 저녁에 갰다. 다락 위에 앉아서 활을 쏘고, 군관들은 편을 갈라 활을 쏘았다.

16일^{병자} 맑음. 순천 부사(권준)가 환선정(喚仙亭)*에 술자리를 마련하여 함께 활을 쏘았다.

17일^{정축} 맑음. 새벽에 순찰사에게 돌아갈 것을 고하고 선생원에 가서 말에게 꿀을 먹인 뒤 본영으로 돌아왔다.

18일^{무인} 맑음. 동헌에 나가 공무를 보았다.

19일^{기묘} 맑음. 동헌에 나가 공무를 보았다.

20일^{경진} 비가 크게 내렸다. 늦게 동헌에 나가 공무를 보고 각 방(房, 이·호·예·병·형·공방)의 회계를 살폈다. 순천 부사가 수색하는 일을 기한에 다하지 못했기에 임시 장수, 하급관리, 도훈도(都訓

환선정 | 전남 순천시 조곡동의 죽도봉공원에 있는 정자. 1543년에 부사 심통원이 창건하고 무예를 연습한 정자이다. 순천부사가 여기서 주로 주연을 열고 활쏘기를 연습했다.

나로도 | 원경에서 촬영한 내나로도와 외나로도의 모습. 사진 고흥군청 ©

導)²⁵ 등을 추궁하여 꾸짖었다. 사도 첨사(김완(金浣))²⁶에게도 만남을 약속할 일로 공문을 보냈는데, 혼자서 수색했다고 하였다. 또 반나절 동안에 내나로도(고흥 동일면), 외나로도(고흥 봉래면)*와 대평도[大平斗], 소평도[小平斗]를 수색하여 그날로 포구에 돌아왔다고 하니, 이 일은 너무도 거짓된 것이다. 이를 조사할 일로 흥양현과 사도진에 공문을 보냈다. 몸이 매우 불편하여 일찍 들어왔다.

21일신사 맑음. 몸이 불편하여 아침 내내 누워 앓다가 늦게 동헌에 나가 공무를 보았다.

22일임오 맑음. 성 북쪽 봉우리 아래에 도랑을 파내는 일로 우후(이몽구) 및 군관 10명을 나누어 보냈다. 식후에 동헌에 나가 공무를 보았다.

23일계미 아침에는 흐리다가 저녁에 맑았다. 식후에 동헌에서 공무를 보았

---

25 도훈도는 지방 향교에서 교육을 담당한 훈도(訓導)(종9품)들 중의 우두머리이다.

26 김완(1546~1607)은 사도첨사가 되어 옥포, 당포, 한산 등지에서 전공을 세웠다. 1597년 원균의 조방장으로서 적과 싸우다가 패전하여 일본에까지 붙들려갔다가 굴복하지 않고 탈출했다. 순찰사가 이를 조정에 알려 다시 복직 되었고, 후에 함안 군수를 지냈다.

다. 보성에서 보내올 판자가 아직 들어오지 않았기에 하급 관리에게 다시 공문을 보내어 담당자를 수색하여 잡아들이게 하였다. 순천에서 심부름을 온 소국진(蘇國進)에게 곤장 80대를 쳤다. 순찰사가 편지를 보내어, "발포 권관은 군사를 거느릴만한 재목이 못 되므로 조치하겠다."고 하므로 아직 갈지 말고 그대로 유임하여 방비하도록 하라고 답장을 보냈다.

24일갑신 나라(소헌왕후 심씨)의 제삿날이라 출근하지 않았다. 전라우후(이몽구)가 수색하고 무사히 돌아왔다. 송희립(宋希立)[27]이 순찰사(이광)와 도사(都事)의 답장을 함께 가져왔다. 순찰사의 편지 가운데, "영남 관찰사(김수(金晬))[28]가 보낸 편지에는 '쓰시마 도주(島主, 소요시토시(宗義智))의 문서에, 〈일찍이 배 한 척을 내어 보냈는데, 만약 귀국에 도착하지 않았다면 틀림없이 바람에 부서진 것이다〉라고 했다.'는 것이다. 그 말이 매우 음흉하고도 거짓되었다. 동래에서 바라다 보이는 바다인데 그럴 리가 전혀 없다. 말을 그와 같이 꾸며대니, 그 간사하고 거짓됨을 헤아리기 어렵다."고 하였다.

25일을유 맑았으나 바람이 크게 불었다. 동헌에 나가 공무를 본 뒤에 활 10순을 쏘았다. 경상 병사(조대곤(曹大坤))[29]가 평산포(남해 남면 평산리)에 도착하지 않고 곧장 남해로 간다고 하였다. 나는 서로 만나보지 못한 것이 아쉽다는 뜻으로 답장을 보냈다. 새로 쌓은 성을 순시해 보니, 남쪽이 9발쯤 무너져 있었다.

26일병술 맑음. 우후와 송희립이 남해로 갔다. 늦게 동헌에 나가 공무를 본 뒤에 활 15순을 쏘았다.

27일정해 맑고 바람도 없었다. 일찍 아침밥을 먹은 뒤 배를 타고 소포(召浦)*

---

27 송희립(1553~?)은 정운의 군관으로서 영남에 원병파견을 주장했다. 지도 만호가 되어 이순신을 도와 수차례 전공을 세웠다. 노량해전에서 적에게 포위된 명나라 제독 진린을 구출하였다.

28 김수(1547~1615)는 경상우감사로서 함양으로 피신하고, 도내의 백성들에게 피신하라는 격문을 돌려 왜적을 방어할 수 없었다. 1596년 호조판서로서 전라ㆍ충청에서 명군의 군량을 지원했다.

29 조대곤은 경상우도 병마절도사로서 정경달과 함께 구미 금오산에서 왜적을 물리쳤다. 성주와 고령에서 전공을 세웠으나 김해전투에서 패하게 되자 탄핵을 받고 백의종군하였다.

소포 | 지금의 여수시 종화동 종포마을 일대이다.

에 갔다. 쇠사슬을 가로질러 설치하는 것을 감독하고, 종일 기둥나무 세우는 것을 보았다. 아울러 거북선에서 대포 쏘는 것도 시험했다.

28일무자 맑음. 동헌에 나가 공무를 보았다. 활 10순을 쏘았는데, 5순은 잇따라 맞고, 2순은 네 번 맞고, 3순은 세 번 맞았다.[30]

29일기축 맑음. 나라(정희왕후 윤씨)의 제삿날이라 출근하지 않았다. 아산으로 문안 보냈던 나장이 돌아왔다. 어머니께서 편안하시다는 소식을 들으니 참으로 다행이다.

4월

1일경인 흐림. 새벽에 망궐례를 행했다. 공무를 본 뒤에 활 15순을 쏘았다. 별조방(특수군)을 점검했다.

2일신묘 맑음. 식사 후에 몸이 몹시 불편하더니 점점 통증이 심해졌다. 종일 밤새도록 신음했다.

3일임진 맑음. 기운이 빠져 어지럽고 밤새도록 고통스러웠다.

4일계사 맑음. 아침에 비로소 통증이 조금 그친 것 같았다.

5일갑오 맑았다가 늦게 비가 조금 내렸다. 동헌에 나가 공무를 보았다.

6일을미 맑음. 진해루(전라좌수영 내 누각)로 나가 공무를 본 뒤에 군관들에게

---

30 1순은 한 사람이 활을 다섯 번씩 쏘는 것인데, 다섯 번 중 네 번 맞추는 것이 4중이고 1순에 세 번 맞추는 것이 3중이다.(홍기문)

우암앞바다 | 1592년 4월 14일 오전 6시 경 고니시 유키나가 부대가 부산포의 우암에서 조선군과 첫 교전을 했다. 황령산 봉수군 배돌이가 이를 박홍에게 보고함. 앞서 원균은 가덕진 첨절제사 전응린과 천성보만호 황정에게서, "가덕 응봉 감고 이등과 연대 감고 서건이 4월 13일 신시에 왜선 90여 척이 부산포를 향한다."고 받은 보고를 이순신에게 전했다.
부산 영도 | 옛날의 절영도가 지금의 영도이다. 사진은 부산 영도의 일출 모습이다.

활을 쏘게 했다. 아우 우신을 송별했다.

7일병신 나라(문정왕후 윤씨)의 제삿날이라 출근하지 않았다. 사시(오전 10시 경)에 비변사에서 비밀공문이 왔는데, 영남관찰사(김수)와 우병사(조대곤)의 장계(보고서)에 의한 공문이었다.

8일정유 흐리나 비는 오지 않았다. 아침에 어머니께 보낼 물건을 쌌다. 늦게 우신이 떠나갔다. 홀로 나그네의 집 아래 앉았으니 온갖 생각이 떠오른다.

9일무술 아침에 흐렸다가 늦게 갰다. 동헌에 나가 공무를 보았다. 방응원(方

지자총통 | 천(天), 지(地), 현(玄), 황(黃)자 총통 중에서 천자총통 다음으로 만든 무기이다. 조선 태종 때 제작되고 세종 이후 개량 제작된 지자총통은 이순신이 전선에서 주로 사용하였다. 보물 365호 사진 문화재청 ⓒ
현자총통 | 지자 다음 단계의 총통이다. 성능이 떨어지고 중량이 무겁다는 이유로 명종 때 개량되어 전쟁에 많이 사용되었다. 보물 1233호 사진 문화재청 ⓒ

應元)이 입대하는 것에 대한 공문을 작성하여 보냈다. 군관들이 활을 쏘았다. 광양 현감(어영담)이 수색하기 위해 배를 타고 왔다가 어두울 녘 돌아간다고 보고하였다.

10일기해 맑음. 식사를 한 뒤에 동헌에 나가 공무를 보았다. 활 10순을 쏘았다.

11일경자 아침에 흐리더니 늦게 갰다. 공무를 본 뒤에 활을 쏘았다. 순찰사(이광)의 편지와 따로 적은 내용을 군관(남한(南侃))이 가져 왔다. 비로소 베돛을 만들었다.

12일신축 맑음. 식후에 배를 타고 거북선의 지자포(地字砲)*, 현자포(玄字砲)*를 쏘았다. 순찰사의 군관 남공(남한)이 살펴보고 갔다. 정오에 동헌으로 옮겨 앉아 활 10순을 쏘았다. 관아에 올라 갈 때 노대석(路臺石, 대문 앞 큰 돌)을 보았다.

13일임인 맑음. 동헌에 나가 공무를 본 뒤에 활 15순을 쏘았다.

14일계묘 맑음. 동헌에 나가 공무를 본 뒤에 활 10순을 쏘았다*.

15일갑진 맑음. 나라(공혜왕후 한씨)의 제삿날이라 출근하지 않았다. 순찰사(이광)에게 보낼 답장과 별도의 기록을 적어서, 곧바로 역졸에게 급히 전송하게 했다. 해질 무렵 영남우수사(원균(元均))[31]가 보낸 문서에, "왜선 90여 척

31 원균(1540~1597)은 이순신과 함께 옥포해전, 합포, 당포, 사천포, 한산도 등 여러 해전에 참전했다. 이순신이 삼도수군통제사가 되어 그 휘하에 있었지만, 서로 불화하여 수군을 떠났다. 정유재

석보창 | 여수시 여천동 소재. 이는 돌로 축조한 성곽으로서 세종과 성종 연간에 설립되었고, 평소에는 창고로 사용하여 세미를 거두어 바쳤다.

이 와서 부산 앞 절영도(부산 영도)*에 정박했다."고 한다. 이와 동시에 또 수사(원균)의 공문이 왔는데, "왜적 350여 척이 이미 부산포 건너편에 도착했다."고 하였다. 그래서 즉각 장계를 보내고 순찰사(이광), 병마사(최원), 우수사(이억기)에게 공문을 보냈다. 영남 관찰사(김수)의 공문도 왔는데, 역시 이와 같은 내용이었다.

16일율사 2경(밤 10시경)에 영남 우수사(원균)의 공문이 왔는데, "부산의 지휘 군영이 이미 함락되었다."고 하였다. 분하고 원통함을 참을 수가 없다. 즉시 장계를 올리고, 또 삼도(경상 · 전라 · 충청)에 공문을 보냈다.

17일병오 궂은비가 오더니 늦게 갰다. 영남 우병사(김성일(金誠一)32가 공문을 보냈는데, "왜적이 부산을 함락시킨 뒤 그대로 머물면서 물러가지 않고 있

란 때 이순신이 투옥되자, 후임으로 수군을 지휘했으나 칠천량해전에서 전사했다.

32 김성일(1538~1593)은 경상우병사로서 비전설 주장에 대한 책임으로 파직되었다가 다시 경상우도 초유사가 되었다. 곽재우를 도와 의병을 모으고 식량을 보급했다. 우도관찰사로서 여러 고을에서 전쟁을 독려하다가 병사하였다.

다.”고 했다. 늦게 활 5순을 쏘았다. 먼저 복무한 수군과 급히 복무하러 나온 수군이 연달아 방비할 곳으로 왔다.

18일^{정미} 아침에 흐렸다. 이른 아침에 동헌에 나가 공무를 보았다. 순찰사의 공문이 왔는데, “발포 권관은 이미 파직되었으니, 임시 장수를 정하여 보내라.”고 하였다. 그래서 군관 나대용(羅大用)[33]을 이 날 바로 정하여 보냈다. 미시(오후 2시경)에 영남우수사의 공문이 왔는데, “동래도 함락되고, 양산(조영규), 울산(이언함) 두 수령이 조방장(보조 장수)으로서 성으로 들어갔다가 모두 패했다.”고 했다. 분하고 원통함을 이루다 말할 수가 없다. 경상좌병사(이각(李珏))[34]와 경상 좌수사(박홍)가 군사를 이끌고 동래 뒤쪽까지 이르렀다가 급히 회군했다고 하니, 더욱 원통했다. 저녁에 순천 군사를 거느린 병방이 석보창(石堡倉)*에 머물러 있으면서 군사들을 인도하지 않으므로 잡아다가 가두었다.

19일^{무신} 맑음. 아침에 품(品)자 모양의 방어시설[品防][35]을 굴착할 일로 군관을 정해 보내고, 일찍 아침을 먹은 뒤에 동문 위로 나가 부역하는 일을 직접 감독했다. 오후에 순시하여 보고 성위의 판자집[隔臺][36]에 올랐다. 이날 급히 입대한 군사 7백 명이 점검을 받고 일을 하였다.

20일^{기유} 맑음. 동헌에 나가 공무를 보았다. 영남 관찰사(김수)의 공문이 왔다. “큰 적들이 맹렬하게 몰려와 그 날카로운 기세를 상대할 수가 없으니, 그 승승장구함이 마치 무인지경에 든 것 같다.”고 하면서, “전함을 정비해 가지고 와서 구원하도록 요청하는 장계를 올렸다.”고 하였다.

---

33 나대용(1556~1612)은 1591년 이순신의 막하에서 거북선 제조에 참여하고, 옥포 해전에서 적선 2척을 격파하고, 사천과 한산도 해전에서 부상을 입었다. 명량과 노량해전에서 전공을 세웠다.

34 이각(?~1592)은 경상좌병사로 임진왜란 때 부산이 함락되자, 울산 본영으로 가서 많은 왜적을 보고 탈출했다. 본영이 무너진 후 임진강의 진영에서 발견되어 참형을 당했다.

35 품방은 품(品)자 모양으로 성 주변에 구덩이를 파서 적의 침입을 막도록 만든 방어시설이다. 이는 전라좌수영의 동문부근에 있는데 주로 적군의 말을 빠뜨리는 기능을 하였다.

36 판자집은 성곽 수비를 위해 성위에 간격을 두고 지은 것이다. 적을 쉽게 발견하도록 성 바깥으로 돌출되게 짓고 구멍을 내어 포를 쏠 수 있게 하였다.

21일경술 맑음. 성 위에 군사를 줄지어 세우는 일로 과녁 터에 앉아서 명령을 내렸다. 오후에 순천 부사(권준)가 달려 와서 약속을 듣고 갔다.

22일신해 새벽에 정찰업무의 죄상을 조사할 일로 군관을 내보냈다. 배응록(裴應祿)은 절갑도(고흥 거금도)로 가고, 송성(宋晟)[37]은 금오도(여수 남면)로 갔다. 또 돌산도의 성곽 전망대[敵臺]의 나무를 실어 내릴 일로 이경복(李景福), 송한련(宋漢連)[38], 김인문 등에게 각기 군사 50명씩 데리고 가도록 보내주고 나머지 군사들은 품자 모양의 방어시설에서 일을 시켰다.(이후 23일부터 30일까지 빠져 있음).

5월

1일경오 수군들이 모두 앞바다에 모였다. 이 날은 흐렸지만 비는 오지 않고 남풍이 크게 불었다. 진해루에 앉아서 방답* 첨사(이순신), 흥양 현감(배흥립), 녹도 만호(정운) 등을 불러들였다. 모두 격분하여 자신의 몸을 바치기로 하였으니 정말 의사(義士)들이라고 할 만하다.

2일신미 맑음. 삼도 순변사 이일(李鎰)[39]과 우수사 원균의 공문이 도착했다. 송한련이 남해에서 돌아와 하는 말이, "남해현령(기효근(奇孝謹)[40]), 미조항 첨

---

37 송성은 여산송씨로 효행이 남달랐고 훈련원 판관으로서 이순신의 군관이 되어 참전했다. 당포와 부산해전에서 왜선을 분멸하고 도요토미 히데요시의 부하인 지쿠젠노카(筑前守)를 죽였다.

38 송한련은 임진왜란 때 별시위(別侍衛)로서 이순신의 진영으로 가서 여러 곳에서 왜적들과 교전을 벌여 전공을 세웠다.

39 이일(1538~1601)은 이순신이 함경도 권원보 권관으로 있을 때 패전 이유로 이순신을 모함했다. 임진왜란 때는 경상도순변사가 되어 상주, 충주에서 패전한 후, 임진강, 평양을 방어하여 동변방어사가 되었다. 이듬해 평안도절도사로서 명나라 군사와 함께 평양을 수복했다.

40 기효근(1542~1597)은 남해현령 때 무기와 전선을 담당하였다. 원균의 휘하에서 사천해전에 참전하고 1597년 병으로 귀향하는 길에 적을 만나 어머니와 함께 바다에 몸을 던져 자살하

방답진 군관청 | 방답진은 전라좌수영 산하 5포의 하나로, 여수시 돌산읍 군내리에 있다. 군관청은 해안경비를 맡은 방답진의 관청이다.

사(김승룡), 상주포, 곡포, 평산포 만호(김축) 등이 왜적의 소식을 한번 듣고는 벌써 달아났고, 군사무기 등의 물자가 모두 흩어져 남은 것이 없다."고 했다. 매우 놀랄 일이다. 오시(午時, 정오경)에 배를 타고 바다로 나가 진을 치고, 여러 장수들과 약속을 하니, 모두 기꺼이 나가 싸울 뜻을 가졌으나, 낙안 군수(신호(申浩)[41])만은 피하려는 생각을 가진 것 같아 한탄스럽다. 그러나 원래 군법이 있으니, 비록 물러나 피하려 한들 그게 가능하겠는가. 저녁에 방답의 첩입선(疊入船)[42] 3척이 돌아와 앞바다에 정박했다. 비변사에서 세 장의 공문이 내려왔다. 창평 현령이 부임하였다는 편지가 와서 바쳤다. 이 날 저녁의 군대 암호는 "용호(龍虎)"이고, 잠복한 병사는 "산수(山水)"라고 하였다.

3일^{임신} 아침 내내 가랑비가 내렸다. 경상 우수사의 답장이 새벽에 왔다. 오

였다.

41 신호(1539~1597)는 이순신, 권준, 배흥립, 어영담 등과 함께 발탁되고, 견내량, 안골포 등의 해전에서 전공을 세웠다. 정유재란 때 남원성이 왜군에게 포위되자 교룡산성 수어사로서 구원하러 갔다가 전사하였다.

42 첩입선은 병사를 모집하기 위해 평산포 · 곡포 · 상주포 · 미조항포 등을 왕래하는 배이다.

평산포 | 남해시 남면군 평산리를 중심으로 돌출한 포구. 독산과 호두산이 이어지고 평산항이 있다.
곡포 | 남해시 이동면 화계리를 중심으로 만을 이룬 바다. 주변에 도성산, 청룡산, 원천항이 보임.
상주포 | 남해군 상주면 상주리 중심으로 형성된 포구. 이 가운데 상주해변이 있다.
미조항포 | 남해군 미조면 미조리 중심으로 형성된 포구. 앞으로 조도와 호도가 보인다.

후에 광양 현감(어영담)과 흥양 현감(배흥립)을 불러왔는데 함께 이야기하던 중에 모두 분한 마음을 나타냈다. 본도의 우수사(이억기)가 수군을 끌고 오기로 함께 약속하였는데, 방답의 판옥선이 모병 지역(평산포·곡포·상주포·미조항포)*에 있는 군대를 싣고 오는 것을 우수사가 오는 것으로 보고 기뻐하였다. 그러나 군관을 보내어 알아보니 방답의 배였다. 놀라움을 금하지 못했다. 조금 뒤에 녹도 만호(정운)가 인사하기를 청하기에 불러들여 물으니, "우수사는 오지 않고 왜적의 세력이 잠깐 사이 서울에 가까워지니 애통하고 분한 마음을 참을 수 없다. 만약 기회를 놓치면 후회해도 소용없다."는 것이었다. 이 때문에 바로 중위장(이순신)을 불러 내일 새벽에 출발할 것을 약속하고 장계를 써서 보냈다. 이 날 여도 수군 황옥천이 왜적의 소식을 듣고 자기 집으로 도피했는데, 잡아다가 목을 베어 군중 앞에 내다 걸었다.

옥포해전지 | 거제시 옥포동 6번지 일대. 임진년 5월 7일 이순신이 여기에서 첫 승리를 거두었다. 사진은 옥포앞바다이다.
효충사 | 거제 옥포대첩기념공원안에 이순신의 위패가 봉안되어 있는 사당이다.

【옥포해전 이야기】

　경상우수사 원균이 이순신에게 긴급한 전쟁 상황을 알리자, 이순신은 부하들에게 "오직 나가서 싸우다가 죽을 뿐이요. 감히 나갈 수 없다고 말하는 자는 참수할 것이다."라고 말했다. 이때 일본군은 부산·동래·양산을 함락하고 조령 일대까지 나아갔다. 이에 경상도 관찰사 김수(金睟)가 조정에 지원요청을 함에 따라, 원균은 부하 이영남을 시켜 이순신에게 지원 요청을 하였다.

　5월 4일 첫닭이 울 때 이순신은 부하 장수들과 판옥선 24척, 협선 15척, 포작선 46척으로 전라좌수영을 출발하였다. 7일 새벽에 천성 가덕으로 출발하여 정오쯤 옥포 앞바다에 도착하였다. 그때 사도첨사 김완(金浣)과 여도권관 김인영(金仁英)이 신기전을 쏘아 적이 있음을 알리자, 이순신은 여러 장수들에게 "함부로 움직이지 말고 산처럼 침착하고 진중하게 하라[勿令妄動 靜重如山]."고 당부하였다. 이윽고 일제히 출동하여 도도 다카도라(藤堂高虎)가 이끄는 왜선 50여척 중 26척을 분멸하고 왜적에게 잡혀간 포로 3명을 구출해 왔다. 이것이 첫 승리를 거둔 옥포해전이다.

선진리성 | 사천시 용현면 선진리 소재. 정유재란 때 일본군이 이곳 북쪽언덕에 성을 쌓아 기지로 사용했는데, 이곳이 현재 남아 있는 선진리성이다.
사천선창 | 사천시 용현면 통양리 일대. 사진은 선창이 있었던 통양리 포구이다.
모자랑포 | 모충공원에서 미룡마을 사이에 해당하는 사천 앞바다. 이곳에서 1592년 5월 29일 사천해전이 일어났다. 이순신은 수군 23척을 원균은 3척을 거느리고 출동했다. 이순신이 사천선창에 나아가 왜적들을 밑으로 유인한 뒤 모자랑포로 거북선을 출동시켜 천·지·현·황자의 각 총통을 쏘아 왜선 13척을 분멸했다.
거북선 | 전라좌수영의 거북선을 복원하여 만든 것으로 현재 통영항에 정박되어 있다.
미룡마을비석 | 사천의 미룡마을 입구에 세워져 있는 비석이다.

4일_{계유} 맑음. 먼동이 트자 배를 출발시켜 곧장 미조항 앞바다로 가서 다시

약속했다. 우척후 김인영(金仁英)[43], 우부장 김득광, 중부장 어영담, 후부장 정

---

43 김인영은 이순신의 휘하에서 좌척후장이 되어 옥포해전에 참전하였다. 당포, 한산도 해전 및 당

당포 앞바다 | 당포는 통영 산양읍 삼덕리에 소재. 1592년 6월 2일 여기서 당포해전이 일어났는데, 이순신이 26척으로 왜선 21척을 분멸하고 일본군 다수를 사살했다.
왕후박나무 | 남해군 창선면 대벽리 소재. 6월 2일 당포해전을 치른 날 저녁에 이순신이 창신도에 유숙했는데, 이때 이 나무 아래에서 휴식했다고 한다. 천연기념물 299호.

운 등은 오른편에서 개이도로 들어가 수색하여 토벌하고, 나머지 대장선들은 평산포, 곡포, 상주포를 지나 미조항에 가도록 하였다.(이후 5일부터 28일까지 빠져있음)

29일^{무술} 우수사(이억기)가 오지 않으므로 혼자서 여러 장수들을 거느리고 새벽에 출발하여 곧장 노량(남해 설천 노량리 앞바다 일대)에 가니, 경상우수사 원균이 미리 만나기로 약속한 곳에 와 있어서 함께 상의했다. 왜적이 정박한 곳을 물으니, "왜적들은 지금 사천선창*에 있다."고 했다. 그래서 바로 그곳에 가보았더니 왜인들은 이미 육지로 올라가서 산봉우리 위에 진을 치고 배는 그 산봉우리 밑에 줄지어 매어 놓았는데, 항전하는 태세가 재빠르고 견고했다. 나는 여러 장수들을 독려하여 일제히 달려들어 화살을 비 퍼붓듯이 쏘고, 각종 총통을 바람과 우레같이 난사하게 하니, 적들은 무서워서 후퇴했다. 화살에 맞은 자가 몇 백 명인지 알 수 없고, 왜적의 머리도 많이 베었다. 군관 나대용이 탄환에 맞았고, 나도 왼쪽 어깨 위에 탄환을 맞아 등을 관통하였으나, 중상에 이르지는 않았다. 활꾼과 격군 중에서 탄환을 맞은 사람도 많았

항포해전에서 우척후장으로서 많은 전공을 세웠고, 명량해전에 참전하여 공을 세웠다.

편전 | 가볍고 빠르며 독이 있는데, 멀리까지 날아가서 뚫는 힘이 매우 세다. 당포해전 때 이순신이 편전을 쏘아 적장을 죽이고 잔병을 섬멸했다. 사진 육군박물관 ⓒ

승자총통 | 도화선에 점화하여 발사하는 휴대용 개인화기. 화약 1냥으로 철환 15개를 발사하며 사거리는 600보이다. 성능은 일본의 총통보다 떨어졌다. 보물 648호 사진 문화재청 ⓒ

다. 적선 13척을 분멸하고 물러나와 주둔했다.

6월

1일기해 맑음. 사량(蛇梁, 통영 양지리) 뒷바다에서 진을 치고 밤을 지냈다.

2일경자 맑음. 아침에 출발하여 곧장 당포(唐浦)* 앞 선창에 이르니, 왜적의 20여 척이 줄지어 정박해 있었다. 우리 배가 둘러싸고 싸우는데, 적선 중에 큰 배 1척은 크기가 우리나라의 판옥선만 하였다. 배 위에는 누각을 꾸몄는데, 높이가 두 길이고, 누각 위에는 왜장이 우뚝 앉아서 끄덕도 하지 않았다. 편전*과 대 · 중 승자총통*을 비오듯이 난사하니, 왜장이 화살에 맞고 떨어졌다. 그러자 모든 왜적들이 동시에 놀라 흩어졌다. 여러 장졸이 일제히 모여 발사하니, 화살에 맞아 거꾸러지는 자가 얼마인지 그 수를 알 수 없었고 남은 게 없이 모조리 섬멸하였다. 얼마 후 큰 왜선 20여 척이 부산에서부터 바다에 줄지어 들어오다가 우리 군사들을 바라보고는 달아나 개도(통영 산양 추도)로 들어갔다.

3일신축 맑음. 아침에 여러 장수들을 더욱 격려하여 개도를 협공하였으나, 이미 달아나버려 사방에는 남은 무리가 하나도 없었다. 고성 등지로 가고자 하

한산도 앞바다 | 조선연합군 58척이 일본선 59척이 물리친 곳이다. 왼쪽으로 고동산과 해갑도, 한산도, 죽도 등이 보인다.

【한산대첩 이야기】

　7월 7일 이순신이 당포에 도착하니 목동 김천손(金千孫)이 견내량에 일본선 70여 척이 정박한 것을 알렸다. 8일 이른 아침 이순신은 일본군이 양산에서 호남으로 간다는 첩보를 듣고 전라좌수영군 24척과 이억기의 전라우수영군 25척, 원균의 경상우수영군 7척을 연합한 판옥선 56척과 거북선 3척[본영 · 방답 · 순천]을 이끌고 견내량으로 출동하였다. 그곳에는 과연 왜장 와키자카 야스하루(脇坂安治)가 이끄는 대선 36척, 중선 24척, 소선 13척이 바다에 정박하고 있었다. 그런데 견내량은 지형이 매우 좁고 암초가 많아서 배끼리 충돌할 우려가 있어서 싸움하기 어렵고 적이

학익진도 | 이충무공전진도첩의 학익진도. 사진 현충사 ⓒ

불리하면 쉽게 육지로 도주할 수 있는 곳이었다. 결국 이순신은 이곳이 불리함을 깨닫고 한산도의 넓은 바다로 일본군을 유인하는 작전을 펴기로 마음먹었다.

먼저 판옥선 5, 6척을 보내어 공격할 기세를 보이자 일본선들이 추격해왔다. 이에 조선수군의 전선이 거짓 후퇴하는 척하며 달아나니 적들은 계속 추격해 왔고, 그 결과 한산도 넓은 바다에 일본선들이 모두 집결했다. 이때 이순신이 신호를 보내자 수군들이 배를 돌려 학익진(鶴翼陣)으로 포진하였다. 먼저 거북선 3척이 지자 · 현자 등의 총통을 쏘아 왜선 2z, 3척을 격파하여 기선을 제압하고, 다시 일제히 포위 공격하여 왜선 73척중 59척을 모두 분멸했다. 이때 불꽃연기가 하늘에 가득했는데, 순식간에 비린내 나는 피가 바다를 붉게 물들였다.

10일 이순신이 수군을 거느리고 학익진으로 대열을 지으면서 먼저 전진하고 원균은 뒤를 따랐는데, 안골포 선창에 일본의 큰 배 21척, 중선 15척, 소선 6척이 정박해 있었다. 포구가 좁고 얕아서 유인했으나 일본군은 나오지 않았다. 조선 수군들이 교대로 출입하며 천자 · 지자 · 현자 총통과 장전 · 편전 등을 마구 발사할 때 이억기가 협공하니 3층 대선과 2층 대선을 타고 있던 일본군들이 거의 다 죽거나 부상을 입었다. 일본의 목을 벤 것이 250급이고 물에 빠져 죽은 자는 부지기수이었다.

- 《선조실록》6월 20일자, 《견내량파왜병장》, 《충무공행록》

당항포 | 고성군 회화면 당항리에 소재. 1592년 6월 5일 이순신이 거북선을 출동시켜 원균, 이억기와 함께 51척으로 고성의 당항포 소소강(召所江)에서 총통을 발사하여 적선 26척을 분멸하고 적군을 다수 사살하였다.
소소강 | 고성 마암면 두호리에 소재하는 소소포의 앞바다를 말한다. 여기의 서쪽에 일본선 26척이 정박했었다.
속시개(죽계) | 소소강 앞의 일대, 이를 죽계마을이라 한다. 기생 월이가 일본 밀사의 지도에 육지를 바닷길로 몰래 그려 넣은 후 그 지도를 따라 들어온 일본군이 패망한 곳이다. 지금은 방조제가 생겨 논이 되었다.
머리개 | 조선군이 일본군의 머리를 잘라 쌓아둔 곳이다. 현재 이곳을 머리개라고 한다.

여 가보니 우리 군사의 형세가 외롭고 약하여 울분을 느끼며 하룻밤 머물러 자고 왔다.

4일^{임인} 맑음. 우수사(이억기)가 오기를 고대하여 주위를 배회하며 바라보고 있었는데, 정오에 우수사가 여러 장수들을 거느리고 돛을 올리고서 왔다. 온 진영의 장병들이 기뻐서 날뛰지 않는 이가 없었다. 군사를 합치기로 거듭 약속한 뒤에 착포량(통영항만)에서 잤다.

5일^{계묘} 아침에 출발하여 고성 당항포*에 이르니, 왜적의 큰 배 한 척이 판옥선만한데, 배 위의 누각이 높고 그 위에는 적장이 앉아 있었다. 그리고 중간 배가 12척이고 작은 배가 20척이었다. 일시에 쳐서 깨뜨리려고 비가 쏟듯이

율포성 | 거제시 장목면 율천마을에 소재. 평지에 축조한 성으로 경상우수영 소속이었다.

화살을 쏘니, 화살에 맞아 죽은 자가 얼마인지 헤아릴 수 없었다. 왜장의 머리를 벤 것이 모두 7급(級)이고 남은 왜병들은 육지로 올라가 달아나니, 남은 수효가 매우 적었다. 우리 군사의 기세를 크게 떨쳤다.

6일^{갑진} 맑음. 적선을 정탐하기 위해 거기서 그대로 잤다.

7일^{을미} 맑음. 아침에 출발하여 영등포(거제 구영리) 앞 바다로 가서 적선이 율포*에 있다는 말을 듣고 복병선으로 하여금 그곳에 가보게 했더니, 적선 5척이 먼저 우리 군사를 알아채고 남쪽의 넓은 바다로 달아났다. 우리의 여러 배들이 일제히 추격하여 사도첨사 김완이 1척을 통째로 잡고, 우후(이몽구)도 1척을 통째로 잡고, 녹도 만호 정운도 1척을 통째로 잡았다. 왜적의 머리를 합하여 세보니 모두 36급(級)이었다.⁴⁴

8일^{병오} 맑음. 우수사(이억기)와 함께 의논하면서 바다 가운데에 머물러 정박

---

44 이순신부대가 율포에서 왜선 5척을 분멸하고 왜적의 머리 36급을 베었다.(율포해전)

천성진성 | 부산시 강서구 천성동에 소재. 남해 천성진에 설치된 해상 요충지로, 대마도에서 부산과 진해로 진입하는 길목에 있으며, 가덕진 소속이었다.

가덕진성 | 부산 강서구 성북동에 소재. 일본군이 남해에서 침입해 오는 길목에 있는 요충지이다. 가덕진이 본진이고 수군첨절제사가 관장했다. 이 진성의 일부가 남아 있다.

했다.

9일정미 맑음. 곧장 천성(天城)*과 가덕(加德)*에 가보니, 왜적의 배가 하나도 없었다. 두세 번 수색해보고 군사를 돌려 당포로 돌아와 밤을 지냈다. 새벽이 되기 전에 배를 출발시켜 미조항 앞바다로 가서 우수사(이억기)와 이야기하였다.

초10일무신 맑음.(이후 6월 11일부터 8월 23일까지 빠져있음)

8월

네 번째 출동하다.

24일 맑음. 아침 식사는 객사 동헌에서 하고, 정걸을 침벽정으로 옮겨가서 만났다. 우수사(이억기)와 점심을 같이 먹었는데 정걸도 함께 했다. 신시(오후 4시경)에 배를 출발시켜 노질을 재촉하여 노량 뒷바다에 이르러 닻을 내렸다. 3경(자정 무렵)에 달빛 아래 배를 몰아 사천 모사랑포(모자랑포)에 이르니 동쪽은 이미 밝았지만, 새벽 안개가 사방에 가득하여 지척도 분간하기 어려

각호사 | 현재 경남 거제시 사등면 오량리에 소재하는 신광사이다. 사진은 신광사의 대문이다.
각호사 앞바다 | 각호사에서 앞으로 내다 보이는 앞바다에 두 개의 섬이 있다. 이곳에 이순신이 정박했다.

웠다.

25일 맑음. 진시(오전 8시경)에 안개가 걷혔다. 삼천포 앞바다*에 이르니 평산포 만호가 편지를 바쳤다. 당포에 거의 이르러 경상우수사(원균)와 서로 배를 매고 이야기했다. 신시(오후 4시경)에 당포에 정박하여 잤다. 3경(자정)에 잠깐 비가 왔다.

26일 맑음. 견내량(거제 덕호리)에 이르러 배를 멈추고서 우수사와 함께 이야기했다. 순천 부사(권준)도 왔다. 저녁에 배를 옮겨 각호사(角呼寺)* 앞바다에 이르러 잤다.

27일 맑음. 영남 우수사(원균)와 함께 의논하고, 배를 옮겨 거제 칠내도(칠천도)에 이르니, 웅천 현감 이종인이 와서 말하기를, "들으니 왜적의 머리 35급을 베었다."고 하였다. 저물녘에 제포(진해 제덕동)와 서원포(진해 원포동)를 건너니, 밤은 벌써 2경(밤 10시경)이 되었다. 서풍이 차갑게 부니, 나그네의 심사가 편치 않았다. 이 날 밤은 꿈자리가 많이 어지러웠다.

28일 맑음. 새벽에 앉아 꿈을 기억해보니, 처음에는 흉한 것 같았으나 도리어 길한 것이었다. 가덕에 도착했다.

계사일기
癸巳日記

이순신의 주요 활동

2, 3월 이순신은 웅포 해전을 7차례 치르고, 5월 참전 중에 중단했던 일기를 다시 쓰기 시작했다. 6월 2차 견내량 해전을 치르고, 7월 15일 진영을 여수에서 한산도로 옮기고, 8월 15일 삼도수군통제사가 되었다. 진영에서 둔전을 운영하고 고기잡이와 소금 만들기, 질그릇 굽기 등을 시행하여 군량을 비축하였다. 12월 장계를 올려 진중에 무과를 설치하였다.

그 외 주요 사건

1월 이여송이 평양성을 수복했으나 벽제관 전투에서 패했다. 2월 권율이 행주대첩을 이루고 3월 도요토미 히데요시가 한양에서 철수했다. 심유경이 왜장과 강화를 시작했다. 4월 일본군이 남하하고 김성일이 사망했다. 일본군 토벌작전을 벌이나 명군이 소극적이었다. 6월 2차 진주성전투에서 패하고 9월 이여송이 요동으로 돌아가고 10월 선조가 한양으로 돌아왔다. 유성룡이 영의정이 되었다. 명나라 군사가 철수를 준비하였다.

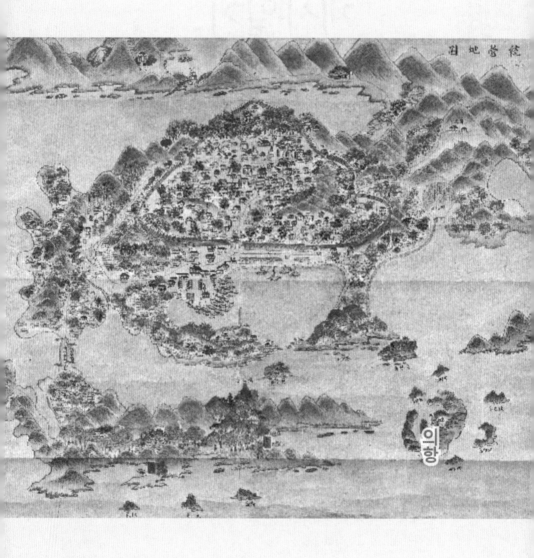

의항, 《통영지도》 사진 규장각한국학연구원 ⓒ

계사년(1593)
삼도수군통제사가 되어 한산도에 해상기지를 만들다

2월

계사년 2월은 대길하다.

1일^{병술} 종일 비가 내렸다. 발포 만호(황정록), 여도 권관(김인영), 순천 부사 (권준)가 와서 모였다. 발포의 관리 최이(崔已)에게 두 번이나 군법을 범한 죄로 형벌을 내렸다.

2일^{정해} 늦게 갬. 녹도의 임시 장수, 사도 첨사(김완), 홍양 현감(배홍립) 등의 배가 들어왔고 낙안 군수(신호)도 왔다.

3일^{무자} 맑음. 여러 장수들이 거의 다 모였는데, 보성 군수(김득광)는 오지 않았다. 동쪽의 웃방으로 나가 앉아 순천 부사, 낙안 군수, 광양 현감(어영담)과 한참 동안 의논하고 약속하였다. 이 날 영남에서 옮겨온 귀화인 김호걸과 나장 김수남 등이 명부에 오른 격군 80여 명이 도망갔다고 보고하면서도, 뇌물을 많이 받고 잡아 오지 않았다. 그래서 군관 이봉수와 정사립(鄭思立)[1] 등을 몰래 파견하여 70여 명을 찾아서 잡아다가 각 배에 나눠두고, 김호걸과 김수남 등을 그날로 처형했다. 오후 술시(밤 8시경)부터 비바람이 크게 불었는데, 여러 배들을 간신히 구조했다.

---

1 정사립(1561~?)은 무예에 뛰어나 무과 출신으로 태인현감을 지냈다. 자신의 재능을 발휘하겠다고 결심하여 이순신의 비장(裨將)이 되어, 그 휘하에서 장계와 문서를 작성하는 일을 하였다.

웅포 | 진해 남문동에 소재. 1593년 2월 10일부터 3월 초까지 여기에서 조선수군이 7차례 일본군을 공격하여 승리했다.(웅포해전) 이순신이 원균, 이억기기와 수륙협공작전을 펴고 의승병들은 안골포와 제포에서 협공하여 일본선을 분멸하고 다수를 살상했다.

4일기축 늦게 갬. 성 동쪽이 9발 무너졌다. 객사 동헌에 나가 공무를 보았다. 유시(오후 6시경)에 비가 많이 내리더니 밤새도록 그치지 않고 바람도 몹시 사납게 불어 여러 배들을 구조하기에 힘이 들었다.

5일경인 경칩이라 둑제(纛祭)*를 지냈다. 비가 물 퍼붓듯이 내리더니 늦게 막 개었다. 아침식사 후 중간 대청으로 나가 공무를 보았다. 보성 군수(김득광)는 밤새워 육로로 달려 왔다. 뜰에 붙잡아 놓고 기한에 늦은 죄를 따져 물으니, 순찰사와 도사 등이 명나라 군사를 접대하는 관리로서 강진과 해남 등의 관

둑제 | 군대의 행렬 앞에 세우던 대장기에 지내는 제사이다. 봄에는 경칩에, 가을에는 상강에 지낸다. 그림 황치석ⓒ

청에 불려 갔었기 때문이라고 하였다. 이 역시 공무이므로 그 대행하는 장수와 도훈도, 그리고 하급 관리 등의 죄를 논했다. 이날 저녁에 서울 친구 이언형과 송별하는 술자리를 가졌다.

6일신묘 아침에 흐리더니

송진포 | 거제 장목면 송진포리에 소재. 1593년 2월 10일 밤 10시경 이순신이 여기서 정박하여 밤을 지냈다. 소진포와 같음.

늦게 갰다. 4경(밤 2시경)에 첫 나발을 불고, 동틀 무렵에 둘째, 셋째 나발을 불고서 배를 띄우고 돛을 달았다. 오시에 역풍이 잠시 불어와서 저물녘에 사량*에 도착하여 잤다.

7일임진 맑음. 새벽에 출발하여 곧장 견내량에 이르니, 경상우수사 원균이 이미 먼저 와 있어서 함께 이야기했다. 기숙흠도 와서 보고, 이영남(李英男)[2]과 이여염(李汝恬)[3]도 왔다.

8일계사 맑음. 아침에 영남 우수사(원균)가 내 배로 와서 전라 우수사(이억기)가 기한에 늦은 잘못을 꾸짖고 지금 먼저 출발한다고 했다. 내가 애써 말려 기다리게 하고 "오늘 해가 중천에 떴을 때 도착할 것이다."라고 약속했더니, 과연 오시(정오 경)에 돛을 달고서 진영에 왔다. 이를 보고 기뻐서 날뛰지 않는 이가 없었다. 그러나 온 것을 보니 거느리고 온 배가 마흔 척밖에 안되었다. 바로 그 날 신시(오후 4시경)에 출항하여 초경(밤 8시경)에 온천도(칠천도)에 이르렀다. 본영에 편지를 보냈다.

---

2 이영남(1566~1598)은 소비포 권관으로서 명량해전에서 이순신을 도와 전공을 세우고, 노량해전 에서 가리포 첨사 겸 조방장으로서 왜적과 싸우다가 전사하였다.

3 이여넘(1561~?)은 원균 휘하의 사량권관으로서 옥포해전과 부산포, 당항포 해전에 참전했다.

9일^{갑오} 첫 나발을 불고 둘째 나발을 불고 나서 다시 날씨를 보니 비가 내릴 징후가 많으므로 출발하지 않았다. 큰비가 종일 내려 그대로 머물러 출발하지 않았다.

10일^{을미} 아침에 흐렸으나 늦게 갰다. 묘시(오전 6시경)에 출항하여 곧장 웅천과 웅포*에 이르니, 적선이 여전히 줄지어 정박해 있었다. 두 차례 유인했으나, 우리 수군에 이미 겁을 먹고는 나왔다가 돌아갔다 하여 끝내 섬멸하지 못하였다. 매우 애통하고 분한 일이다. 밤 2경(10시경)에 영등포 뒤 소진포*로 돌아가 정박하고서 밤을 지냈다. 이에 병신일(11일) 아침에 순천 정탐선이 돌아갈 예정이어서 본영에 편지를 보냈다.

11일^{병신} 흐림. 군사를 쉬게 하고 그대로 머물렀다.

12일^{정유} 아침에 흐리다가 늦게 개었다. 삼도의 군사가 일시에 새벽에 출항하여 곧장 웅천과 웅포에 가니, 왜적들은 어제와 같았다. 나아갔다 물러갔다 하며 유인했지만, 끝내 바다로 나오지 않았다. 두 차례 뒤쫓아 갔으나 잡아 섬멸하지 못했으니, 이를 어찌하겠는가. 매우 애통하고 분한 일이다. 이 날 저녁에 도사가 우후에게 공문을 보냈는데, 명나라 장수에게 줄 군용 물품을 배정한 것이라고 했다. 초경에 칠천도(七川島, 거제 하청)에 이르자 비가 크게 쏟아지더니, 밤새도록 그치지 않았다.

13일^{무술} 많은 비가 물 쏟듯 내리더니 술시(밤 8시경)에 비가 그쳤다. 토의할 일로 순천 부사(권준), 광양 현감(어영담), 방답 첨사(이순신)를 불러 이야기하였다. 정담수가 와서 만났다. 활과 화살 만드는 장인 대방(大邦)과 옥지(玉只) 등이 돌아갔다.

14일^{기해} 맑음. 증조부의 제삿날이다. 이른 아침에 본영의 정탐선이 왔다. 아침 식사 후 삼도의 군사들을 모아 약속할 때 영남 수사(원균)는 병으로 모이지 않고, 오직 전라좌우도의 장수들만이 모여 약속했다. 다만 우후가 술주정으로 망령된 말을 하니, 그 입에 담지 못할 짓을 어찌 말로 다할 수 있으랴. 어란포(해남 송지 어란리) 만호 정담수, 남도포(진도 임회 남동리) 만호 강응표도 마찬가지다. 이렇게 큰 적을 맞아 토벌을 약속하는 때에 함부로 술을 마셔 이 지경에 이르니, 그 사람됨을 더욱 말로 나타낼 수가 없다. 애통하고 분함을 참을 수 없다. 저녁에 헤어져서 진 친 곳으로 왔다. 가덕첨사 전응린이 와서 만났다.

15일경자 아침에 맑더니 저녁에 비가 내렸다. 날씨가 온화하고 바람도 일지 않았다. 과녁을 걸어 놓고 활을 쏘았다. 순천 부사(권준), 광양 현감(어영담)이 왔다. 사량 만호 이여념, 소비포(고성 하일 춘암리) 권관 이영남, 영등포 만호 우치적(禹致績)[4]도 같이 왔다. 이 날 순찰사(이광)의 공문이 왔는데, "명나라 조정에서 또 수군을 보내니 미리 알아서 처리하라."는 것이었다. 또 순찰사의 아전이 보낸 보고서에는 "명나라 군사가 2월 1일에 서울에 들어와서 적의 무리들을 모두 섬멸했다."고 하였다. 저물녘에 원균이 와서 만났다.

16일신축 맑음. 늦은 아침에 바람이 크게 불었다. 소문에 영의정 정철(鄭澈)이 사은사가 되어 북경에 간다고 했다. 그래서 노비 단자(물품 명세서)를 정원명에게 부치면서 그 사신 편에 전하도록 하였다. 오후에 우수사(이억기)가 와서 만나고 함께 밥을 먹고서 돌아갔다. 순천 부사와 방답 첨사도 와서 만났다. 밤 2경(10시경)에 신환(愼環)과 김대복(金大福)[5]이 임금의 전서와 교서 두 통과 부찰사의 공문을 가지고 왔다. 이를 통해 "명나라 군사들이 바로 송도를 치고, 이달 6일에는 서울에 있는 왜적을 함락시켰다."는 소식을 들었다.

17일임인 흐렸으나 비는 오지 않고 하루 종일 동풍이 불었다. 새벽에 숙소에 이영남, 허정은, 정담수, 강응표 등이 와서 만났다. 오후에 우수사(이억기)에게 가서 만나고 또 새로 온 진도 군수 성언길을 만났다. 우수사와 함께 영남

---

4 우치적(?~1628)은 고향에서 의병을 동원하여 왜적의 약탈을 막았다. 원균의 휘하에서 옥포, 적진포, 합포 해전은 물론 이순신과 원균의 합동작전에서 전공을 세웠다. 1596년 순천부사를 지내고 노량해전 때 적장을 죽였다.

5 김대복은 재종형 김억추와 함께 의병을 일으키어 이순신을 도왔다. 을미년 7월 16일 전쟁터에서 큰 상처를 입고 적을 추격하다가 불리해지자 왜장 2명을 양 팔에 끼고 바다에 함께 빠져 죽었다.

사화랑 | 진해구 사화랑 봉수 앞바다. 이순신이 2월 18일 이곳 진영에서 밤을 지냈다. 사화랑 봉수가 진해 남쪽 6리 지점에 있다.《여지도서》

우수사(원균)의 배에 갔다가 선전관이 왕명서를 가지고 온다는 소식을 들었다. 저녁에 돌아올 때는 도중에 선전관이 왔다는 말을 듣고, 서둘러 노를 저어 진으로 돌아올 때에 선전표신(宣傳表信)[6]을 만났으므로 배로 맞아들였다. 왕명서를 받아보니, "급히 적이 돌아가는 길목에 나아가 도망하는 적을 막아 몰살하라."는 내용이었다. 삼가 왕명서를 받았다는 답서를 바로 써 주었는데, 밤은 벌써 4경(새벽 2시경)이 되었다.

18일계묘 맑음. 이른 아침에 군사를 움직여 웅천에 이르니 적의 형세는 여전했다. 사도 첨사(김완)를 복병장으로 임명하여 여도 만호(김인영), 녹도 가장, 좌우별도장, 좌우돌격장, 광양 2선, 흥양 대장, 방답 2선 등을 거느리고 송도(松島, 진해 송도)에 매복하게 하고, 모든 배들로 하여금 유인케 하니, 적선 여남은 척이 뒤따라 나왔다. 경상도 복병선 5척이 재빨리 출동하여 뒤를 쫓을

---

6 선전표신은 왕명을 전할 때 사용하던 오매 나무로 만든 패이다. 한 면에는 선전(宣傳)이라 쓰고, 다른 한 면에는 수결 도장을 두었다. 이는 나라의 긴급한 지시나 군사를 소집할 때 주로 사용한다.

때, 다른 복병선들이 돌진해 들어가 적선을 에워싸고 수없이 발사하니, 왜적으로 죽은 자가 부지기수였다. 한 놈의 목을 베고 났더니 적의 무리가 크게 꺾여 끝내 뒤따라 오지 못하였다. 날이 저물기 전에 여러 배를 거느리고 원포(院浦, 진해 원포동(서원포))에 가서 물을 길었다. 어두워져서 영등포 뒷바다로 돌아왔다. 사화랑(沙火郞)*의 진영에서 밤을 지냈다.

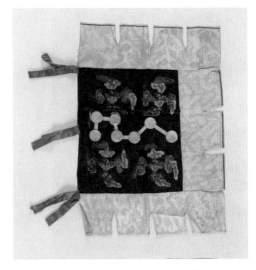

초요기 | 대장이 장수를 부를 때 사용한 지휘기. 사진은 바탕이 흑색이니 전위군을 부를 때 사용한 기이다. 국립고궁박물관 ⓒ

19일갑진 맑음. 서풍이 크게 불어 배를 띄우지 못하고 그대로 머물러 출발하지 않았다. 남해 현령(기효근)에게 붓과 먹을 보냈더니 저녁에 남해 현령이 와서 사례하였다. 고여우와 이효가도 와서 만났다. 그대로 사화랑에 진을 치고 있었다.

20일을사 맑음. 새벽에 배가 출항하자 동풍이 잠깐 불더니, 적과 교전할 때에는 갑자기 큰 바람이 불었다. 각 배들이 서로 부딪쳐 파손되어서 거의 배를 제어할 수 없었다. 즉시 호각을 불고 초요기(招搖旗)*로 싸움을 중지시키니, 여러 배들이 다행히 크게 손상되지는 않았다. 그러나 홍양의 1척, 방답의 1척, 순천의 1척, 본영의 1척이 부딪쳐 깨졌다. 날이 저물기 전에 소진포로 가서 물을 긷고 밤을 지냈다. 이 날 사슴 떼가 동서로 달려가는데, 순천 부사(권준)가 1마리를 잡아 보냈다.

21일병오 흐리고 바람이 크게 불었다. 이영남과 이여염이 와서 만났고 우수사 원균과 순천 부사, 광양* 현감(어영담)도 와서 만났다. 저녁에 비가 내리더

광양읍성 팽나무 | 전남 고흥 여호리에 소재. 사진은 광양읍성 밖에 있는 팽나무이다.
광양현 계류석 | 광양읍성 형방뜰에 있었던 말의 고삐를 매는 돌. 현재 광양역사문화관에 소장되어 있다.

니 3경(자정 경)에 그쳤다.

22일^{정미} 새벽에 구름이 검더니 동풍이 크게 불었다. 적을 토벌하는 일이 급하므로 출항하여 사화랑에 가서 바람이 자기를 기다렸다. 바람이 그친 듯하기에 길을 재촉하여 웅천에 이르러 두 승려 장수(삼혜·의능)와 의병 성응지를 제포(薺浦)[7]로 보내어 장차 육지에 오르려는 것 같이 하고, 우도의 여러 장수들의 배들은 부실한 것을 골라 동쪽으로 보내어 역시 육지에 오르려는 것 같이 하였다. 왜적들이 분주히 우왕좌왕할 때 전선을 모아 곧바로 뚫고 들어가니, 적들은 세력이 나뉘고 힘이 약해져서 거의 다 섬멸되었다. 발포 2선과 가리포 2선이 명령도 안했는데 돌입하다가 얕고 좁은 곳에 걸려 적이 틈을

---

7 이순신의 장계에 의하면, "순천의 삼혜를 시호별도장으로, 흥양에 사는 승려 의능을 유격별도장으로 삼아 소집할 때, 순천에 사는 보인 성응지 등이 의병을 일으키니, 성응지는 본부의 수비를 맡고 삼혜는 순천에서 진지를 주둔시키고 의능은 본영을 지키게 했다."고 하였다.

제포성지 | 진해구 제덕동에 소재. 왜구의 침입을 막기 위해 산 능성과 해안에 쌓은 성으로 현재 성벽 일부가 남아 있다.

탄 것은 매우 애통하고 분하여 간담이 찢어지는 듯했다. 얼마 후 진도의 지
휘선이 적에게 포위되어 거의 구할 수 없게 되자, 우후(이몽구)가 바로 들어
가 구했다. 경상 좌위장과 우부장은 보고도 못 본 체하고 끝내 구하지 않았
으니, 그 어이없는 짓을 말로 다 할 수 없다. 매우 애통하고 분하다. 이 때문에
수사(원균)를 꾸짖었는데 한탄스럽다. 오늘의 분함을 어찌 다 말할 수 있으
랴! 모두가 경상도 수사(원균) 때문이다. 돛을 펴고 소진포로 돌아와서 잤다.
아산에서 뇌(蕾)[8]와 분(芬)[9]의 편지가 웅천 전쟁터에 왔고, 어머님의 편지도
왔다.

23일무신 흐렸으나 비는 오지 않았다. 아침에 우수사가 와서 만났다. 식후에
는 원수사(원균)가 왔고, 순천 부사(권준), 광양 현감(어영담), 가덕 첨사(전응

---

8 이뇌(1561~1648)는 이순신의 맏형 이희신의 맏아들이다. 이순신 곁에서 주로 고향소식을 전하는
심부름을 했다.
9 이분(1566~1619)은 이순신의 맏형의 둘째 아들이다. 임진왜란 때 성천으로 피난하여 성천부사 정
구(鄭逑)에게 학문을 배웠고, 1597년 이순신에게 와서 군중문서를 담당했다. 이순신의 생애에
대한 일대기《충무공행록》을 지었다.

양화나루 | 서울 영등포구 양평동에 소재함. 이 일대가 양화인데 옛날에는 왼쪽 강가에 나루가 있었다.

린), 방답 첨사(이순신)도 왔다. 이른 아침에는 소비포 권관(이영남), 영등포 만호(우치적), 와량(사량?) 첨사(이여념) 등이 와서 만났다. 원수사는 그 흉악하고 음험함을 무어라 표현할 수 없었다. 최천보(崔天寶)[10]가 양화*에서 내려와 명나라 군사들의 기별을 자세히 전하고 아울러 조도어사의 편지와 공문을 전하고 그날 밤 돌아갔다.

24일^{기유} 맑음. 새벽에 온양과 아산에 보낼 편지와 집에 보낼 편지를 함께 써서 보냈다. 아침에 출발하여 영등포 앞바다에 이르니, 비가 크게 내려 곧바로 배를 댈 수 없으므로 배를 돌려 칠천량(거제 하청면)으로 돌아왔다. 비가 그치자 우수사 이억기, 순천 부사, 가리포 첨사, 진도 군수 성언길과 함께 휴식소에서 조용히 이야기했다. 초경(밤 8시경)에 배 만드는 기구를 들여보내는 일로 문서와 흥양에 보낼 공문을 써 보냈다. 양미 90되로 말총을 바꾸어 보

10 최천보(?~1594)는 흥양현감 겸 통장(統將)으로서 이순신의 휘하에서 흥양 전선을 거느리고 왜적을 크게 무찔렀다. 1594년 4월 5일 한산도 앞바다에서 전사하였다.

독사리항 | 부산시 녹산동 서낙동강 하류에 소재. 계사년 2월 28일 조선수군이 이곳 주변에 출동하여 일본군과 전투를 벌였다. 원균은 이곳에 군관을 보내어 수급을 건져오게 했다.
녹산정 | 현재 독사리항에 공원이 조성되었고 여기에 녹산정이라는 정자가 있다.

냈다.

25일경술 맑음. 바람결이 순하지 않아 그대로 칠천량에 머물렀다.

26일신해 바람이 크게 불었다. 하루 종일 머물렀다.

27일임자 맑았으나 바람이 크게 불었다. 우수사 이억기를 만나 이야기했다.

28일계축 맑고 바람도 없다. 새벽에 출발하여 가덕에 이르니, 웅천의 적들은 움츠리고 있고 나와서 대항할 생각이 조금도 없는 듯 했다. 우리 배가 바로 김해강 아래쪽 독사리항(禿沙伊項)*으로 향하는데, 우부장이 변고를 알리므로 여러 배들이 돛을 펴고 곧장 가서 작은 섬을 에워쌌다. 경상 수사의 군관과 가덕 첨사의 정탐선 2척이 섬에서 들락날락하는데, 그 모습이 매우 황당하므로 잡아다가 영남수사(원균)에게 보냈더니 수사가 크게 화를 냈다.

그의 본뜻은 모두 군관을 보내어 어부가 건진 사람의 머리들을 찾아내는 데 있었기 때문이다. 초경에 아들 염(苒)[11]이 왔다. 사화랑에서 잤다.

29일갑인 흐림. 바람이 거세질까 염려되어 배를 칠천량으로 옮겼다. 우수사 이억기가 와서 만났다. 순천 부사, 광양 현감도 왔다. 경상 수사(원균)가 와서 만났다.

30일을묘 종일 비가 내렸다. 배의 뜸(가림막) 아래에 웅크리고 앉아 있었다.

3월

1일병진 잠깐 맑다가 저녁에 비가 왔다. 방답 첨사(이순신)가 왔다. 순천 부사(권준)는 병으로 오지 못했다.

2일정사 온 종일 비가 왔다. 배의 뜸 아래에 웅크리고 앉았으니, 온갖 생각이 가슴에 치밀어 마음이 어지러웠다. 이응화를 불러 한참 동안 이야기하다가 그길로 순천의 배를 보내어 순천부사의 병세를 살펴보라고 했다. 이영남과 이여념이 와서 원균의 비리를 들으니[12] 더욱더 한탄스러울 뿐이었다. 이영남이 왜군의 작은 칼을 두고 갔다. 이영남을 통해 들으니 "강진에 사는 2명이 살아서 돌아왔는데, 고성으로 붙잡혀 가서 심문를 받고 왔다."고 한다.

---

11 염(1577~1597)은 이순신의 셋째 아들로, 후에 이름을 면(葂)으로 고쳤다. 무예가 뛰어났고 이순신을 많이 닮아서 이순신이 가장 아꼈다. 명량해전 직후에 아산에서 분탕질하는 왜적을 공격하다가 길에서 복병의 칼을 맞고 21세의 나이로 죽었다.

12 원균이 군관을 시켜 백성의 머리를 베어다가 왜적의 머리로 보고하였다. 이영남이 말한 강진의 2명도 원균의 부하에게 붙잡혀 갔다가 살아온 사람들이다.(홍기문)

걸망포 | 통영시 산양읍 신전리에 있는 신봉 마을 일대. 걸망개라고도 한다.

3일^{무오} 아침에 비가 왔다. 오늘은 답청절이나 흉악한 적들이 물러가지 않아 군사들을 데리고 바다에 떠 있어야했다. 명나라 군사들이 서울에 들어 왔는지를 듣지 못하니, 근심스러움을 말로 다하기 어렵다. 하루 종일 비가 내렸다.

4일^{기미} 비로소 개었다. 우수사 이억기가 와서 종일 이야기했다. 원균도 왔다. 순천 부사(권준)가 병으로 몹시 아프다고 한다. 듣자 하니, 명나라 장수 이여송이 북로(함경도)로 간 왜적들이[13] 설한령(함남 평북 간 충전 고개)을 넘었다는 말을 듣고 개성까지 왔다가 서관(황해도와 평안도)으로 되돌아갔다는 기별이 왔다. 비통하고 번민한 심정을 참을 수 없다.

5일^{경신} 맑지만 바람이 매우 사납다. 순천 부사(권준)가 병으로 도로 돌아간다기에 아침에 직접 만나보고 전송했다. 정탐선이 왔다. 내일 적을 토벌하자고 서로 약속하였다.

6일^{신유} 맑음. 새벽에 출발하여 웅천에 이르니, 적의 무리가 육지로 다급하게 달아나 산중턱에 진을 만들었다. 관군들이 쇠 탄환과 편전을 비 오듯이

---

13 당시 함경도에 있던 가토 기요마사와 나베시마 나오시게의 부대이다.

난사하니 죽은 자가 매우 많았다.[14] 포로로 잡혀갔던 사천의 여인 한 명을 빼앗아 왔다. 칠천량에서 잤다.

7일^{임술} 맑음. 우수사(이억기)와 이야기했다. 초저녁에 출항하여 걸망포(巨乙望浦)*에 이르니, 날이 이미 새었다.

8일^{계해} 맑음. 한산도로 돌아와 아침밥을 먹은 뒤 광양 현감(어영담), 낙안 군수(신호), 방답 첨사(이순신) 등이 왔다. 방답 첨사와 광양 현감은 술과 음식을 많이 준비해 왔고, 우수사(이억기)도 왔다. 어란포 만호(정담수)도 소고기 음식 몇 가지를 보내 왔다. 저녁에 비가왔다.

9일^{갑자} 하루 종일 궂은비가 내렸다. 원식(元埴, 원균의 사촌)이 와서 만나고 돌아갔다.

10일^{을축} 맑음. 아침 식사 후에 출항하여 사량으로 향했다. 낙안 사람이 행재소(임금의 임시 처소)에서 와서 말을 전하기를, "명나라 군사들이 이미 개성까지 왔는데, 연일 비가 와서 길이 질어 행군하기가 어려우므로 날이 개기를 기다렸다가 서울로 들어가기로 약속했다."고 한다. 이 말을 듣고는 매우 기뻐서 뛰며 어쩔 줄 몰랐다. 첨사 이홍명이 와서 만났다.

11일^{병인} 맑음. 아침 식사 후 원수사(원균)와 이수사(이억기)가 와서 함께 이야기하고 술도 마셨다. 원수사는 몹시 취하여 동헌으로 돌아갔다. 본영의 정탐선이 왔다. 돼지 세 마리를 잡아 왔다.

12일^{정묘} 맑음. 아침에 각 관청에 공문을 작성하여 보냈다. 본영의 병방 이응춘이 업무 서류를 마감하고 갔다. 아들 염과 나대용, 덕민, 김인문 등도 본영으로 돌아갔다. 식후에 이억기의 임시 숙소에서 바둑을 두었다. 광양 현감(어영담)이 술을 마련해 가져왔다. 3경(자정 무렵)에 비가 왔다.

13일^{무진} 비가 크게 내리다가 늦은 아침에 개었다. 이억기와 첨사 이홍명이 바둑을 두었다.

---

14 이순신 부대가 원균 및 이억기부대와 연합하여 2월 10일부터 3월 6일까지 웅천에 주둔한 왜군을 7회 공격하여 승리하였다.(웅포해전)

14일기사 맑음. 여러 배로 배 만들 재목을 보내는데 다 운반하고서 왔다.

15일경오 맑음. 이억기가 이곳에 왔다. 여러 장수들이 활을 쏜 성적을 보니, 우리 편 장수들이 이긴 것이 66분이다. 그래서 우수사가 떡을 만들어 술과 함께 가져 왔다. 저물녘 비가 크게 내리더니 밤새도록 퍼부었다.

16일신미 늦게 갬. 여러 장수들이 또 활을 쏘았다. 우리 편 여러 장수들이 이긴 것이 30여 분이었다. 원균도 왔다가 크게 취하여서 돌아갔다. 낙안 군수(신호)가 아침에 왔기에 고부로 가는 편지를 주어 보냈다.

17일임신 맑음. 거센 바람이 종일 불었다. 우수사(이억기)와 함께 활을 쏘았다. 모양이 형편없으니 우습다. 신경황이 와서 왕명서를 전하는 선전관[채진·안세걸]이 본영에 왔다고 했다. 바로 돌려보냈다.

18일계유 맑음. 거센 바람이 종일 불어 사람들이 함부로 출입하지 못했다. 소비포 권관(이영남)과 아침밥을 먹었다. 우수사와 같이 장기를 두었는데 이겼다. 남해 현령(기효근)도 왔다. 저녁에 돼지 한 마리를 잡아 왔다. 밤 2경(10시 경) 비가 왔다.

19일갑술 비가 내렸다. 우수사와 함께 이야기했다.

20일을해 맑음. 우수사와 함께 이야기했다. 오후에 "선전관이 왕명서를 가지고 온다."는 소식을 들었다.

21일병자 맑음.

22일정축 맑음.

(3월 22일 이후부터 4월 말일까지 일기가 빠져있다.)

*임진왜란 상황을 다음과 같이 별도로 기록하였다.(편집자 주)

　하급관청에 내린 공문이다.

　이제 섬 오랑캐의 변란은 먼 옛날에도 들어 보지 못한 것이고 역사에도 전해진 적이 없는 일이다. 산과 바다에 인접한 곳의 여러 성들은 적의 위세만 보고도 달아나 무너지고, 각 진영의 크고 작은 장수들도 모조리 뒤로 물러나 움츠리니 쥐새끼가 산골에 숨어 버린 것 같다. 임금의 수레는 서쪽으로 피난을 가고 연이어 3경(三京, 평양 · 개성 · 한양)이 함락되었다. 나라가 풍진을 입어 2년 간 폐허가 되니….

약속한 일이다.

먼 옛날에도 들어보지 못한 전쟁이 우리 동방예의지국에 갑자기 닥쳐왔다. (민심이 견고하지 못하고 왜적이 삼경을 함락하자, 백성들이 곤경에 빠져 적병을 겨우 근경에서 대하면 그들의 위세만 봐도 먼저 무너지니, 모든 군량을 나르는 길이 왜구를 돕는 밑바탕이 되어버렸다.) 산과 바다에 인접한 곳의 여러 성들은 적의 위세만 보고도 달아나 무너지니, 적이 휩쓰는 형세가 되어 버렸다. 임금님의 수레는 서쪽으로 옮겨가고 백성은 짓밟혀 죽임을 당하고, 연이어 삼경이 함락되고 나라가 폐허가 되니, 오직 우리 삼도 수군은 의리를 떨쳐 목숨을 바치려 하지 않는 이가 없건만 기회가 알맞지 않아 뜻한 바람을 펴지 못하였다.

이제 다행히 명나라 조정이 천하 대장군 도독 이여송을 파견하여 10만 군마를 거느리고 왜적을 소탕하여 멀리 몰아내고 이미 삼도를 회복하였다고 하니, 신하된 자는 너무 기뻐서 날뛰며 무어라 말할 바를 모르고, 또 죽을 곳도 알지 못하고 있었다. 위에서는 계속 선전관을 파견하여 숨은 적들을 죽여 한 척도 돌려보내지 않게 하시고, 또 간곡한 분부가 5일 만에 거듭 이르렀는데, 한창 충성된 마음을 펼치고 이 한 몸을 바칠 때이다. 그러나 어제 적을 만나 지휘할 때 교묘히 피하여 주저하는 자들이 많아 매우 분하였다. 그 즉시 마땅히 규율에 따라 처벌하려 했으나 이전 일들이 많고 또한 거듭 명할 군법이 있을 뿐 아니라, 더욱 힘을 내어 전쟁에 힘쓰라고 분부하셨기에 우선 그들의 죄를 용서하고 적발하지 않았다. 이 공문 안에 사연을 갖추었으니 일일이 받들어 행하도록 하라.

몰운대 | 부산 사하구 다대동 소재. 본래는 몰운도라는 섬이었으나 후에 다대포와 연결된 섬으로서 흐린날은 안개 구름에 잠긴다고 하여 몰운대라고 한다.
정운공순의비 | 부산포해전에서 전사한 정운 장군의 비각으로 몰운대에 있다.
다대포 | 부산 사하구 다대동 일대. 사진은 다대포 앞바다의 전망을 찍은 것이다.
다대포객사 - 회원관 | 건립 시기는 알 수 없으나 왜구를 막기 위한 요충지인 다대포중심지에 세운 관아이다. 이 부근에 다대진성이 있었고 현재는 다대포로 옮긴 것이다.

　9월 1일 4경 초(새벽 1시)에 배를 출발시켜 몰운대(沒雲臺)*에 도착하니, 경상우수사(원균)가 먼저 그가 거느린 여러 장수들을 데리고 다대포(多大浦)* 앞바다*로 돌아왔다. 우수사 이억기와 경상우수사 원균과 함께 서로 약속하고 절영도 남쪽 바다에 이르러 부산을 바라보니, 좌우 산기슭에 적선이 무수히 줄지어 정박했을 뿐 아니라, 좌우의 산중턱과 성안에 새로 지은 초가와 흙으로 쌓은 담장이 가득히 이어져 있기에 신(臣) 등은 울분을 참지 못했습니다. 여러 장수들을 주도하여 이끌고 선봉이 되어 달려 들어와서 전라도의 우수사(이억기)와 경상우수사(원균)와 함께 말하기를, "신의 뒤를 이어 서로 번갈아 출입하면서 연거푸 천자(天字)*15, 지자(地字)의 각종 총통을 쏘아 왜적선

15　이순신이 임진년 9월 17일에 작성한 부산포승전 보고서에, "원균, 이억기 등과 밤새도록 모의하고, 9월 1일 닭이 울 때 출항하여 진시에 몰운대를 지났는데, 동풍이 일고 파도가 치솟아 배를 제어하기가 어려웠고, 화준구미(花樽仇未)에서 왜적의 대선 5척을 만나고 다대포 앞바다에서 왜적

화준구미 | 부산시 사하구 다대동 화손대 앞의 만 일대.
천자총통 | 천자는 천자문의 첫글자로 첫 번째를 의미한다. 이 총통은 손으로 점화 발포하는 방식의 가장 큰 화포이다. 보물 제647호. 사진 문화재청 ⓒ

50여 척을 쳐부수었는데, 그 때 날이 막 어두워졌다."고 하였다.

5월

필기하기를 생각했으나 바다와 육지에서 매우 바쁘고 또한 쉴 새가 없어서 잊어둔 지 오래였다. 여기서부터 이어 적는다. -별지에 적은 내용-

1일^{갑인} 맑음. 새벽에 망궐례를 행했다.
2일^{을묘} 맑음. 선전관 이춘영이 왕명서를 가지고 왔는데, 이는 도망가는 적을 막아 죽이라는 것이었다. 이날 보성 군수(김득광)와 발포 만호(황정록) 두 장수가 와서 모이고 그 나머지 여러 장수들은 정한 기일을 미루었기 때문에 모이지 않았다.
3일^{병진} 맑음. 우수사(이억기)가 수군을 거느리고 오기로 약속했으나, 수군이

의 대선 8척을 만났습니다."라고 하였다.

많이 뒤쳐져서 한탄스럽다. 이춘영(선전관)이 돌아가고 이순일이 왔다.

4일정사 맑음. 오늘이 어머님의 생신이었으나 이 토벌하는 일 때문에 가서 장수를 비는 술잔을 올리지 못하니 평생의 한이 되겠다. 우수사 및 군관들과 함께 진해루에서 활을 쏘았다. 순천 부사(권준)도 모여서 약속하였다.

5일무오 맑음. 선전관 이순일이 영남에서 돌아왔기에 아침밥을 대접하였다. 전하는 말에 "명나라에서 내게 은청광록대부(종3위)·금자광록대부(정3위) 라는 작위를 내렸다."고 하나 이는 잘못 전해진 것 같다. 해가 질 무렵 우수사(이억기), 순천(권준), 광양(어영담), 낙안(신호)의 영감들과 함께 앉아 술을 마시며 이야기했다. 또 군관들에게 편을 갈라 활을 쏘게 하였다.

6일기미 아침에 친척 신정(愼定)과 조카 봉이 해포*에서 왔다. 늦게 큰비가 퍼 붓듯이 내리더니 온 종일 그치지 않았다. 냇물과 개울이 불어나서 급히 가득 찼다고 했다. 농민들이 바란 것이니 매우 다행이다. 저녁 내내 친척 신씨와 함께 이야기했다.

7일경신 흐리나 비는 오지 않았다. 우수사(이억기)와 함께 아침밥을 먹고 진 해루로 자리를 옮겨 공무를 본 뒤에 배에 올랐다. 출발하려할 때쯤 발포의 도망간 수군을 처형했다. 순천의 이방에게는 급히 나아갈 일을 하지 않았기

견내량 | 거제시 사등면 덕호리 일대. 계사년 5월 10일 이순신이 이 부근 작은 산등성이에 올라 군대를 점검하고 죄가 있는 장수를 처벌했다.

에 바로 회부하여 처형하려다가 그만두었다. 미조항에 도착하니 동풍이 크게 불어 파도가 산과 같이 일므로 간신히 도착하여 잤다.

8일^{신유} 흐리나 비는 오지 않았다. 새벽에 출발하여 사량 바다 가운데에 이르니, 만호(이여염)가 나왔다. 우수사가 어디에 있느냐고 물었더니, 지금 창신도(남해 창선도)에 있다고 하고, 군사들이 모이지 않아 미처 배를 타지 못했다고 했다. 곧바로 당포에 이르니, 이영남이 보러 와서 수사(원균)의 망령된 짓이 많다고 상세히 말했다. 여기서 잤다.

9일^{임술} 흐림. 아침에 출발하여 걸망포에 이르니, 바람이 순조롭지 못했다. 우수사와 가리포 첨사(구사직)와 함께 앉아 이야기를 나누었다. 저녁에 원수사(원균)가 배 2척을 거느리고 와서 만났다.

10일^{계해} 흐리고 비는 오지 않았다. 아침에 출항하여 견내량*에 이르렀고 늦게 작은 산마루 위로 올라가 앉아 흥양의 군사를 점검하고 뒤처진 여러 장수들의 죄를 처벌하였다. 우수사와 가리포 첨사도 모여 함께 이야기했다. 조금 뒤에 선전관 고세충이 왕명서를 가지고 와서 전하였는데, "부산으로 돌아가는 왜적을 가서 무찌르라."[16]는 것이었다. 부찰사의 군관 민종의가 공문을 가지고 왔다. 저녁에 영남 우후 이의득과 이영남이 와서 만났는데, 앉아서 이야기하다가 밤이 깊어서 돌아갔다. 봉사 윤제현이 진영에 도착했다는 편지가 왔다. 즉시 답장을 보내어 잠시 진영에 머물러 있으라고 하였다.

11일^{갑자} 맑음. 선전관이 돌아갔다. 해가 저물어 우수사가 진을 친 곳에 갔더니, 이홍명과 가리포 첨사도 와서 바둑을 두기도 하였다. 순천 부사가 또 오고 광양 현감이 이어서 왔다. 가리포 첨사가 술과 고기를 내놓았다. 얼마 후 영등포로 적을 탐색하러 갔던 사람들이 돌아와 보고하기를, "가덕 바깥 바다에 적선이 무려 2백여 척이 머물면서 드나들고, 웅천은 또한 전날과 같다."고 하였다. 선전관이 돌아갈 때 편지에 사유를 적고, 도원수(김명원)와 체찰사(유성룡)[17]에게 보낼 3통을 공문 1장으로 작성하고, 그 3통에 보고하여 결정함을 논할 사람도 함께 보냈다. 이 날 남해 현령(기효근)도 와서 만났다.

12일^{을축} 맑음. 본영의 정탐선이 들어왔는데 순찰사의 공문과 명나라 시랑 송응창의 통지문을 가지고 왔다. 사복시의 말 5필을 중국에 바치도록 견인해서 보내라는 일로 공문도 왔기에 병방의 관리를 보냈다. 늦게 경상 수사가 왔고 선전관 성문개가 와서 만나니, 전란 중 임금의 사정을 자세히 전하였다. 통곡을 참지 못했다. 새로 만든 정철 총통[18]을 비변사로 보내면서 흑각궁*과 과녁, 화살을 주어 보냈는데, 성문개가 순변사 이일의 사위라고 했기 때문이다. 저녁에 이영남과 윤동구(원균의 부하)가 와서 만났다. 고성 현령 조응도(趙

---

16 계사년 5월 10일자 장계에, "전선의 수군을 모두 모아서 부산 해구에서 정비하여 경거망동하지 말고 경략의 분부에 따라 왜적을 무찌르라."는 내용이 있다.〈청호서주사계원장〉

17 유성룡(1542~1607)은 이황의 문인이고 권율과 이순신을 각각 의주목사와 전라좌수사에 천거했다. 평안도체찰사로서 명나라 장수 이여송과 평양성을 수복하고 영의정이 되어 일본과의 화의를 반대하고 군방강화에 힘썼다. 명나라 경략 정응태의 무고사건으로 파직된 후 은거했다.

18 정철총통은 이순신이 처음 만든 총통이다. 1593년 8월에 올린 장계에, "왜군의 총통은 힘이 맹렬한 반면, 우리의 총통은 왜군의 조총만 못하니, 훈련원 주부 정사준도 묘법을 생각해 내어 이필종, 안성, 동지 등을 데리고 정철을 만들게 했습니다."라고 하였다.

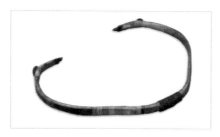

흑각궁 | 무소뿔로 만든 활. 원래는 대부분이 검은색이고 흰색은 돌연변이다. 사진 육군박물관 ⓒ.

應道)[19]도 와서 만났다. 이 날 새벽에 좌도와 우도의 정탐군을 정하여 영등포 등지로 보냈다.

13일병인 맑음. 식후에 작은 산봉우리 정상에 활 과녁을 치고 순천 부사, 광양 현감, 방답 첨사(이순신), 사도 첨사(김완) 및 전라 좌우후(이몽구), 발포 만호(황정록)와 함께 편을 갈라서 승부를 겨루고 날이 저물어 배로 내려왔다. 밤에 들으니 영남 우수사(원균)에게 선전관 도언량이 왔다고 한다. 이 날 저녁 바다의 달빛이 배에 가득 하고 홀로 앉아 이리 저리 뒤척이니, 온갖 근심이 가슴에 치밀었다. 자려해도 잠을 이루지 못하고 닭이 울고서야 선잠이 들었다.

14일정묘 맑음. 선전관 박진종이 왔다. 동시에 선전관인 천안 수령 예윤(禮胤)[20]이 또 왕명서를 가지고 왔다. 그들에게서 전란 중 임금의 사정과 명나라 군사들의 소행을 들으니, 참으로 통탄스럽다. 나는 우수사(이억기)의 배에 옮겨 타고 선전관과 대화하며 술을 여러 잔 마셨는데, 영남우수사 원균이 와서 술주정이 심하여 차마 말할 수 없으니 한 배의 장병들이 놀라고 분개하지 않는 이가 없었다. 그의 거짓된 짓을 차마 말로 할 수 없었다. 천안 수령이 취하여 쓰러져서 인사불성이니 우습다. 이 날 저녁에 두 선전관이 돌아갔다.

15일무진 맑음. 아침에 낙안 군수(신호)가 와서 만났다. 조금 뒤에 윤동구가 그의 대장 원균이 올린 장계의 초본을 가지고 왔는데, 그의 거짓됨은 이루 말할 수 없다. 순천 부사(권준)와 광양 현감(어영담)이 와서 만났다. 늦은 아침

---

19 조응도(?~1597)는 1592년 10월 복병장 권유경과 함께 500명의 군사를 거느리고 남문을 지키며 진주성을 공격해오는 왜군을 방어했다. 거제 기문포 해전에서 전공을 세우고 정유재란 때 전사하였다.

20 이예윤(1568~1625)은 평해 부수 이담(李倓)의 아들이다. 영산군(靈山君)에 봉해지고 선조를 의주까지 호종하여 호성공신이 되었다.

심원정비석 | 심원정은 1593년 초 명나라와 일본이 강화를 협상했던 장소(서울 용산구)이다. 현재는 이 터에 비석이 남아 있는데, "왜와 명나라가 강화한 곳[倭明講和之處]"이라는 내용이 적혀 있다. 이 시기에 명나라의 대응이 소극적이었다.

에 조카 해(荄)[21]와 아들 울(蔚)[22]이 봉사 윤제현과 함께 왔다. 정오에 활 쏘는 곳에 가서 순천, 광양, 사도, 방답 등과 승부를 겨루었는데, 나도 활을 쏘았다. 저녁에 배로 돌아와 윤봉사와 자세히 이야기했다.

16일기사 맑음. 아침에 적량(남해 진동리) 만호 고여우, 감목관 이효가, 이응화, 강응표 등이 와서 만났다. 각 관청의 공문과 청원서[所志]를 작성해 주었다. 조카 해(荄)와 아들 회(薈)가 돌아갔다. 몸이 몹시 불편하여 베개를 베고 누워 신음하던 중 "명나라 장수가 중도에서 오래 체류하는 것은 교묘한 계책이 아닐 수 없다."*는 말을 들었다. 나라를 위한 걱정이 많던 차에 일마다 이와 같으니, 더욱 탄식이 심히 일고 눈물에 잠겼다. 점심 때 윤봉사에게서 "서울 관동(종로 연건동)의 숙모가 양주 천천(泉川, 회천읍)으로 피난갔다가 거기서 세상을 떠났다."는 말을 듣고 통곡을 참지 못했다. 어찌 시국의 일이 이

---

21 이해(1566~1645)는 이순신의 형 이요신의 둘째 아들이다. 1603년 무과에 급제하고 어모장군과 훈련원 주부를 지냈다.

22 이울(1571~1631)은 이순신의 둘째 아들로, 나중에 이름을 열(莌)로 바꿨다. 광해군 때 귀향했다가 인조반정 이후 형조정랑을 지냈다. 집안에 미모의 계집종이 있어서 광해군이 바치라고 명했지만, 신하가 임금에게 미인을 바치는 것은 충성이 아니라고 하여 죽음을 각오하고 바치지 않았다.

렇게 참혹한가. 장사는 누가 주관했을까. 대진(大進)[23]이 먼저 세상을 떠났다고 하니 더욱 더 애통하다.

17일경오 맑음. 새벽 바람이 매우 거셌다. 아침에 순천 부사(권준), 광양 현감(어영담), 보성 군수(김득광), 발포 만호(황정록) 및 이응화가 와서 만났다. 변존서가 병 때문에 돌아갔다. 영남 우수사(원균)가 군관을 보내어 진주의 보고서를 가져와 보이니, 내용은 이제독(이여송)이 지금 충주에 있다는 것이다. 그런데 적들은 사방으로 흩어져 분탕하고 약탈을 하니 매우 애통하고 분하다. 종일 바람이 크게 불어 마음이 또한 매우 어지러웠다. 고성 현령이 군관을 보내어 문안하고, 또 이슬술[秋露]과 소고기 음식 한 꼬치와 꿀통을 보냈다고 한다. 상중이라 받아 두는 것이 미안하지만, 간절한 심정으로 보낸 것을 의리상 되돌려 보낼 수 없으므로 군관들에게 주었다. 몸이 몹시 불편하여 일찍 선실로 들어왔다.

18일신미 맑음. 이른 아침에 몸이 무척 불편하여 온백원(溫白元)[24] 4알을 먹었다. 아침 식사 후 우수사(이억기)와 가리포 첨사(구사직)가 와서 만났다. 잠시 후 시원하게 설사를 하고 나니 몸이 조금 편안해진 듯하다. 종 목년(木年)이 해포에서 왔는데, 이 편에 어머니께서 평안하시다는 소식을 들었다. 바로 답장을 보내고 미역 5동도 집으로 보냈다. 이 날 사신 접대하는 관리에게 적의 형세에 대해 공문 세 통을 한 장으로 작성하여 보냈다. 전주 부윤(권율)이 보낸 공문에, "지금 순찰사의 직무까지 겸하게 되었다."고 하였다. 그러나 도장이 찍히지 않았으니, 그러한 이유를 모르겠다. 방답 첨사(이순신)가 와서 만났다. 대금산(大金山)*과 영등 등지의 망보는 군사가 돌아와 보고하기를, "왜적들이 드나들기는 하지만 대단한 흉모는 별로 없다."고 하였다. 새로 협선(큰배에 딸린 작은배) 2척을 만드는데 못이 없다고 하였다.

---

23 대진이 관동에 사는 숙모의 남편이라고 한다.(기타지마 만지)

24 온백원은 천오포·파두상·적복령·조협구·후박·인삼을 넣어 꿀로 만든 환약이다. 주로 황달, 부종, 심통 등의 복부 질환에 사용한다.

대금산 | 거제시 장목면 소재. 산 정상에서 보면 서쪽으로는 칠천도 앞바다, 북쪽으로는 대봉산 일대, 동쪽으로는 부산 가덕도와 일본의 바다가 보인다. 사진은 북동쪽을 찍은 것이다.

19일^{임신} 맑음. 윤봉사(윤제현)와 함께 아침밥을 먹었다. 여러 장수들이 애써 권하기에 몸이 불편해도 억지로 먼저 진미를 맛보게 되니, 더욱 더 비통하다. 순찰사(권율)의 공문에는 "명나라 장수 원외랑(6부 관리)[유황상(劉黃裳)]²⁵의 통지문에 의하면, 부산의 해상입구에 이미 가서 길을 끊었다."고 하니, 즉시 공문을 받았다는 답서를 작성하여 보냈다. 또 공문을 작성하여 보고하여 보내는데, 심부름은 보성 사람이 가지고 가게 했다. 순천 부사(권준)가 소고기 음식 7가지를 보내왔다. 방답 첨사와 이홍명이 와서 만났다. 기숙흠도 와서 만났다. 영등포의 망보는 군사가 와서 별다른 변고가 없다고 보고했다.

20일^{계유} 맑음. 새벽에 대금산의 망보는 군사가 와서 보고하는데 역시 영등 포의 망보는 군사와 같았다. 늦게 순천 부사가 오고 소비포 권관도 왔다. 오후에 망보는 군사가 와서 보고하기를, "왜선이 나타나지 않았다."고 하였다. 그래서 본영의 군관 등에게 편지를 보내어 왜적의 물건을 실어올 일로 흥양

---

25 유황상은 병부원외랑으로서 경략 송응창의 보좌관이었고 조선을 구원하는 일을 맡았다.(《경략복국요편》권4)

사람을 보내어 가져오게 하였다.

21일갑술 새벽에 배를 출발하여 거제 유자도(柚子島, 거제 교도)가 있는 바다에 이르니, 대금산의 망보는 군사가 와서 왜적의 출몰이 예전과 같다고 보고하였다. 저녁 내내 우수사와 같이 이야기했다. 이홍명도 왔다. 미시(오후 2시경)에 비가 내리니 조금 소생하여 농사를 기대할 수 있었다. 이영남이 와서 만났다. 원수사(원균)가 거짓 내용으로 공문을 돌려 대군을 동요하게 했다. 군중에서 속임이 이러하니, 그 흉포하고 패악함을 이루 말 할 수가 없다. 밤새도록 세찬 바람이 불고 비도 왔다. 새벽녘에 거제 선창에 당도하니 바로 22일이었다.

22일을해 비가 내려서 사람들의 바램을 크게 흡족시켰다. 늦은 아침에 나대용이 본영에서 왔는데, 명나라 시랑 송응창의 통지문과, 그의 수행원이 본도의 도사, 행상호군, 선전관 1명과 같이 온다는 공문을 가지고 왔다. 송시랑의 관리는 전선을 살펴볼 일로 온다고 하니, 바로 우후를 정하고 영접하도록 내보냈다. 오후에 칠천량으로 배를 옮겨 대고 접대의 예를 문의할 일로 나대용을 내보냈다. 저녁에 방답이 와서 명나라 사람 접대하는 일에 대해 말했다. 영남 우수사(원균)의 군관 김준계(金遵繼)가 와서 자기 대장의 뜻을 전했다. 비가 종일 그치지 않았다. 흥양 군관 이호(李晥)가 죽었다는 소식을 들었다.

23일병자 새벽에 흐리고 비는 오지 않더니, 늦게 비가 오락가락하다. 우수사(이억기)가 오고 이홍명도 왔다. 영남 우병사(최경회(崔慶會))[26]의 군관이 와서 적의 사정을 전했다. 본도의 병사[선거이(宣居怡)][27]의 편지와 공문이 여기에 오는데, "창원의 적[28]을 토벌한다지만, 적의 형세가 성대하기 때문에 경솔히

---

26 최경회(1532~1593)는 형 경운, 경장과 함께 의병을 모아 전주와 남원으로 향하는 왜군을 차단하고, 우지치에서 크게 무찔렀다. 1593년 6월 진주에서 가토 기요마사 부대와 싸우다 전사했다.

27 선거이(1550~1598)는 전라수사로서 한산도해전과 행주산성 전투에서 전공을 세우고 한산도에서 이순신을 도와 둔전으로 많은 군량을 비축했다. 장문포해전에서 공을 세우고 충청수사가 되었다. 전쟁 중 병을 얻어 작전을 원만히 수행하지 못했지만, 순국한 것으로 평가한다.

28 창원의 적은 웅천성에 거점을 둔 고바야가와 다카가게(小早川隆景)의 부하들이다.(기타지마 만지)

사량도 | 통영시 사량면 금평리 소재. 계사년 5월 24일 나대용이 사량 뒷바다에 가서 명나라관원이 오는 것을 보고 이순신에게 보고했다.

나아갈 수 없다."고 했다. 저녁에 아들 회(薈)가 와서, "명나라 관원이 본영에 와서 배를 타고 올 것이다."라고 전했다. 어두울 무렵 영남 수사(원균)가 와서 명나라 관원 접대하는 일을 의논하였다.

24일정축 비가 오락가락했다. 아침에 진영을 거제 앞 칠천량의 바다 어귀로 옮겼다. 나대용이 사량* 뒷바다에서 명나라 관원을 발견하고 먼저 와서, "명나라 관원과 통역관 표헌(表憲)[29], 선전관 목광흠(睦光欽)이 함께 온다."고 전했다. 미시에 명나라 관원 양보(楊甫)가 진영의 문에 이르자, 우별도장 이설(李渫)[30]에게 마중 보내어 배까지 인도해 오게 하니, 매우 기뻐하였다. 우리 배에 타기를 청하고 황제의 은혜에 거듭 사례하며 함께 마주 앉기를 청하자, 굳이 사양하여 앉지 않고 선 채로 한참동안 이야기하며 우리 전선의 위용이

---

29 표헌은 조선 선조 때의 역관이다. 어전통사로서 명나라 사신을 접견하는 일을 잘 수행했다. 명나라와 조선간의 교섭문제를 해결하고 명나라의 경략 송응창이 작전을 세우는데 보필하였다.

30 이설(1554년~1598)은 이순신의 휘하에서 나대용과 함께 거북선을 만들었다. 부산포 해전에서 큰 전공을 세웠고, 노량해전에서 이순신과 함께 전사하였다.

성대하다고 매우 칭찬하였다. 예물을 전하자, 처음에는 굳이 사양하는 듯하다가 이를 받고는 매우 기뻐하며 거듭 감사함을 표했다. 선전관의 증표를 평상에 놓은 뒤에 조용히 이야기했다. 아들 회가 밤에 본영으로 돌아갔다.

25일^{무인} 맑음. 명나라의 관원과 선전관은 어제 취기가 깨지 않았다. 아침에 통역관 표헌을 다시 오라고 청하여 명나라 장수가 할 일을 물었다. 그런데 명나라 장수의 뜻이 무엇인지를 알 수가 없어서 다만 왜적을 몰아내려는 것뿐이라고 하였다. 보고에 의하면, "송시랑이 수군의 허실을 알고자 하여 자기가 데리고 온 야불수(夜不收)³¹ 양보를 보냈는데, 수군의 위세가 이렇게도 성대하니 기쁘기 비할 데 없다."고 했다. 늦게 명나라 관원이 본영에 돌아갔으므로 증명서를 준 것도 있다. 오시에 거제현 앞의 유자도 앞 바다 가운데로 진을 옮기고 우수사(이억기)와 함께 한참동안 전쟁을 의논하였다. 광양 현감(어영담)이 오고 최천보와 이홍명이 와서 바둑을 두다가 헤어졌다. 저녁에 조붕(趙鵬)³²이 보러 와서 이야기하고 보냈다. 초경(밤 8시경)이 지나서 영남에서 온 명나라 사람 2명과 우도 관찰사의 관리 1명과, 접반사의 군관 1명이 진영의 문에 이르렀으나 밤이 깊어서 들어오지 못했다.

26일^{기묘} 비가 내렸다. 아침에 명나라 사람을 만나 보니, 그는 절강성의 포수 왕경득(王敬得)이었다. 글자는 조금 알고 있어 한참 동안 대화를 했으나 알아듣지 못하여 매우 아쉬웠다. 순천 부사(권준)가 개고기를 차려 놓았다. 광양 현감도 와서 우수사 이억기와 함께 이야기했다. 가리포 첨사는 초청하였으나 오지 않았다. 비가 저녁 내내 그치지 않더니 밤새도록 퍼부었다. 2경(밤 10시경)부터 광풍이 크게 일어 각 배들을 고정하지 못했다. 처음에는 우수사의 배와 부딪치는 것을 간신히 구했는데, 또 발포 만호(황정록)가 탄 배와 부

---

31 야불수는 군중의 탐정으로 한밤중에 활동하기 때문에 그렇게 부른다. 이은상은 "중국 속어로 군중의 탐정"이라고 했다.

32 조붕은 임진왜란 때 전 가족이 몰살 당했다. 정유재란 때 울산에서 왜적과 싸우다가 순절하였다. 정탁은 "조붕이 수비 재능과 학식이 있어 시무에 밝다."고 하였다.《임진기록》

딪쳐 거의 부서질 뻔한 것을 겨우 면하였다. 송한련이 탄 협선은 발포의 배에 부딪쳐 부서진 곳이 많다고 한다. 늦은 아침에 경상 우수사(원균)가 와서 만나고 돌아갔다. 순변사 이빈(李薲)[33]이 공문을 보냈는데, 지나친 말이 많으니 우습다.

27일^{경진} 비바람에 부딪치게 될까 진을 유자도로 옮겼다. 협선 3척이 간 곳이 없더니 늦게야 들어왔다. 순천 부사와 광양 현감(어영담)이 와서 개고기를 차렸다. 경상우병사(최경회)의 답장이 왔는데, 원수사(원균)가 송응창이 보낸 불화살*을 혼자서 사용하려고 꾀한다고 한다. 우습고도 우습다. 전라 병마사(선거이)의 편지도 왔는데, "창원의 적을 오늘 토벌하여 평정하려고 했는데, 궂은비가 개지 않아 실행하지 못했다."고 했다.

28일^{신사} 종일 비가 내렸다. 순천 부사와 이홍

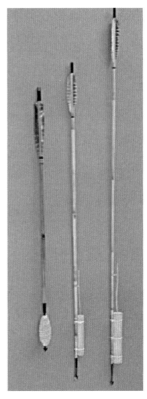

화전 | 불화살. 화살 끝에 천이나 종이를 감은 뒤 불을 붙여서 발사한다. 사진 육군박물관 ⓒ.

명이 와서 이야기했다. 광양사람이 장계를 가지고 돌아왔는데, "독운어사(중앙관리) 임발영(任發英)[34]은 위에서 매우 비난하니 함께 조사하여 처벌하라는 명령을 내렸고, 수군의 일족을 징발하는 일도 그전과 같이 하라고 명했다."는 것이다. 비변사에서 공문이 왔는데, "광양 현감은 그대로 유임시킨다."고

---

33 이빈(李薲)은 이빈(李薲 1537~1603)이 맞다. 1593년 이여송과 함께 평양 탈환 후 권율과 함께 파주산성을 수비하였고, 왜군이 진주와 구례지방을 침략할 때 남원을 지켰다. 그러나 진주성을 방어하지 못했다는 대간의 탄핵을 받았다가 1594년 경상도순변사에 복직되었다.

34 임발영은 종묘의 신주를 모시고 선조를 의주까지 따라갔다. 선조는 '하늘이 낸 사직신'이라고 그의 팔에 써주고, 당일에 무과시험을 보고 급제했다. 그후 안주목사가 되고 이듬해에는 운량사로서 군량수송에 공을 세웠다.

하였다. 관보를 가져와서 보니 나도 모르게 분통이 터졌다. 용호장 성응지(成應祉)에게 그 배를 갈아 탈 수 있도록 전령을 주어 본영으로 내보냈다.

29일임오 비가 내렸다. 방답 첨사와 영등포 만호 우치적이 와서 만났다. 공문을 작성하여 접반사(김수), 도원수(김명원), 순변사(이빈), 순찰사(권율), 병마사(선거이), 방어사(이복남) 등에게 보냈다. 2경에 변유헌(卞有憲)과 이수(李銖) 등이 왔다.

30일계미 종일 비가 내렸다. 신시(오후 4시경)에 잠깐 개다가 다시 비가 왔다. 아침에 윤 봉사(윤제현)와 변유헌에게 왜적에 관한 일을 물었다. 이홍명이 와서 만났다. 원수사(원균)가 송응창이 보낸 불화살을 혼자만 쓰려고 계획하기에 병사의 공문에 따라 나누어 보내라고 하니, 그는 공문을 내라는 말에 심히 못마땅해 하고 무리한 말을 많이 했다. 가소롭다. 명나라의 수행 신하가 보낸 화공 무기인 불화살 1,530개를 나누어 보내지 않고 혼자서 모두 쓰려고 하니 그 잔꾀는 심히 말로 다할 수가 없다. 저녁에 조붕이 와서 이야기하였다. 남해 현령 기효근의 배가 내 배 옆에 댔는데, 그 배에 어린 여인을 태우고 남이 알까 봐 두려워했다. 가소롭다. 이처럼 나라가 위급한 때에도 예쁜 여인을 태우기까지 하니 그 마음씀이는 무어라 형용할 수가 없다. 그러나 그의 대장인 원 수사(원균) 또한 그와 같으니, 어찌하겠는가. 윤 봉사가 일 때문에 본영으로 돌아갔다가 군량미 14섬을 싣고 왔다.

6월

1일갑신 아침에 정탐선이 들어왔다. 어머니의 편지도 왔는데, 평안하시다고 한다. 정말 다행이다. 아들의 편지와 조카 봉의 편지도 함께 왔다. 명나라에서 온 관원 양보가 왜놈의 물건을 보고 기쁨을 참지 못했다고 하고, 왜놈의 말안장 하나를 가지고 갔다고 한다. 순천 부사와 광양 현감이 와서 만났다. 정탐선이 왜군의 물건을 가져 왔다. 충청 수사 정걸이 왔다. 나대용, 김인문, 방응원 및 조카 봉도 왔다. 그 편에 어머니가 평안하심을 알았다. 매우 다행이다. 충청 수사(정걸)와 함께 조용히 이야기하고 저녁밥을 대접했다. 그 편에 들으니, 황정욱(黃廷彧)[35]과 이영(李瑛)이 강가에 나가서 함께 이야기했다고 한다. 개탄스러움을 참지 못했다. 이 날은 맑았다.

2일을유 맑음. 아침에 본영의 공문을 작성하여 보냈다. 온양의 강용수가 진중에 와서 명함을 들여보내고 먼저 경상도 본영으로 갔다. 판옥선*과 군관 송두남, 이경조, 정사립 등이 본영으로 돌아갔다. 아침 식사 후에 순찰사의 군관이 공문을 가지고 왔다. 적의 정세를 정탐하고 돌아가는데 우수사와 상의하여 답장을 보냈다. 강용수도 왔기에 식량 5말을 주어 보냈다. 원견이 같이 왔다고 한다. 정영공(정걸)이 내 배에 와서 같이 이야기하는데, 가리포 첨사 구사직(具思稷))[36]도 한참 동안 함께 이야기를 나누었다. 저녁에 송아지를 잡아서 나누어 먹었다.

3일병술 새벽에 맑더니 늦게 큰비가 내렸다. 지휘선*에 연기를 그을리기[37] 위해 좌별도장(이설)의 배에 옮겨 탔다. 막 활쏘기를 하려할 때, 비가 크게 내렸다. 한 배 위에 비가 새지 않은 곳이 없어 앉을 만한 마른 곳이 없었다. 한탄스럽다. 평산포 만호(김축), 소비포 권관(이영남), 방답 첨사(이순신) 등 이 함께 와서 만났다. 저물녘에 순찰사(권율), 순변사(이빈), 병사(선거이), 방어사(이복남) 등의 답장이 왔는데, 어려운 사정이 많았다. 각도의 전쟁할 말이 많아

---

35 황정욱(1532~1607)은 호소사로서 왕자 순화군을 관동까지 시종했는데, 회령에서 왕자와 함께 포로가 되어 가토기요마사의 강요로 항복 권유문을 작성했다. 이듬해 왜군이 철수하면서 석방 되었으나 권유문을 쓴 것이 문제가 되어 길주 유배 중에 사망했다.

36 구사직(?~1611)은 전라우수사 소속의 가리포 첨사로서 1592년 어영담과 함께 율포해전에서 전 공을 세웠다. 1593년 11월 충청수사가 되고 노량해전에서 이순신을 도와 전공을 세웠다.

37 배의 부식을 방지하기 위해 매달 초하루와 보름에 배의 아랫부분을 생나무 연기로 그을리는 것 이다. 배를 건조한지 8년, 6년만에 수리하고 또 6년이 지나면 다시 만들되 매달 그믐과 보름에 연기를 그을린다.《경국대전》〈병선〉

판옥선 | 위는 〈수조도〉그림 속에 들어 있는 판옥선이다. 사진 통영충렬사 ©. 아래는 최근 복원하여 통영항에 띄어놓은 판옥선.

야 5천을 넘지 못하고, 군량도 거의 다 떨어졌다고 했다. 적의 무리들이 독기를 부리는 것이 날로 더하는데 일마다 이와 같으니 어찌하랴! 초경에 지휘선으로 돌아와 침실로 갔다. 비가 밤새도록 내렸다.

4일^{정해} 종일 비가 내리니 긴 밤이었다. 아침밥을 먹기 전에 순천부사(권준)가 왔다. 식후에 충청 수사 정영공(정걸)과 이홍명, 광양현감(어영담)이 와서 종일토록 군사에 대해 이야기했다.

5일^{무자} 종일 내린 비가 물이 쏟아지는 듯하여 사람들이 머리조차 내밀지 못했다. 오후에 우수사(이억기)가 왔다가 날이 저물어서 돌아갔다. 저물녘부터 바람이 불더니 바람의 기세가 매우 거세져 각 배들을 간신히 구조했다. 이홍명이 왔다가 저녁식사 후에 돌아갔다. 경상 수사(원균)가 웅천의 적들이 혹 감동포(부산 감천동)로 들어온다면서 공문을 보내어 토벌하자고 하였다. 그 흉계가 가소롭다.

6일^{기축} 비가 오락가락하였다. 순천 부사가 와서 만났다. 보성 군수(김득광)가 교체되어 가고 김의검이 대신 맡았다고 한다. 충청 수사가 배에 와서 이야기를 나누었다. 이홍명이 오고 방답 첨사도 왔다가 곧바로 돌아갔다. 저녁에 본영의 정탐병이 와서 어머니께서 편안하시다고 한다. 또 들으니 흥양 현감(배흥립)의 말이 낙안에 이르러 죽었다고 한다. 경악을 금치 못했다.

7일^{경인} 흐리나 비는 오지 않았다. 순천 부사(권준)와 광양 현감(어영담)이 왔다. 전라우수사(이억기)와 충청 수사(정걸)도 왔다. 이홍명도 와서 종일 서로 이야기했다. 본도 우수사의 우후(이정충(李廷忠))³⁸가 저녁에 와서 만나니, 서울안의 일을 상세히 전했다. 한탄이 더해지는 간절한 심정을 가누지 못했다.

8일^{신묘} 잠깐 맑더니 바람이 불어 온화하지 못했다. 아침에 영남 수사의 우후(이의득)가 군관을 보내어 살아 있는 전복을 선사하기에 구슬 30개를 답례로 보냈다. 나대용이 병이 나서 본영으로 돌아갔다. 병선 담당관리 유충서(柳忠恕)³⁹도 병 때문에 교체되어 육지로 올라갔다. 광양 현감이 오고 소비포 권관도 왔다. 광양 현감(어영담)이 소고기 음식을 내와서 함께 먹었다. 정탐선이 들어왔다. 각 고을의 담당서리 11명을 처벌했다. 전년부터 옥과*의 향소(鄕

---

38 이정충은 2차 당항포 해전에 별도장 우후로서 참전하였다. 왜적에게 잡혀간 포로들을 구출한 공로가 있다.

39 유충서는 아들과 조카 등을 거느리고 선조를 의주까지 호종하였다. 권율의 휘하에서 부장(部將)으로서 행주산성에서 전공을 세웠고 이순신 휘하에서 전선을 담당했다.

옥과현청터 | 곡성군 옥과면에 소재. 현재는 현청이 없고 이 터에 역대 현감의 비석들이 세워져 있다.

所)[40]는 군사를 다스리는 일을 신중히 하지 않은 탓에 결원을 많이 내어 거의 백여 명에 이르렀는데도 매양 거짓으로 대답했다. 그래서 오늘 사형에 처하여 머리를 내걸었다. 거센 바람이 그치지 않고 마음이 괴롭고 어지러웠다.

9일임진 맑음. 수십일 동안 내린 궂은비가 비로소 개니, 진중의 장병들이 기뻐하지 않는 이가 없었다. 순천 부사와 광양 현감(어영담)이 와서 개고기를 바쳤다. 몸이 불편한 것 같아 하루 종일 배에 누워있었다. 접반관의 공문이 도착하여 올라오니, 제독 이여송이 충주에 돌아왔다는 소식을 들었다. 지방의 의병 성응지가 돌아올 때 본영의 군량미 50섬을 싣고 왔다.

10일계사 맑음. 우수사(이억기)와 가리포 첨사(구사직)가 이곳에 와서 군사의 계책을 자세히 의논했다. 순천 부사(권준)도 왔다. 뜸[가림막] 20닢을 짰다. 저녁에 영등포*의 망보는 군사가 와서 보고하기를, "웅천의 적선 4척이 일본으로 돌아갔고, 또 김해 해구에 적선 150여 척이 나왔는데 19척은 일본으로 돌아가고, 나머지는 부산으로 향했다."고 했다. 4경(새벽 2시경)에 경상 원수

---

40 향소는 군현의 관리를 감찰하고 자문하는 지방 자치기구이다. 최고 수장인 좌수와 별감 등이 공무를 본다. 향청, 유향소와 같은 말이다.

영등포 | 거제시 장목면 소재. 사진은 영등포 앞바다의 전망이다.

사(원균)의 공문이 왔는데, "내일 새벽에 나아가 싸우자."는 것이었다. 그 흉악하고 음험하고 시기하는 마음은 이루 말할 수 없다. 이날 밤 바로 대답하지 않았다. 네 고을(보성·낙안·광양·흥양)의 군량에 대한 공문을 만들어 보냈다.

11일^{갑오} 비가 오다 개다 했다. 아침에 왜적을 토벌한다는 공문을 작성하여 영남 수사(원균)에게 보냈더니, 취기에 정신이 없다고 핑계를 대며 대답이 없었다. 정오경에 충청 수사(정걸)의 배로 가니, 충청수사가 내 배에 와서 앉기에 잠깐 이야기하다가 헤어졌다. 그 길로 우수사(이억기)의 배로 갔더니, 가리포 첨사(구사직), 진도 군수(김만수(金萬壽)[41]), 해남 현감(위대기(魏大器)[42]) 등이 우수사와 같이 술자리를 베풀었다. 나도 두어 잔 마시고서 돌아왔다. 정탐병

---

41 김만수(1553~1607)는 세 아우(천수, 구수, 백수)와 함께 900명의 의병을 일으켰다. 임진강전투에서 백수가 죽고, 두 아우와 함께 봉산에서 군졸들을 모아 의병장이 되었다. 1593년 진도군수가 되어 한산도의 이순신과 광주의 김덕령에게 군량미를 보급하였다.

42 위대기는 창검술에 뛰어나 무과에 급제하고 해남현감을 지냈다. 조전장으로서 옥포, 적진포, 율포해전에 연승하고 이치전투에서 왜군을 물리쳤다. 정유년 고향에 침입한 왜군들을 참살하여 머리 수백 급을 권율에게 바치고 훈련원 정(正)이 되었다.

이 와서 보고서를 바치고 갔다.

12일을미 비가 오다 개다 했다. 아침에 흰 머리 여남은 올을 뽑았다. 그런데 흰 머리를 어찌 꺼리랴만 다만 위에 늙으신 어머님이 계시기 때문이다. 종일 혼자 앉아 있었는데, 사량 만호(이여념)가 와서 만나고 돌아갔다. 밤 2경(11시 경)에 변존서와 김양간이 들어왔다. 행궁43의 기별을 들으니, 동궁(광해군)께 서 평안치 못하다고 하니, 걱정이 사라지지 않는다. 유성룡의 편지와 윤우신 의 편지도 왔다. 소문에 종 갓동(㹠同)과 철매(哲每)가 병으로 죽었다고 하니 참 불쌍하다. 중 해당(海棠)도 왔다. 밤에 명나라 군인 5명이 들어 왔다고 원 수사(원균)의 군관이 와서 전하고 갔다.

13일병신 맑음. 늦게 잠깐 비가 오다가 그쳤다. 명나라 사람 왕경(王敬)과 이 요(李堯)가 와서 수군이 얼마나 강성한지를 살폈다. 그들을 통하여 "이제독 (이여송)이 나아가 토벌하지 않아서 명나라 조정으로부터 문책을 당했다."는 말을 들었다. 그들과 조용히 이야기하는 중에 개탄스러운 것이 많았다. 저녁 에 진을 거제도 세포(細浦)*로 옮겨 머물렀다

14일정유 비가 오다 개다 했다. 아침 식사 후에 낙안 군수(신호)가 와서 만났 다. 가리포 첨사에게 오기를 청하여 아침밥을 함께 먹었다. 순천 부사와 광양 현감(어영담)이 왔다. 광양 현감은 노루고기를 내왔다. 전운사(轉運使, 운송 담당) 박충간의 공문과 편지가 왔다. 경상 좌수사(이수일)의 공문과 같은 도의 우수 사(원균)의 공문이 왔다. 저물녘에 비바람이 크게 치더니 조금 뒤에 그쳤다.

15일무술 비가 오다 개다 하였다. 우수사(이억기)와 충청 수사(정걸), 순천 부 사(권준), 낙안 군수(신호), 방답 첨사(이순신)에게 오기를 청하여 철음식을 함 께 먹고 해가 저물어서 헤어졌다.

16일기해 잠깐 비가 왔다. 해가 저물었을 때 낙안 군수를 통하여 진해의 보 고서를 보니, "함안 각 도의 대장들이 '왜놈들이 황산동(黃山洞, 경남 양산동 원

---

43 행궁은 지방에 있는 궁궐이라는 뜻으로, 여기서는 전주에 머물고 있는 광해군의 숙소를 가리킨다.

세포 | 거제도 사등면 성포리 포구 소재. 현재는 이 성포 포구가 매립되어 있다.

동면 역참)에 나가 진을 쳤다.'는 소문을 듣고 모두 후퇴하여 진주와 의령을 지킨다."고 하니, 놀라움을 참지 못했다. 순천 부사와 광양 현감, 낙안 군수가 왔다. 초경에 영등의 망보는 군사인 광양 사람이 와서 보고한 내용에, "김해와 부산에 있던 무려 500여 척의 적선이 안골포*, 웅포, 제포* 등지로 들어왔다."고 한다. 다 믿을 수는 없지만, 적도들이 합세하여 옮겨 다니며 침범할 계획도 없지 않을 것이므로 우수사(이억기)와 정 수사(정걸)에게 공문을 보냈다. 2경(밤 11시경)에 대금산의 망보는 군사가 와서 보고한 것도 그와 마찬가지였다. 3경(자정 경)에 송희립을 경상 우수사(원균)에게 보내어 의논케 하니, 내일 새벽에 수군을 거느리고 나아가겠다고 하였다. 적의 모략을 헤아리기 어렵다.

17일^{경자} 초복. 비가 오다가 개다 했다. 이른 아침에 원수사와 우수사, 정 수사 등이 와서 의논했는데, 함안에 있던 각도의 여러 장수들이 진주로 물러가 지킨다는 말이 과연 사실이었다. 식후에 이억기의 배로 가서 앉을 곳을 고치게 하고 우수사(이억기)의 배에서 하루 종일 이야기했다. 조붕이 창원에서 와서 적의 기세가 매우 치열하다고 전했다.

18일^{신축} 비가 오다가 개다 하였다. 아침에 정탐선이 들어왔는데, 닷새 만에

안골포바다 | 창원시 진해구 안골동에 소재. 계사년 6월 16일 영등포의 망보는 군사가 이순신에게 일본선 5백 여척이 안골포·웅포·제포에 침범했다고 보고했다.

제포성지 | 창원시 진해구 제덕동에 소재. 현재 제포는 매립되었고 해안의 산정상에 성곽이 남아 있다.

여기에 온 것이다. 매우 잘못되었기에 곤장을 쳐서 보냈다. 오후에 경상우수사(원균)의 배로 가서 같이 앉아 군사의 일을 의논하였다. 연거푸 한잔 한잔 마신 것이 취기가 심해져서 돌아왔다. 부안과 용인의 사람이 와서 자기 어머니가 갇혔다가 도로 풀려나왔다고 전하였다.

19일임인 비가 오다가 개다 했다. 큰바람이 불어 그치지 않아 진을 오양역(거제 사등 오양리) 앞으로 옮겼으나 바람에 배를 고정할 수가 없으므로 고성 역포(亦浦, 통영 용남면)로 옮겼다. 봉과 변유헌 두 조카를 본영으로 돌려보내어 어머니의 체후를 알아 오게 했다.*44 왜군의 물건과 명나라 장수의 선물과 기름 등을 아울러 본영으로 실어 보냈다. 각 도에 보낼 공문 작성을 마쳤다.

20일계묘 흐리고 바람이 크게 불었다. 제삿날이라 종일 혼자 앉아 있었다. 저녁에 방답 첨사, 순천 부사, 광양 현감이 와서 만났다. 조붕이 그의 조카 조응도와 함께 와서 만났다. 이날 배 만들 재목을 운반하여 내리고 그대로 역포에서 잤다. 밤에 바람이 잤다.

21일갑진 맑음. 새벽에 진을 한산도(閑山島) 망하응포(望何應浦)*로 옮겼다. 점

---

44 이순신은 충청지방이 전란으로 위험하자, 모친을 좌수영에서 약 20리 떨어진 여수시 웅천동 송현마을에 사는 휘하 장수 정대수(丁大水)의 집으로 모셔왔는데, 1593년 6월부터 1597년 4월까지 기거하였다. 이순신이 이곳에 두 조카를 보내어 모친의 안부를 알아오게 했다.

자당기거지 고택 | 여수시 웅천동 송현마을에 소재. 전란 중에 이순신의 모친이 살았던 집(정대수 집). 최근 이 집이 본래의 정대수집 옆에 복원되어 효를 배우는 장소로 사용되고 있다.
가마솥 | 전란 중에 이순신의 모친이 사용한 가마솥. 오래되어 솥 가운데에 큰 구멍이 나 있다.
돌절구 | 전란 중에 이순신의 모친이 사용한 돌절구.

심을 먹을 때 원연(元埏, 원균의 아우)이 왔다. 이억기도 초대하여 함께 앉아 술 잔을 권하여 몇 번 돌리고 헤어졌다. 아침에 아들 회(薈)가 들어왔다. 그 편에 어머니께서 평안하시다는 소식을 들으니 매우 다행이다.

22일을사 맑음. 전선을 완성하여 비로소 흙더미에 앉혔는데, 목수가 214명 이다. 물건 나르는 일은 본영에서 72명, 방답에서 35명, 사도에서 25명, 녹 도에서 15명, 발포에서 12명, 여도에서 15명, 순천에서 10명, 낙안에서 5명, 홍양과 보성에서 각 10명이 했다. 방답에서는 처음에 15명을 보냈기에 군관 과 하급 관리의 죄를 따졌는데, 그 행태가 몹시 기만적이다. 제2 지휘선의 선

망하응포 | 통영시 한산면 염호리 관암포로 추정(김일룡 견해). 사진에서 앞의 작은 섬은 이순신이 올라가 갑옷을 벗고 쉬었다는 해갑도이고, 뒤는 관암포가 있는 관암마을이다. 한편 망하응포가 한산면 하소리 하포라는 설도 있다.

상 요원[無上][45] 손걸(孫乞)을 본영으로 돌려보냈는데, 나쁜 짓을 많이 저질러서 구금되었다고 한다. 그래서 붙잡아 오라고 하였더니, 이미 들어와서 인사하므로 제 맘대로 드나든 죄를 문책하고 아울러 우후의 군관 유경남(柳景男)도 처벌하였다. 오후에 가리포 첨사(구사직)가 왔다. 적량(赤梁)*의 고여우와 이효가도 왔다. 저녁에 소비포 이영남이 와서 만났다. 초경(오후 8시경)에 영등포의 망보는 군사가 와서 보고한 내용에, "별다른 기별은 없고 다만 적선 2척이 온천(溫川, 칠천도)에 들어와 순찰하여 정탐하고 돌아갔다."고 했다.

23일병오 맑음. 이른 아침에 목수들을 점검하였는데 한 명도 결근이 없었다고 했다. 새 배에 쓸 밑판 만드는 것을 마쳤다.

24일정미 식후에 큰비가 오고 거센 바람이 저녁 내내 그치지 않았다. 저녁에 영등포의 망보는 군사가 와서 보고하기를, "적선 5백여 척이 23일 한밤 중에 소진포로 모여들었는데 그 선봉이 칠천량에 이르렀다."고 하였다. 초저

---

45 무상은 배의 운행을 맡아 돛대를 조정하는 선상 요원이다. 이를 "갑판수[斗手]"라고도 한다.

적량 | 남해군 창선면 진동리 소재. 사진은 적량만 일대와 앞의 남산을 찍은 것이다. 적량만과 장포, 대곡을 묶어 진동이라고 한다.

넉에 또 대금산과 영등포의 망보는 군사가 와서 보고한 것도 또한 마찬가지였다.

25일^{무신} 큰비가 종일 내렸다. 아침 식사 후 우수사(이억기)와 함께 앉아서 적을 칠 일을 의논하였다. 가리포 첨사(구사직)도 오고 경상 우수사(원균)도 와서 일을 의논하였다. 소문에 진주에는 성*이 포위되었는데도 감히 아무도 진격해 오지 못했다고 한다. 연일 비가 내려서 적들이 물에 막혀 독기를 부리지 못하게 한 것을 보면 하늘이 호남지방을 지극히 도운 것이다. 매우 다행이다. 낙안에 군량 130섬 9말을 나누어 주었다. 또 순천 부사(권준)가 군량 2백 섬을 바치어 벼를 찧어 쌀을 내었다고 한다.

26일^{기유} 큰 비가 오고 남풍이 크게 불었다. 아침에 복병선이 와서 변고를 보고하기를, "적의 중간 배와 작은 배 각 1척이 오양역* 앞까지 이르렀다."고 했다. 호각을 불어 닻을 올리게 하고 모두 적도(赤島)*로 가서 진을 쳤다. 순

오양역 | 거제시 오양리 소재. 현재는 이곳에 오양성이 있다.
적도 | 거제 술역리에 있는 화도(花島). 불을도. 한산도에 배를 타고 들어갈 때 왼편에 보이는 큰섬이다.

천의 군량 150섬 9말을 받아 의능(宜能)[46]의 배에 실었다. 저녁에 김붕만(金鵬萬)[47]이 진주*에서 적의 형세를 살피고 와서 보고하기를, "적도들이 진주의 동문 밖에서 무수히 진을 합쳤는데, 큰비가 연일 내려 물에 막히고, 독기를 부리며 접전하고 있습니다. 그러나 큰물이 장차 적진을 침몰시키려고 하여 적은 밖으로 군량과 구원을 이어 받을 길이 없으니, 만일 대군이 협력해서 공격한다면 한 번에 섬멸할 수 있다."고 하였다. 그런데 이미 양식이 떨어졌으니 우리 군사는 편히 앉아서 고달픈 적을 대하는 셈이어서 그 형세가 마땅히 백 번 이길 수 있을 것이다. 하늘도 순조롭게 도와주고 있으니, 수로에 있는 적은 비록 5, 6백 척을 합하더라도 우리 군사를 당해낼 수 없을 것이다. 27일^{경술} 비가 오다 개다 하였다. 오시(정오경)에 적선 2척이 견내량에 나타났다고 하므로 진을 동원하여 나가보니, 이미 달아났다. 그래서 불을도(弗乙島, 화도) 바깥에 진을 쳤다. 아침에 순천 부사(권준)와 광양 현감(어영담)을 불러 와서 군사의 일을 논했다. 충청 수사(정걸)가 그 군관을 시켜 전하여 고하기를, 흥양의 군량이 떨어졌으니 3섬을 빌려 달라고 하기에 보내주었다. 강진의 배가 적과 싸우고 있다는 것을 들었기 때문이다.

---

46 의능은 흥양에 사는 승려로서 본영에 머물면서 유격 별도장으로 활동하였다.

47 김붕만은 이순신의 휘하로서 부산 해전에서 전공을 세웠다. 1597년 부친과 함께 한산도해전에 참가하여 분투하다가 적의 유탄에 맞고 순국하였다.

진주성 | 진주시 본성동에 소재. 계사년 6월 19일에 2차 진주성전투가 발생하여 29일 결국 함락되었다. 이 기간 중에 25일 이순신이 진주성의 전쟁 상황을 들었다.

28일^{신해} 비가 오다가 개다 하였다. 어제 저녁에 강진의 정탐선이 왜적과 싸운다는 소식을 들었다. 그래서 진을 동원하고 출항하여 견내량에 이르니, 적도들이 우리 군사들을 바라보고는 놀랍고 두려워서 달아났다.[48] 파도와 바람이 거꾸로 밀려와 들어올 수가 없어 그대로 머물러 밤을 지내고 4경(새벽 2시경)에 불을도에 도착했다. 이 날이 곧 명종의 제삿날이기 때문이다. 종 봉손(奉孫)과 애수(愛守) 등이 들어와서 선산의 소식을 자세히 듣게 되니, 참으로 다행이다. 원수사(원균)와 전라우수사(이억기)가 같이 와서 군사의 일을 논하였다.

29일^{임자} 맑음. 서풍이 잠깐 일다가 날이 개고 밝았다. 순천 부사와 광양 현감이 와서 만났다. 어란 만호(정담수)와 소비포 권관(이영남) 등도 와서 만났다. 종 봉손 등이 아산으로 가는데, 홍(洪), 이(李) 두 선비의 앞과 윤선각(尹先

---

48 6월 26일 이순신이 견내량 입구에서 왜선 10여 척을 격퇴했다.(견내량 해전) 적선 10여 척이 견내량에서 이순신의 복병선이 추격하자 나오지 않고 유인하려고 하니, 이순신이 한산도에 진을 치고 공격준비를 했다.〈장계-축왜선장〉

覺)[49]의 소식을 물을 곳에 편지를 써서 보냈다. 진주가 함락되어 황명보(黃明甫)[50], 최경회(崔慶會), 서례원(徐禮元), 김천일(金千鎰)[51], 이종인(李宗仁), 김준민(金俊民)이 전사했다고 한다.

7월

1일계축 맑음. 인종의 제삿날이다. 밤기운이 몹시 서늘하여 자려해도 잠들지 못했다. 나라를 걱정하는 마음이 조금도 해이하지 않고 홀로 뜸 밑에 앉아 있으니, 온갖 생각이 다 일어난다. 초경에 선전관이 왕명서를 가지고 내려 왔다고 들었다.

2일갑인 맑음. 날이 늦어서야 우수사(이억기)가 내 배로 와서 함께 선전관(유형(柳珩))[52]을 대하였다. 점심을 먹은 뒤 헤어져 돌아갔다. 해질녘에 김득룡(金得龍)[53]이 와서 진주가 불리하다고 전했다. 놀라움과 걱정스러움을 참을 수 없다. 그러나 절대 그럴 리 없다. 이는 필시 미친 사람이 잘못 전한 말일 것이다. 초저녁에 원연(元埏)과 원식(元埴)이 여기에 와서 군중의 일을 많이

---

49 윤선각(1543~1611)은 처음 이름이 선각이고 나중에 국형(國馨)으로 고쳤다. 1592년 충청도관찰사가 되어 전쟁에 패하자 파직을 당하고 다시 충청도순변사에 임명되어 활동하였다.

50 황명보(1550~1593)는 황진(黃進)을 말하는데 자(字)가 명보(明甫)이다. 의병을 일으켜 진안에서 왜적을 물리치고 1593년 충청병사가 되었고, 6월에 진주성 싸움에서 전사하였다.

51 김천일(1537~1593)은 고경명, 최경회, 조헌 등과 함께 수원의 독성산성과 금령전투에서 전공을 세웠다. 1593년 4월 진주성전투에서 패하자, 아들 상건(象乾)과 함께 촉석루의 남강에 투신했다.

52 유형(1566~1615)은 김천일을 따라 강화에서 활동하다가 의주 행재소에 가서 선전관이 되었다. 정유재란 때 진린과 이순신을 곤경에서 구했다. 노량해전에서 부상을 입고도 전사한 이순신을 대신하여 전투를 지휘한 사실이 왕에게 알려져 부산진 첨절제사가 되었다.

53 김득룡은 평소 모래 백말을 들어 올릴 정도로 힘이 세었다. 임진왜란 때 수차례 왜선을 물리치고, 노량해전 때 이순신이 전사하자 상처를 입은 상태로 분전하여 왜적 수십 급을 베고 전사하였다.

말하니, 참으로 우습다.

3일을묘 맑음. 적선 여러 척이 견내량을 넘어오고, 한편으로는 육지로 나오니 애통하고 분하다. 우리 배들이 바다로 나가서 이들을 쫓으니 도망쳐 되돌아갔다. 후퇴하여 잤다.

4일병진 맑음. 흉적 몇 만여 명이 죽 늘어서서 위세를 보이니 매우 애통하고 분하다. 저녁에 걸망포로 물러나서 진을 치고 잤다.

5일정사 맑음. 새벽에 망보는 군사가 와서 보고하는 내용에, "견내량에 적선 여남은 척이 넘어왔다."고 했다. 그래서 여러 배들이 동시에 출동하여 견내량에 이르니, 적선은 다급하게 후퇴하여 달아났다. 거제 땅 적도(赤島)에는 말만 있고 사람은 없으므로 이를 싣고 왔다. 늦게 변존서가 본영으로 갔다. 또 진주가 함락되었다는 긴급 보고가 광양에서 왔는데, 두치(豆恥)*의 복병한 곳에서 성응지와 이승서가 보낸 것이다. 저녁에 걸망포에 돌아와 진을 치고 밤을 지냈다.

6일무오 맑음. 아침에 방답 첨사(이순신)가 와서 만나고, 소비포 권관(이영남)도 와서 만났다. 한산도에서 새로 만든 배를 끌고 오기 위해 중위장이 여러 장수들을 데리고 가서 끌어왔다. 공방(工房) 곽언수(郭彦壽)[54]가 피난 중 임시 조정에서 들어 왔는데, 도승지 심희수(沈喜壽)[55]와 윤자신과 좌의정 윤두수(尹斗壽)[56]의 답장도 왔고, 윤기헌도 문안인사를 보내왔다. 여러 가지 소식들도 함께 왔는데, 이를 보니 한탄스러운 사정이 많았다. 흥양 현감(배흥립)이 군량을 싣고 왔다.

7일기미 맑음. 아침에 순천 부사, 가리포 첨사, 광양 현감이 와서 만나고, 군

---

54 곽언수는 본래 의엄(義嚴)이라는 승려로 그의 속명이 곽언수였다. 본래 휴정(休靜)의 제자로서 총섭이 되어 승려 수천 여명을 거느리고 왜적을 물리쳤다.

55 심희수(1548~1622)는 선조를 의주까지 호종하고 대사헌이 되었다. 그 후 유창한 중국어 실력으로 명나라 사신의 접대를 맡고, 명나라 송응창의 접반사로서 관서지방에서 빈민 구제에 힘썼다.

56 윤두수(1533~1601)는 좌의정으로서 명나라에 지원 요청을 하지 말고 자주국방을 주장하며 이원익, 김명원 등과 함께 평양성을 지켰다. 유성룡과 함께 난국을 평정한 공로가 있었다.

두치 | 하동군 두곡리 두곡마을. 사진은 두곡마을 고개이다. 7월 5일 이순신이 두치의 복병으로부터 진주의 함락소식을 들었다.

사의 일을 논할 때 각각 가볍고 날랜 배 15척을 뽑아 견내량 등지로 보내어 탐색하도록 하였다. 위장(衛將)[57]이 거느리고 가보니 왜적의 종적이 없다고 하였다. 거제에서 포로가 되었던 한 사람을 데려 와서 왜적의 소행을 상세히 물으니, "흉적들이 우리 배의 위세를 보고 후퇴하여 돌아가려고 한다."고 하였다. 또 말하기를 "진주가 이미 함락되었으니 달려가서 전라도를 넘어갈 것이다."라고 하였다. 이 말은 거짓이다. 우수사(이억기)가 내 배로 와서 함께 이야기하였다.

8일경신 맑음. 남해를 왕래하는 사람인 조붕을 통해 "적이 광양을 침입하여 광양 사람들이 이미 관청과 창고를 분탕했다."는 말을 들었다. 그 해괴함을 참을 수가 없다. 순천 부사(권준)와 광양 현감(어영담)을 보내려다가 길에서 전한 소문을 믿을 수 없으므로 그만두고, 사도 군관 김붕만을 알아보라고 보냈다.

---

57 위장은 5위(衛)[의흥위 · 용양위 · 호분위 · 충좌위 · 충무위]의 군사를 지휘하는 장수이다. 본래
   는 종2품으로서 각 위에 12인을 두었다가 임진왜란 때는 정3품으로 강등되었다.

9일신유 맑음. 남해 현령(기효근)이 또 와서 전하기를, "광양과 순천이 이미 분탕을 당했다."고 하였다. 그래서 광양 현감, 순천 부사 및 송희립, 김득룡, 정사립 등을 내보냈고, 이설은 어제 먼저 보냈다. 이 소식을 듣자니 뼛속까지 아파와 말을 할 수 없었다. 이억기와 원균과 함께 일을 논의했다. 이날 밤은 바다의 달이 밝고 티끌 하나도 일지 않고 물과 하늘이 일색을 이뤘다. 서늘한 바람이 선듯 불어와 홀로 뱃전에 앉았는데, 온갖 근심이 가슴에 치밀었다. 삼경 말(새벽 1시)에 본영의 정탐선이 들어와서 적의 기별을 전하는데, "실은 왜적이 아니고, 영남의 피난민들이 왜군차림을 가장하고 광양으로 돌진해 들어가서 민가를 분탕질했다."는 것이었다. 기쁘고 다행임을 참지 못했다. 진주에 관한 일도 헛소문이라고 하였다. 그러나 진주의 일만은 절대로 그럴 리가 없다. 닭이 벌써 울었다.

10일임술 맑음. 늦게 김붕만이 두치에서 와서 하는 말이, "광양의 일은 사실이다. 다만 왜적 백여 명이 도탄(陶灘)*에서 건너와 이미 광양을 침범했으나 놈들의 한 짓을 보면 총통을 한 번도 쏜 일이 없다."고 하였다. 그러나 왜놈들이 포를 쏘지 않았을 리가 전혀 없다. 원균과 이억기가 왔다. 원연(元埏)도 왔다. 저녁에 오수(吳水, 거제의 토병)가 거제의 가참도(加參島, 거제 사등 가조도)로부터 와서 고하기를, "적선은 안팎에서 보이지 않는다."고 했다. 또 말하기를 "포로가 되었던 사람이 도망쳐서 돌아와 하는 말에 '적의 무리들이 무수히 창원 등지를 향해 갔다.'고 했다."하였다. 그러나 남들의 말은 다 믿을 수 없다. 초저녁에 한산도 끝의 세포(細浦)*로 진을 옮겼다.

11일계해 맑음. 아침에 이상록이 뒤에 처져서 명령을 어기고 먼저 떠난 여러 장수에게 명령을 전할 일로 나갔다가 돌아와서 고하기를, "적선 10여 척이 견내량에서 내려온다."고 하였다. 닻을 올려 바다로 나가니 적선 대여섯 척이 이미 진영 앞에 도착했다. 이를 추격하니 급히 돌아갔다. 신시(오후 4시경)를 넘기고서 걸망포로 돌아와서 물을 길었다. 사도 첨사(김완)가 되돌아 와서 하는 말이, "두치 나루*의 적에 관한 일은 헛소문이고, 광양 사람들이 왜

도탄 | 하동군 화개면 덕은동의 이명이다. 이순신의 장계에는 "호남의 인접한 경계가 구례의 석주와 도탄이다."라고 하였고, 《진양지》에는 "도탄은 하동 악양면 서쪽 20리 지점에 있다."고 하였다. 석주는 구례 토지면 송정리에 있으니 악양면에서 서쪽으로 8km되는 지점이 연곡교 부근이다.
악양정 | 덕은동에 있는 일두 정여창이 학문을 하고 교육하던 집이다. 이곳을 근거하여 도탄의 위치를 찾을 수 있다.

군 옷으로 갈아입고 저희들끼리 서로 장난친 것이다."라고 하였다. 순천과 낙안은 이미 분탕을 당하였다고 하니 분함을 참을 수가 없었다. 저녁에 오수성이 광양에서 돌아와 보고하기를, "광양의 적에 관한 일은 모두 진주와 그 고을 사람들이 그렇게 흉계를 짜낸 것이다. 고을의 창고에는 아무것도 없고 마을은 텅 비어 종일 돌아다녀도 한 사람도 없으니, 순천이 가장 심하고 낙안이 그 다음이다."라고 하였다. 달빛 아래 우수사(이억기)의 배로 갔더니 원수사(원균)와 직장 원연(元埏) 등이 먼저 와 있었다. 군사 일을 의논하다가 헤어졌다.

12일갑자 맑음. 식전에 울(蔚)과 송두남, 오수성이 돌아갔다. 늦게 가리포 첨사(구사직)와 낙안 군수(신호)를 불러다가 일을 의논하고 같이 점심을 먹고 돌아갔다. 가리포의 군량 담당 관리가 와서 전하기를, "사량 앞바다에 와서 묵을 때 왜인들이 우리 옷으로 변장하고 우리나라의 작은 배를 타고 돌입하여 포를 쏘며 약탈해 가려 한다."고 하였다. 그래서 곧바로 각각 날랜 배 3척씩 정하여 도합 9척을 급히 보내어 잡아오도록 거듭 명령하여 보냈다. 또 각각 배 3척씩 정하여 착량(鑿梁)*으로 보내 요새를 지키고 오게 했다. 보고서가 왔는데 또 광양의 일은 헛소문이라고 하였다.

세포 | 통영시 한산면 염호리 비산도 서남쪽에 있는 협소한 손깨 포구. 《통영지명총람》혹 관암마을로 보는 견해도 있다. 사진에서 뒤에 보이는 것이 비산도이다. 사진 통영시청 ⓒ

13일_{을축} 맑음. 늦게 본영의 정탐선이 들어왔다. 광양과 두치 등에는 적의 형세가 없다고 한다. 흥양 현감(배흥립)이 들어오고 우영공(이억기)도 왔다. 순천의 거북선 격군으로서 경상도 사람인 종 태수가 도망치니, 붙잡아다 처형시켰다. 늦게 가리포 첨사가 와서 만나고 흥양 현감이 들어와서 두치의 거짓 소문과 장흥 부사 유희선(柳希先)의 겁냈던 일들을 전했다. 또 말하기를, 그 고을 산성(고흥 남양 대곡리) 창고의 곡식을 남김없이 나누어 주고, 해포[蟹浦]에 흰콩과 중간콩 40섬을 함께 보냈다고 한다. 또 행주성의 승첩*58을 전했

---

58 권율이 평양수복 후, 1593년 2월 수천의 병사를 행주산성에 집결시켰다. 일본의 총대장 우키
　다 히데이에(宇喜多秀家)가 3만여 군대로 고니시 유키나가와 함께 행주산성을 공격했으나 실패
　했다. 이때 부녀자들이 치마로 돌을 날랐다. 권율은 왜군의 머리 130급을 벤 공로로 도원수가 되

두치나루 | 하동군청에서 두치마을 사이에 있었던 옛 나루터.
착량 | 통영의 미륵도와 반도 사이 당동에 소재. 왜적들이 도주하다가 여기서 돌을 파서 다리를 만들며 달아난 데서 유래한다. 현재는 이순신의 위패를 모신 착량묘 사당이 있다.

다. 초경(밤 8시경)에 우수사가 청하기에 초대에 응하여 그의 배로 가 보았더니, 가리포의 우영공(구사직)이 몇 가지의 먹음직한 음식물을 차려 놓았다. 4경(새벽 2시 경)에 이르러 헤어졌다.

14일^{병인} 맑다가 늦게 비가 조금 내렸다. 진영을 한산도 두을포(豆乙浦)*로 옮겼는데, 비가 땅의 먼지를 적실뿐이다. 몸이 몹시 불편하여 온종일 신음했다. 순천 부사(권준)가 들어와서 "장흥 부사(유희선)가 본부의 일을 거짓으로 전달했다."고 전한 것은 이루다 표현할 수 없다. 함께 점심을 먹고 그대로 머물렀다.

15일^{정묘} 아주 맑음. 늦게 사량의 수색선과 여도 만호 김인영 및 순천 지휘선을 타고 다니는 김대복이 들어왔다. 가을 기운 바다에 드니 나그네 회포가 산란해지고 홀로 배의 뜸 밑에 앉았으니 마음이 몹시 번거롭다. 달빛이 뱃전에 들자 정신이 매우 맑아져 자려해도 잠들지 못했거늘 벌써 닭이 울었구나.

가을 기운 바다에 드니 나그네 회포가 산란해지고 　秋氣入海 客懷撩亂
홀로 배 뜸 아래 앉았으니 마음이 몹시 번거롭다 　獨坐蓬下 心緒極煩

었다.

한산도 | 통영시 한산면 두억리에 소재. 이순신은 1593년 7월 1일 한산도가 중요한 해상의 요새라고 판단하여 조정의 승인을 받아 15일에 진영을 여기로 옮겼다. 이때 현덕승에게 "호남은 국가의 울타리이니 호남이 없다면 곧 국가가 없는 것입니다. 그러므로 어제 한산도에 진을 치어 바닷길을 막을 계획을 세웠다."는 내용의 편지를 보냈다. 사진 통영시청 ©
두을포 | 한산도 제승당 서쪽 두억 항구(의항(蟻項))에 있다. 이순신이 전쟁할 때 왜적들이 이 항구에 들어오면 궁지에 몰려 개미처럼 기어오른 데서 붙여진 이름이다.

| 달빛이 뱃전에 들자 정신이 매우 맑아져 | 月入船舷 神氣淸冷 |
| 자려해도 잠들지 못했거늘 벌써 닭이 울었구나 | 寢不能寐 鷄已鳴矣 |

16일무진 아침에 맑다가 늦게 흐리더니 저녁에 소나기가 와서 농사의 바램에 흡족하다. 몸이 몹시 불편하다.

17일기사 비가 내렸다. 몸이 너무 불편하였다. 광양 현감(어영담)이 왔다.

행주대첩비 | 경기도 고양시 덕양구 행주내동 소재. 권율이 세운 행주대첩을 기념하기 위해 1602년 부하들이 세웠다. 최립이 짓고 한석봉이 씀.

18일^{경오} 맑음. 몸이 불편하여 앉았다 누웠다 했다. 정사립 등이 돌아왔다. 우수사(이억기)가 와서 만났다. 신경황(申景潢)[59]이 두치에서 와서 적의 헛소문을 전하였다.

19일^{신미} 맑음. 이경복(李景福)이 병마사(선거이)에게 갈 편지를 가지고 떠났다. 순천 부사와 이영남이 와서, "진주, 하동, 사천, 고성 등지의 적들이 이미 모두 도망갔다."고 전했다. 저녁에 진주에서 피살된 장병들의 명부를 광양 현감(어영담)이 보내왔는데, 이를 보니 비참하고 원통함을 참을 수 없었다.

20일^{임신} 맑음. 정탐선이 본영에서 들어왔는데, 병사의 편지 및 공문과 명나라 장수의 통지문이 왔다. 그 통지문의 내용이 참으로 괴이하다. "두치의 적이 명나라 군사에게 몰리어 달아났다."고 하니, 그 거짓됨을 이루 말할 수 없다. 상국(명나라) 사람이 이와 같으니 다른 사람들이야 어찌 논할 게 있으랴. 매우 한탄스럽다. 충청 수사(정걸)와 순천 부사(권준), 방답 첨사(이순신), 광양 현감(어영담), 발포 만호(황정록) 등이 남해 현령(기효근)과 함께 와서 만났다. 조카 이해(李荄)와 윤소인(尹素仁)이 본영으로 돌아갔다.

21일^{계유} 맑음. 경상 수사(원균)와 우수사(이억기), 정걸이 함께 와서 적을 토벌하는 일을 의논하는데, 원수사(원균)의 하는 말은 지극히 흉측하고 거짓되었다. 무어라 형언할 수 없음이 이와 같으니, 함께 하는 일에 후환이 없을 수 있겠는가. 그의 아우 원연도 뒤따라 와서 군량을 빌려 갔다. 저녁에 흥양 현

---

59 신경황(1571~1640)은 임진왜란 때 의주까지 선조를 호종하고 이순신의 휘하에서 활동하며 정보를 전달하는 역할을 하였다.《승평지》

감(배흥립)도 왔다가 초저녁에 돌아갔다. 초경에 오수(吳水) 등이 거제에서 망을 보고 돌아와 보고하기를, "영등포의 적선들이 아직도 머물면서 제멋대로 횡포를 부린다."고 했다.

22일잡술 맑음. 오수가 사로잡혔다가 도망쳐 온 사람을 싣고 올 일로 나갔다. 아들 울(蔚)이 들어와서 어머님이 평안하시고 아들 염(苒)도 약간 차도가 있다고 자세히 말했다.

23일을해 맑음. 울이 돌아갔다. 정수사(정걸)에게 오기를 청하여 점심을 같이 먹었다. 울이 돌아왔다.

24일병자 맑음. 순천 부사, 광양 현감, 흥양 현감이 왔다. 저녁에 방답 첨사(이순신)와 이응화가 와서 만났다. 초저녁에 오수가 돌아와서 전하기를, "적이 물러갔다고 하지만 장문포(場門浦)*에는 여전하여 아들 울(蔚)이 본영에 들어갔다."고 하였다.

25일정축 맑음. 우수사(이억기)가 와서 이야기했다. 조붕이 와서 "체찰사(유성룡)의 공문이 영남 수사(원균)에게 도착했는데, 꾸짖는 말이 많이 들어있다."고 하였다.

26일무인 맑음. 순천 부사, 광양 현감, 방답 첨사가 왔다. 우수사(이억기)도 함께 이야기하고, 가리포 첨사(구사준)도 왔다.

27일기묘 맑음. 전라우수영의 우후(이정충)가 본영에서 와서 우도의 일을 전했는데, 놀랄만한 일들이 많았다. 체찰사에게 갈 편지와 공문을 썼다. 경상 우수영의 서리가 체찰사에게 갈 서류 초본을 가지고 와서 보고했다.

28일경진 맑음. 아침에 체찰사에게 가는 편지를 썼다. 경상 우수사(원균)와 충청 수사(정걸), 본도 우수사(이억기)가 함께 와서 약속했다. 원수사가 흉악하게 속임수를 쓰는 것이 아주 형편없다. 정여흥이 공문과 편지를 가지고 체찰사 앞으로 갔다. 순천 부사(권준)와 광양 현감(어영담)이 와서 만나고 곧 돌

장문포 | 거제시 장목면 장목리 소재. 계사년 7월 24일 오수가 이순신에게 장문포에 적이 정박한 것을 보고했다.

아갔다. 사도 첨사(김완)가 병사를 매복했을 때에 사로잡은 포작(鮑作)[60] 10명이 왜군 옷으로 변장하여 한 짓은 계획된 것이었다. 추궁하여 물으니, 어떤 증거가 있을 듯하더니 경상 우수사(원균)가 시킨 것이라고 하였다. 발바닥을 10여 대씩 때리고서 놓아주었다.

29일신사 맑음. 새벽꿈에 사내아이를 얻었다. 이는 포로로 잡혀 간 사내 아이를 얻을 징조이다. 순천 부사, 광양 현감, 사도 첨사, 흥양 현감, 방답 첨사를 불러 와서 함께 이야기했다. 흥양 현감(배흥립)은 학질을 앓아서 돌아갔고 남은 사람들은 조용히 앉아 있었다. 방답 첨사는 병사를 매복시킬 일로 돌아갔다. 본영의 정탐병이 와서 아들 염(苒)의 병이 차도가 없다하니 매우 걱정이다. 저녁에 보성군수(김득광), 소비포 권관(이영남), 낙안 군수(신호)가 들어왔다고 했다.

---

60 포작은 바다에서 포획한 각종 해산물을 소금에 절여 진상하는 어민이다.

8월

1일일오 맑음. 새벽꿈에 큰 대궐에 이르렀는데, 그 모습이 서울과 같고 기이한 일이 많았다. 영의정(최흥원)이 와서 인사를 하기에 나도 답례를 하였다. 임금님의 피난 가신 일을 이야기하다가 눈물을 뿌리며 탄식하는데, 적의 형세는 이미 끝났다고 말했다. 서로 사정을 얘기할 즈음 주변 사람들이 무수히 구름같이 모여들었다. 아침에 우후가 와서 만나고 돌아갔다.

2일계미 맑음. 아침 식사 후 마음이 답답하여 닻을 올려 포구로 나갔다. 정 수사(정걸)도 따라 나오고 순천 부사(권준)와 광양 현감(어영담)이 와서 만났다. 소비포 권관(이영남)도 왔다. 저녁에 진을 친 곳으로 되돌아왔다. 이홍명이 와서 같이 저녁을 먹었다. 저물녘에 우영공(이억기)이 배에 와서 하는 말이, "방답 첨사(이순신)가 부모를 뵈러 갈 일로 간청했지만, '여러 장수들은 내보낼 수 없다.'고 대답했다."고 하였다. 또 원수사(원균)가 망녕된 말을 하며 나에게 도리에 어긋난 짓을 많이 하더라고 했다. 모두가 망녕된 짓이나, 무슨 상관이 있겠는가. 아침부터 아들 염(苒)의 병이 어떠한지 모르는 데다가 적을 소탕하는 일도 늦어지고 마음의 병도 중하여 밖으로 나가 마음을 풀고자 하였다. 정탐선이 들어왔는데, "아들 염의 아픈 데가 종기가 되어 침으로 쨌더니 고름이 흘러 나왔는데, 며칠 조금만 늦었어도 구하기 어려울 뻔했다."고 한다. 매우 놀랍고 한탄스러운 심정을 참을 수 없다. 지금은 조금 생기가 났다고 하니, 다행임을 어찌 말로 다하랴. 의사 정종(鄭宗)의 은혜가 매우 크다.

3일갑신 맑음. 이경복, 양응원 및 군영의 관리 강기경 등이 들어왔다. 아들 염(苒)의 종기를 침으로 쨌던 일을 전하는데, 놀라움을 참을 수 없다. 며칠만 지났다면 미처 구하지 못할 뻔했다는 것이다.

4일을유 맑음. 순천 부사와 광양 현감이 와서 만나고 돌아갔다. 저녁에 도원수(권율)의 군관 이완(李緩)이 삼도에 있는 적의 형세에 관한 보고서를 보내지 않았다고 하여 군관과 하급 관리를 잡아다가 조사할 일로 진영에 왔다. 매우 우습다.

5일병술 맑음. 조붕, 이홍명, 우수사(이억기)와 우후가 왔다가 밤이 깊어서 돌아갔다. 소비포 권관(이영남)도 밤에 돌아갔다. 이완이 술에 취해서 내 배에서 머물렀다. 소고기 음식을 얻어다가 각 배에 나누어 보냈다. 아산에서 이례(李禮)가 밤에 왔다.

6일정해 맑음. 아침에 이완이 송한련(宋漢連)과 여여충(呂汝忠)[61]과 함께 도원수(권율)에게 갔다. 식후에 순천 부사, 보성 군수(김의검), 광양 현감, 발포 만호(황정록), 이응화 등이 와서 만났다. 저녁에 원균이 오고, 이억기, 정걸도 왔다. 의논하는 사이에 원균이 하는 말은 매번 모순이 되니, 참으로 가소롭다. 저녁에 비가 잠깐 내렸다가 그쳤다.

7일무자 아침에 맑다가 저물녘에 비가 내렸다. 농사의 기대에 크게 흡족하겠다. 가리포 첨사(구사직)가 오고 소비포 권관(이영남)과 이효가도 와서 만났다. 당포 만호(하종해)가 작은 배를 찾아가려고 왔기에 주어 보내라고 사량 만호(이여념)에게 지시했다. 구사직은 함께 점심을 먹고 갔다. 저녁에 경상 우수사의 군관 박치공(朴致公[恭])[62]이 와서 적선이 물러갔다고 전했다. 그러나 원 수사와 그의 군관은 평소에 헛소문 전하기를 잘 하니 믿을 수가 없다.

8일기축 맑음. 식후에 순천 부사, 광양 현감, 방답 첨사, 흥양 현감 등을 불러서 들어가 잠복하는 등의 일을 함께 논의했다. 충청수사의 전선 2척이 들어왔는데, 한 척은 쓸 수 없다고 하였다. 김덕인이 충청도의 군관으로 왔다. 본도 순찰사(이정암)의 아병(牙兵)[63] 2명이 공문을 가져 왔다. 적의 형세를 살펴

---

61 여여충은 이순신의 휘하로서 한산도 해전에서 전공을 세워 교지가 내려지고 길이 부역을 면제받았다.《여지도서》〈곡성〉 이순신이 그의 공로를 조정에 보고하여 전라좌수사에 추증되었다.

62 박치공은 원균의 군관으로서 감찰을 맡아 한산도해전에서 적의 머리 3급을 베고 생포하는 전과를 올렸다. 1594년 광양군수를 지냈다.

63 아병은 대장 소속의 병사이다. 군대가 주둔할 때 장군의 휘장 앞에 아기(牙旗)를 세워 문으로 삼았기에 상아[牙]는 장수를 상징한다.

유포 | 통영시 한산면 염호리에 있는 대고포(大羔浦)로 추정한다. 이 포구가 내륙의 깊숙한 곳에 있으므로 '그윽할 유[幽]'를 쓴 것으로 본다. 옛날에는 이곳의 목장에서 염소를 길렀기 때문에 염소고(羔)자를 사용했고 이곳을 큰 염개라고 한다.《통영지명총람》

려고 전라우수사(이억기)가 유포(幽浦)*로 가서 원수사(원균)를 만났다고 하니 우습다.

9일경인 맑음. 아침에 아들 회가 들어와서 어머님이 편안하심을 알게 되고, 또 염의 병도 조금 나은 것을 알게 되니 기쁘고 다행한 일이다. 점심을 먹은 뒤에 우수사(이억기)의 배로 가니, 충청 영공(정걸)도 왔다. 영남 수사(원균)는 복병군을 동시에 보내어 복병시키기로 약속하고 먼저 보냈다고 한다. 매우 해괴한 일이다.

10일신묘 맑음. 아침에 방답의 정탐선이 들어왔는데 왕명서와 비변사의 공문과 전라 감사(이정암)의 공문이 함께 도착했다. 해남 현감(위대기)과 이첨사(이순신)가 왔다. 순천 부사(권준)와 광양 현감(어영담)도 왔다. 우영공(이억기)이 청하여 그의 배로 갔더니, 해남 현감이 술자리를 베풀었다. 그러나 몸이 불편하여 간신히 앉아서 이야기하다가 돌아왔다.

11일임진 늦게 소나기가 크게 내리고 바람도 사납게 불었다. 오후에 비가 그쳤으나 바람은 멎지 않았다. 몸이 매우 불편하여 온종일 앉았다 누웠다 했다. 여도 만호(김인영)에게 격군을 잡아올 일로 사흘을 기한하여 갔다 오라고 당부하여 보냈다.

12일계사 몸이 몹시 불편하여 종일 누워서 신음했다. 식은땀이 때도 없이 흘러 옷을 적시어 억지로 일어나 앉았다. 늦게 비가 내리다가 가끔 개기도 했다. 권준이 와서 만나고 이억기도 와서 만났다. 이첨사(이순신)도 왔다. 종일 장기를 두었다. 몸이 몹시 불편했다. 가리포 첨사도 왔다. 본영의 정탐선이 들어와서 어머니께서 평안하시다고 한다.

13일갑오 본영에서 온 공문을 작성하여 보냈다. 몸이 몹시 불편하여 홀로 배의 뜸 아래에 앉았으니 온갖 생각이 다 난다. 이경복에게 장계를 모시고 가라고 내보냈다. 경(庚)의 어미에게 노자를 증명서로 보내 주었다. 송두남이 군량미 3백 섬과 콩 3백 섬을 실어 왔다.

14일을미 맑음. 방답 첨사(이순신)가 제사음식을 갖추어 왔다. 우수사(이억기)와 충청 수사(정걸)와 순천 부사(권준)도 와서 함께 먹었다.

15일병신 맑음. 오늘은 추석이다. 우수사(이억기), 충청 수사(정걸) 및 순천 부사(권준), 광양 현감(어영담), 낙안 군수(신호), 방답 첨사(이순신), 사도 첨사(김완), 흥양 현감(배흥립), 녹도 만호(송여종)[64], 이응화, 이홍명, 좌우 도영공 등이 모두 모여 이야기했다.[65] 저녁에 아들 회(薈)가 본영으로 갔다.

16일정유 맑음. 광양 현감(어영담)이 명절음식을 갖추어 왔다. 우수사(이억기), 충청 수사(정걸), 순천 부사(권준), 방답 첨사(이순신)도 왔다. 가리포 첨사(구사

---

64 송여종(1553~1609)은 이순신의 휘하로서 신호와 함께 한산도에서 전공을 세웠다. 이순신의 장계를 적진을 뚫고 행재소에 가져간 공으로 녹도만호가 되었다. 1597년 원균의 휘하로서 한산도에서 패했지만, 이순신이 재기용되었을 때 그의 휘하에서 전공을 세웠다.

65 8월 15일 한산도에 통제영이 설치되고 이순신이 전라좌수사 겸 삼도수군통제사가 되어 삼도(전라·경상·충청)의 수사(이억기·원균·정걸)를 총지휘했다. 이때부터 1597년 2월(감옥에 가기 전)까지 3년 7개월 동안 이곳을 관장했다. 임명 교서는 10월 1일에 받았다.

제승당 | 이순신의 작전본부였던 한산도 운주당이 있었던 터에 1739년 통제사 조경이 제승당을 세웠다.
제승당 유허비 | 한산도 제승당 경내에 소재. 조경이 제승당을 지을 때 함께 세움.

직), 이응화가 함께 왔다. 아침에 들으니 제만춘(諸萬春)[66]이 일본에서 어제 나왔다고 했다.

17일무술 맑음. 지휘선을 연기로 그을리기 위해 좌별도장의 배에 옮겨 탔다. 늦게 우수사(이억기)의 배로 가니 충청 수사(정걸)도 왔다. 제만춘을 불러서 심문하니, 분한 사연들이 많았다. 종일 의논하고 헤어졌다. 초저녁이 되기 전에 돌아와 지휘선에 탔다. 이날 밤 달빛은 대낮 같고 물결 빛은 비단결 같아 회포를 스스로 가누기 어려웠다. 새로 만든 배를 바다에 띄웠다.

18일기해 맑음. 이억기와 정걸과 함께 이야기하였다. 순천 부사, 광양 현감도

66 제만춘은 원균의 군관으로서 웅천의 적세를 탐지하고 영등포로 돌아오다가 왜군의 포로가 되었다. 1593년 7월 밤에 탈출하여 이순신의 진영에 돌아왔는데, 조정으로부터 죄가 논의되었으나 용서받고 이순신의 휘하에서 적정을 탐지하여 공을 세웠다.

와서 만났다. 조붕이 와서 하는 말이, "원균의 군관 박치공이 장계를 가지고 조정으로 갔다."고 한다.

19일^{경자} 맑음. 아침 식사 후에 원균이 있는 곳으로 가서 내 배에 옮겨 타라고 청하였다. 이억기와 정걸도 왔고 원연도 함께 이야기했다. 말하는 사이 원균에게 흉포하고 패악한 일이 많으니 그의 거짓된 짓은 이루 말할 수가 없다. 원균의 형제가 옮겨 간 뒤에 천천히 노를 저어 진영에 도착했다. 전라우수사(이억기), 충청수사 정걸과 함께 앉아 자세히 이야기했다.

20일^{신축} 아침 식사 후에 순천 부사, 광양 현감, 흥양 현감이 왔다. 이응화도 왔다. 송희립이 순찰사(이정암)에게 문안하려는데 제만춘을 심문한 공문을 가지고 갔다. 방답 첨사(이순신)와 사도 첨사(김완)에게 돌산도 근처에 이사하여 사는 자들로서 무리지어 남의 재물을 약탈한 자들을 좌우로 부대를 나누어 잡아오도록 하였다. 저녁에 적량 만호 고여우가 왔다가 밤이 깊어서야 갔다.

21일^{임인} 맑음.

22일^{계묘} 맑음.

23일^{갑진} 맑음. 윤간(尹侃)⁶⁷과 조카 이뇌(李蕾), 해(荄)가 와서 어머니께서 평안하시다고 전한다. 또 아들 울(蔚)은 학질을 앓는다고 들었다.

24일^{을사} 맑음. 조카 이해가 돌아갔다.

25일^{병오} 맑음. 꿈에 적의 형상이 보였다. 그래서 새벽에 각 도의 대장에게 알려서 바깥바다로 나가 진을 치게 하였다. 해질 무렵에 한산도 안쪽 바다*로 돌아왔다.

26일^{정미} 비가 오다 개다 하였다. 원수사가 왔다. 얼마 뒤에 우수사(이억기)와 정수사(정걸)를 함께 만났다. 순천 부사, 광양 현감, 가리포 첨사는 곧 돌아갔다. 흥양 현감(배흥립)도 와서 명절 제사음식을 대접하는데, 원균이 술을 마시자고 하기에 조금 주었더니, 잔뜩 취하여 흉포하고 패악한 말을 함부로 지껄

---

67 윤간(1561~1644)은 윤제현의 아들로서 변기에게 출가한 이순신 누이의 사위이다. 풍덕 군수를 역임하였다.

한산도원경 | 통영 미륵산에서 바라본 한산도의 원경. 한산도의 안쪽바다와 섬들이 환히 보인다.

였다. 매우 해괴하였다. 낙안 군수(신호)가 도요토미 히데요시(豊臣秀吉)[68]가 명나라 조정에 보낸 초본[69]과 명나라 사람이 고을에 와서 적은 것을 보내왔다. 애통하고 분함을 이길 수가 없었다.

27일^{무신} 맑음.

28일^{기유} 맑음. 원수사(원균)가 왔다. 흉악하고 속이는 말을 많이 하였다. 지극히 놀랍다.

29일^{경술} 맑음. 아우 우신과 아들 울, 변존서가 동시에 왔다.

30일^{신해} 맑음. 원수사가 또 와서 영등포로 가기를 독촉하였다.[70] 흉악하다

68 도요토미 히데요시(1536~1598)는 혼노사의 변으로 노부나가가 죽자, 후계자가 되어 규슈를 정벌하고, 일본의 제국을 통일하였다. 그는 전쟁과 영토확장의 야망으로 나고야에 지휘소를 차려 고니시 유키나가에게 1만 8천명을 거느리고 조선을 침략했다. 고전을 거듭하고 정유재란을 일으켰으나 끝내 뜻을 이루지 못하고 후시마 성에서 병사했다.

69 명나라 황제의 공주를 일본 천황의 후비로 삼고, 일본과 명나라 사이의 조공무역을 부활하고, 조선의 남쪽 4도를 일본에 분할해주고, 조선의 왕자를 볼모로 일본에 보낸다는 내용이다.《남선구기(南禪舊記)》〈화의조건 7조〉

70 원균이 이순신의 부대를 패망하게 하고자 자신의 배는 감추어 놓고 영등포의 왜적을 토벌하러 가자고 주장했다고 한다.(홍기문)

고 말할만하다. 그가 거느린 배 25척은 모두 다 내보내고 다만 7, 8척을 가지고 이런 말을 하니, 그 마음씀이와 하는 일이 대개 이와 같다.

9월

1일임자 맑음. 원수사(원균)가 왔다. 공문을 만들어 도원수(권율)와 순변사(이빈)에게 보냈다. 우신, 변존서, 조카 이뇌 등이 돌아갔다. 이억기와 정걸도 모여서 이야기했다.

2일계축 맑음. 장계의 초본을 써서 내려 주었다. 경상 우후 이의득과 이여념 등이 와서 만났다. 저녁에 이영남이 와서 만났는데, "선거이가 곤양에서 공로를 세웠다고 한 일과 남해 현령(기효근)이 체찰사에게 질책을 받고 공손치 못하다고 불려갔다."는 것을 전하였다. 우스운 일이다. 기효근의 형편없음은 이미 알고 있는 것이다.

3일갑인 맑음. 아침에 조카 봉(菶)이 들어와서 어머니께서 평안하심을 알 수 있었다. 또 본영의 일도 들었다. 보고문을 봉하여 보내는 일로 초본을 작성하여 내려보냈다. 순찰사(이정암)의 공문이 왔는데, 무릇 군사의 일가족에 관한 일은 일체 간섭하지 말라고 하였다. 이는 새로 와서 사정을 잘 알지 못하고 한 말이다.

4일을묘 맑음. 폐단을 아뢰는 보고문[71]과 총통을 올려 보내는 일,[72] 제만춘을 심문한 사연을 올려 보내는 일 등을 모두 3통의 문서로 봉하여 올리는데 이

---

71 이순신이 1593년 9월초에 올린 보고문을 보면, 여러 장수들이 어려운 해전을 기피하고 모든 물자가 고갈되어 순천과 흥양에서 식량을 비축하고, 전선을 추가 건조해야 한다고 건의했다.

72 이순신이 1593년 8월에 올린 장계에, 정사준이 만든 정철조총 5자루를 올려 보내니, 조정에서 각 도와 각 고을에 제조를 명했다고 했다.

경복이 가지고 갔다. 유정승(유성룡), 참판 윤자신(尹自新)[73], 지사 윤우신, 도승지 심희수, 지사 이일, 안습지, 윤기헌(尹耆獻)[74]에게 편지를 쓰고, 전복으로 정을 표하여 보냈다. 조카 봉과 윤간(尹侃)이 돌아갔다.

5일병진 맑음. 식후에 정걸의 배 옆에 나아가 정박하고 종일 이야기했다. 광양 현감, 홍양 현감 및 우후(이몽구)가 와서 만나고 돌아갔다.

6일정사 맑음. 새벽에 배 만들 재목을 운반해 올 일로 여러 배를 내보냈다. 식후에 내가 이억기의 배로 가서 종일 이야기하고 그를 통해 원균의 흉포하고 패악한 일을 들었다. 또 정담수가 근거 없는 말을 지어내는 모습에 대해 들으니 우습다. 바둑을 두고서 물러났다. 부서진 배의 목재를 여러 배로 끌고 왔다.

7일무오 맑음. 아침에 재목을 수납하였다. 아침에 방답 첨사가 와서 만났다. 순찰사(이정암)에게 폐단을 아뢰는 공문과 군대 개편하는 일에 대한 공문을 작성하여 보냈다. 종일 홀로 앉아 있으니 마음이 편치 않았다. 저녁때 정탐선을 몹시 기다렸는데도 오지 않았다. 저물녘 가슴이 답답하고 열이 나서 창문을 닫지 않고 잤더니, 바람을 많이 쐬어 머리가 심하게 아픈 듯해서 걱정스럽다.

8일기미 맑음. 바람이 어지럽게 불었다. 새벽에 송희립 등을 당포산(唐浦山)* 으로 내 보내어 사슴을 잡아오게 했다. 이억기와 정걸이 함께 왔다.

9일경신 맑음. 식후에 모여 산마루에 올라가서 활 3순을 쏘았다. 이억기와 정걸 및 여러 장수들이 모였는데, 광양 현감(어영담)은 병으로 참석하지 못했다. 저녁 무렵 비가 내렸다.

10일신유 맑음. 공문을 적어 정탐선에 보냈다. 해가 저물어 이억기의 배로 가서 내가 머문 곳으로 오기를 청하여 방답 첨사[74]와 함께 술을 마시고 헤어졌

---

73 윤자신(1529~1601)은 우승지로서 왕을 호종하고 정유재란 때 종묘를 지키고 중전과 세자를 보필하였다.

74 윤기헌은 윤자신의 아들이고 우계 성혼의 문인이다.

다. 체찰사의 비밀 공문이 왔다. 보성 군수(김의검)도 왔다가 돌아갔다.

11일임술 맑음. 정걸이 술을 마련해 갖고 와서 만났다. 이억기도 오고 낙안 군수와 방답 첨사도 함께 마셨다. 흥양 현감(배흥립)이 휴가를 받고 돌아갔다. 서몽남(徐夢男)에게도 휴가를 주어 함께 내보냈다.

12일계해 맑음. 식후에 소비포 권관(이영남), 유충신, 김인영 등을 불러 술을 대접했다. 발포 만호(황정록)가 돌아 왔다.

13일갑자 맑음. 새벽에 종 한경(漢京), 돌쇠, 해돌[年石] 및 자모종(自募終) 등이 돌아왔다. 저녁에 종 금이(金伊), 해돌, 돌쇠 등이 돌아갔다. 양정언도 같이 돌아갔다. 저녁에 비바람이 크게 일어 밤새도록 그치지 않았는데 어떻게 돌아갔는지 모르겠다.

14일을축 종일 비가 내리고 바람이 크게 불었다. 홀로 배 뜸 아래에 앉았으니 온갖 생각이 다 난다. 순천 부사가 돌아왔다.

15일병인 맑음.(이후 9월 16일부터 12월 31일까지 빠져있음.)

하나, 오랑캐의 근성은 경박하고 사나우며 칼과 창을 잘 쓰고 배에 익숙하다. 육지에 내려오면 죽을 각오를 하고서 칼을 휘두르며 돌진하므로, 아군의 겁에 질린 무리들은 일시에 놀라 달아나니, 그래서야 죽음을 무릅쓰고 싸울 수 있겠는가.

하나, 정철총통은 전쟁에서 가장 긴요하게 쓰이는데, 우리나라 사람들은 그것을 제조하는 묘법을 잘 몰랐다. 이제 온갖 방법으로 조총을 만들어 냈으니, 이것을 왜군의 총통과 비교해도 가장 절묘하다. 명나라 사람들이 진중에 와서 사격을 시험하고서 잘 되었다고 극구 칭찬한 것은 이미 그 묘법을 터득했기 때문이다. 도내에 한 가지 모양으로 넉넉히 만들도록 순찰사와 병사(兵使)에게 견본을 보내고 공문을 돌리게 하였다.

당포산 | 통영시 산양읍 봉평동의 미륵산. 사진은 미륵산 정상에 있는 봉수대이다. 이순신이 송희립에게 당포산에서 사슴을 잡아오게 했다.

하나, 지난해 전쟁이 발생한 이후 수군이 교전한 것이 많게는 수십 여 차례인데, 큰 바다에서 싸울 때면 저 왜적들은 항상 무너져 파괴되었고 우리는 한 번도 패한 적이 없었다.

나랏 일이 황급한 날에	國事蒼皇日
누가 곽리(郭李)[75]의 충성을 바치리오	誰效郭李忠
서울을 떠난 것은 큰 계획 이루려함인데	去邠存大計
회복하는 것은 제공들에게 달려있네	恢復仗諸公
관산(關山)[76]의 달 아래 통곡하고	痛哭關山月
압수의 바람에 마음이 슬퍼지네	傷心鴨水風
조신들이여! 오늘 이후에도	朝臣今日後
오히려 또 동이니 서이니 하려나	尚可更西東

이는 선조 임금이 지은 "누가 곽자의나 이광필처럼 되겠는가[誰能郭李忠]"

---

75 곽리는 중국 당나라 장수 곽자의(郭子儀 697~781)와 이광필(李光弼 708~764)의 약칭이다. 이들이 현종 때 안사(安史)의 난리를 평정하고, 큰 공을 세웠는데, 세상에서는 이들을 '곽리'라고 칭했다.
76 관산은 변방의 관문이 있는 산으로 전쟁이 일어난 곳을 비유한 말이다.

라는 시이다.

거듭 약속한 일. 이제 여러 곳의 적들이 모두 산과 바다가 가까운 곳에 모여 육지로는 함안, 창원, 의령에서 진주까지, 물길로는 웅천, 거제 등지에서 무수히 세력을 모아 서쪽에 뜻을 두고 더욱 흉계를 꾸며대니 매우 분할 뿐이다. 지난해 늦가을부터 지금까지 여러 장수들이 명령을 내리는 데 마음을 다했는지의 여부를 상황에 따라 자세히 살펴보았다. 혹은 먼저 진격을 외치고는 서로 다투어 돌진하여 싸우게 되면, 사랑하는 가족을 돌아보고 살기를 탐하여 중도에서 뒤쳐지는 자가 있었다. 또 혹은 공로와 이익만을 탐하여 승패를 헤아리지 않고 돌진하다가 적의 손에 걸려들어 마침내 나라를 욕되게 하고 몸을 죽게 한 자가 있었다.

병사의 칼날이 닿는 곳마다 그 형세가 마치 비바람과 같으니, 흉악한 무리들의 떠도는 넋이 달아나 숨을 겨를도 없었다.[77]
한 자 되는 칼로 하늘에 맹세하니 산하의 빛이 변하네(尺劍誓天 山河動色)[78]
출전하여 만 번 죽을지라도 한 번 살려는 계책을 돌아보지 않으니 분한 마음이 그지없다.[79]
나라를 안정시키는 일에 충성과 힘을 다하여 죽으나 사나 그렇게 하리라.

사직(社稷)의 존엄한 신령을 믿고 겨우 작은 공로를 세웠는데, 임금의 총애와 영광이 초월하여 분수에 넘친다. 장수의 직책을 지닌 몸이지만 세운 공은

---

77 《서애문집》17권 〈정충록발(精忠錄跋)〉 원문(한국고전번역원 1977)을 참고하여 "겨를도 없다[不暇]"를 삽입함.
78 이순신의 검명시에 나오는 글이다. "한번 휘둘러 쓸어버리자 피가 강산을 물들였네. 석자 칼로 하늘에 맹세하니 산하의 빛이 변하네(一揮掃蕩 血染山河 三尺誓天 山河動色)"
79 《서애문집》17권 〈정충록발〉에 나오는 내용이다.

티끌만큼도 보탬이 되지 못하였고, 입으로는 교서(敎書)를 외우지만 얼굴에
는 군사들에 대한 부끄러움이 있을 뿐이다.

추악한 적에게 함락된 지 장차 두 해가 되어 가는데 국가를 회복할 시기가
바로 오늘에 달려 있다. 한창 명나라 군사의 수레와 말 소리를 기다리느라
하루를 1년같이 여겼지만, 적을 토벌하지 않고 화친을 위주로 하여 우선 흉
악한 무리를 퇴각만 시키고 우리나라가 수년 동안 침입 당한 치욕을 씻지 못
했으니, 하늘에까지 미친 분함과 수치가 더욱 간절하다.

임금의 수레는 서쪽으로 가고 종묘 사직은 폐허가 되니 사방의 충성스럽
고 의로운 기운을 빼앗기어 백성들의 희망도 절로 끊어졌다.

신이 비록 노둔하고 겁이 많지만 몸소 시석(矢石, 화살과 쇠뇌로 쏘는 돌)을 무
릅쓰고 나아가 여러 장수들의 선봉이 되어서 몸을 바쳐 나라에 보답하려는
데, 지금 만약 기회를 잃는다면 후회한들 무슨 소용이 있겠는가.

유기(劉錡)[80]는 문에 땔나무를 쌓아두고 파수꾼에게 경계하기를, "불리해
지면 즉시 내 집을 불사르고 적의 손에 욕되게 하지 말라."고 하였다.

바로 유사시를 위한 것이다. 더욱이 누차 해전에서 승리하여 왜적의 칼날
을 크게 꺾고 군사들의 소리가 바다를 크게 진동했으니, 비록 많고 적음이
대적할 수 없지만, 흉악한 적들이 두려워하여 그 위세에 감히 맞서지 못한
경우가 있었다.

---

80 유기는 송(宋)나라 장수로 활쏘기를 잘했고, 그의 고함소리는 큰 종소리를 울리는 것 같았다. 유
수(留守)가 되었을 때 순창(順昌)에 침입해 온 올출(금나라 왕자)의 군사를 크게 무찌르고, 그 공으
로 태위(太尉)에 임명되었다. 《송사》〈유기전(劉錡傳)〉

갑오일기
甲午日記

이순신의 주요 활동

1월 본영의 격군 742명에게 주연을 베풀고, 3월 2차 당항포해전에서 승리하였다. 4월 진중에서 무과시험을 실시하고 어영담이 병사했다. 8월 권율과 작전을 모의하고 9월 수륙작전으로 장문포 해전을 치렀으나 성과가 없었다. 10월 곽재우와 김덕령과 작전을 모의하고, 영등포와 장문포에 머문 왜적을 공격했다. 11월 원균과 불화하여 원균이 충청병사로 전임되었다.

그 외 주요 사건

2월 비변사에서 명나라의 군량 지원을 요청했다. 4월 사명당이 서생포에서 가토 기요마사와 강화회담을 하였다. 5월 이정암이 강화를 주장하고, 사은사 김수가 요동의 식량부족을 보고했다. 8월 윤두수가 전라체찰사가 되고 고니시 유키나가가 김응서에게 수교를 청했다. 11월 김응서가 함안에서 유키나가와 강화회담을 하였다. 12월 명일간 회담이 열렸으나 기요마사가 불참하였다.

객사

거제도, 《거제장목포진지도》사진 규장각한국학연구원 ⓒ

갑오년(1594)

강화협상기에 중원 회복을 생각하다

1월

1일^{경진} 비가 퍼붓듯이 내렸다. 어머니를 모시고 함께 한 살을 더하게 되니,[1] 이는 난리 중에서도 다행 한 일이다. 늦게 군사 훈련과 전쟁 준비할 일로 본영(전라좌수영)으로 돌아오는데, 비가 그치지 않았다. 신사과(愼司果, 오위정6품)에게 문안하였다.

2일^{신사} 비는 그쳤으나 흐렸다. 나라(인순왕후 심씨)의 제삿날이라 출근하지 않았다. 신사과를 맞이하여 함께 이야기했다. 배경남(裵慶男))[2]도 왔다.

3일^{임오} 맑음. 동헌에 나가 공문을 작성하여 보냈다. 해 질 무렵 관아에 들어가서 조카들과 이야기했다.

4일^{계미} 맑음. 동헌에 나가 공문을 작성하여 보냈다. 저녁에 신사과, 배경남과 함께 이야기했다. 남홍점(南鴻漸)[3]이 본영에 이르렀다. 그 가족이 어디로 달아나 숨어 지냈는지를 물었다.

---

1 이순신은 갑오년 설날에 여수 고음내에 있는 모친을 찾아가 명절을 함께 보내고 늦게 여수 본영으로 돌아왔다.

2 배경남(1548~?)은 유격장으로서 각지에서 전공을 세웠다. 폐허가 된 영남에 머문 권율을 도망다니는 장수라고 잘못 보고하여 파직되었고, 이를 만회하고자 이순신의 휘하에 들어가 참전하였다. 당항포해전에서 전공을 세우고, 그 후 조방장이 되었다.

3 남홍점은 이순신의 넷째 누이동생의 남편이다. 본관이 고성이고 교관을 지냈다.《덕수이씨세보》

고음천 | 여수시 웅천동 1420-1번지에 소재(송현마을). 이는 고음내 또는 곰내[熊川]라고도 한다. 여기에 이순신의 모친이 살았던 정대수 고택이 있다.
난중일기비문 | 사진에 보이는 비문은 갑오년 1월 11일, 12일자에 해당하는 일기의 원문을 새긴 것이다.

5일^{갑신} 비가 계속 내렸다. 신사과가 와서 이야기했다.

6일^{을유} 비가 내렸다. 동헌에 나가 남평(南平, 나주 남평읍)의 도병방(都兵房, 병방 우두머리)을 처형했다. 저녁 내내 공문을 작성하여 보냈다.

7일^{병술} 비가 내렸다. 동헌에 앉아 공문을 작성하여 보냈다. 저녁에 남의길(南宜吉)이 들어와서 마주 앉아 이야기했다. 밤이 깊어서야 헤어졌다.

8일^{정해} 맑음. 동헌 방에 앉아서 배첨지, 남의길과 종일 이야기 했다. 늦게 공무를 보고, 남원의 도병방을 처형했다.

9일^{무자} 맑음. 아침에 남의길과 이야기했다.

10일^{기축} 맑음. 아침에 남의길을 맞이하여 이야기하는데, 피난하던 때의 일에 대하여 고생한 상황을 낱낱이 말하였다. 개탄스러운 마음을 가누지 못하였다.

11일^{경인} 흐리나 비는 오지 않았다. 아침에 어머니를 뵈려고 배를 타고 바람

아산의 산소 | 이순신의 조카 이뇌의 부친인 이희신의 산소로 추정된다. 아산 음봉에 있다. 오른쪽은 이희신의 묘비

을 따라 바로 고음천(古音川)*4에 도착하였다. 남의길과 윤사행이 조카 분(芬)과 함께 갔다. 어머니께 가서 배알하려하니 어머니는 아직 잠에서 깨지 않으셨다. 큰 소리를 내니 놀라서 깨어 일어나셨다. 숨을 가쁘게 쉬시어 해가 서산에 이른 듯하니 오직 감춰진 눈물이 흘러내릴 뿐이다. 그러나 말씀하시는 데는 착오가 없으셨다. 적을 토벌하는 일이 급하여 오래 머물 수가 없었다. 이 날 저녁에 손수약(孫守約)의 아내가 죽었다는 소식을 들었다.

12일신묘 맑음. 아침식사 후에 어머니께 하직을 고하니, "잘 가거라. 부디 나라의 치욕을 크게 씻어야 한다."5고 분부하여 두세 번 타이르시고, 조금도 헤어지는 심정으로 탄식하지 않으셨다. 선창에 돌아오니, 몸이 좀 불편한 것 같아 바로 뒷방으로 들어갔다.

---

4 이순신이 전쟁 중 고음천에 사는 부하 정대수의 집으로 모친을 모셨는데, 모친은 여기서 며느리인 상주방씨와 함께 생활했다.

5 이순신의 충효정신을 이해하는 데 근간이 되는 내용이다. 이순신이 이 어머니의 당부를 따른 것이 효행과 나라를 위한 충성을 함께 실천한 것으로 해석한다.

와두 | 남해 고현면 관음포에서 왼쪽으로 만을 이룬 언머리, 임진왜란 당시에는 바다였는데, 지금은 모두 매립되었다.
와두입구 | 와두 입구와 이어져 있는 바닷가 갯벌이다.

13일임진 맑았으나 바람이 크게 불었다. 몸이 심히 불편하여 자리에 누워서 땀을 냈다. 종 팽수(彭壽)와 평세(平世)가 와서 만났다.

14일계사 흐리고 바람이 크게 불었다. 아침에 조카 뇌(蕾)의 편지를 보니, "아산의 산소*에서 설날 제사를 지낼 때 휘파람을 불며 몰려다니는 무리들[6]이 무려 200여 명이나 산을 둘러싸고 음식을 구걸하여 제사를 뒤로 물렸다."고 한다. 매우 놀라운 일이다. 늦게 동헌에 나가 보고서를 작성하고 승장 의능(宜能)의 천민을 면제하는 공문[7]도 함께 봉하여 올렸다.

15일갑오 맑음. 이른 아침에 남의길과 여러 조카들과 함께 대화한 다음 동헌으로 나갔다. 남의길은 영광으로 가고자 했다. 종 진(辰)을 찾아내라는 공문을 작성했다. 동궁(광해군)이 명령을 내린 내용에 군사를 거느리고 적을 토벌하는 일을 감독하라는 내용이 있었다.

16일을미 맑음. 아침에 남의길에게 오기를 청하여 송별하는데, 나도 몹시 취해서 늦게 동헌에 나갔다. 황득중(黃得中)[8]이 들어왔다. 그에게 들으니 "문학

---

6 휘파람을 불며 몰려다니는 무리는 도적질과 걸식을 일삼는 무리들을 말한다.

7 1594년 1월 이순신은 위조된 의능의 면천공문을 적발하여 왕에게 조치해달라고 보고하였다.

8 황득중은 1588년 무과에 급제하여 훈련원 판관이 되었다. 이순신의 휘하에서 조방장으로서 참전하고 정유재란 때 전사하였다.

활쏘는 정자 | 이순신이 한산도에서 활쏘기 연습했던 사정(활쏘는 정자)은 정확히 알 수 없으나 현재 사정으로 추정되는 곳에 한산정 활터가 있다. 사진 제승당관리소 ⓒ

(세자시강원 정5품) 유몽인(柳夢寅)[9]이 암행어사로 흥양현에 들어와서 아전들의 여러 가지 문서들을 압수했다."고 했다. 저물녘 방답 첨사(이순신)와 배 첨지(배경남)가 와서 이야기했다.

17일^{병신} 새벽에 눈이 오고 늦게 비가 왔다. 이른 아침에 배에 올라 아우 우신과 여러 조카와 아들을 배웅하고 조카 분(芬)과 아들 울(蔚)만을 데리고 배를 몰았다. 오늘 진영에 온 것에 대한 보고서를 보냈다. 신시(오후 4시경)에 와두(瓦頭)*에 이르렀는데, 역풍에 썰물이 일 때라 배를 운행할 수가 없어 닻을 내리고 잠시 쉬었다. 유시(오후 6시경)에 닻을 올려 노량을 건너갔다. 여도 만호(김인영), 순천 부사, 이함(李瑊) 및 우후(이몽구) 등도 와서 잤다.

18일^{정유} 맑음. 새벽에 떠날 때는 역풍이 크게 일더니 창신도(昌信島)에 도착하자 바람이 순하게 불었다. 돛을 올리고 사량에 이르니 다시 역풍이 불고

---

9 유몽인(1559~1623)은 성혼에게서 배웠으나 경박하다고 쫓겨난 후 사제관계가 좋지 못했다. 선조를 평양까지 호종하였고, 팔도가 전쟁으로 혼란스러울 때 암행어사가 되어 순찰하였다.

비가 크게 내렸다. 이여염과 원균의 군관 전윤(田允)이 와서 만났다. 전윤이 말하기를 "수군을 거창으로 붙잡아 왔는데, 이편에 들으니 원수(권율)가 방해하려 한다."고 했다. 우스운 일이다. 예전부터 남의 공을 시기하는 것이 이와 같았으니, 한탄한들 무엇하랴! 여기서 그대로 잤다.

19일^{무술} 흐리다가 늦게 갬. 바람이 크게 불더니 해질 무렵에는 더욱 거세졌다. 아침에 출발하여 당포 바깥 바다에 이르러 바람을 따라 반쯤 돛을 올리니 순식간에 벌써 한산도에 도착했다. 활 쏘는 정자(射亭)*에 올라 앉아 여러 장수들과 대화를 했다. 저녁에 원수사(원균)도 왔다. 소비포 권관(이영남)에게서 '영남의 여러 배의 사부(射夫, 활쏘는 병사)와 격군(格軍, 보조사공)이 거의 다 굶어 죽어간다.'는 말을 들었다. 참혹하여 차마 들을 수가 없었다. 원수사와 공연수(孔連水), 이극함(李克諴)이 눈독들인 여자들과 모두 다 사통했다고 한다.

20일^{기해} 맑으나 바람이 크게 불어 춥기가 살을 에는 듯하였다. 각 배의 옷이 없는 사람들이 거북이처럼 웅크리고 추위에 떠는 소리는 차마 듣지를 못하겠다. 낙안 군수(신호)와 우우후(이정충)가 와서 만났다. 늦게 소비포 권관(이영남), 웅천 현감(이운룡), 진해 현감(조성)도 왔다. 진해 현감은 거부하여 제때 오지 않아서 심문할 작정이었기에 만나 보지 않았다. 바람이 자는 듯했지만 순천 부사(권준)가 들어 올 일이 매우 염려되었다. 군량 또한 도착하지 않으니 이 또한 걱정이 되었다. 병들어 죽은 사람들을 거두어 장사지내려고 임무를 맡을 사람으로 녹도 만호(송여종)를 정하여 보냈다.

21일^{경자} 맑음. 아침에 본영의 격군 742명에게 술을 먹였다. 광양 현감(최산택)[10]이 들어왔다. 저녁에 녹도 만호가 와서 보고하는데, "병들어 죽은 214명의 시체를 거두어서 묻었다."고 한다. 사로잡혔다가 도망쳐 나온 2명이 원수사의 진영에서 와서 적의 정세를 상세히 이야기했지만, 믿을 수 없었다.

22일^{신축} 맑음. 날씨가 따뜻하고 바람도 없었다. 활 쏘는 정자에 올라앉아

---

10 최산택이 1593년 12월부터 1594년 9월까지 광양현감으로 근무하였다.《광양읍지》아마 최산택이 송전을 대신하여 근무하고, 송전은 발령만 받고 부임하지 않은 것으로 보인다.

흥양 선소 앞바다 | 흥양에서 만든 전선이 드나들었던 바다입구이다. 갑오년 1월 23일 흥양의 전선 2척이 한산도에 들어 왔다.

진해 현감에게 교서(敎書)에 숙배례(공손히 절하는 예)를 행하게 하고 하루 종일 활을 쏘았다. 녹도 만호가 병들어 죽은 217명의 시체를 거두어 묻었다고 했다.

23일원인 맑음. 낙안 군수가 하직을 고하고 나갔다. 흥양의 전선* 2척이 들어왔다. 최천보, 유황, 유충신, 정량 등이 들어 왔다. 늦게 순천 부사가 들어왔다.

24일계묘 맑고 따뜻하다. 아침에 산에서 부역할 일로 목수 41명을 송덕일(宋德馹)[11]이 데리고 갔다. 영남 원수사가 군관을 보내어 보고하기를, "경상좌도에 있는 왜적 3백여 명을 베어 죽였다."고 한다. 매우 기쁜 일이다. 평의지(平義智, 대마도주 소요시토시(宗義智))가 지금 웅천에 있다고 하지만 자세하지 않았다. 유황(柳滉)을 불러서 암행어사가 붙잡아 간 것을 물으니, 문서를 너무

---

11 송덕일(1566~1616)은 선조를 의주까지 호종하여 호위장군의 칭호를 받았다. 정유재란 때는 진도 군수가 되어 나대용, 정걸과 함께 이순신을 도와 거북선을 만들고 명량 해전에서 적장 마다시(馬多時)를 죽이고 왜선 수십 척을 분멸하였다.

남발했다고 하였다. 매우 놀라운 일이다. 또 격군의 일을 들으니 고을 아전들의 간악한 짓은 이루다 말할 수 없었다. 전령을 보내어 모집한 군사 144명을 붙잡아 오게 하고, 또 현감에게 독촉하여 전령을 보내게 했다.

25일^{갑진} 흐리다가 늦게 갬. 송두남과 이상록 등이 새로 만든 배를 가지고 돌아와 정박시키려고 사부와 격군 132명을 데리고 갔다. 아침에 우우후(이정충)가 여기에 와서 함께 아침밥을 먹고 늦게 활을 쏘았다. 우우후가 여도만호(김인영)와 활쏘기를 겨루었는데 여도만호가 7분을 이겼다. 나는 활을 10순을 쏘고 다른 사람들은 모두 20순을 쏘았다. 저녁에 종 허산(許山)이 술병을 훔치다가 붙잡혔기에 곤장을 쳤다.

26일^{을사} 맑음. 아침에 활 쏘는 정자로 올라가서 순천 부사(권준)가 기한에 늦은 죄를 꾸짖고 공문을 작성하였다. 활 10순을 쏘았다. 오후에 사로잡혔다가 도망해온 진주 여인 1명, 고성 여인 1명, 서울 사람 2명을 데려 왔는데, (서울 사람은) 정창연과 김명원의 종이라고 했다. 또 왜놈 한 명이 스스로 와서 투항했다고 보고가 들어왔다.

27일^{병오} 맑음. 새벽에 배 만들 목재를 끌어올 일로 우후(이몽구)가 나갔다. 새벽에 변유헌과 이경복이 들어왔다고 보고했다. 아침에 충청수사(구사준)의 답장이¹² 왔다. 어머니의 편지와 아우 우신의 편지가 왔는데, 어머니께서 평안하시다고 하니 다행이다. 다만 동문 밖 해운대(海雲臺, 여수시 수정동 부근) 옆에 불을 밝힌 도적들이 생기고 미평(未坪, 여수 미평동)에도 불을 밝힌 도적들이 들었다고 한다. 매우 놀라운 일이다. 늦게 미조항 첨사, 순천 부사가 함께 왔다. 아침에 청원서[所志]와 여러 가지 공문을 작성하여 보내고, 스스로 항복해온 왜놈을 잡아 왔기에 심문했다. 원수사의 군관 양밀(梁密)이 제주 판관의 편지와 말안장과 해산물, 귤, 감자(柑子, 귤의 일종) 등을 가지고 왔기에 바로 어머니께 보냈다. 저녁에 녹도의 병사를 매복한 곳에 왜적 5명이 마음

---

12 이순신이 충청수사 정걸을 교체하고 신임 수사 구사준에게 전선 60척을 만들게 했다. 구사준의 답장은 이순신의 지시에 대한 답변이다.

유정이 지난 길 | 남원시 여원재 아래 산속에 유정이 지나갔다는 글이 큰 바위에 새겨져 있다. 유정이 계사년 5월과 갑오년 2월에 이곳을 지나갔다. 사진은 후자의 글이 적힌 바위이다. 내용은 "萬曆二十二年甲午歲仲春月 征倭都督章省吳劉綎又過"라고 적혀 있다.

대로 다니며 포를 쏘기에 한 왜군에게 발사하여 목을 잘랐다. 나머지는 화살을 맞고 달아났다. 저물녘에 소비포 군관이 왔다. 우후의 배가 목재를 싣고 왔다.

28일정미 맑음. 아침에 우후가 와서 만났다. 종사관에게 보낼 조목과 공문을 작성하여 강진의 하급관리에게 주어 보냈다. 늦게 원식(元埴)이 서울로 올라간다고 왔기에 술을 대접하여 보냈다. 경상 우후(이의득)가 보고하기를, "명나라 제독 유정(劉綎)*13이 군사를 돌려 이달 이십 오륙일 사이에 올라간다."고 하며, 또 "위무사(위로 담당)였던 홍문관 교리 권협(權悏)14이 도내를 돌면서 위로한 뒤에 수군을 들여보낸다."고 하였다. 또 "도적질한 이산겸(李山

---

13 유정은 1593년 군사 5천명을 이끌고 조선에 와서 대패했다. 1594년 1월 6일 유성룡이 선조에게 부산에서 서울까지 방어할 일을 논하여 상경하고, 1598년 왜교의 고니시 유키나가의 뇌물을 받고 길을 열어주었다. 서쪽 길을 맡아 운봉에서 싸우고, 순천 예교에서 패했다.

14 권협(1553~1618)은 장령으로서 한양수호에 힘쓰고 정유재란 때 명나라에 고급사(告急使)로 가서 지원을 요청하였다. 명나라 장수들에게 조선의 지형정보를 제공하였다.

謙)[15]등을 잡아 가두고, 아산, 온양 등지에서 날뛰는 큰 적 90여 명을 잡아서 목을 베었다."고 했다. 또, "호익장(虎翼將, 김덕령)이 가까운 시일에 들어 올 것이다."고 했다. 저물녘에 비가 오기 시작하더니 밤새도록 주룩주룩 내렸다. 전선을 만드는 일을 시작했다.

29일무신 비가 온종일 내리더니 밤새 이어졌다. 새벽에 각 배들이 무사하다는 보고를 받았다. 몸이 불편하여 저녁 내내 누워서 신음했다. 큰 바람과 파도로 배들을 고정하지 못하여 마음이 몹시 괴로웠다. 미조항 첨사(김승룡)가 배를 꾸밀 일로 돌아간다고 보고하였다.

30일기유 흐리고 바람이 크게 불었다. 늦게 개고 바람도 조금 그쳤다. 순천 부사(권준)와 우우후(이정충), 강진 현감(유해(柳瀣))이 왔다. 미조항 첨사가 와서 돌아간다고 보고하기에 평산포의 도망친 군사 3명을 잡아와 그 편에 딸려 보냈다. 나는 몸이 몹시 불편하여 종일 식은땀을 흘렸다. 군관과 여러 장수들은 활을 쏘았다.

2월

사도첨사(김완)가 들어왔다.

1일경술 맑음. 늦게 활 쏘는 정자(射亭)에 올라가 공문을 작성하여 보냈다. 청주에 사는 왕의 호위 담당자(司僕) 이상(李祥)이 왕명서를 가지고 왔다. 그 내용에 "경상 감사 한효순(韓孝純)[16]이 올린 장계에 '좌도의 적들이 모여서 거

---

15 이산겸은 충남 보령의 의병장으로 토정 이지함의 서자이다. 조헌의 부하로 활동하다가 조헌이 죽은 뒤 평택과 진위에서 왜군을 토벌했다. 1594년 1월 24일 유성룡이 민란을 일으킨 송유진을 조사했는데, 그가 이산겸을 적괴라고 무고하여 결국 옥에 갇히게 되었다.

16 한효순(1543~1621)은 영해에서 왜군을 격파하고 관찰사로서 동해에서 군량조달에 힘썼다. 1596년 한산도 무과 시관으로서 수군강화에 힘썼고, 칠천량 패전 이후 선조의 명을 받아 전선을 제

제로 들어가 장차 전라도를 침범할 계획이다.'라고 하였으니, 그대가 삼도의 수군을 합하여 적을 초멸하라."는 것이었다. 오후에 우우후(이정충)를 불러 활을 쏘았다. 초경(밤 8시경)에 사도 첨사(김완)가 전선 3척을 거느리고 진에 이르렀다. 이경복, 노윤발(盧潤發)[17], 윤백년 등이 도망가는 군사를 싣고 육지로 들어가는 배 8척을 붙잡아 왔다. 저녁에 가랑비가 내리더니 얼마 후 그쳤다.

2일신해 맑음. 아침에 도망가는 군사를 실어 내던 사람들의 죄를 처벌했다. 사도 첨사는 낙안 군수(신호)가 파면되었다고 전했다. 늦게 활 쏘는 정자에 올라갔다. 동궁에게 올린 보고서의 회답이 내려왔다. 각 관청과 해상기지의 공문을 작성하여 보냈다. 활 10순을 쏘았다.

바람이 어지럽게 불어 편하지 않았다. 사도 첨사가 기한에 오지 않았기에 신문 조사하였다.

3일임자 맑음. 새벽꿈에 한쪽 눈이 먼 말을 보았다. 무슨 징조인지 모르겠다. 식후에 활 쏘는 정자에 올라서 활을 쏘았다. 거센 바람이 크게 일었다. 우조방장(어영담)이 왔는데, 반란한 적들의 기별[18]을 들었다. 걱정스러움과 애통하고 분함을 참지 못했다. 우우후(이정충)가 물건을 여러 장수에게 보냈다. 원식(元埴)과 원전(元㙉)[19]이 와서 상경한다고 고하였다. 원식이 남해 현령(기효근)에게 철을 바치고서 천민을 면하는 공문 1장을 받아 갔다. 날이 저물어서 막사로 내려왔다.

4일계축 맑았으나 바람이 크게 불었다. 아침 식사 후 권준과 어영담을 불러와서 이야기했다. 늦게 본영의 전선과 거북선이 들어왔다. 조카 봉(菶)과 이

조했다.

17 노윤발(1548~1598)은 우림위(궁중 호위) 주부에 임명되었다. 진무성과 송희립 등과 의병을 모집하여 이순신의 막하로서 당포해전에서 큰 전공을 세우고 노량해전에 전사하였다.

18 갑오년 정월 서얼출신 송유진이 반란을 일으켰다. 충청도의 천안과 직산에서 봉기하여 의병대장이라고 칭하고, 무기와 병기를 약탈하여 한양을 공격하려고 했으나 바로 진압되었다.

19 원전은 원균의 셋째 동생으로 처음 이름은 원오(元㙇)이다. 고성현령으로서 원균 휘하에서 종군했고, 정유재란 때 원균과 함께 전사했다.

설, 이언량, 이상록 등이 강돌천을 데리고 왔는데, 그는 동궁의 명령서를 가지고 왔다. 정탁(鄭琢)[20]의 편지도 왔다. 각 관청과 해상기지의 공문을 작성하여 보냈다. 순천에서 온 보고내용은 "무군사(撫軍司)[21]의 공문에 의거한 순찰사의 공문에는 '진중에서 과거시험을 설치하자고 보고서를 올려 여쭌 것은 매우 잘못되었으니 조사해야 한다.'고 했다."는 것이었다. 매우 우스운 일이다. 조카 봉(菶)이 오는 편에 어머님이 평안하시다는 소식을 들으니 기쁘고도 다행이다.

5일갑인 맑음. 새벽꿈에 좋은 말을 타고 곧장 바위가 첩첩 쌓인 큰 산마루로 올라가니 산봉우리가 빼어나게 아름답고 구불구불 동서로 뻗어 있었다. 봉우리 위의 평평한 곳이 있어 자리를 잡으려고 하다가 깨었다. 이것이 무슨 징조인지 모르겠다. 또 어떤 미인이 홀로 앉아서 손짓을 하는데, 나는 소매를 뿌리치고 응하지 않았다. 우스운 일이다. 아침에 군기시에서 받아온 흑각궁(무소뿔로 만든 활) 백장을 일일이 세어 서명하고 벚나무 껍질 89장도 셈하여 서명했다. 발포 만호(황정록)와 우우후(이정충)가 와서 만나고 함께 식사했다. 늦게 활 쏘는 정자로 올라가서, 순창과 광주의 하급 관리들의 죄를 처벌하였다. 우조방장(어영담)과 우우후, 여도 만호(김인영) 등은 활을 쏘았다. 원수(권율)의 회답 공문이 왔는데, 유격장 심유경(沈有敬)[22]이 이미 화해할 것을 결정했다고 한다. 그러나 간사한 꾀와 교묘한 계책은 헤아릴 수 없다. 전에도 놈들의 꾀에 빠졌었는데 또 이처럼 빠져드니 한탄스럽다. 저녁에 날씨가 찌는

---

20 정탁(1526~1605)은 호가 약포이고 이황의 문인이다. 선조를 의주까지 호종하였고 1594년 곽재우와 김덕령을 천거하고 전공을 세우게 하여 우의정이 되었다. 정유재란 때 이순신이 하옥되었을때 극력 신구하여 죽음을 면하게 하였다.

21 무군사는 1593년 윤11월에 세운 왕세자의 임시 군영. 본래는 비변사를 나누었다가 이해 12월 무군사로 개칭하였다. 일본과의 강화가 시작되고 명군이 조선에서 철수함에 따라 설치된 것이다.

22 심유경은 명나라 병부상서 석성(石星)이 일본과 강화하기 위해 조선에 파견한 장수이다. 평양에서 고니시 유키나가를 만났으나 이여송이 일본군을 물리치자 강화가 파기되었다. 1596년 일본에서 도요토미 히데요시를 만났으나 회담 중 농간을 부려 결국 정유재란을 초래했다.

춘원포 | 통영시 안정리와 황리 사이에 있다. 갑오년 2월 7일 일본선 50여 척이 춘원포에 침입했다.

듯하니 마치 초여름 같았다. 2경(밤 9시경)에 비가 내렸다.

6일을묘 비가 내렸다. 오후에 맑게 갰다. 순천 부사, 조방장 및 웅천 현감, 사도 첨사가 와서 만났다. 어두울 무렵 흥양 현감(배흥립)과 김방제(金邦濟)가 유자[黃香] 30개를 가져 왔는데 금방 딴 것 같았다.

7일병진 맑음. 서풍이 크게 불었다. 아침에 우조방장(어영담)이 와서 만났는데, 또 부지휘선을 타고 싶다고 하였다. 어머니와 홍군우, 이숙도, 강인중 등에게 문안편지를 써서 조카 분(芬)이 가는 편에 부쳤다. 조카 봉과 분이 떠나가는데 봉은 나주로 가고 분은 온양으로 갔다. 마음이 편치 않았다. 각 배에 청원서[所志] 2백여 장을 작성하여 나누어 주었다. 고성 현령(조응도)의 보고에, "적선 50여 척이 춘원포(春院浦)*에 도착했다."고 했다. 삼천포 권관과 가배량 권관 제만춘이 와서 서울의 기별을 전했다. 입대를 피한 격군을 붙잡아올 일로 이경복을 내보냈다. 오늘 군대를 개편하여 나누고 격군을 각 배에 옮겨 태웠다. 방답 첨사(이순신)에게 죄인을 잡아오라고 전령했다. 낙안 군수(신호)의 편지가 왔는데, 새 군수 김준계가 내려왔다고 하므로 그에게도 전령

보성의 선소 | 보성군 벌교읍 진석마을 연안에 소재. 사진은 진석마을 해변이다.
소소포 | 고성군 미암면 두호리 소재. 갑오년 2월 8일 일본선 50여 척이 소소포를 드나들었다.

하여 죄인을 붙잡아 오게 했다. 보성의 전선 2척*이 들어왔다. 소비포 권관
(이영남)이 와서 만났다.

8일^{정사} 맑음. 동풍이 크게 불고 날씨가 매우 차다. 봉(菶)과 분(芬)이 배를 타
고 떠난 것이 매우 걱정되어 밤새도록 초조하고 불안했다. 아침에 순천 부사
(권준)가 와서 말하기를, "고성 땅 소소포(김所浦)*에 적선 50여 척이 드나든
다."고 했다. 곧바로 제만춘을 불러 지형이 어디가 유리한 지를 물었다. 늦게
활 쏘는 정자로 올라가 공문을 작성하여 보냈다. 경상 우병사의 군관이 편지
를 가져와서 자기 장수 방지기의 천민을 면하는 것에 대한 일을 말했다. 진

주에서 피난한 전 좌랑 이유함(李惟誠)[23]이 와서 이야기하다가 저녁에 돌아갔다. 바다의 달빛이 맑고 상쾌하여 자려해도 잘 수가 없었다. 순천 부사와 우조방장이 와서 이야기하다가 2경(밤 10시경)에 헤어졌다. 변존서가 당포에 가서 꿩 7마리를 사냥해 왔다.

9일무오 맑음. 새벽에 좌우후(이몽구)가 배 두세 척을 거느리고 소비포 뒤쪽으로 띠풀을 베러 갔다. 아침에 고성 현령(조응도)이 왔는데 돼지고기도 가져왔다. 그 편에 당항포에 적선이 드나든 일을 물었다. 또 백성들이 굶주려서 서로 잡아먹는 참담한 상황에 앞으로 어떻게 목숨을 보전하여 살 것인지를 물었다. 늦게 활 쏘는 정자로 올라가 활 10순을 쏘았다. 이유함이 와서 하직을 고하므로 그의 자(字)를 물으니 여실(汝實)이라고 했다. 순천 부사(권준)와 우조방장(어영담), 우우후(이정충), 사도 첨사(김완), 여도 만호(김인영), 녹도 만호(송여종), 강진 현감(유해), 사천 현감(기직남), 하동 현감(성천유), 소비포 권관(이영남)도 왔다. 저물녘에 보성 군수(안홍국)가 들어왔다. 무군사의 공문을 가져 왔는데, 동궁을 호위하는데 쓸 긴 창 수십 자루를 만들어 보내라는 것이었다. 이 날 동궁이 조사한 것에 대한 답변을 써서 보냈다.

10일기미 가랑비와 큰바람이 종일 그치지 않았다. 오후에 조방장과 순천부사가 와서 저녁 내내 이야기하며 왜적 토벌을 논의했다.

11일경신 맑음. 아침에 미조항 첨사(김승룡)가 와서 만났다. 술 3잔을 권하고서 보냈다. 종사관의 공문 3건을 작성하여 보냈다. 식후에 활 쏘는 정자로 올라가니, 경상 우수사(원균)가 와서 만났다. 술 10잔을 마시고 취하여 말에 광기가 많았으니 우스운 일이다. 우조방장(어영담)도 와서 함께 취했다. 저물녘에 활 3순을 쏘았다.

12일신유 맑음. 이른 아침에 본영의 정탐선이 들어왔는데, 조카 분의 편지에 선전관 송경령이 수군을 살펴볼 일로 들어온다는 것이었다. 사시(오전 10시

---

23 이유함(1557~1609)은 이조(李晁)의 맏아들로 문위(文緯), 곽재우, 오장(吳長) 등과 함께 의병을 일으키어 왜적을 토벌하였다. 1597년 형조좌랑을 역임하고 단성 군수를 지냈다.

삼봉산 | 통영시 용남면 소재. 봉우리가 3개라서 삼봉산인데, 왼쪽부터 일봉, 이봉, 삼봉이라고 한다.

경)에 적도(赤島)로 진을 옮겼다. 미시(오후 2시경)에 선전관(송경령)이 진에 도착했다. 왕명서 2통과 비밀문서 1통, 도합 3통인데, 1통에는 "명나라 군사 10만 명과 은 3백만 냥이 온다."고 하였고, 1통에는 "흉악한 적의 뜻이 호남에 있으니, 힘을 다하여 차단하고 형세를 보아 무찌르라."고 하였다. 그 안의 비밀문서를 내보니 '여러 해 동안 해상에서 나라를 위해 애쓰는 것을 내가 늘 잊지 못하니, 공이 있는 장병으로서 아직 큰 상을 받지 못한 자들을 보고하라는 등의 일'에 관한 것이었다. 또 그에게 서울의 여러 가지 소식을 묻고 또 역적들의 일도 들었다. 영의정(유성룡)의 편지도 가지고 왔다. 위에서 밤낮으로 염려하며 애쓰는 일을 들으니 감개함과 애련함이 어찌 다하랴.

13일^{임술} 맑고 따뜻하다. 아침에 영의정에게 회답 편지를 썼다. 식후에 선전관(송경령)을 불러 다시 이야기했다. 늦게 서로 작별하고서 종일 배에 머물렀다. 신시(오후 4시경)에 소비포 권관(이영남), 사량 만호(이여염), 영등포 만호(우치적) 등이 왔다. 유시(오후 6시경)에 첫 나발을 불고 출항하여 한산도로 돌아오니, 그때 경상군관 제홍록(諸弘祿)[24]이 삼봉산*에서 와서 말하기를, "적선 8척이 춘원포에 들어와 정박하였으니, 들이칠 만하다."고 하였다. 그래서 곧 장 나대용을 원수사에게 보내어 상의케 하고 전하게 한 말은, "작은 이익을 보고 들이친다면 큰 이익을 이루지 못할 것이니, 아직 가만히 두었다가 다시 적선이 많이 나오는 것을 보고 기회를 엿보아서 무찌르기를 작정하자."는 것 이었다. 미조항 첨사와 순천 부사, 조방장이 왔다가 밤이 깊어서야 돌아갔다. 박영남과 송덕일도 돌아갔다. 방답 첨사(이순신)와 흥양 현감(배흥립)이 들어 왔다.

14일계해 맑고 따뜻하며 바람도 온화하였다. 경상도 남해, 하동, 사천, 고성 등지에는 송희립, 변존서, 유황, 노윤발 등을, 우도에는 변유헌, 나대용 등을 점검하라고 내보냈다. 저물녘에 방답 첨사와 첨지 배경남이 본영에 왔는데, 군량미 20섬을 실어 왔다. 정종과 배춘복도 왔다. 장언춘의 천민을 면하는 공문을 만들어 주었다. 흥양 현감이 들어왔다.

15일갑자 맑음. 새벽에 거북선 2척과 보성의 전선 1척을 멍에에 쓸 재목을 벌목하는 곳으로 보냈더니 초경(밤 8시경)에 실어 왔다. 아침 식사 후에 활 쏘 는 정자에 올라가서 좌조방장의 늦게 온 죄를 신문했다. 흥양 전선의 부정함 을 조사해 보니 허술한 점이 많았다. 또 순천 부사(권준), 우조방장(어영담)과 우우후(이정충), 발포 만호(황정록), 여도 만호(김인영), 강진 현감(유해) 등이 함 께 와서 활을 쏘았다. 날이 저물 때에 순찰사(이정암)의 공문이 왔는데, "조도 어사 박홍로가 장계에서, 순천, 광양, 두치에 병사를 잠복시키고 파수 보게 하는 일을 고하였는데, '수군과 수령을 함께 이동시키는 것은 합당하지 않 다.'는 회답이 내려오고 공문도 함께 왔다."는 내용이었다.

16일을축 맑음. 아침에 흥양 현감(배흥립)과 순천 부사가 왔다. 흥양 현감이

---

24 제홍록(1558~1597)은 의병을 일으키어 김해, 웅천 등지에서 왜적을 물리치고, 그 공으로 훈련원 부정이 되었다. 1594년 이순신의 군관이 되어 한산도해전에서 전공을 세웠다. 1597년 6월 24일 왜군에 포위된 진주성을 지키다가 적장을 죽이고 전사하였다.

암행어사(유몽인)의 비밀 장계 초본을 가져 왔는데, 임실 현감(이몽상), 무장 현감(이중복), 영암 군수(김성헌), 낙안 군수(신호)를 파면하여 내치고, 순천 부사는 탐관오리라고 첫번째로 거론하고, 기타 담양부사(이경림), 진원 현감(조공근(趙公瑾)[25], 나주 목사(이용순), 장성 현감(이귀), 창평 현령(백유항(白惟恒))[26]등의 수령은 악행을 덮어 주고 포상할 것을 고하였다. 임금을 속임이 이 지경에 이르렀으니, 나랏일이 이러고서야 싸움이 평정될 리가 만무하여 천장만 쳐다볼 뿐이다. 또 수군의 한 집안과 장정 넷 중에 두 장정이 전쟁에 나가는 일을 논하여 심히 비난하였다. 암행어사 유몽인은 나라의 위급한 난리는 생각하지 않고 다만 눈앞의 임시방편에만 힘쓰고, 남쪽 지방의 무함당한 일을 해명하는 말만 들으니, 나라를 그르치는 교활하고 간사한 말이 진회(秦檜)[27]가 무목(武穆)[28]을 대하는 것과 다를 바가 없다. 나라를 위하는 아픔이 더욱 심하다. 늦게 활 쏘는 정자로 올라가 순천 부사, 흥양 현감, 우조방장, 우수사 우후, 사도 첨사, 발포 만호, 여도 만호, 녹도 만호, 강진 현감, 광양 현감(최산택) 등과 활 12순을 쏘았다. 순천 감목관이 진중에 왔다가 돌아갔다. 우수사가 당포에 도착했다고 한다.

17일병인 맑음. 따뜻하기가 초여름과 같았다. 아침에 지휘선을 연기에 그을리는 일로 활 쏘는 정자로 올라갔고, 각 처의 공문을 작성하여 보냈다. 사시(오전 10시경)에 우수사(이억기)가 들어왔다. 우두머리 군관 정홍수와 도훈도는 군령으로 곤장 90대를 쳤다. 이홍명과 임희진의 손자도 왔다. 대나무로

---

25 조공근(1592~1629)은 종묘사직의 신주를 모시고 피란하였다. 1593년 진원 현감이 되고 1595년 형조좌랑을 거쳐 능성현령을 지냈다.

26 백유항(1545~?)은 백인걸(白仁傑)의 아들로, 1576년 진사시에 합격하고 창평현령을 지냈다.

27 진회(1090~1155)는 중국 남송 고종 때의 재상이다. 악비를 무고하여 죽이고 금(金)나라가 쳐들어왔을 때 예물을 바치고 신하국이라고 칭하면서 굴욕적인 화약을 했기에 후세에 대표적인 간신으로 손꼽는다.

28 무목(1103~1142)은 중국 남송 때 충신 악비이다. 금나라 군사를 누차 격파하고 태위에 올랐다. 당시 고종은 진회와 함께 금과의 화의를 주장하였는데, 이를 반대하다가 진회의 참소를 받고 옥중에서 사실무근한 죄명으로 살해되었다.

벽방산 | 통영시 광도면 안정리 소재. 벽방산 아래에 천개산과 대당산이 있고, 멀리 구허역과 앞바다가 보인다. 사진은 벽방산의 정상 봉우리이다.
벽방산입구 | 벽방산 입구에 "벽발산 안정사"라고 새겨진 암석이 세워져 있다. 예전에는 벽방을 벽발이라고 했다.
구허역터 | 통영시 광도면 노산리 소재. 구화역이 구허역으로 바뀜. 일정시대 때 일본인이 구허역을 없애고 민가촌으로 만들었다. 사진은 현재 남아 있는 마굿간 터임.

총통을 만들어 왔기에 시험 삼아 쏘아보니, 소리만 요란하고 별로 소용이 없었다. 우스운 일이다. 우수사가 거느린 전선이 겨우 20척 뿐이어서 더욱 한스럽다. 순천 부사(권준), 우조방장(어영담)이 와서 활 5순을 쏘았다.

18일정묘 맑음. 아침에 배 첨지가 오고 가리포 첨사 이응표가 왔다. 식후에 활 쏘는 정자로 올라가 해남 현감 위대기(魏大器)[29]에게 전령을 거역한 죄로

---

29 위대기는 이순신의 휘하로서 왜군이 전주를 침입하려고 할 때 이치(梨峙)에서 권율을 도와 왜군

처벌하였다. 우도의 여러 장수들이 임무를 받은 후에 활 두어 순을 쏘았다. 오후에 우수사(이억기)가 왔다. 앞서 원수사와 함께 심하게 취했기에 일일이 대화를 나누지 못했다. 초경(밤 8시경)에 내린 가랑비가 밤새 계속 내렸다.

19일무진 가랑비가 종일 내렸으나 날씨가 찌는 듯했다. 활 쏘는 정자에 올라가 혼자 잠시 앉아 있는데, 우조방장(어영담)과 순천 부사(권준)가 오고 이홍명도 왔다. 잠시 후 손충갑이 와서 보고하기에 불러 들여서 역적을 토벌한 일을 물으니 개탄스러움을 참지 못했다. 종일 이야기하다가 저물녘에 숙소로 내려왔다. 변존서가 본영으로 갔다.

20일기사 안개비가 걷히지 않다가 사시(오전 10시경)에 맑게 개었다. 몸이 불편하여 종일 나가지 않았다. 우조방장(어영담)과 배첨지(배경남)가 와서 이야기했다. 아들 울(蔚)이 이억기의 배에 갔다가 몹시 취해서 돌아왔다.

21일경오 맑고 따뜻하다. 몸이 몹시 불편하여 종일 신음했다. 순천부사와 우조방장(어영담)이 와서, 견내량의 복병한 곳을 가서 살펴보았다고 보고했다. 청주 의병장 이봉(李逢)이 순변사가 있는 곳으로부터 와서 육지의 일을 자세히 말했다. 우영공(어영담)은 청주 어른의 집안 분이다. 해가 저물어 돌아간다고 보고하였다. 유시(오후 6시경)에 벽방*의 망보는 장수 제한국이 와서 고하기를, "구화역(仇化驛)* 앞바다에 왜선 8척이 와서 정박했다."고 했다. 그래서 배를 풀어 삼도에 진격하자는 약속을 전하고, 제홍록이 와서 보고하기를 기다렸다.

22일신미 4경(새벽 2시경)에 제홍록이 와서 말하기를, "왜선 10척이 구화역에 도착하고 6척이 춘원포에 도착하였다."고 했다. 하지만 이미 날이 새어 미처 따라가 쳐부수지 못하여 다시 정찰하라고 명령하고 돌려보냈다. 아침에 순천부사, 우(…)(이후 23일부터 27일까지 빠져있음)

장흥부사가 들어왔다.

을 격퇴하였다. 1594년 해남현감에 임명되어 김덕령을 도왔고 정유재란 때 광주에서 의병을 모아 전공을 세웠다.

검모포진 | 부안군 진서면 구진마을에 소재. 옛날에는 이곳이 변산에 속했다. 사진은 검모포진터에서 구진바다를 바라본 전망이고, 왼쪽에는 8백년 된 느티나무가 진터를 지키고 있다.

28일정축 맑음. 아침에 활 쏘는 정자로 올라가 종사관(정경달)과 종일 이야기 했다. 장흥 부사(황세득(黃世得)[30])가 들어왔다. 우수사(이억기)를 처벌했다.

29일무인 맑음. 아침에 종사관과 함께 식사하고 또 이별 술을 마시며 종일 이야기했다. 장흥 부사(황세득)도 함께 했다. 벽방(碧方)의 망보는 장수 제한국 의 보고 내용에, "적선 16척이 소소포(召所浦)로 들어 왔다."고 하므로 각도에 명령을 전하여 알리도록 했다.

---

30 황세득(1537~1598)은 이순신의 처종형이다. 사량 첨사로서 남해에서 이순신을 따라 왜적을 방 어하였다. 벽파정과 고금도 싸움에서 전공을 세우고 1598년 10월 2일에 명나라 제독 유정과 진 린과 함께 예교에서 적을 협공할 때 선봉에서 싸우다가 전사하였다.

1일기묘 맑음. 망궐례를 행하고 그길로 활 쏘는 정자로 가서 앉았는데, 검모
포(黔毛浦)* 만호를 심문하고서 만호에게 곤장을 치고, 도훈도를 처형했다. 종
사관(정경달)이 돌아갔다. 초저녁에 출항하려고 할 때 제한국이 달려와, "왜
선이 이미 모두 도망갔다."고 보고하기에 가려던 것을 멈췄다. 초경(밤 8시경)
에 장흥 2호선에 불이 나서 모두 타버렸다.

2일경진 맑음. 아침에 방답 첨사(이순신), 순천 부사(권준), 우조방장(어영담)이
왔다. 늦게 활 쏘는 정자로 올라가 좌우조방장, 순천 부사, 방답 첨사와 함께
활을 쏘았다. 이 날 저녁에 장흥 부사가 와서 이야기했는데, 초경에 강진의
뜸을 쌓아 둔 곳에 불을 내어 모두 다 타버렸다.

3일신사 맑음. 아침에 임금께 하례하는 글을 올려 보내고 그대로 활 쏘는 정
자에 앉았다. 경상 우후 이의득이 와서 말하기를, "수군이 많이 잡아오지 못
한 일로 그의 수사(원균)가 매질을 하고 또 발바닥까지 치려고 했다."고 하니,
매우 놀라운 일이다. 늦게 순천 부사(권준), 우조방장(어영담), 좌조방장, 방답
첨사, 가리포 첨사(이응표), 좌우우후(이몽구·이정충) 등과 함께 활을 쏘았다.
유시(오후 6시경)에 벽방의 망보는 장수(제한국)가 보고한 내용에, "왜선 6척
이 오리량(창원 구산동)과 당항포 등지에 들어와 나누어 정박해 있다."[31]고 한
다. 그래서 바로 명령을 내려 수군의 대군을 소집시켜 흉도(胸島)* 앞 바다에
진을 치게 하고, 정예선 30척은 우조방장 어영담이 거느리고 적을 무찌르도
록 했다. 초저녁에 배를 몰아 지도(紙島)*에 가서 밤을 보내고 4경(새벽 2시경)
에 출발했다.

---

31 갑오년 3월 10일 이순신의 보고문에, "3월 3일에 벽방의 제한국 등의 보고에, 오늘 새벽 큰 왜선
10척, 중선 14척, 소선 7척이 영등포에서 나오고, 21척은 고성 당항포로, 7척은 진해와 오리량으
로, 3척은 저도로 향하고 있다."고 하였다.

흥도 | 거제 오량리에 있는 고개도(高介島).
지도 | 통영시 용남면 지도리에 소재.
저도 | 창원시 마산합포구 월명동의 돝섬 또는 구산면 구복리 연육교의 저도라고 한다. 돝섬은 너무 작고 적진포해전과 연관 지으면 후자가 가깝다고 한다. 사진은 후자의 전경이다.

4일원오 맑음. 사경에 배를 출발시켜 진해 앞바다로 가서 왜선 6척을 뒤쫓아 붙잡아서 분멸하고 저도(猪島)*에서 2척을 분멸했다. 또 소소강(召所江, 고성 두호리 하천)에 14척이 들어와 정박했다고 하기에 조방장(어영담)과 원수사에게 나가 토벌하도록 명령을 전했다.* 고성 땅 아자음포(阿自音浦, 아자포)*32에서 진을 치고 밤을 지냈다.

5일계미 맑음. 왕의 호위 담당자(司僕) 윤붕을 당항포로 보내어 적선을 분멸했는지를 탐문케 하였다. 우조방장 어영담이 급히 보고한 내용에, "적의 무리들이 우리 군사들의 위엄을 두려워하여 밤을 틈타 도망했기에 빈 배 17척을 남김없이 분멸했다."고 했다. 경상 우수사(원균)의 보고도 같은 내용이었

---

32 갑오년 3월 4~5일, 이순신은 왜선 10척이 당항포로 향하자, 어영담에게 협공하게 하였다. 3월 4일 진해 읍전포에서 6척, 고성 어선포에서 2척, 진해 시굿포(柴仇叱浦)에서 2척을 분멸하였다. 5일 어영담이 당항포구 안에서 남은 21척도 모두 분멸하였다.(2차 당항포해전)

아자음포 | 고성군 동해면 양촌리 소재. 1594년 3월 4일 이순신이 여기서 하루 정박했다.
광양선소 | 광양시 망덕 선소마을. 이순신이 전란 중에 여기서 판옥선 3척을 만들었다고 한다.

다. 우수사(이억기)가 와서 만났을 때 비가 크게 내리고 바람도 몹시 거세게 불어 바로 자기 배로 돌아갔다. 이 날 아침에 순변사에게서도 토벌을 독려하는 공문이 왔다. 우조방장(어영담)과 순천 부사(권준), 방답 첨사(이순신), 배 첨사(배경남)도 와서 서로 이야기하는 동안에 원수사가 배에 이르자, 여러 장수들은 각기 돌아갔다. 이날 저녁에 광양*의 새 배가 들어왔다.

6일갑신 맑음. 새벽에 망보는 군사가 보니, "적선 40여 척이 청슬(靑膝)*로 건너온다."고 했다. 당항포의 왜선 21척은 모두 불태워 버렸다는 긴급 보고가 왔다. 늦게 거제로 향할 때 바람이 거슬러 불어 간신히 흉도(胸島)에 도착하니, 남해 현령(기효근)이 보고한 내용에, "명나라 군사 두 명과 왜놈 8명이 통지문을 가지고 왔기에 그 패문과 명나라 병사를 올려보냈다."고 하였다. 그것을 가져다가 살펴보았더니 명나라 도사부 담종인(譚宗仁)의 토벌을 금지하는 통지문(금토패문)[33]이었다. 나는 몸이 몹시 불편하여 앉고 눕는 것도 어려웠다. 저녁에 우수사(이억기)와 함께 명나라 병사를 만나보고 전송했다.

7일을유 맑음. 몸이 극도로 불편하여 뒤척이는 것조차 어려웠다. 그래서 아랫사람을 시켜 통지문에 대한 답서를 작성하게 했는데 글 모양을 이루지 못했다. 원 수사가 손의갑을 시켜 지어 보내게 하였지만 그 역시 매우 적합하지

---

33 금토패문은 명나라의 선유도사 담종인이 왜군의 꾀임에 빠져 조선군이 왜군을 치지 말라고 이순신에게 적어 보낸 글이다.

청슬 | 거제시 청곡마을에 소재. 갑오년 3월 6일 일본선 40여 척이 청슬을 침입했다.

못하였다. 나는 병중에도 억지로 일어나 앉아 글을 짓고, 정사립(鄭思立)에게 써서 보내게 했다. 미시(오후 2시경)에 배를 출발시켜 밤 2경(10시경)에 한산도 진중에 이르렀다.

8일^{병술} 맑음. 병세는 별다른 차이가 없었다. 기운이 더욱 축이 나서 종일 고통스러웠다.

9일^{정해} 맑음. 기운이 좀 나은 듯하여 따뜻한 방으로 옮겨 누웠다. 아프긴 해도 다른 증세는 없었다.

10일^{무자} 맑음. 병세가 차츰 덜해졌지만 열기가 치올라 찬 것만 마시고 싶은 생각뿐이었다. 저녁에 비가 내리더니 밤새도록 그치지 않았다.

11일^{기축} 큰비가 종일 내리다가 어두울 무렵에 갰다. 병세가 훨씬 덜하고 열기도 사라지니 매우 다행이다.

12일^{경인} 맑았지만 바람이 크게 불었다. 몸이 매우 불편했다. 영의정에게 편지를 쓰고 보고문을 정서하는 것을 마쳤다.

13일^{신묘} 맑음. 아침에 보고문을 봉하여 보냈다. 몸은 차츰 나아지는 것 같으나 기력이 매우 쇠하였다. 아들 회와 송두남을 내 보냈다. 오후에 원수사가 와서 자기의 잘못된 일을 말하기에 장계를 도로 가져다가 원사진(元士震)과 이응원(李應元) 등이 왜인을 가장한 사람의 목을 베어 바친 일을 고쳐서 보냈다.

14일임진 비가 내렸다. 몸은 나은 듯하지만 머리가 무거워 상쾌하지 못했다. 저녁에 광양 현감(최산택), 강진 현감(유해), 배첨지(배경남)가 함께 갔다. 듣자니 "충청 수사(구사직)가 이미 신장(薪場, 순천의 신장 바다)에 왔다."고 한다. 종일 몸이 불편했다.

15일계사 비는 비록 그쳤으나 바람이 크게 불었다. 미조항 첨사가 돌아갔다. 종일 신음했다.

16일갑오 맑음. 몸이 매우 불편하다. 우수사가 와서 만났다. 충청 수사가 전선 9척을 거느리고 진에 도착했다.

17일을미 맑음. 몸이 상쾌하게 회복되지 않았다. 변유헌은 본영으로 돌아가고 순천부사도 돌아갔다. 해남 현감(위대기)은 새 현감과 교대하는 일로 나가고, 황득중은 병사를 매복하는 것에 관한 일로 거제도로 들어갔다. 정탐선이 들어왔다.

해남현감이 나갔다.

18일병신 맑음. 몸이 몹시 불쾌하였다. 남해 현령 기효근, 소비포 권관 이영남, 적량만호 고여우, 보성 군수(안흥국)가 와서 만났다. 기효근은 파종할 일 때문에 고을로 돌아갔다. 보성 군수는 말을 하려고 했다가 사정을 고하지 못하고 돌아갔다. 낙안의 유위장(留衛將)과 향소(鄕所)34의 관리 등을 잡아와서 가두었다.

19일정유 맑음. 몸이 불편하여 종일 신음했다.

20일무술 맑음. 몸이 불편하다.

21일기해 맑음. 몸이 불편하다. 녹명관(과거 담당)으로 여도 만호(김인영), 남도

---

34 향소는 지방의 수령을 보좌하는 자문기관인 유향소이다.

포(진도 남동리) 만호(강응표), 소비포 권관(이영남)을 뽑아 임명했다.

22일경자 맑음. 몸이 조금 나은 것 같다. 원수(권율)의 공문이 왔는데, "명나라 지휘 담종인의 외교문서와 왜장의 외교문서를 조파총(曹把摠, 종4품 무관)이 가지고 갔다."고 하였다.

23일신축 맑음. 몸이 여전히 불쾌하다. 방답 첨사(이순신), 흥양 현감(배흥립), 조방장(어영담)이 와서 만났다. 견내량이 미역 53동을 캐어 왔다. 발포 만호(황정록)도 와서 만났다.

24일임인 맑음. 몸이 조금 나아진 것 같다. 미역 60동을 캐 왔다. 정사립이 왜놈의 머리를 베어 가지고 왔다.

25일계묘 맑음. 흥양 현감(배흥립)과 보성 군수(안흥국)가 나갔다. 사로잡혔던 아이[35]가 왜의 진중에서 명나라 장수(담종인)의 통지문을 가지고 왔기에 흥양 현감에게 보냈다. 늦게 활 쏘는 정자에 올라갔는데 몸이 몹시 불편하여 일찍 숙소로 내려왔다. 저녁에 아우 우신과 아들 회, 그리고 변존서, 신경황이 왔는데, 어머님이 평안하시다는 이야기를 자세히 들었다. 다만 선산이 모두 들불에 타 버려 끌 사람이 없었다고 하니 몹시 애통하다.

26일갑진 맑고 따뜻하기가 여름날과 같다. 조방장(어영담)과 방답 첨사(이순신)가 와서 만났다. 발포 만호(황정록)가 휴가를 받아 돌아갔다. 늦게 마량(서천 마량리) 첨사(강응호), 사량 만호(이여념), 사도 첨사(김완), 소비포 권관(이영남)이 함께 와서 만났다. 경상 우후(이의득), 영등포 만호(우치적)도 왔다가 창신도(昌信島)로 돌아간다고 보고했다.

27일을사 흐리지만 비는 오지 않았다. 우수사(이억기)가 와서 만났다. 몸이 좀 나은 것 같다. 초경에 비가 왔다. 조카 봉이 저녁에 몸이 불편하다고 했다.

28일병오 종일 비가 내렸다. 조카 봉의 병세가 매우 위중하다고 하니 매우

---

35 왜군에게 사로잡혔다가 돌아온 아이는 상주출신의 사노비 희순(希順)이다. 일본어 통역을 했고 왜장이 그 아이에게 조선 진중에 가서 "일본인은 싸우려고 하지 않는데 조선에서는 어째서 출전하느냐."는 말을 전하게 했다.(갑오년 3월 10일,〈진왜정장〉)

걱정이 된다.

29일^{정미} 맑음. 정탐선이 들어왔는데 어머니께서 편안하시다고 하였다. 웅천 현감(이운룡), 하동 현감(성천유), 소비포 권관(이영남) 등이 와서 만났다. 장흥 부사(황세득), 방답 첨사도 와서 만났다. 저녁에 우신과 봉이 같이 돌아갔다. 봉은 몹시 아파서 돌아 간 것이니 밤새도록 걱정을 하였다. 저물녘에 방충서와 조서방의 사위 김함(金誠)이 왔다.

30일^{무신} 맑음. 식후에 활 쏘는 정자로 올라가 충청 군관과 도훈도 및 낙안의 유위장, 도병방 등을 처벌했다. 늦게 삼가(합천 삼가면)현감 고상안(高尙顔)[36]이 와서 만났다. 저녁에 숙소로 내려왔다.

- 삼가현감 고상안이 무과별시의 참시관으로서 유명한 문관을 추천할 일로 와서 만났다. -《태촌집》《충무공난중일기》

4월

1일^{기유} 맑음. 일식(日蝕)이 생길 때인데 생기지 않았다. 장흥 부사(황세득), 진도 군수(김만수), 녹도 만호(송여종)가 여제(厲祭)[37]를 지내는 일로 돌아간다고 보고하였다. 충청 수사가 와서 만났다.

2일^{경술} 맑음. 아침 식사 후 활 쏘는 정자로 올라갔다. 삼가 현감과 충청 수사(구사직)와 함께 종일 이야기했다. 조카 해(荄)가 들어왔다.

3일^{신해} 맑음. 오늘 여제를 지냈다. 삼도의 전쟁한 군사들에게 술 천팔십 동이를 먹였다. 우수사와 충청 수사도 같이 앉아 군사들에게 먹였다. 날이 저물

---

36 고상안(1553~1623)은 의병 대장으로 활동하고 지례현감, 함양군수를 지냈다. 이덕형, 이순신 등과의 서사 기록을 남겼는데, 그의 문집《태촌집》에도 난중일기 9일치가 들어 있다.

37 여제는 제사를 받지 못하는 떠도는 넋이나 역질을 퍼뜨리는 귀신에게 지내는 제사이다.

어서야 숙소로 내려왔다.

4일임자 흐리다가 저물녘에 비가
내렸다. 아침에 원수의 군관 송홍
득(宋弘得)³⁸과 변홍달(卞弘達)³⁹이
새로 급제하여 홍패(紅牌)*를 가지
고 왔다. 경상 우병사(박진(朴晉))⁴⁰
의 군관이며 공주 사람 박창령의
아들인 박의영(朴義英)이 와서 자기
장수의 안부를 전했다. 식후에 삼
가 현감(고상안)이 왔다. 늦게 활 쏘
는 정자로 올라갔다. 장흥 부사(황

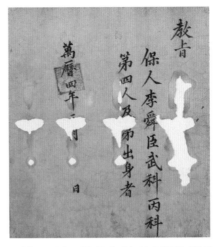

홍패 | 이순신의 무과합격증서. 병과 4등에 합격함. 최순선
소유, 사진 현충사 ⓒ

세득)가 술과 음식을 가지고 와서 종일 조용히 이야기를 나누었다.

5일계축 흐림. 새벽에 최천보가 세상을 떠났다.

6일갑인 맑음. 별시(別試)⁴¹ 보는 과거시험장을 열었다. 시관(과거 담당)은 나와
우수사(이억기), 충청 수사(이순신)이고, 참시관(보조 시관)은 장흥 부사(황세득),
고성 현령(조응도), 삼가 현감(고상안), 웅천 현감(이운룡)⁴²으로 정하여 시험
보는 것을 감독하였다.

7일을묘 맑음. 일찍 모여 시험을 행했다.

---

38 송홍득은 임진왜란 때 많은 왜선을 격침시키고 노량해전에 참전하여 전공을 세웠다.

39 변홍달(1555~?)은 의병을 모아 이원익의 휘하에서 활동하고 정유재란 때는 이순신의 휘하에서
   군관의 선봉이 되어 참전하고 많은 일본군을 죽였다.

40 박진은 왜적이 부산과 동래를 함락하자, 밀양부를 소각하고 후퇴하였다. 이후 경상좌도 병마절
   도사가 되어 적의 침입을 저지하였다. 그후 권응수를 파견하여 왜적을 격퇴하고 영천성을 탈환
   하였다. 이때 영남 수십 개의 읍을 지켰다. 선조가 양가죽옷을 하사했다.

41 별시는 나라에 경사가 있을 때나 특별히 인재의 등용이 필요한 경우에 식년시 외에 임시로 시행
   하는 과거시험이다.

42 이운룡(1562~1610)은 원균의 휘하로서 경상우수영이 함락되어 원균이 피신하려 할 때 강력히
   반발하였다. 옥포, 한산도, 부산포 등의 해전에 참전하였고 칠천량 패전 후 육병으로 편입하여
   활동하였다.

8일병진 맑음. 몸이 불편하였다. 저녁때 시험장으로 올라갔다. 수사와 참시관과 함께 특별시험을 하였다.《태촌집》〈충무공난중일기〉

9일정사 맑음. 아침에 시험을 마치고 급제자 명단을 내붙였다. 큰비가 왔다. 조방장 어영담이 세상을 떠났다. 이 애통함을 어찌 말로 할 수 있으랴. 10일(무오) 흐림. 순무어사(순시하는 어사)(서성(徐渻))[43]가 진중으로 온다는 통지가 왔다.

11일기미 맑음. 순무어사가 들어온다고 하기에 마중 나갈 배를 내보냈다.

12일경신 맑음. 순무어사 서성이 내 배에 와서 이야기했다. 우수사(이억기)와 경상 수사(원균), 충청 수사(이순신)가 함께 왔다. 술이 세 순배 돌자 원수사(원균)가 거짓으로 술 취한 체하고 광기를 마구 부려 무리한 말을 해대니, 순무어사가 매우 해괴함을 참지 못했다. 원수사가 의도하는 것이 매우 흉악하다. 삼가 현감이 돌아갔다.

-10여 일간 함께 따르며 거닌 나머지 슬픈 심정을 참지 못하여 이별주를 나누고 헤어졌다. -《태촌집》〈충무공난중일기〉

13일신유 맑음. 순무어사가 전쟁 연습하는 것을 보고 싶어 하므로 죽도(竹島)*바다 가운데로 나가서 연습했다. 선전관 원사표(元土彪)와 금오랑(의금부 도사) 김제남(金悌男)[44]이 충청 수사(구사직)를 잡아갈 일로 왔다.

14일임술 맑음. 아침에 김제남과 함께 자세히 이야기하고, 저녁녘에 순무어사의 배로 가서 군사 기밀에 대하여 자세히 논의했다. 얼마 후에 우수사가 오고 이정충도 불러왔다. 순천 부사(권준)와 방답 첨사 및 사도 첨사(김완)도 함께 왔다. 매우 취해서 작별을 고하고 내 배로 돌아왔다. 저녁에 충청 수사(구사직)의 배에 가서 이별주를 마셨다.

---

43 서성(1558~1631)은 선조를 호종하고 행재소에 가서 병조정랑 직강이 되었다. 1594년 4월 8일 감군이 되어 한 도의 군대와 식량공급을 총괄하였는데, 이때 이순신의 진영에 왔다. 그 후 경상관찰사가 되어 민심을 안정시켰다.

44 김제남(1562~1613)은 돈령부사로서 선조를 의주까지 호종하고 의병을 모아 평양성 탈환을 도왔다. 1594년 의금부 도사로서 모임 약속을 어긴 구사직을 잡으러 이순신의 진영에 왔다.

죽도 | 통영시 한산면 상죽도(上竹島). 여기에서 대나무가 많이 생산되어 화살로 많이 사용했다.

15일계해 맑음. 금오랑과 조반을 함께 들었다. 늦게 충청 수사가 선전관(원사
표), 우수사(이억기)와 함께 왔다. 구사직과 작별했다. 저물녘에 이경사(李景思)
가 그의 형 헌(憲)의 편지를 가지고 왔다.

16일갑자 맑음. 아침 식사 후 활 쏘는 정자로 올라가서 쌓인 공문을 작성하
여 보냈다. 경상 수사(원균)의 군관 고경운(高景雲)과 도훈도 및 변고에 대비
하는 하급 관리들을 잡아와서, 지휘에 응하지 않고 적의 변고를 빨리 보고하
지 않은 죄로 곤장을 쳤다. 저녁에 송두남(宋斗南)[45]이 서울에서 내려왔는데,
보고서에 따라 일일이 보고한 대로 시행했다.

17일을축 맑음. 늦게 활 쏘는 정자로 올라가서 공문을 처리하여 보냈다. 우
수사가 와서 만났다. 거제 현령(안위(安衛))[46]이 급히 와서 보고한 내용에, "왜

---

45 송두남은 송전(宋荃)의 아우로 활쏘기를 잘하였다. 1596년 11월 30일에 동복 현감이 되어 모후
산에 집안 사람들을 무사히 피난 시켰는데, 사람들은 그가 살던 곳을 양가동(養家洞)이라고 했다.

46 안위는 안경신(安敬信)의 아들로, 정유년에 이항복의 천거로 거제 현령이 됨. 벽파정 아래
에서 왜적을 크게 무찌르자 이순신이 보고하여 선조가 무경칠서를 하사하고 전라병사에 임명하
였다.

절영도 | 부산시 영도. 갑오년 4월 17일 일본선 백여 척이 절영도를 침입했다.

선 백여 척이 일본에서 출발하여 절영도*로 향한다."고 했다. 저물녘에 거제에서 왜군에게 포로로 잡혀갔던 남녀 16명이 도망쳐 돌아왔다.

18일^{병인} 맑음. 새벽에 도망쳐 돌아온 사람들에게 왜적의 정세를 자세히 물으니, "대마도주 소요시토시(宗義智)는 웅천땅 입암(笠巖, 진해 제덕동)에 있고, 고니시 유키나가는 웅포(진해 남문동)에 있다."고 한다. 충청도 신임 수사(이순신)와 순천 부사(권준) 및 우우후(이정충)가 오고, 늦게 거제 현령(안위)이 왔다. 저녁에 비가 오더니 밤새도록 내렸다.

19일^{정묘} 비가 내렸다. 첨지 김경로(金敬老)[47]가 원수가 있는 관부로부터 와서 적을 토벌할 대책과 대응에 관한 일을 논의하고 그대로 한 배에서 잤다.

20일^{무진} 종일 가랑비가 개지 않았다. 우수사(이억기)와 충청 수사(구사직), 장흥 부사(황세득), 마량 첨사(강응호)가 와서 바둑을 두고 군사 일을 의논했다.

---

47 김경로(?~1597)는 김해부사로서 김수(金睟)의 휘하에서 활동했다. 1594년 첨지중추부사로서 권율의 휘하에서 전라도 방어를 맡고, 1597년 왜적이 남원을 포위하자 조방장으로서 명나라 부총병 양원을 도와 왜적과 싸우다 성이 함락되고 진지에서 전사했다.

방답 첨사가 돌아가고 흥양 현감
이 들어왔다.

21일기사 비가 오다 개다 했다. 혼
자 배의 창문 아래 앉아 있었는데
저녁 내내 아무도 오지 않았다. 방
답 첨사가 충청 수사(구사직)의 재
산목록문서[重記]*48를 수정하는
일로 보고하고 돌아갔다. 저녁에
김성숙과 곤양 군수 이광악(李光
岳)49이 와서 만났다. 저물녘에 흥
양 현감이 들어 왔다. 본영 정탐선
도 왔는데, 어머니께서 평안하시다
고 했다. 매우 다행이다.

중기 | 재산의 목록을 적은 문서. 사진은 본영중기이다. 국립
중앙박물관 ⓒ

22일경오 맑음. 바람이 시원하여 가을 날씨와 같다. 김첨지(김경로)가 돌아갔
다. 장계를 봉하고 조총과 동궁께 바칠 긴 창을 봉해 올렸다. 장흥 부사(황세
득)가 왔다. 저녁에 흥양 현감도 왔다.

23일신미 맑음. 아침에 순천 부사(권준)와 흥양 현감(배흥립)이 왔다. 곤양 군
수 이광악이 술을 가지고 왔다. 장흥 부사(황세득)도 오고 임치 첨사 홍견(洪
堅)50도 함께 왔다. 곤양 군수가 몹시 취해서 미친 소리를 마구 해대니 우습

---

48 방답 첨사로 있던 이순신(李純信)이 전임 구사직의 충청 수사직을 인계받으면서 재산목록 문서
를 수정했다. 실제는 구사직은 1593년 11월에 충청수사직을 발령받고 이순신(李純信)은 1594년
3월 이후 충청수사직을 발령받았다.

49 이광악(1557~1608)은 1592년 곤양 군수가 되었다. 진주성 전투에서 김성일의 좌익장으로서 김
시민이 탄환을 맞았을 때 적장을 사살하고 성을 지켰다. 1598년 전라병사로서 금산과 함양 등지
에서 전공을 세우고 백여 명의 포로를 되찾아왔다.

50 홍견은 1568년 별시 무과에 급제하여 임치 첨사가 되었다. 활을 잘 쏘았고 전쟁 중 바다에서 10
일 동안 곡식을 끊고 누차 싸워 공을 세웠다. 벼슬에 물러난 후 맹방 도장산(道庄山) 아래에서 살
았다.《삼천군지》

다. 나도 잠시 취했다.

24일임신 맑음. 아침에 서울로 보낼 편지를 썼다. 늦게 영암 군수(유지신)와 마량 첨사(강응호)가 와서 만났다. 순천 부사가 아뢰고 돌아갔다. 여러 가지 장계를 봉해 보냈다. 경상 우수사(원균)가 있는 곳에 순찰사(한효순)의 종사관이 들어왔다고 한다.

25일계유 맑음. 새벽부터 몸이 몹시 불편하여 종일 고통스러웠다. 아침에 보성 군수(안홍국)가 와서 만났다. 밤새도록 앉은 채 앓았다.

26일갑술 맑음. 통증이 매우 심하여 거의 정신을 차릴 수가 없었다. 곤양 군수(이광악)가 아뢰고 돌아갔다.

27일을해 맑음. 통증이 잠시 그쳤다. 숙소로 내려갔다.

28일병자 맑음. 기력을 차려 아픈 증세가 많이 덜했다. 경상 수사(원균)와 좌랑 이유함이 와서 만났다. 울(蔚)이 들어왔다.

29일정축 맑음. 몸이 나아진 것 같다. (아들 면(葂)이 들어왔다.) 오늘 우도에서 삼도의 전쟁한 군사들에게 술을 먹였다.

5월

1일무인 맑음. 아침 식사 후에 활 쏘는 정자의 방에 올라가니 날씨가 매우 맑고 시원했다. 종일 땀을 물 쏟듯이 흘렸더니, 몸이 좀 나아진 듯하다. 아침에 아들 면(葂)과 집안 계집 종 4명, 관의 계집 종 4명이 병중에 심부름할 일로 들어왔다. 덕(德)이는 남겨두고 나머지는 내일 돌려보내도록 지시했다.

2일기묘 맑음. 새벽에 회(薈)가 계집종들과 함께 어머니의 생신 음식을 진상할 일로 돌아갔다. 우수사(이억기), 흥양 현감(배흥립), 사도 첨사(김완), 소근(所斤)* 첨사(박윤)가 와서 만났다. 몸이 차츰 나았다.

소근진성 | 태안군 소근면 소근리에 소재. 서해안의 방어에 중요한 요충으로 좌도 수군첨절사의 진영으로 사용되었다.

3일^{경진} 맑음. 아침에 흥양 현감(배흥립)이 휴가를 얻어 돌아갔다. 저녁녘에 발포 만호가 보러 오고 장흥 부사(황세득)도 왔다. 군량을 계산하여 비축하였다. 성명 생략한 임명장[空名告身]* 3백여 장과 왕명서 2통이 내려왔다.

4일^{신사} 흐리다가 바람이 거세게 불고 큰비가 내렸다. 종일 그치지 않더니 밤새 더 심해졌다. 경상우수사(원균)의 군관이 와서 고하기를, "왜적 3명이 중선(中船)을 타고 추도(楸島, 통영 산양 추도리)에 온 것을 붙잡아 왔다."고 하기에 이를 심문한 뒤에 압송해 오도록 일러 보냈다. 저녁에 공대원에게 물으니, 왜적들이 바람을 따라 배를 몰고 일본으로 향하다가 바다 한가운데서 폭풍을 만나 배를 조종할 수가 없어 떠다니다가 이 섬에 표박한 것이라고 하였다. 그러나 간교한 놈들의 말이라 믿을 수가 없었다. 이설과 이상록이 돌아갔다. 본영의 정탐선이 들어왔다.

5일^{임오} 비바람이 크게 일었다. 지붕이 세 겹이나 걷혀 조각조각 높이 날아가고 빗발은 삼대 같이 내리는데도 몸을 가리지 못하니 우습다. 사도 첨사(김완)가 와서 문안하고 돌아갔다. 미시(오후 2시경)에 큰 비바람이 조금 그쳤다.

발포 만호(황정록)가 떡을 만들어 보내왔다. 정탐선이 들어와서 어머님께서 평안하심을 알게 되니, 매우 다행이다.

6일^{계미} 흐리다가 늦게 갰다. 사도 첨사(김완), 보성 군수(안홍국), 낙안 군수, 여도 만호(김인영), 소근 첨사(박윤) 등이 와서 만났다. 오후에 원수사(원균)가 왜군 3명을 붙잡아 왔기에 심문해보니, 변덕부리며 온갖 속임수를 쓰므로 원수사로 하여금 목을 베고 보고케 했다. 우수사도 왔다. 술잔을 세 차례 돌린 다음 자리를 파하고 돌아갔다.

7일^{갑신} 맑음. 기운이 편안한 것 같다. 침 16군데를 맞았다.

8일^{을유} 맑음. 원수(권율)의 군관 변응각이 원수의 공문 및 장계 초본과 왕명서를 가지고 왔다. 수군을 거제로 진격시켜 적이 겁내고 당혹해하여 달아나게 하라는 것이었다. 경상 우수사(원균)와 전라 우수사(이억기)를 불러 의논하여 계획을 세웠다. 충청 수사가 들어왔다. 밤에 큰비가 왔다.

9일^{병술} 비가 계속 내렸다. 하루 종일 홀로 빈 정자에 앉았으니 온갖 생각이 가슴에 치밀어 마음이 어지러웠다. 어찌 이루다 말할 수 있으랴. 정신이 혼미하기가 꿈에 취한 듯하니, 멍청한 것도 같고 미친 것도 같았다.

10일^{정해} 비가 계속 내렸다. 새벽에 일어나 창문을 열고 멀리 바라보니, 많은 배들이 온 바다를 가득히 에워쌌다. 적이 비록 침범해온다 해도 섬멸할 수 있을 것이다. 늦게 우우후(이정충)와 충청 수사(이순신)가 와서 둘이서 무예놀이[手搏]⁵¹를 겨루었다. 원수의 군관 변응각도 함께 점심을 먹었다. 보성 군수(안홍국)가 저물녘에 왔다. 비가 종일 걷히지 않았다. 아들 회(薈)가 바다로 나간 것이 걱정된다. 소비포 권관이 약을 보내 왔다.

11일^{무자} 비가 저녁때까지 계속 내렸다. 3월부터 밀려 있었던 공문을 하나하나 처리하여 내려보냈다. 저녁에 낙안 군수(김준계)가 와서 이야기했다. 큰비가 퍼붓듯이 그치지 않고 하루 종일 내렸다.

---

51 이 놀이는 맨손으로 서로 쳐서 승부를 겨루는 무예의 일종이다. 수박희(手搏戲)라고도 한다.《고려사》,《동사강목》)

12일기축 큰비가 종일 내리다가 저녁이 되서야 조금 그쳤다. 우수사가 와서 만났다.

13일경인 맑음. 이 날 검모포 만호의 보고에, "경상 우수사(원균) 소속의 포작(해산물 진상 어민)들이 격군을 싣고 도망하여 현장에서 포작들을 붙잡으려고 하니, 원수사가 주둔한 곳에 숨어 있다."고 하였다. 그래서 왕의 호위 담당자[司僕]들을 보내어 잡아오게 하였더니, 원수사가 크게 성내면서 도리어 그들을 결박했다고 한다. 그래서 군관 노윤발(盧潤發)을 보내어 이를 풀어 주게 했다. 2경(밤 11시경)에 비가 왔다.

14일신묘 종일 비가 계속 내렸다. 충청 수사(이순신), 낙안 군수(김준계), 임치 첨사(홍견), 목포 만호(전희광) 등이 와서 만났다. 하급관리에게 시켜 종정도(從政圖)[52]를 그리게 했다.

15일임진 종일 비가 계속 내렸다. 아전에게 종정도를 그리게 했다.

16일계사 흐리고 가랑비가 내렸다. 저녁에는 큰비가 내려 밤새도록 지붕이 새어 마른 데가 없었다. 각 배의 사람들이 거처하는데 괴로울까 매우 걱정이 되었다. 곤양 군수(이광악)가 편지를 보내고 겸하여 유정(惟政, 사명당(四溟堂)[53]이 적진을 오가면서 문답한 보고문서를 보내 왔다. 이를 보니 분통함을 참을 수 없었다.

17일갑오 비가 퍼붓듯이 내렸다. 바다의 안개가 어둡게 끼어 지척도 분간하기 어려웠다. 비가 저녁 내내 그치지 않았다.

보성 군수(김득광)가 돌아갔다.

---

52 종정도는 하륜(河崙)이 만들었는데, 종이에 벼슬이름을 도표로 만들어놓고 놀던 놀이이다. 큰 종이에 300여 칸을 만들어 품계와 종별에 따라 관직명을 차례대로 써넣고 윷놀이가 하듯이 나온 숫자에 따라 올라가거나 내려가도록 하여 승부를 겨루었다.

53 유정은 사명당(1544~1610)의 법명이다. 속명이 임응규(任應奎)이고 의승도대장이 되어 승병 2천 명을 이끌고 평양성 탈환에 큰 전공을 세우고, 가토 기요마사와 담판하여 왜의 요구를 물리쳤다. 1594년 산성 주위를 개간하여 군량미 4천여 석을 비축하였다. 왜장 가토 기요마사(加藤淸正)의 진중을 정탐하고《진중탐정기》를 지었다.

공해관의 내삼문 | 충남 보령시 오천면 충청수영성 내 소재. 사진은 충청수사의 집무실인 공해관의 출입문이다.
충청수영 성벽 | 충청수영의 서벽으로 전형적인 수군진의 모습을 이루고 있다.

18일^{을미} 종일 비가 내렸다. 미조항 첨사(김승룡)가 와서 만났다. 저녁에 상주 포(尙州浦, 남해 상주리) 권관이 와서 만났다. 저녁에 보성 군수(안홍국)가 돌아 갔다.

19일^{병신} 맑음. 장마비가 잠깐 걷히니 기분이 매우 상쾌했다. 아들 회(薈)와 면(葂)과 계집 종들을 보낼 때 바람이 순하지 않았다. 이날 송희립과 회가 함 께 착량에 가서 노루를 잡으려 할 때 비바람이 크게 일고 구름과 안개가 사 방에 자욱했다. 초경(밤 8시경)에 돌아왔는데 속히 개지는 않았다.

20일^{정유} 비가 오고 또 거센 바람이 조금 그쳤다. 웅천 현감(이운룡)과 소비포 권관(이영남)이 와서 만났다. 온종일 홀로 앉았으니, 온갖 생각이 가슴에 치밀 었다. 전라관찰사(이정암))가 나라를 저버리는 것 같아⁵⁴ 매우 한스럽다.

21일^{무술} 비가 계속 내렸다. 웅천 현감과 소비포 권관이 와서 종정도 놀이를 했다. 거제 장문포(거제 장목리)에서 적에게 사로잡혔던 변사안(卞師顔)이 도망 쳐 와서 하는 말이, "적의 형세는 그리 대단치 않다."고 했다. 큰 바람이 온종 일 불었다.

22일^{기해} 비가 오고 바람이 크게 불었다. 오는 29일이 장모의 제삿날이라,

---

54 1594년 5월 22일, 이정암이 사신을 보내어 왜와 화친할 것을 약속하자고 선조에게 보고하였다.
그 후 이정암에 대한 비판과 체직요청으로 전라도관찰사에서 파직되었다.

아들 회와 면을 내보내고 계집종들도 내보냈다. 순찰사(이정암)에게 편지를 써 보내고 순변사(이빈)에게도 편지를 써 보냈다. 황득중과 박주하, 오수 등을 잡아 올 일로 격군을 내 보냈다.

23일경자 비가 왔다. 웅천 현감과 소비포 권관이 왔다. 늦게 해남 현감(위대기)이 와서 술과 안주를 바치므로 충청 수사(이순신)*에게 오기를 청했다. 2경(밤 10시경)에 헤어졌다.

24일신축 잠시 맑다가 저녁에 비가 내렸다. 웅천 현감과 소비포 권관이 와서 종정도 놀이를 하였다. 해남 현감도 왔다. 오후에 우수사(이억기)와 충청 수사가 와서 종일 이야기했다. 구사직에 대한 장계를 가져갔던 포구의 관리가 들어왔다. 조카 해(莈)가 들어왔다.

25일임인 비가 계속 내렸다. 충청 수사(이순신)가 와서 이야기하고서 돌아갔다. 소비포도 권관도 왔다가 밤이 깊어서야 돌아갔다. 비가 조금도 그치지 않으니, 전쟁하는 군사들의 걱정하는 마음이 어떠하겠는가. 조카 해(莈)가 돌아갔다.

26일계묘 비가 걷히다 오다 하였다. 대청에 앉았는데 서쪽 벽이 무너져서 바라지 창[破羅之]55을 고쳐 바람이 들어오게 하였더니 맑은 공기가 매우 좋았다. 과녁판을 정자 앞으로 옮겨 설치했다. 이날 이인원(李仁元)과 토병 23명을 본영으로 보내어 보리를 거둬들이라고 일러 보냈다.

27일갑진 날이 개다 비오다 했다. 사도 첨사(김완)가 충청 수사(이순신), 발포 만호(황정록), 여도 만호(김인영), 녹도 만호(송여종)와 함께 활을 쏘았다. 이 날 소비포 권관(이영남)이 누워서 앓았다고 했다.

28일을사 잠시 개었다. 사도 첨사와 여도 만호가 와서 활을 쏘겠다고 고하기에 우수사(이억기)와 충청 수사(이순신)에게 오기를 청했다. 활을 쏘며 하루 종일 술에 취하고 이야기하다가 헤어졌다. 광양 4호선의 죄상을 조사했다.

---

55 파라지는 누각 따위의 벽 위쪽에 바라보기 좋게 뚫은 창이다. 이는 우리말의 바라지를 비슷한 음의 한자어로 음차한 것이다.

29일병오 아침에 비가 오다가 늦게 갰다. 장모의 제삿날이라 출근하지 않았다. 저녁에 진도 군수(김만수)가 돌아간다고 고했다. 웅천 현감(이운룡), 거제 현령(안위), 적량 첨사(고여우)가 와서 만나고 돌아갔다. 저물녘에 정사립이 보고하되, "남해 사람이 배를 가지고 와서 순천의 격군을 싣고 간다."고 하므로 그들을 붙잡아서 가두었다.

30일정미 흐리나 비는 오지 않았다. 아침에 왜적들과 도망가자고 꾀어 유인한 광양 1호선 군사와 경상도 포작(해산물 진상 어민) 3명을 처벌하였다. 경상 우후가 와서 만나고 충청 수사도 왔다.

6월

1일무신 맑음. 아침에 배첨사(배경남)와 같이 밥을 먹었다. 충청 수사가 와서 이야기했다. 늦게 활을 쏘았다.

2일기유 맑음. 아침에 배첨사와 같이 밥을 먹었다. 충청 수사(이순신)도 왔다. 늦게 우수사(이억기)의 진으로 갔더니, 강진 현감(유해)이 술을 바쳤다. 활 두어 순(巡)을 쏘았는데, 원수도 왔다. 나는 몸이 불편하여 일찍 돌아와 누워서 충청 수사와 배경남이 승부를 걸고 장기를 겨루었다.

3일경술 초복이다. 아침에 맑더니 오후에 소나기가 크게 내리어 온종일 그치지 않았다. 바닷물도 변하여 흐리니 근래에 드문 일이다. 충청 수사(이순신)와 배경남이 와서 바둑을 두었다.

4일신해 맑음. 충청 수사(이순신), 미조항 첨사(김승룡) 및 웅천 현감(이운룡)이 와서 만나고 바로 종정도를 겨루게 했다. 저녁에 왕의 호위 담당자(司僕)가 왕명서를 가지고 왔다. 내용은 "수군의 여러 장수들과 경주의 여러 장수들이 서로 협력하지 않으니, 이제부터는 예전의 폐습을 모두 바꾸라."는 것이었다. 통탄하는 마음 어찌 다하랴. 이는 원균이 술에 취하여 망령된 짓을 했기 때문이다.

5일임자 맑음. 충청 수사가 와서 이야기했다. 사도 첨사, 여도 만호, 녹도 만호가 함께 와서 활을 쏘았다. 2경(밤 10시경)에 급창(及唱)[56] 금산(金山)과 그 처자 모두 3명이 유행병으로 죽었다. 3년 동안 눈앞에서 일을 부리며 믿었던 자들인데, 하루 저녁에 죽어가니 매우 참담하다. 무밭을 갈았다. 송희립, 낙안 군수, 흥양 현감, 보성 군수가 군량을 독촉할 일로 나갔다.

6일계축 맑음. 충청 수사(이순신)와 여도 만호와 함께 활 15순을 쏘았다. 경상 우후(이의득)가 와서 만났다. 소나기가 내렸다.

7일갑인 맑음. 충청수사와 배첨사가 와서 이야기했다. 남해 군관과 하급 관리 등의 죄를 처벌했다. 송덕일이 돌아와서 말하기를, 왕명서가 들어온다고 했다. 이 날 무씨 2되 5홉을 심었다.

8일을묘 맑음. 더위가 찌는 듯 했다. 우우후(이정충)가 왔다. 충청 수사와 함께 활 20순을 쏘았다. 저녁에 종 한경(漢京)이 들어와서 어머니께서 평안하심을 알게 되니, 참으로 기쁘고도 다행이다. 미조항 첨사(김승룡)가 돌아간다고 보고하였다. 회령포 만호(민정붕)가 진영에 도착했다. 전공에 따라 관직을 포상하는 임명장이 왔다.

9일병진 맑음. 충청 수사와 우우후가 와서 활을 쏘았다. 우수사가 와서 같이 이야기했다. 밤이 깊은데 해(海)의 피리 소리와 영수(永壽)의 거문고 타는 소리를 들으면서 조용히 이야기하다가 헤어졌다.

10일정사 맑음. 더위가 찌는 듯하다. 활 5순을 쏘았다.

11일무오 맑음. 더위가 쇠라도 녹일 것 같다. 아침에 아들 울(蔚)이 본영으로 가는데 이별의 심회가 그윽하다. 홀로 빈집에 앉았으니 심정을 스스로 가눌 수 없다. 저녁 바람이 몹시 사나워져 걱정이 더욱더 심해졌다. 충청 수사(이

---

56 급창은 관아에 딸린 종으로 섬돌에 서서 명령을 받아 큰 소리로 전달하는 일을 맡았다.

순신)가 와서 활을 쏘고 그대로 같이 저녁밥을 먹었다. 달빛 아래 같이 이야기할 때 옥피리 소리가 맑았다. 오랫동안 앉아 있다가 헤어졌다.

12일^{기미} 바람이 크게 불었으나 비는 오지 않았다. 가뭄이 너무 심하여 농사가 더욱 걱정스럽다. 이 날 저녁에 본영의 배에서 일하는 격군 7명이 도망갔다.

13일^{경신} 바람이 몹시 사납고 무더위가 찌는 것 같다.

14일^{신유} 더위와 가뭄이 너무 심하다. 바다의 섬도 찌는 듯하니, 농사일이 매우 걱정된다. 충청 영공(이순신), 사도 첨사(김완), 여도 만호(김인영), 녹도 만호(송여종)와 함께 활 20순을 쏘았는데, 충청 수사가 가장 잘 맞혔다. 이 날 경상 수사(원균)는 활 쏘는 군관들을 거느리고 우수사가 있는 곳에 갔다가 크게 지고 돌아갔다고 한다.

15일^{임술} 맑더니 오후에 비가 뿌렸다. 신경황(申景潢)이 영의정(유성룡)의 편지를 가지고 들어왔다. 나라를 근심함은 이보다 더 심함이 없을 것이다. 윤우신이 죽었다는 소식을 들으니, 슬픈 마음이 그지없다. 순천 부사(권준)와 보성 군수(안홍국)가 보고하기를, "명나라 총병관 장홍유(張鴻儒)가 호선(虎船)⁵⁷을 타고 백여 명을 거느리고서 바닷길을 통해 벌써 진도 벽파정(碧波亭, 벽파리)에 도착했다."고 했다. 날짜를 따져보면 오늘 내일 중에 도착할 것이지만, 바람이 거슬려 맘대로 하지 못한 것이 닷새 동안 이어졌다. 이날 밤 소나기가 흡족하게 내리니 어찌 하늘이 백성을 가엾게 여긴 것이 아니겠는가. 아들의 편지가 왔는데, 잘 돌아갔다고 했다. 또 아내의 한글 편지에 의하면, "아들 면(葂)은 열병 증상으로 심하게 아팠다."고 했다. 마음이 애타고 답답하다.

16일^{계해} 아침에 비가 계속 오다가 저녁에 개었다. 충청 수사(이순신)와 함께 활을 쏘았다.

17일^{갑자} 맑음. 저녁녘에 우수사(이억기)와 충청 수사(이순신)가 와서 조용히

---

57 호선은 배 아래에 용골을 설치하여 밑이 뾰족한 명나라의 소형선인데, 속도가 매우 빠르다. 명나라 장수 위계광(威繼光)이 왜구토벌에 사용하였고, 조선의 남해에 들어왔다.(기타지마 만지)

이야기했다. 정탐선이 들어왔는데, 어머니께서 평안하시다고 한다. 그러나 면(勉)은 통증이 심하다고 하니 매우 걱정스럽다.

18일을축 맑음. 아침에 원수의 군관 조추(趙擎)가 전령을 가지고 왔다. 그 내용은, "원수가 두치(豆耻)에 이르러 광양 현감(최산택)이 수군을 옮겨다가 병사를 매복하는 것을 정할 때, 개인감정으로 처리했다는 말을 들었기에 군관을 보내어 그 연유를 물었다."는 것이었다. 매우 놀라운 일이다. 원수가 서출 처남인 조대항(曹大恒)의 말만 듣고 사사로이 행한 것이 이렇게도 심하니 통탄스럽기 비할 데 없다. 이 날 경상 우수사가 초청했으나 가지 않았다.

19일병인 맑음. 원수의 군관과 배응록(裵應祿)⁵⁸이 원수가 있는 곳으로 돌아갔다. 변존서, 윤사공, 하천수 등이 들어왔다. 충청 수사가 와서 만나고 그 어머니의 병환 때문에 바로 개인 숙소로 돌아갔다.

20일정묘 맑음. 충청 수사(이순신)가 와서 보고 활을 쏘았다. 박치공이 와서 서울로 간다고 말했다. 마량 첨사(강응호)도 왔다. 저녁에 영등포 만호(조계종)가 본포(영등포)로 물러나 있었기 때문에 처벌했다. 정탐선 이인원이 들어왔다.

21일무진 맑음. 충청 수사가 와서 활을 쏘았다. 마량 첨사가 와서 만났다. 명나라 장수(장홍유)가 물길을 따라 이미 벽파정에 도착했다는 것은 잘못 전해진 것이라고 한다.

22일기사 맑음. 할머님의 제삿날이라 나가지 않았다. 오늘 삼복 더위가 전보다 훨씬 더하여 큰 섬이 찌는 듯하니, 사람들이 그 고통을 견디기 어려웠다. 저녁에 몸이 몹시 불편하여 밥을 두 때나 먹지 않았다. 초경(밤 8시경)에 소나기가 내렸다.

23일경오 맑음. 늦게 소나기가 내렸다. 순천 부사(권준), 충청 수사(이순신), 우우후(이정충), 가리포 첨사(이응표)가 함께 와서 만났다. 우후(이몽구)가 군량을 독촉할 일로 나갔다. 견내량에서 생포한 왜놈에게 적의 정세와 형편을 신

---

58 배응록은 이순신의 군관으로서 참퇴장을 겸하여 왜와 첫 싸움에서 왜적의 장수를 베었다. 임진년 6월 14일 장계에, 2차 당항포 싸움에서 배응록의 전공을 논하여 포상을 청한 내용이 있다.

문하고 또 무엇을 잘하는지를 물었더니, "염초(화약)를 구워 만드는 것과 총 쏘는 것을 다 잘한다."고 했다.

24일신미 맑음. 순천 부사와 충청 수사가 와서 활 20순을 쏘았다.

25일임신 맑음. 충청 수

부채 | 이순신이 통제사 시절 섬 안에 공인들을 불러 모아 부채를 만들게 했는데, 국사를 도모하고자 조정 대신들에게 인를 선물로 보내어 인사를 하였다. 사진 국립민속박물관 ⓒ

사와 함께 활 10순을 쏘았고 이여넘도 와서 활을 쏘았다. 종사관(정경달)을 모시는 아전이 편지를 가지고 들어 왔는데, 조도 어사(調度御史)의 말이 매우 놀랍다. 부채를 봉하여 올렸다.*

26일계유 맑음. 충청 수사, 순천 부사, 사도 첨사, 여도 만호(김인영), 고성 현령(조응도) 등이 활을 쏘았다. 일찍 김양간(金良幹)이 단오의 진상품을 봉하여 보냈다. 마량 첨사(강응호)와 영등포 만호(조계종)가 여기에 왔다가 바로 돌아 갔다.

27일갑술 맑음. 활 15순을 쏘았다.

28일을해 맑음. 무더위가 찌는 듯하다. 나라(명종)의 제삿날이라 종일 혼자 앉아 있었다. 진무성(陳武晟)[59]이 벽방(碧方)의 망보는 곳에서 죄상을 조사하 고 왔는데, 적선이 없다고 보고했다.

29일병자 맑음. 순천 부사가 술과 음식을 바쳤다. 충청 수사(이순신)와 우수 사(이억기)가 함께 와서 활을 쏘았다. 윤동구(尹東耉)의 아버지가 와서 만났다. 울이 들어와서 어머니께서 평안하시다고 했다.

---

59 진무성(1566~?)은 이순신 휘하로 당포해전에서 공을 세우고 진주전투에서도 정탐활동을 했 다. 정유재란 때 적의 공격으로 수군이 불리해지자 화공으로 왜선을 무찔렀다.

7월

1일^{정축} 맑음. 배응록이 원수가 있는 처소에서 왔다. 원수가 자기가 한말을 뉘우치면서 보냈다고 하니 우습다. 이 날이 인종(仁宗)의 제삿날이라 홀로 종일 앉아 있었다. 저녁에 충청 수사가 여기에 와서 서로 이야기했다.

2일^{무인} 맑음. 늦더위가 찌는 듯하였다. 이 날 순천의 행정을 총담하는 관리[都廳]와 하급 관리, 광양의 하급 관리 등을 처벌했다. 좌도의 사수들의 활쏘기를 시험하고 적의 장물을 나누어 주었다. 늦게 순천 부사와 충청 수사(이순신)와 함께 활을 쏘았다. 배첨지가 휴가를 받아 돌아갔다. 노윤발에게 흥양의 군관 이심(李深)과 전선담당 관리와 군사담당 관리 등을 붙잡아 올 일로 전령을 주어 내보냈다.

3일^{기묘} 맑음. 충청 수사와 순천 부사가 활을 쏘았다. 웅천 현감 이운룡이 휴가를 신고하고 미조항으로 돌아갔다. 음란한 계집을 처벌했다. 각 배에서 여러 번 양식을 훔친 사람들을 처형했다. 저녁에 새로 지은 누대에 나가 보았다.

4일^{경진} 맑음. 아침에 충청 수사(이순신)가 와서 같이 아침밥을 먹었다. 그 후 마량 첨사와 소비포 권관이 와서 같이 점심을 먹었다. 왜적 5명과 도망간 군사 1명을 함께 처형하도록 명했다. 충청 수사와 함께 활 10순을 쏘았다. 옥과의 군비 지원을 담당한 조응복(曹應福)에게 참봉의 임명장을 주어 보냈다.

5일^{신사} 맑음. 새벽에 정탐선이 들어와서 어머님께서 평안하시다는 것을 알았다. 매우 다행이다. 심약(審藥,⁶⁰ 신경황)이 내려왔는데 매우 용렬하여 개탄스럽다. 우수사와 충청 수사(이순신)도 함께 왔다. 여도 만호(김인영)는 술을 가져와 함께 마시고 활 10여 순을 쏘았다. 모두 취한 채 누대에 올랐다가 밤이 깊어서야 헤어졌다.

---

60 심약은 궁중에 공급하는 약재를 감독하기 위해 각 도에 파견한 종9품의 벼슬이다.

6일임오 종일 궂은비가 내렸다. 몸이 불편하여 출근하지 않았다. 최귀석(崔貴石)이 큰 도둑 3명을 잡아 왔다. 또 박춘양(朴春陽) 등을 보내어 왼쪽 귀가 잘린 적의 우두머리를 잡아 오게 했다. 아침에 정원명 등을 격군을 정비하지 않은 일로 가두었다. 저녁에 보성 군수(안홍국)가 들어왔다고 하니, 어머니께서 평안하시다는 소식을 들었다. 밤 2경 말(밤 11시)에 소나기가 세차게 내렸는데, 빗발이 삼대 같아서 새지 않는 곳이 없었다. 촛불을 밝히고 홀로 앉았으니, 온갖 근심이 가슴에 치밀었다. 이영남이 와서 만났다.

보성 군수가 돌아왔다.

7일계미 저녁에 비가 뿌렸다. 충청 수사는 그 어머니의 병환이 심하다고 아뢰고 모이지 않았다. 우수사는 순천 부사, 사도 첨사, 가리포 첨사, 발포 만호, 녹도 만호와 함께 활을 쏘았다. 이영남이 배를 거느리고 올 일로 곤양으로 간다고 보고하고 돌아갔다. 적에게 사로잡혔다가 돌아온 고성 보인(保人)[61]을 심문했다. 보성 군수가 왔다.

8일갑신 흐리나 비는 오지 않고, 종일 바람이 크게 불었다. 몸이 피곤하여 장수들을 만나지 않았다. 각 관청과 해상기지의 공문을 작성하여 보냈다. 오후에 충청 수사(이순신)에게 가서 만났다. 저녁에 고성에서 사로잡혔다가 도망해 온 사람을 직접 신문했다. 광양 현감 송전(宋筌)[62]이 그의 대장인 병사의 편지를 이곳에 가지고 왔다. 낙안* 군수와 충청 우후가 온다고 했다.

9일을유 바람이 크게 불었다. 아침에 충청 우후(원유남)가 교서에 절을 올렸다. 늦게 순천, 낙안, 보성의 군관과 하급 관리들이 격군에게 신중하지 못한 것과 아울러 기일보다 늦은 죄를 문책하였다. 가리포 만호, 임치 첨사(홍견), 소근포 첨사(박윤), 마량 첨사(강응호) 및 고성 현령(조응도)이 함께 왔다. 낙안의 군량인 벼 2백 섬을 받아 나누었다.

---

61 보인은 군대에 직접 복무하지 않고 군역 대신 쌀이나 베를 바치는 남자이다.

62 송전은 송두남(宋斗南)의 형이며, 선거이의 손위 처남이다. 무과에 장원하고 광양현감을 지냈다고 하나 실제는 발령만 받고 출사하지 않은 것으로 보인다. 훈련원 첨정으로서 이순신을 보좌했다.

10일^{병술} 맑음. 저녁에 비가 조금 내렸다. 아침에 낙안의 견본 벼를 찧어 쓿은 것과 광양 벼 백 섬을 되질하였다. 신홍헌이 들어왔다. 늦게 송전과 군관이 활 15순을 쏘았다. 아침에 들으니 아들 면(葂)의 병이 다시 심해지고 또 피를 토하는 증세까지 있다고 하기에 울(蔚)과 심약 신경황, 정사립, 배응록 등을 함께 내보냈다.

11일^{정해} 궂은비가 내리고 큰 바람이 부는데 종일 그치지 않았다. 울(蔚)이 가는데 고생할 것 같아 많이 염려되었고, 또 면의 병이 어떠한지 궁금하였다. 장계의 초본을 직접 고쳐 주었다. 경상 순무사(서성)의 공문이 왔는데, 원수사가 불평하는 말을 많이 했다는 것이다. 오후에 군관들에게 화살을 쏘게 했다. 봉학(奉鶴)도 함께 활을 쏘았다. 윤언침(尹彦忱)이 점검 받으러 왔기에 점심을 먹여 보냈다. 저물녘에 비바람이 크게 불더니 밤새 계속되었다. 충청 수사(이순신)가 와서 만났다.

12일무자 맑음. 아침에 소근포 첨사(박윤)가 와서 만났는데 화살 54개를 만들어 바쳤다. 공문을 작성하여 나누어 주었다. 충청 수사와 순천 부사, 사도 만호, 발포 만호, 충청 우후와 함께 와서 활을 쏘았다. 저녁에 정탐선이 들어와서 어머니의 평안하심을 알았으나, 또 면(葂)의 병세가 중하다고 하였다. 몹시 애타는 심정이 어떠하겠는가. 유성룡의 사망소식도 순변사가 있는 곳에 도착했다고 한다. 이는 그를 질투하는 자들이 필시 말을 만들어 훼방하는 것이리라. 애통하고 분함을 참을 수 없다. 이 날 저녁에 마음이 매우 어지러웠다. 홀로 빈집에 앉았으니, 심회를 스스로 가눌 수 없었다. 걱정에 더욱 번민하니 밤이 깊도록 잠들지 못했다. 유성룡이 만약 내 생각과 맞지 않는다면 나랏일을 어찌할 것인가.

13일기축 비가 계속 내렸다. 홀로 앉아 아들 면(葂)의 병세가 어떠한지 염려되어 척자점(擲字占)[63]을 치니, "군왕을 만나 보는 것과 같다[如見君王]."는 괘가 나왔다. 매우 길하다. 다시 쳐보니, "밤에 등불을 얻은 것과 같다[如夜得燈]."는 괘가 나왔다. 두 괘가 모두 길하여 마음이 조금 놓였다. 또 유성룡의 점을 쳐보니, 점은 "바다에서 배를 얻은 것과 같다[如海得船]."는 괘를 얻었다. 또 다시 점치니, "의심하다가 기쁨을 얻은 것과 같다[如疑得喜]."는 괘가 나왔다. 매우 길한 것이다. 저녁 내내 비가 내리는데, 홀로 앉아 있는 마음을 스스로 가누지 못했다. 늦게 송전(宋荃)이 돌아가는데, 소금 1섬을 주어 보냈다. 오후에 마량 첨사(강응호)와 순천 부사(권준)가 와서 만나고 어두워서야 돌아갔다. 비가 올 것인가 개일 것인가를 점쳤더니, 점은 "뱀이 독을 토하는 것과 같다[如蛇吐毒]."는 괘를 얻었다. 앞으로 큰비가 내릴 것이니, 농사일이 염려된다. 밤에 비가 퍼붓듯이 내렸다. 초경(밤 8시경)에 발포의 정탐선이 편지를

---

63 척자점은 기존의 복잡한 64괘의 주역점을 간편화하여 조선의 민간에서 사용한 윷점이다. 이순신은 전쟁 중에 이 점법을 사용하여 미래를 예견했다. 점법은 윷가락 4개를 준비해서 3번을 던지면 하나의 괘를 얻는 방식이다.

수루 | 한산도 내 누대. 이순신이 전란 중에 이곳에 자주 올라 일본군의 동태를 살피고 한산도가를 읊으며 우국충정을 드러내었다.
수루현판 | 2017년 12월 노승석이 이순신이 직접 쓴 "수루(戌樓)" 글자를 난중일기에서 집자했고, 문화재 위원회의 승인을 거쳐 수루현판을 다시 만들어 걸었다.
한산도가 | 노승석이 이순신의 친필로 한산도가를 집자하여 수루 네 기둥에 주련으로 설치했다.

받아 가지고 돌아갔다.

14일^{경인} 비가 계속 내렸다. 어제 저녁부터 빗발이 삼대처럼 내리니 지붕이 새어 마른 데가 없어서 간신히 밤을 지냈다. 점괘에서 얻은 그대로이니 매우 절묘하다. 충청 수사와 순천 부사를 불러서 장기를 두게 하여 구경하는 것으로 하루를 보냈다. 그러나 마음속에 근심이 있으니, 어찌 조금인들 편안하랴! 함께 점심을 먹고 저녁에 누대* 위로 걸어 나가 몇 바퀴 배회하다 돌아왔다. 정탐선이 오지 않으니 그 까닭을 모르겠다. 밤 3경(자정 경)에 비가 또 내렸다.

15일신묘 비가 계속 내리다가 늦게 갰다. 조카 해(䔘)와 종 경(京)이 들어왔다. 아들 면(葂)의 병이 조금 차도가 있다는 소식을 자세히 들으니 기쁘기 그지없다. 조카 분(芬)의 편지를 통해, 또 아산 고향의 조상 묘소도 아무 탈이 없고 집의 사당도 평안하고, 어머니께서도 편안하시다는 것을 알게 되었으니 매우 다행이다. 이홍종(李興宗)이 빌린 곡식 갚는 일로 형벌을 받고 죽었다고 하니, 매우 놀라운 일이다. 그 삼촌(충청수사 이순신)이 처음 이를 듣고서 애통해한 후에 또 다시 어머니의 병세가 매우 위중하다는 말을 들었다고 한다. 활 여남은 순(巡)을 쏜 뒤에 수루에 올라가 배회할 때, 박주사리(朴注沙里)가 급히 와서 말하기를, "명나라 장수의 배가 이미 본영 앞에 도착하여 곧장 이곳으로 온다."고 했다. 그래서 즉시 삼도에 전령을 내려 진을 죽도(竹島)로 옮기고 거기서 하룻밤 잤다.

16일임진 흐리고 바람이 서늘하였다. 늦은 아침부터 비가 크게 내리더니 종일 퍼붓는 듯했다. 원수사, 충청 수사(이순신), 우수사가 함께 와서 만났다. 소비포 권관(이영남)이 우족(牛足) 등을 보내 왔다. 명나라 장수가 삼천진(삼천포 나루)에 가서 유숙했다고 한다. 여도 만호가 먼저 왔다. 저녁에 본진으로 돌아왔다.

17일계사 맑음. 새벽에 포구로 나가 진을 쳤다. 사시(오전 10시 경)에 명나라 장수 파총 장홍유(張鴻儒)가 병호선(兵號船) 5척을 거느리고 돛을 달고 들어왔다. 곧장 앞바다 군영에 이르자 육지에 올라 함께 이야기하자고 청했다. 그래서 나는 여러 수사들과 함께 먼저 활 쏘는 정자에 올라가서 올라오기를 청했더니, 파총이 배에서 내려 바로 왔다. 이들과 같이 앉아서 먼저 "바닷길 만리를 고생하며 이곳까지 오시니 감사하기 이를 데 없다."고 인사하였다. 그는 대답하기를, "작년 7월 절강(浙江)에서 배를 타고 요동에 이르렀는데, 요동사람들이 말하기를 '바닷길을 지나는 곳에 돌섬과 암초가 많고 또 앞으로 강화할 것이니 갈 필요가 없다.'며 굳이 말리는 것이 매우 간절했지요. 그래서 요동에 머물면서 시랑(侍郎) 손광(孫鑛)[64]과 총병(總兵) 양문(楊文)[65]에게 보고하고, 올 3월초에 출항하여 들어왔으니, 어찌 고생스런 형색이 있겠소."라고 하였다. 나는 차를 내오기를 청한 후에 술을 조금 내놓았더니 마음이 몹시 강개하였다. 또 적의 형세를 이야기하느라 밤이 깊은 줄도 모르고 조용히 이야기하다가 헤어졌다.

18일갑오 맑음. 누대 위로 가자고 청하여 점심을 먹은 뒤 나가 앉아 술잔을 두세 번 올렸다. 내년 봄에는 배를 거느리고 바로 제주에 건너갈 일이 많을 것이니 우리 수군과 함께 합세하여 힘을 크게 펼쳐서 추악한 무리들을 모두 섬멸하자고 성심으로 간곡히 말했다. 초저녁에 헤어졌다.

19일을미 맑음. 아침에 명나라 장수에게 예의를 표하는 단자를 올리니 감사해 마지 못하겠다면서 "주시는 물건도 매우 풍성하다."고 하였다. 충청 수사(이순신)도 역시 드렸고, 늦게 우수사(이억기)도 내가 준 예물과 거의 같이 드렸다. 점심을 올린 뒤에 경상 원수사가 혼자서 술 한 잔을 올리는데, 소반은 매우 어지러운데 먹을 만한 것이 하나도 없어서 우스웠다. 또 자(字)와 별호(別號)를 물으니 써서 주는데, 자는 중문(仲文)이고, 당호는 수천(秀川)이라고 하였다. 촛불을 밝히고 다시 의논하다가 헤어졌다. 비가 많이 올 것 같아서 배에서 내려와 잤다.

20일병신 맑음. 아침에 통역관이 와서 전하기를, "명나라 장수(장홍유)가 남원의 총병 유정(劉綎)이 있는 곳에 가지 않고 곧장 돌아간다."고 했다. 내가 명나라 장수에게 간절히 전하기를, "처음에 파총(장홍유)이 남원에 간다기에 간절한 심정을 이미 유 총병에게 알렸는데, 지금 중지하고 가지 않는다면 그 중간에 반드시 남의 말들이 있을 것입니다. 바라건대 가서 만나보고 가는 게

---

64 손광(1542~1613)은 중국 절강성 소흥부 사람이다. 문장에 능하고 지략이 많았다. 갑오년에 병부 우시랑으로 조선을 구원하기 위해 파견되었고, 정유년 4월에 고향에 돌아갔다.《재조번방지》

65 양문(=양원(楊元))은 이여송의 부하로 1592년 12월 평양성 탈환을 위해 조선에 파견되었다. 정유년에 7월 남원성 전투에서 성을 함락하게 한 죄로 요양(遼陽)에 잡혀가 효시되었다.《고대일록》

사인암 | 통영시 산양읍 영운리 수륙마을에 있는 거인암이다. 장군바위라고도 한다.

좋겠습니다."라고 하였다. 파총이 듣고는, "과연 그 말이 옳습니다. 한 필의
말로 혼자 가서 서로 만나 본 뒤에 곧장 군산(群山)으로 가서 배를 타겠습니
다."라고 하였다. 아침을 먹은 뒤 파총이 내 배로 내려와서 조용히 이야기하
였다. 이별주 7잔을 마신 뒤 닻줄을 풀고 함께 포구 밖으로 나가 재삼 간절
한 뜻을 표하며 전송하는데 마음이 아쉬웠다. 그길로 이억기와 충청 수사(이
순신), 순천 부사(권준), 발포 만호(황정록), 사도 첨사(김완)와 같이 사인암(舍人
岩) * 으로 올라가 하루 종일 취하고 이야기하다가 돌아왔다.

21일정유 맑음. 아침에 원수에게 명나라 장수와 문답한 내용을 공문으로 작
성하여 보냈다. 늦게 마량 첨사(강응호)와 소근포 첨사(박윤)가 와서 만났다.
발포 만호가 복병을 내보내는 일로 와서 보고하고 갔다. 저녁에 누대에 오르
니 순천부사가 와서 이야기했다. 오후에 흥양의 군량선이 들어왔는데, 하급
관리와 배주인에게 발바닥을 호되게 매질하였다. 저녁에 소비포 권관(이영
남)이 와서 말하기를, "기한에 미치지 못 했다고 해서 원수사에게 곤장 30대
를 맞았다."고 한다. 몹시 해괴한 일이다. 우수사(이억기)가 군량 20섬을 빌려
갔다.

22일무술 맑음. 아침에 장계의 초본을 수정했다. 임치 첨사(홍견)와 목포 만

호(전희광)가 와서 만났다. 늦게 사량 만호와 영등포 만호가 와서 만났다. 오후에 충청 수사(이순신), 순천 부사(권준), 충청 우후(원유남), 이영남이 함께 활을 쏘았다. 저물녘에 누대에 올라가 밤이 되어 앉아 있다가 돌아왔다.

23일기해 맑음. 충청 수사가 우수사(이억기), 가리포 첨사(이응표)와 함께 와서 만나고 활을 쏘았다. 조카 해(荄)와 종 봉(奉)이 돌아갔다. 종 목년(木年)이 들어 왔다.

24일경자 맑음. 여러 가지 장계를 직접 봉했다. 영의정(유성룡)과 병판 심충겸(沈忠謙)[66]과 판서 윤근수(尹根壽)[67] 앞으로 편지를 썼다. 저녁에 활 7순을 쏘았다.

25일신축 맑음. 아침에 하천수에게 장계를 들려 보냈다. 아침 식사를 하고서 충청 수사(이순신)와 순천 부사(권준) 등과 함께 우수사(이억기)에게로 가서 활 10순을 쏘았다. 크게 취해 돌아와서 밤새도록 토했다.

26일임인 맑음. 아침에 각 관청과 해상기지의 공문을 작성하여 보냈다. 식사 후에 누대 위로 옮겨 앉았는데, 순천 부사와 충청 수사가 와서 만났다. 늦게 녹도 만호(송여종)가 도망간 군사 8명을 잡아 왔기에 그중 주모자 3명은 처형하고 나머지는 곤장을 쳤다. 저녁에 정탐선이 들어왔는데 그 편에 보내 온 아들들의 편지를 보니, 어머니께서 편안하시고 면(葂)의 병도 나아진다고 한다. 그런데 허씨 부인[許室][68]의 병세가 점점 중해진다고 하니 매우 걱정이다. 유홍(兪泓)과 윤근수(尹根壽)가 세상을 떠나고[69] 윤돈(尹暾)[70]이 종사관으

---

66 심충겸(1545~1594)은 병조참판 겸 비변사 제조가 되어 선조를 의주까지 호종했고, 세자를 호위하라는 명을 받아 왜적 방비에 힘썼다. 1593년에 병조참판으로서 군량 조달에 공헌했다.

67 윤근수(1537~1616)는 윤두수의 동생이고 이황의 문인이다. 이성계의 가계가 오기된 것을 수정하였고, 예조판서가 되어 원접사, 주청사 등으로 여러 차례 명나라에 파견되었다.

68 허씨 부인은 이순신의 매부인 변기(卞騏)의 사위 허주(許宙 1563~1621)의 부인인 듯하다.

69 전 좌의정 유홍이 1594년 12월 1일에 졸했고《선조수정실록》, 윤근수의 사망연도는 1616년 이므로, 잘못 알려진 소문이다.

70 윤돈(1551~1612)은 선조를 호종하고 1593년 명나라 장수 낙상지와 오유충이 조선에 나오자 접반관으로 활약했다. 동부승지를 지내고 1598년 대사간이 되어 척신의 지위를 없애자고 제안하였다.

로 내려온다고 한다. 신천기(申天機)도 들어왔다. 어둘 무렵 신제운(申霽雲)이 와서 만났다. 노윤발이 흥양의 하급 관리와 감관을 붙잡아 들어왔다.

27일계묘 흐리고 바람이 불었다. 밤의 꿈에 머리를 풀고 곡을 했는데, 이것은 매우 길한 조짐이라고 한다. 이 날 충청 수사와 순천 부사와 함께 누대 위에서 활을 쏘았다. 충청 수사(이순신)가 과하주(過夏酒)[71]를 가지고 왔다. 나는 몸이 불편하여 조금 마셨는데 역시 좋지 않았다.

28일갑진 맑음. 흥양 하급 관리들의 죄를 처벌하였다. 신제운(申霽雲)이 주부(主簿, 종6품)의 임명장을 받아 가지고 갔다. 늦게 누대에 올라가 사벽(沙壁)[72] 위에 덧칠하는 일을 감독했는데, 의능(義能)이 와서 그 일을 했다. 저물녘에 방으로 내려 왔다.

29일을사 종일 가랑비가 내렸으나 바람은 불지 않았다. 순천 부사(권준)와 충청 수사(이순신)가 바둑 두는 것을 구경했는데 몸이 몹시 불편했다. 낙안 군수(김준계)도 와서 함께 했다. 이날 밤은 신음으로 날을 새웠다.

8월

1일병오 비가 계속 내리고 바람이 크게 불었다. 몸이 몹시 불편하여 누대 방으로 옮겨 앉았다가 바로 동헌의 방으로 돌아왔다. 저녁에 낙안 군수(김준계)

---

71 과하주는 약주에 소주를 섞어 빚은 술인데 여름을 지내도 시지 않는다. 물 8, 9홉을 끓여 식힌 뒤 찹쌀에 뿌리고 푹 쪄서 누룩 담근 반 병 물과 섞고 항아리에 넣고 봉하여 사흘만에 노주(露酒)를 붓는다. 7일째가 되면 술통에 뜰 수 있다.《산림경제》〈치선 · 양주(釀酒)〉

72 사벽은 곱고 차진 누런 모래에 말린 말똥을 섞어 진흙으로 반죽하여 바른 벽을 말한다. 진흙에 말똥을 넣어야 벽이 터지지 않는다.《임원경제지》〈섬용지〉에 "붉은 찰흙은 건조하면 터지므로 끈적이고 누런 모래흙을 말똥에 섞고 진흙으로 갠 뒤 얇게 바른다. 주름을 덮고 틈을 메워서 고르게 펴는 것을 사벽이라고 한다."고 하였다.

가 강집(姜緝)을 데려다가 군량을 독촉하는 일로 군율에 따라 심문하고 내보냈다. 비가 종일 내리더니 밤새 계속되었다.

2일정미 비가 퍼붓듯이 내렸다. 초하루 자시에 꿈을 꾸니 부안(扶安)의 첩[73]이 아들을 낳았다. 달수를 계산하니 낳을 달이 아니었으므로 꿈에서도 내쫓아 보냈다. 몸이 좀 나은 것 같다. 해질 녘에 누대 위로 옮겨 앉아 충청 수사, 순천 부사 및 마량 첨사와 함께 이야기하며 새로 빚은 술을 몇 잔 마시고 끝냈다. 비가 종일 내렸다. 송희립이 와서 고하기를, "흥양의 훈도(訓導)가 작은 배를 타고 도망갔다."고 했다.

3일무신 아침에는 흐렸으나 저물녘에 갰다. 충청 수사와 순천 부사와 함께 활 서너 순을 쏘았다. 누대 방을 도배하게 했다.

4일기유 비가 계속 뿌리다가 늦게 개었다. 충청 수사와 순천 부사, 발포 만호 등이 함께 와서 활을 쏘았다. 누대 방의 도배를 마쳤다. 명나라 장수를 접대할 때에 여자들에게 떡과 음식물을 이고 오게 한 일로 경상 수사의 군관과 하급 관리들을 처벌했다. 화살 만드는 공인 박옥(朴玉)이 와서 대나무를 가져갔다. 이종호(李宗浩)[74]가 안수지(安守智) 등을 잡아오려고 흥양으로 갔다.

5일경술 아침에 흐렸다. 식후에 충청 수사(이순신)와 순천 부사(권준)와 함께 활을 쏘았다. 경상 수사(원균)에게 갔더니, 우수사(이억기)가 이미 먼저 와 있었다. 잠시 서로 이야기하다가 돌아왔다. 이 날 웅천 현감(이운룡), 소비포 권관(이영남), 영등포 만호(조계종) 및 윤동구(尹東耈) 등이 선봉의 여러 장수로서 여기에 왔다. 보성군수가 돌아가고 장흥부사가 들어왔다.

6일신해 아침에 맑다가 저물녘에 비가 내렸다. 충청수사와 함께 활 10순을 쏘았다. 저녁에 장흥 부사(황세득)가 들어오고 보성 군수(안홍국)가 나갔다. 정

---

73 부안의 첩은 윤연(尹連)의 누이로 이순신의 첩이다. 이순신의 서자 이신(李藎)과 서녀는 부안의 첩 소생으로 추정한다.

74 이종호는 겨울에 솜 수 천근과 청어 만여 마리, 곡식 천여 석을 병사들에게 공급했다. 이순신이 백의종군하여 합천에 갈 때 사량만호로서 수행하였고 그 후 왜적과 싸우다가 전사하였다.

탐선이 들어왔는데, "어머니께서 평안하시고 아들 면(葂)은 차츰 나아진다." 고 하였다. 고성 현령(조응도)과 사도 첨사(김완), 적도 만호(고여우)가 함께 왔다가 갔다. 이 날 밤 누대 방에서 잤다.

7일임자 비가 종일 계속 내렸다.

8일계축 비가 계속 내렸다. 정조방장(정응운)이 들어왔다.

9일갑인 비가 계속 내렸다. 우수사(이억기) 및 정조방장(정응운), 충청 수사, 순천 부사, 사도 첨사(김완)와 함께 이야기했다.

10일을묘 비가 종일 계속 내렸다. 충청 수사(이순신)와 순천 부사(권준)가 와서 이야기했다. 이 날 장계 초본을 수정했다.

11일병진 큰비가 종일 내렸다. 이 날 밤 거센 바람이 불고 폭우가 크게 내렸다. 지붕이 세 겹이나 벗겨져 삼대 같은 비가 샜다. 밤을 지새워 새벽까지 앉아 있었다. 양편 창문은 모두 바람에 깨져 젖어 있었다.

12일정사 흐리고 비는 오지 않았다. 늦게 충청 수사(이순신))와 순천 부사와 함께 활을 쏘았다. 소비포 권관(이영남)과 웅천 현감(이운룡)도 와서 활을 쏘았다. 아침에 원수(권율)의 군관 심준(沈俊)이 여기에 왔다. 그가 가지고 온 전령에, "직접 만나서 약속을 논의하고자 하므로, 오는 17일에 사천(泗川)으로 나가 기다리겠다."고 했다.

13일무오 맑음. 아침에 심준이 돌아가고 노윤발도 돌아갔다. 사시(오전 10시경)에 배에서 내려 여러 장수들을 거느리고 견내량으로 갔다. 별도로 날랜 장수들을 선발하여 춘원(春原, 통영 예포) 등지로 보내어, 적을 정탐하여 사로잡아 무찌르도록 사도 첨사에게 전령하여 여러 배들을 보내게 하고는 그대로 머물러 잤다. 달빛이 비단결처럼 곱고 바람은 파도를 일으키지 않았다. 해(海)를 시켜 피리를 불게 했는데 밤이 깊어서야 그쳤다.

14일기미 아침에 흐리다가 저물녘에 비가 왔다. 사도 첨사와 소비포 권관, 웅천 현감 등이 급히 보고한 내용에, "왜선 한 척이 춘원포에 머물러 정박하였기에 뜻하지 않게 엄습하였더니, 왜놈들은 배를 버리고 달아나서 우리나

소비포성지 | 고성군 하일면에 소재하는 소을비포 성지. 바닷가의 야산에 쌓은 산성으로 앞에 해자형태의 바다가 있다. 사량진 봉수와 연결되어 있는 해안의 전초기지이다.

라의 남녀 15명을 빼앗아 데려오고, 적선도 빼앗아 왔다."고 하였다. 미시(오후 2시경)에 진영으로 돌아왔다.

15일경신 맑음. 식후에 출항하여 원수사(원균)와 함께 월명포(月明浦, 통영 산양 풍화리 월명도)에 도착하여 하룻밤을 잤다.

16일신유 맑음. 새벽에 출발하여 소비포*에 이르러 배를 정박했다. 아침밥을 먹은 뒤 돛을 달고 사천 선창에 이르니, 기직남(奇直男)[75]이 곤양 군수(이광악)와 함께 와 있었다. 그대로 머물러 잤다.

17일임술 흐리다가 저물녘에 비가 왔다. 원수(권율)가 정오에 사천에 와서 군관을 보내어 대화를 청하기에 곤양의 말을 타고 원수가 머무르는 사천 현감(기직남)의 처소로 갔다. 교서(教書)에 숙배(임명을 받고 공손히 절함)한 뒤에 공사간의 인사를 마치고서 함께 이야기하니 오해가 많이 풀리는 빛이었다. 원수사를 몹시 책망하니 원수사는 머리를 들지 못하였다. 우습다. 가지고 간 술을 마시자고 청하여 8순을 돌렸는데, 원수가 몹시 취하여서 자리를 파하였

---

75 기직남은 사천현감으로서 이순신을 도와 당항포해전에 참전하여 전공을 세웠다.

다. 파하고서 숙소로 돌아오니 박종남(朴宗男)[76]과 윤담(尹潭)이 와서 만났다.

18일계해 흐리고 비는 오지 않았다. 아침 식사 후에 도원수(권율)가 청하므로 나아가 이야기했다. 또 작은 술상을 차렸는데 크게 취해서 아뢰고 돌아왔다. 원수사는 취해 일어나지도 못하고 그대로 누워 오지 않았다. 그래서 나만 곤양 군수(이광악), 소비포 권관(이영남), 거제 현령(안위) 등과 함께 배를 돌려 삼천포 앞바다로 가서 잤다.

19일갑자 맑음. 저녁에 잠깐 비가 왔다. 새벽에 사량 뒤쪽에 이르니, 원수사는 아직 오지 않았다. 칡 60동을 캐고 나니 원수사가 그제야 왔다. 늦게 출항하여 당포에 가서 잤다.

20일을축 맑음. 새벽에 출발하여 진중에 이르렀다. 우수사(이억기)와 정조방장(정응운)이 와서 만났다. 정은 바로 돌아가고 우수사와 장흥 부사(황세득), 사도 첨사(김완), 가리포 첨사(이응표), 충청 우후(원유남)와 함께 활을 쏘았다. 저녁에 피리를 불고 노래하다가 밤이 깊어서야 헤어졌는데, 미안한 일이 많았다. 충청 수사는 그 어머니의 병환이 위중하다고 하여 곧장 흥양으로 돌아갔다.

21일병인 맑음. 외가의 제삿날이라 출근하지 않았다. 곤양 군수(이광악), 사도 첨사(김완), 마량 첨사(강응호), 남도포 만호(강응표), 영등포 만호(조계종), 회령포 만호(민정붕), 소비포 권관(이영남)이 함께 왔다. 양정언이 와서 만났다.

22일정묘 맑음. 나라(정현왕후 윤씨)의 제삿날이라 출근하지 않았다. 경상 우우후(이의득)가 와서 만났다. 낙안 군수, 사도 첨사도 다녀갔다. 저녁에 곤양 군수, 거제* 현령, 소비포 권관, 영등포 만호가 와서 이야기하고 밤이 깊어서 돌아갔다.

23일무진 맑음. 아침에 공문 초본을 작성하였다. 식후에 활 쏘는 정자로 옮겨 앉아 공문을 작성하여 보내고는 활을 쏘았다. 바람이 몹시 험하고 사납게 불

---

76 박종남(?~1601)은 광해군이 함경도를 순행할 때 호위하였다. 1593년 진주목사로서 전공을 세워 이순신의 주사 조방장이 되었다. 한산, 영등포, 견내량 등의 해전에서 많은 활약을 했다.

기성관 | 거제시에 소재하는 거제현의 객사. 단청이 화려하고 건물이 웅장하다. 본래 기성관은 임진왜란 때 불타고 1664년에 지금의 위치로 옮겨 중건한 것이다.

었다. 장흥 부사(황세득)와 녹도 만호(송여종)가 와서 함께 했다. 저물녘에 곤양 군수(이광악)와 웅천 현감(이운룡), 영등포 만호(조계종), 거제 현령(안위), 소비포 권관(이영남) 등도 왔다가 초경에 헤어져 돌아갔다.

24일기사 맑음. 각 고을에서 수군을 징발하는 일로 박언춘과 김륜, 신경황을 보냈다. 정조방장(정응운)이 돌아갔다. 저물녘에 소비포 권관이 와서 만났다.

25일경오 맑음. 아침에 곤양 군수와 소비포 권관을 불러 와서 같이 아침밥을 먹었다. 사도 첨사(김완)가 휴가를 받아 가기에 9월 7일에 돌아오라고 일러

보냈다. 현덕린(玄德麟)이 제 집으로 돌아가고 신천기(申天紀)도 군량을 바칠 일[納粟]⁷⁷로 돌아갔다. 늦게 흥양 현감이 돌아왔다. 활 쏘는 정자로 내려가 활 6순을 쏘았다. 정원명이 들어왔다고 했다.

기성관현판

26일신미 맑음. 아침에 각 관청과 해

---

77 납속은 전쟁 중 군량을 충당하기 위해 관직을 주는 조건으로 군량을 바치는 제도이다. 사족과 양인, 천민까지 대상을 확대했고, 이를 통한 신분상승의 제도는 임란 이후에도 지속되었다.

상기지의 공문을 작성하여 보냈다. 흥양의 포작(해산물 진상 어민) 막동(莫同)
이란 자가 장흥의 군사 30명을 몰래 배에 싣고 도망간 죄로 처형하여 목을
걸었다. 늦게 활 쏘는 정자에 내려가 앉아서 활을 쏘았다. 충청 우후(원유남)
도 와서 함께 쏘았다.

27일임신 맑음. 우수사가 가리포 첨사, 장흥 부사(황세득), 임치 첨사(홍견), 우
후(이몽구) 및 충청 우후와 함께 와서 활을 쏘는데, 흥양 현감(배흥립)이 술을
내놓았다. 아침에 아들 울의 편지를 보니, 아내의 병이 위중하다고 했다. 그
래서 아들 회를 내보냈다.

진도군수가 왔다.

28일계유 축시(새벽 2시경)부터 비가 조금 오고 바람이 크게 불었다. 비는 묘
시(아침 6시경)에 개었으나 바람은 종일 크게 불어 밤새도록 그치지 않았다.
아들 회가 편히 잘 갔는지 몰라서 몹시 염려되었다. 진도 군수(김만수)가 와
서 만났다. 원수의 장계로 인해 조사하는 글이 내려 왔는데, 급히 올린 장계
에 오해가 많았던 것이다.

해남 현감이 들어왔다.

29일갑술 맑았으나 북풍이 크게 불었다. 아침에 마량 첨사(강응호)와 소비포
권관(이영남)이 와서 함께 밥을 먹었다. 늦게 활 쏘는 정자로 옮겨 앉아 공문
을 작성하여 보냈다. 도양(道陽)*의 말 먹이는 하인 박돌이를 처벌했다. 도둑
3명중에 장손(長孫)은 곤장 백대를 치고 얼굴에 '도(盜)'자를 새겨 넣었다.[78]
해남 현감(현즙)이 들어왔는데, 의병장 성응지(成應祉)가 세상을 떠났다고 한
다. 매우 슬프다.

30일을해 맑고 바람도 없었다. 해남 현감 현즙(玄楫)이 와서 만났다. 늦게 우
수사(이억기)와 장흥 부사(황세득)가 와서 만났다. 저물녘 충청 우후(원유남),

---

78 절도한 범인의 얼굴이나 팔에 먹물로 '도둑 도(盜)'자를 새기는 것은 고대의 묵형에 해당하는 형
   벌이다. 이를 자자형(刺字刑, 글자를 새기는 형)이라고도 한다. 이는 주로 강도와 절도자에게 행하
   는데《대전회통》, 소나 말을 훔쳐 죽인 자는 장형 백대에 글자를 새긴다《경국대전》〈형전〉).

도양감목관 철비 | 고흥군 도양읍 도덕리에 소재. 감목관의 이름이 새겨져 있다. 도양은 도덕리에 소재하는 고을로, 조선 세종 때부터 이를 흥양이라 하고 여기에 목장을 만들어 목책을 세웠다고 한다.

웅천 현감(이운룡), 거제 현령(안위), 소비포 권관(이영남)이 함께 오고 허정은 도 왔다. 이 날 아침 정탐선이 들어왔는데, 아내의 병세가 매우 위중하다고 했다. 이미 생사가 결정이 났는지도 모르겠다. 나랏일이 이 지경에 이르렀으니, 다른 일에 생각이 미칠 수 없다. 아들 셋, 딸 하나가 어떻게 살아갈 것인가. 마음이 아프고 괴로웠다. 김양간(金良幹)이 서울에서 영의정의 편지와 심충겸의 편지를 가지고 왔는데, 분개하는 뜻이 많이 담겨 있었다. 원수사의 일은 매우 놀랍다. 내가 머뭇거리며 앞으로 나아가지 않는다고 했다하니, 이는 천년을 두고 한탄할 일이다. 곤양 군수가 병으로 돌아갔는데, 보지 못하고 보냈으니 더욱 아쉬웠다. 2경(밤 11시경)부터 마음이 어지러워 잠들지 못했다.

9월

1일병자 맑음. 앉았다 누웠다 하면서 잠들지 못하여 촛불을 밝힌 채 뒤척거렸다. 이른 아침에 손을 씻고 조용히 앉아 아내의 병세를 점쳐보니, "중이 속세에 돌아오는 것과 같다[如僧還俗]."고 하였다. 다시 쳤더니, "의심하다가 기쁨을 얻은 것과 같다[如疑得喜]."는 괘를 얻었다. 매우 길하다. 또 병세가 나아질 것인지와 누가 와서 고할지를 점쳤더니, "귀양 땅에서 친척을 만난 것과 같다[如謫見親]."는 괘를 얻었다. 이 역시 오늘 안에 좋은 소식을 들을 징조였다. 순무사 서성(徐渻)의 공문과 장계 초본이 들어왔다.

2일정축 맑음. 아침에 웅천 현감과 소비포 권관이 와서 같이 아침밥을 먹었다. 늦게 낙안 군수(김준계)가 와서 만났다. 저녁에 정탐선이 들어왔는데, 아내의 병이 좀 나아졌다고 하나 원기가 몹시 약하다고 하였다. 매우 걱정이 된다.

3일무인 비가 조금 내렸다. 새벽에 비밀 왕명서가 들어왔는데, "수군과 육군의 여러 장수들이 팔짱만 끼고 서로 바라보면서 한 가지 계책이라도 세워 적을 치려고 하지 않는다."는 것이었다. 삼년 동안 해상에서 절대로 그럴 리가 없었다. 여러 장수들과 맹세하여 목숨 걸고 원수를 갚을 뜻으로 하루하루 보내고 있는데, 다만 험한 소굴에 웅거하고 있는 왜적 때문에 가볍게 나아가지 않을 뿐이다. 더욱이 "나를 알고 적을 알면 백 번 싸워도 위태롭지 않다."[79]고 하지 않았던가! 종일 큰 바람이 불었다. 초저녁에 촛불을 밝히고 홀로 앉아 스스로 생각하니 나라 일이 위태롭건만 안으로 구제할 계책이 없으니, 이를 어찌하겠는가. 2경(밤 11시 경)에 흥양 현감(배흥립)이 내가 혼자 앉아 있음을 알고 들어와서 3경(자정 경)까지 이야기하고 헤어졌다.

---

79 《손자병법》〈모공편〉에서 인용한 글귀이다. "지피지기(知彼知己) 백전불태(百戰不殆)"

4일기묘 맑음. 아침에 흥양 현감이 와서 만났다. 식후에 소비포 권관이 왔다. 늦게 원수사가 와서 이야기를 하자고 하기에 활 쏘는 정자로 내려가 앉았다. 활쏘기를 하였는데 원수사가 9분을 지고 술에 취해서 갔다. 피리를 불게 하고 밤이 깊어서 헤어졌는데, 또 사적인 일로 미안한 일이 있었다. 매우 우습다. 여도 만호(김인영)가 들어왔다.

5일경진 맑음. 닭이 운 뒤에 머리를 긁어도 가려움을 견딜 수 없어서 사람을 시켜 긁게 했다. 바람이 순하지 않기에 나가지 않았다. 충청 수사가 들어왔다.

6일신사 맑고 바람이 잤다. 아침에 충청 수사(이순신)와 우후, 마량 첨사와 같이 아침밥을 먹었다. 늦게 활 쏘는 정자로 옮겨 앉아 활을 쏘았다. 이 날 저녁 종 효대(孝代)와 개남(介南)이 어머니께서 평안하시다는 편지를 가지고 왔다. 기쁜 마음 그지없었다. 방필순(方必淳)이 세상을 떠나고 익순(益淳)이 그 가족을 데리고 우리집으로 들어왔다는 소식을 들었다. 우스운 일이다. 밤 2경(밤 11시경)에 복춘(福春)이 왔다. 저물녘에 김경로가 우도(右道)에 도착했다는 말을 들었다.

7일임오 맑음. 아침에 순천 부사의 편지가 왔는데, 순찰사(홍세공)가 10일쯤에 본부(순천부)*에 도착하고, 좌의정(윤두수)도 도착한다고 하였다. 심히 불행한 일이다. 순천 부사가 진에 있을 때 거제로 부하들을 사냥 보냈는데, 남김없이 모두 붙잡혔다고 한다. 그런데도 그 사정을 보고하지 않은 것이 몹시 놀랍다. 그래서 편지를 쓸 때에 그것을 거론하여 보냈다.

8일계미 맑음. 장흥 부사(황세득)를 헌관으로 삼고, 흥양 현감(배흥립)을 제사 담당자로 삼아서 9일에 둑제(纛祭)를 지내기 위해 재실(齋室, 제사하기 위한 집)에 들여보냈다. 첨지 김경로가 여기에 왔다.

9일갑신 맑음. 사도 첨사가 왔다. 저물녘에 비가 오다가 그쳤다. 여러 장수들이 활을 쏘았다. 삼도가 모두 모였는데, 원수사는 병으로 오지 않았다. 김경로도 함께 활쏘기를 하고 돌아갔다. 경상도 진영에서 잤다.

10일을유 맑고 바람이 고요하였다. 사도 첨사가 활쏘기 모임을 열었는데, 우

순천부 동헌서문 | 순천시 행동 소재. 높이 7m의 돌로 쌓은 성으로 서문이 남아 있다.

수사도 모였다. 김경숙(金敬叔)이 창신도(창선도)로 돌아갔다.

11일병술 맑음. 일찍이 누대에 나가 남평(南平)의 하급 관리와 순천의 격군
으로서 세 번이나 양식을 훔친 자를 처형했다. 각 관청과 해상기지에 공문을
작성하여 보냈다. 늦게 충청 수사(이순신)가 와서 만났다. 소비포 권관(이영남)
은 달밤에 본포로 돌아갔는데, 원수사가 몹시 해하기를 꾀하려고 하기 때문
이다.

12일정해 맑음. 일찍 김암(金岩)이 방에 왔다. 정조방장(정응운)의 종이 돌아가
는 길에 답장을 써 보냈다. 늦게 우수사와 충청수사가 함께 오고, 장흥부사가
술을 내어 함께 이야기하다가 몹시 취해서 헤어졌다.

13일무자 맑고 따뜻하다. 어제 취한 술이 아직 깨지 않아서 방 밖을 나가지
않았다. 아침에 충청 우후(원유남)가 와서 만났다. 또 조도 어사 윤경립(尹敬
立)80의 장계 초본 2통을 보니, 하나는 진도 군수의 파면을 청한 것이고, 다른

---

80 윤경립(1561~1611)은 홍문관 정자로서 연안을 맡았고, 다시 독운어사가 되어 군량을 공급했다.
  1594년 10월 사간으로서 선조에게 별도의 관리 파견 제도와 함께 교묘히 명목을 만드는 행태를

남원읍성 | 남원시 동충동에 소재. 중국식 읍성을 모방한 형태로 3.4km의 둘레에 높이는 4m로 사방에 문을 두었다.

하나는 수군과 육군을 섞어 징용하지 말 것과 수령들을 싸움터에 나가게 하지 말라는 것이었다. 그 뜻은 생각보다 눈앞의 일만을 꾀한 데 있었다. 저녁에 하천수가 장계 회답과 과거합격증 97장을 가지고 왔다. 영의정(유성룡)의 편지도 가지고 왔다.

14일^{기축} 맑음. 흥양 현감(배흥립)이 술을 바쳤다. 우수사(이억기)와 충청수사(이순신)와 함께 활을 쏘았다. 방답 첨사가 공사간의 인사를 행했다.

15일^{경인} 맑음. 일찍 충청 수사와 여러 장수들과 함께 망궐례를 행했다. 우수사는 기약을 해놓고 병을 핑계만 대니 한탄스럽다. 새로운 급제자에게 홍패를 나누어 주었다. 남원*의 병방의 우두머리와 향소(鄕所) 등을 잡아 가두었다. 충청 우후(원유남)가 본도로 나갔다. 종 경(京)이 들어왔다.

순천부사가 왔다.

16일^{신묘} 맑음. 충청 수사(이순신)와 순천 부사(권준)와 함께 이야기했다. 이날 밤 꿈속에서 아이를 보았는데, 경(庚)의 어미가 아들을 낳을 징조였다.

　개혁하라고 주청하였다. 이순신이 받아 본 것도 이러한 내용을 담고 있는 듯하다.

17일임진 맑고 따뜻하다. 충청 수사, 순천 부사, 사도 첨사가 와서 활을 쏘았다. 우후 이몽구(李夢龜)가 국둔전(國屯田)[81]의 타작할 일로 나갔다. 효대(孝代) 등이 나갔다.

18일계사 맑고 너무 따뜻하였다. 충청 수사(이순신)와 흥양 현감(배흥립)과 함께 종일 활을 쏘고서 헤어졌다. 저물녘 비가 밤새도록 뿌렸다. 이수원(李壽元)과 담화(曇花)[82]가 들어오고 복춘이 들어왔다. 이날 밤 뒤척이며 잠들지 못했다.

19일갑오 종일 비가 내렸다. 흥양 현감과 순천 부사가 와서 이야기했다. 해남 현감(현즙)도 왔다가 바로 돌아갔다. 흥양 현감과 순천 부사가 밤이 깊어서야 돌아갔다.

20일을미 새벽바람이 그치지 않았고 비가 잠깐 들었다. 홀로 앉아 간 밤의 꿈을 기억해 보니, 바다 가운데 외딴섬이 눈앞으로 달려와서 멈췄는데, 그 소리가 우레 같아 사방에서는 모두들 놀라 달아나고 나만 홀로 서서 그 광경을 처음부터 끝까지 지켜보았다. 매우 흔쾌하였다. 이 징조는 곧 왜놈이 화친을 구하다가 스스로 멸망할 상이다. 또 나는 준마(駿馬)를 타고 천천히 가고 있었는데, 이는 임금의 부르심을 받고 나아갈 징조이다. 충청 수사(이순신)와 흥양 현감(배흥립)이 왔다. 거제 현령(안위)도 와서 보고 바로 돌아갔다. 체찰사(윤두수)의 공문에 "수군에게 군량을 계속 공급하라."고 했다. 잡아 가두었던 친족과 이웃을 석방하여 보냈다고 했다.

21일병신 맑음. 아침에 활 쏘는 정자에 나가 앉아 공문을 작성하여 보내고 늦게 활을 쏘았다. 장흥 부사(황세득)와 순천 부사(권준), 충청 수사(이순신)와

---

81 국둔전은 군수 조달을 위해 국가가 운영하는 토지이다. 주로 군인이 경작해 그 수확을 군자곡에 보충하는 토지이다.《경국대전》각 지방 수령의 관리가 담당하고 경작의 문제점을 보완했지만, 낮은 생산성으로 경작을 기피하여 국둔전은 점차 폐지되었다.

82 담화는 승려인데 홍가신이 만전당에서 담화상인(曇華上人)에게 지어준 시가 있다. "일찍 솔숲 사이 옛 절의 동쪽을 사랑했나니 바위의 샘물 소리 옥 울리듯 오직 노선께서 계시니 지금도 잊지 못하고 종종 옛적 노닐던 곳 찾아와 담소하네.《만전집(晩全集)》1권

종일 이야기했다. 어둘 무렵 여러 장수들에게 뛰어넘기[超越]를 하게 했고, 또 군사들에게는 씨름을 겨루게 하였다. 밤이 깊어서야 끝났다.

22일^{정유} 아침에 활 쏘는 정자에 앉았다. 우수사(이억기)와 장흥 부사(황세득)가 왔다. 경상 우후(이의득)도 와서 명령을 듣고 갔다. 원수의 밀서가 왔는데, "27일에 군사를 출동시키기로 정했다."고 하였다.

23일^{무술} 맑았으나 바람이 거셌

호의 | 호의는 각 군영의 군사와 말위에서 재주를 부리는 군사, 사간원의 길 안내원, 의금부 나장들이 입던 세 자락의 웃옷이다. 그 모양이 전투복과 비슷하나 양옆이 터진 세 자락 옷으로 되어 있고, 여기에 방위의 색깔(흑, 적, 청, 황)을 넣어 만든다. 사진 국립민속박물관 ⓒ

다. 일찍 활 쏘는 정자에 나가서 공문을 작성하여 보냈다. 원수사가 와서 군사기밀을 논의하고 갔다. 낙안 군사와 본영 군사 51명, 방답 수군 45명을 검열했다. 고성 백성들이 연명의 호소문을 올렸다. 진주 강운(姜雲)의 죄를 다스렸다. 보성에서 데려온 소관(召官) 황천석(黃千錫)을 끝까지 추궁했다. 광주에 가두었던 창평현의 하급 관리 김의동(金義同)을 처형하라는 일로 전령을 내보냈다. 저녁에 충청 수사(이순신)와 마량 첨사(강응호)가 와서 만나고 깊은 밤에 돌아갔다. 초경(밤 8시경)에 복춘(復春)이 와서 사담을 나누다가 닭이 운 뒤에야 돌아갔다.

24일^{기해} 맑으나 종일 바람이 크게 불었다. 아침에 대청에 앉아서 공무를 보았다. 아침밥은 충청수사와 함께 먹었다. 오늘 호의(號衣)*를 나누어 주었는데, 좌도에는 누른 옷 9벌, 우도에는 붉은 옷 10벌, 경상도에는 검은 옷 4벌이었다.

25일^{경자} 맑음. 바람이 조금 멈췄다. 김첨지(김경로)가 군사 70명을 거느리고 들어왔다. 저녁에 박첨지(박종남)도 군사 6백 명을 거느리고 들어왔다. 조붕도 왔기에 함께 자면서 밤새 이야기했다.

26일^{신축} 맑음. 새벽에 곽재우(郭再祐)⁸³와 김덕령(金德齡)⁸⁴ 등이 견내량에 도착하였다. 박춘양을 보내어 건너온 연유를 물었더니, 수군과 합세할 일로 원수(권율)가 전령했다고 한다.

27일^{임인} 아침에 맑다가 저물녘에 잠깐 비가 내렸다. 늦은 아침에 출항하여 포구에 나가자 여러 배들이 동시에 출발하여 적도(赤島) 앞바다에 머물렀다. 곽첨지(곽재우), 김충용(김덕령), 한별장(한명련(韓明璉)⁸⁵), 주몽룡(朱夢龍) 등이 함께 와서 약속한 뒤에 각각 원하는 곳으로 나누어 보냈다. 저녁에 선병사(선거이)가 배에 도착했으므로 본영(전라좌수영)의 배를 타게 했다. 저물녘에 체찰사의 군관 이천문(李天文), 임득의(林得義), 이홍사(李弘嗣), 이충길(李忠吉), 강중룡(姜仲龍), 최여해(崔汝諧), 한덕비(韓德備), 이안겸(李安謙), 박진남(朴振男) 등이 왔다. 밤에 잠깐 비가 내렸다.

28일^{계묘} 흐림. 새벽에 촛불을 밝히고 홀로 앉아 왜적을 토벌할 일이 길한지 점을 쳤다. 첫 번째 점은 "활이 화살을 얻은 것과 같다[如弓得箭]."는 내용이었고, 두 번째 점은 "산이 움직이지 않는 것과 같다[如山不動]."는 내용이었다. 바람이 순조롭지 못하였다. 흉도(胸島) 안바다*에 진을 치고서 잤다.

29일^{갑진} 맑음. 배를 출발하여 장문포(長門浦)⁸⁶ 앞바다로 돌진해 들어가니,

---

83 곽재우(1552~1617)는 정탁이 천거하여 형조정랑이 되고 1594년 9월 이순신, 원균, 김덕령 등과 함께 장문포에서 왜적과 싸우고 이듬해 명과 일본이 강화협상을 하자, 관직을 버리고 칩거했다.

84 김덕령(1567~1596)은 고경명의 휘하로서 모친 상중에 왜적을 물리쳐(1593) 형조좌랑, 충용장이 되었다. 1594년 권율의 휘하에서 곽재우와 함께 활동하였다. 반민 이몽학이 이미 진압되었을 때 이몽학과 내통했다는 신경행의 무고로 체포되어 혹독한 고문으로 옥사하였다.

85 한명련(?~1624)은 1594년 전공으로 선조가 곽재우와 함께 청람삼승포 2필을 하사했다. 각 진영을 정비하고 군대를 훈련시켰다. 정유재란 때 권율의 휘하에서 회덕에서 공을 세우고, 공주에서 분투했다. 후에 이괄과 함께 반란에 가담했다는 무고로 처벌을 받았다.

86 1594년 8월 17일 이순신이 권율, 곽재우와 작전을 계획하고 9월 29일 장문포에 수륙병진으로 진격했으나 왜군들이 대항하지 않았다. 이 때 왜선 2척을 분멸하였다.(장문포해전) 시마즈 요시히

흥도 | 거제 오량리에 있는 고개도(高介島). 사진은 흥도의 안바다이다.

적의 무리는 험요한 곳에 자리 잡고서 나오지 않았다. 누각을 높이 설치하고 양쪽 봉우리에 보루를 쌓고는 조금도 나와서 항전하지 않았다. 선봉의 적선 두 척을 격파하니 육지로 올라가 달아났다. 빈 배만 쳐부수고 불태웠다. 칠천량(漆川梁)에서 밤을 지냈다.

10월

1일^{을사} 새벽에 출발하여 장문포*로 가니 경상 우수사(원균)와 전라 우수사(이억기)가 장문포 앞바다에 머물고 있었다. 나는 충청 수사 및 선봉의 여러 장수들과 함께 곧장 영등포로 들어갔다.[87] 흉악한 적들은 물가에 배를 매 두고 한 번도 나와서 항전하지 않았다. 해질 무렵에 장문포 앞바다로 돌아와서,

로(島津義弘)가 아들 다만[忠恒]에게 보낸 서장에 "2백 척을 거느린 조선 수군이 거제도의 장문포와 영등포를 습격하여 후쿠시마 마사노리(福島正則)의 진영이 연일 습격을 받았다."고 하였다.(기타지마 만지)
87 이 날 영등포해전을 치렀는데, 왜적들이 항전하지 않아 별다른 교전 없이 끝났다.

장문포 | 거제시 장목면 장목리에 소재. 사진은 실제 장문포해전이 일어난 곳이다.
칠천량 | 거제시 하청면 연구리 앞바다. 사진은 칠천량의 낙조를 찍은 것이다.

사도(蛇渡)의 2호선을 육지에 매려할 때, 적의 작은 배가 곧장 들어와 불을 던졌다.[88] 불이 비록 일어나지 않고 꺼졌지만, 매우 분통했다. 우수사의 군관과 경상 우수사의 군관에게 그 실수를 조금 꾸짖었지만, 사도의 군관에게는 그 죄를 무겁게 다스렸다. 2경(밤 11시 경)에 칠천량*으로 돌아와서 밤을 지냈다.

2일병오 맑음. 다만 선봉선 30척에 명령하여 장문포에 있는 적의 정세를 가서 보고 오게 했다.

3일정미 맑음. 직접 여러 장수들을 거느리고 일찍 장문포로 가서 종일 싸우려고 했지만, 적의 무리들은 두려워서 나와 항전하지 않았다. 날이 저물어 칠천량으로 돌아와서 밤을 지냈다.

4일무신 맑음. 곽재우와 김덕령 등과 약속하고서 군사 수 백 명을 뽑아 육지에 내려 산으로 오르게 하고, 선봉은 먼저 장문포로 보내어 들락날락하면서 도전하게 하였다.[89] 늦게 중군을 거느리고 진격하였다. 바다와 육지에서 서로 호응하니 적의 무리들은 당황하여 기세를 잃고 이리저리 급히 달아났다.

---

88 조선배 1척이 여울 위에 걸린 것을 보고 좌위문대부 후쿠시마 마사노리(福島正則)가 바다에서 와서 여러 병졸에게 불사를 풀어 걸어두게 하니, 잠깐 사이에 큰 배 1척이 불에 타고 명군과 조선군이 타죽었다고 하였다.(《정한록(征韓錄)》) 위 내용은 일본측 기록과 다르다.

89 권율이 의령의 군사 8백 여명을 김덕령과 곽재우에게 보내고, 윤두수는 140명의 군사와 이일의 군사 210명을 육전에 지원하고, 곽재우는 수군과 합세하게 하였다.(2차 장문포해전) 그러나 여러 장수들은 출전을 미루다가 기회를 잃고 왜적들이 나오지 않아 교전하지 못했다.

장목진객사 | 거제시 장목리 소재. 거제 북방에서 진해만 일대를 수비하는 요충지로서 이순신이 옥포해전 때부터 작전을 모의했다. 지금의 객사는 초기의 군진이 수차례 중수된 것이다.

그러나 육병은 한 왜적이 칼을 휘두르는 것을 보고는 곧바로 배로 내려갔다. 해질 무렵 칠천량으로 돌아와 진을 쳤다. 선전관 이계명(李繼命)이 통행 신분증과 선포 명령서[宣諭敎書]를 가지고 왔는데, 임금님이 담비 가죽도 하사하였다.

5일기유 칠천량에 그대로 머물렀고 장계 초본을 베껴 적었다. 큰 바람이 종일 불었다.

6일경술 맑음. 일찍 선봉을 장문포에 있는 적의 소굴로 보냈더니, 왜놈들이 통지문[牌文]을 땅에 꽂아 놓았는데, 그 내용은, "일본이 명나라와 한창 화목하고 있으니, 서로 싸워서는 안 된다."는 것이다. 왜놈 한 명이 칠천 산기슭으로 와서 투항하고자 하므로 곤양 군수(이광악)가 불러들여 배에 태우고 물어보니, 바로 영등포에 있는 왜적이었다. 흉도로 진을 옮겼다.

7일신해 맑고 따뜻하다. 선병사(선거이), 곽재우, 김덕령 등이 나갔다. 나는 그대로 머물고 출발하지 않았다. 띠풀 183동을 베었다.

8일임자 맑고 바람조차 없다. 일찍 배를 출발하여 장문포에 있는 적의 소굴로 가니, 적들은 여전히 나오지 않았다. 군대의 위세만 보인 뒤에 흉도로 되돌아왔다가 그대로 출항하여 일제히 한산도로 가니, 밤은 벌써 3경(자정 경)이 되었다. 흉도에서 띠풀 260동을 베었다.

순천부사가 돌아갔다.

9일계축 맑음. 아침에 정자로 내려오니 첨지 김경로, 첨지 박종남, 조방장 김응함, 조방장 한명연(韓明璉), 진주 목사 배설(裵楔)[90], 김해 부사 백사림(白士霖)[91]이 함께 와서 아뢰고 돌아갔다. 김경로와 박종남은 종일 활을 쏘았다. 박종남은 마룻방에서 춘복과 함께 자고 김경로는 배로 내려가 잤다. 남해 현령, 진주 목사, 김해 부사, 하동 현감, 사천 현감, 고성 현령이 보고하고 돌아갔다.

10일갑인 맑음. 아침에 나가 장계 초본을 수정했다. 박자윤과 곤양 군수(이광악)는 그대로 머물러 떠나지 않았다고 한다. 흥양 현감(배흥립), 장흥 부사 (황세득), 보성 군수(안흥국)가 보고하고 돌아갔다. 이날 밤 두 가지 상서로운 꿈을 꾸었다. 울(蔚)과 존서(存緖), 변유헌 및 정립(廷立) 등이 본영으로 돌아갔다.

11일을묘 맑음. 아침에 몸이 불편했다. 아침에 충청 수사가 와서 만났다. 공문을 작성하고서 일찍 방에 들어가 잤다.

12일병진 맑음. 아침에 장계 초본을 수정하였다. 늦게 우수사와 충청 수사(이순신)가 여기에 왔는데, "경상원수가 적을 토벌한 일을 스스로 직접 조정에 고한다."고 하기에 공문을 작성해 주었다. 비변사의 공문에 의하여 도원수(권율)가 쥐가죽으로 만든 귀가리개*를 좌도에 15개, 우도에 10개, 경상도에 10개, 충청도에 5개로 나누어 보냈다.

13일정사 맑음. 아침에 아전을 불러 장계 초본을 작성하였다. 늦게 충청 수사

---

90 배설(1551~1599)은 경상방어사 조경(趙儆)의 군관으로 1597년 7월 부산의 왜선을 원균과 함께 급습했으나 불리하자, 한산도 기지를 불지르고 전선 10척을 끌고 도주했다. 이순신이 복직 후 배를 인계하고 떠났다. 1599년 선산에서 권율에게 붙잡혀 서울에서 처형되었다.

91 백사림은 군대에서 장수로 발탁되어 김해부사에 임명되었고, 1594년 거제도의 왜군을 수륙 협공하는 데 참여하였다. 곽재우, 권율, 이순신 등을 도와 웅천과 가덕을 수비하는데 전공을 세웠다.

를 내보냈다. 전라 우수사(이억기)가 충청 수사(이순신)를 보러왔다가 나를 보지 않고 돌아간 것은 몹시 취했기 때문이다. 종사관(정경달)이 이미 사천에 이르렀다고 한다. 사천 1호선을 내보냈다.

14일무오 맑음. 새벽꿈에 왜적들이 항복을 청하면서 육혈(六穴) 총통 5자루와 환도(環刀)를 바쳤다. 말을 전한 자는 그 이름이 '김서신(金書信)'이라고 하는데, 왜놈들의 항복을 모두 받아들이기로 한 꿈이었다.

15일기미 맑음. 박춘양이 장계를 가지고 나갔다.

귀가리개 | 쥐가죽으로 만든 귀가리개는 문무관리가 겨울에 모자 밑에 쓰는데 남바위라고도 한다. 정3품 이상은 귀가리개를 두꺼운 비단이나 담비 가죽으로 만들고, 정3품 이하는 생초나 쥐가죽으로 만들어 사용했다. 겉은 털가죽으로 대고 안은 명주를 댔다고 한다. 《경국대전》《이엄(耳掩)》 남바위 사진 국립민속박물관 ⓒ

16일경신 맑음. 순무사 서성(徐渻)이 해질 무렵에 이곳에 왔다. 우수사와 원수사와 함께 이야기하다가 밤이 깊어서 헤어졌다.

17일신유 맑음. 아침에 어사의 처소에 사람을 보냈더니, 식사 후에 오겠다고 하였다. 늦게 우수사가 오고 어사도 와서 조용히 이야기를 나누었는데, 원수사의 기만한 일을 많이 이야기하였다. 매우 놀랍다. 원수사도 왔는데 그 흉포하고 패악한 형상은 이루 다 말할 수가 없다. 아침에 종사관이 들어왔다.

18일임술 맑음. 아침에 바람이 크게 불다가 저녁에 그쳤다. 어사에게 갔더니 이미 원수사의 처소에 가고 없었다. 그곳에 갔더니 조금 뒤 술이 나왔다. 날이 저물어서 돌아왔다. 종사관이 숙배례(공손히 절하는 예)를 행하고서 서로 만났다.

19일계해 바람이 순하지 못했다. 대청으로 나가 앉았다가 늦게 돌아와 누대 방으로 들어갔다. 어사가 우수사(이억기)에게 가서 종일토록 술에 취하고 이

야기했다고 한다. 아침에 종사관과 이야기했다. 저녁에 종 억지(億只) 등을 붙잡아 왔다. 박언춘(朴彦春)도 왔다.

2경(밤 10시경)에 가랑비가 왔다.

20일갑자 아침에 흐렸다. 늦게 순무어사(서성)가 나갔다. 작별한 뒤에 대청에 올라 앉았더니 우수사가 와서 보고하고 돌아갔다. 공문을 작성할 일 때문에 나갔다고 생각된다.

21일을축 맑지만 조금 흐렸다. 종사관이 나갔다. 우후도 나가고 발포 만호도 나갔다. 늦게 항복한 왜군 3명이 원수사(원균)에게서 왔기에 심문하였다. 영등포 만호(조계종)가 왔다가 밤이 깊어서야 돌아갔다. 그에게 어린 아이가 있다고 하기에 데려 오라고 당부했다. 밤에 비가 조금 내렸다.

22일병인 흐림. 의능(宜能)과 이적(李迪)이 나갔다. 초경(밤 8시경)에 영등포 만호가 그 아이놈을 데리고 왔다. 심부름시키려고 머무르게 하여 재웠다.

23일정묘 맑음. 그 아이가 아프다고 했다. 종 억지(億只)의 죄와 애환(愛還), 정말동(丁老同)의 죄를 처벌했다. 저녁에 그 아이를 보내어 원래 있던 곳으로 돌아가게 했다.

24일무진 맑음. 우우후(이정충)를 불러서 활을 쏘았다. 금갑도(金甲島)* 만호(이정표)도 왔다.

벙거지 | 모립(毛笠). 전쟁 때 쓰는 모자의 하나로 털로 짠 벙거지이다. 이는 부드러우면서 두껍기 때문에 탄환과 화살촉이 쉽게 뚫을 수 없고, 벙거지와 말총갓은 무신들이 공사 간에 모두 착용한다.《오주연문장전산고》《입제변증설》) 사진 국립민속박물관 ⓒ

25일기사 맑으나 서풍이 크게 일다가 늦게 그쳤다. 몸이 불편하여 방을 나가지 않았다. 남도포 만호(강응표)와 거제 현령(안위)이 왔다. 영등포 만호(조계종)도 와서 한참 이야기했다. 전 낙안 군수인 첨지 신호(申浩)가 왔는데, 체찰사(윤두수)의 공문과 목화(木花), 벙거지[毛笠]* 및 무명 1동을 가지고 왔다. 그와 함께 이야기하다가 밤이 되어서야 물러갔다. 순천 부사 권준이 잡혀 갈 적[92]에 들렀는데, 그를 보고서 마음이 편치 않았다.

26일경오 맑음. 장인(방진(方震))의 제삿날이라 출근하지 않았다. 첨지 신호(申浩)를 통해 들으니, 김상용(金尙容)이 이조 좌랑이 되어 서울로 갈 때, 남원 부 내에 들어가 숙박하면서도 체찰사(윤두수)를 만나보지 않고 갔다고 하였다. 그때의 일이 이와 같았으니 매우 놀랍다. 체찰사가 밤에 순찰사(홍세공)가 자는 방에 갔다가 밤이 깊어서 자기의 침실로 돌아왔다고 하였다. 체통이 이럴 수가 있는가. 매우 놀라움을 참지 못했다. 종 한경(漢京)이 좌수영으로 갔다. 유시(오후 6시경)에 비가 오더니 밤새도록 그치지 않았다.

27일신미 아침에 비오다가 늦게 개었다. 미조항 첨사(성윤문)가 와서 교서에 숙배(공손히 절함)를 행한 뒤에 그와 함께 이야기하다가 날이 저물어 돌아갔다.

---

92 사간원의 보고에 의하면, 순천 부사 권준은 가렴주구만을 일삼고 아첨하기 위한 물자를 챙기며 창고의 쌀을 훔쳐 배에 싣다가 감사에게 적발되어 처벌명령이 내려졌다.《선조실록》1594년 10월 4일)

이진성지 | 해남군 북평면 이진리 소재하는 해안 요충지. 왜란당시 수군만호의 지휘하에 전선과 수군을 배치하고 주민들의 피신소로 사용되었다. 서문에 높이 5m, 길이 34m의 옹성과 초석 2개가 남아 있다.

28일임신 맑음. 대청에 앉아서 공문을 작성하여 보냈다. 금갑도 만호와 이진 (梨津)* 만호가 와서 만났다. 식후에 우우후(이정충)와 경상우후(이의득)가 와서 목화를 받아 갔다. 저물녘에 침실로 들어갔다.

29일계유 맑음. 서풍이 차기가 살을 베는 듯하였다.

30일갑술 맑음. 적을 수색 토벌하기 위해 군사를 들여보내고 싶었으나 경상도에 전선이 없어서 다른 배들이 모이기만을 기다렸다. 3경(자정 경)에 아들 회가 들어왔다.

11월

1일을해 새벽에 망궐례를 행했다. 몸이 몹시 불편하여 종일 나가지 않았다.

2일병자 맑음. 좌도에서는 사도 첨사(김완)를, 우도에서는 우후 이정충을, 경상도에서는 미조항 첨사 성윤문(成允文)93을 장수로 정하여 적을 수색 토벌하려고 들여보냈다.

3일정축 맑음. 아침에 김천석(金天碩)이 비변사의 공문을 가지고, 항복한 왜군 야여문(也汝文, 미우위문(彌右衛門))94 등 3명을 데리고 진영에 왔다. 수색하고 토벌하러 나갔다오니 벌써 2경(밤 10시경)이었다. 이영남이 와서 만났다.

4일무인 맑음. 대청에 나가서 항복한 왜군들의 사정을 물었다. 임금에게 보낼 하례하는 글을 가져갈 유생이 들어왔다.

5일기묘 흐리고 가랑비가 내렸다. 송한련(宋漢連)이 대구 10마리를 잡아왔다. 순변사(이일)가 그의 군관을 시켜 항복한 왜군 13명을 압송해 오도록 했다. 밤새도록 큰비가 내렸다.

6일경진 흐렸으나 따뜻하기가 봄날 같았다. 이영남이 와서 만나고 이정충도 왔다. 첨지 신호(申浩)와 함께 이야기했다. 송희립이 사냥하러 나갔다.

7일신사 늦게 갰다. 아침에 대청으로 나가서 항복한 왜군 17명을 남해로 보냈다. 늦게 금갑도 만호(이정표), 사도 첨사(김완), 여도 만호(김인영), 영등포 만호(우치적) 등이 함께 왔다. 이날 낮에 첨지 신호는 "원수가 되돌아와서 수군에 머물러 있다."고 보고하였다.

8일임오 새벽에 잠깐 비가 뿌리더니 늦게 갰다. 배 만들 목재를 운반해 왔다.

---

93 성윤문은 황초령전투를 지휘했으나 부하 장수의 전공을 시기하고 과감한 공격을 제지한 탓에 큰 전과가 없었다. 정유재란 때 경상좌도 병마절도사가 되어 해안의 왜적들을 토벌하였다.

94 야여문은 1594년 9월 남해에서 항복해온 왜인이다. 비변사가 아뢰기를 "야여문은 계책과 사려가 있으니 후대하고, 해당관서에서 의관과 고신(告身)을 주고 짝을 짓게 해서 위안해 주어야 합니다."라고 하여 승낙을 얻었다.(《선조실록》1594년 9월 18일)

새벽꿈에 영의정(유성룡)이 이상한 모습을 하고 있는 것 같고 나는 관을 벗고 있었는데, 함께 민종각의 집으로 가서 함께 이야기하다가 깼다. 이게 무슨 징조인지 모르겠다.

9일계미 맑았지만 바람이 순하지 못했다.

10일갑신 맑음. 아침에 이희남이 들어왔다. 조카 뇌(蕾)도 본영에 왔다고 했다.

11일을유 동짓날이라 11월 중임에도 새벽에 망궐례를 드린 뒤에 군사들에게 팥죽을 먹였다. 우우후(이정충)와 정담수가 와서 만나고 돌아갔다.

12일병술 맑음. 일찍 대청으로 나가 순천의 하급 관리 정승서(鄭承緖)와 남원에서 폐해를 끼친 역졸을 처벌하였다. 첨지 신호에게 이별주를 대접하였다. 또 견내량에서 경계선을 넘어 고기잡이를 한 사람 24명을 잡아다가 곤장을 쳤다.

13일정해 맑음. 바람이 차츰 자고 날도 따뜻했다. 신첨지와 아들 회(薈)가 이희남과 김숙현과 함께 본영으로 갔다. 종 한경에게 은진 김정휘(金廷輝)의 집에 다녀오도록 명했다. 장계도 보냈다. 원수(권율)가 방어사 군관에게 항복한 왜군 14명을 데리고 오게 했다. 저녁에 윤련(尹連)이 자기 누이의 편지를 가지고 왔는데, 망언이 많아서 우스웠다. 버리려 해도 그렇게 못할 것이 있으니 그것은 곧 버린 아이가 된 세 자식이 끝내 의탁할 데가 없기 때문이다. 15일은 아버지 제삿날이라 밖에 나가지 않았다. 밤에 달빛이 대낮 같아 잠을 이루지 못하고 밤새도록 뒤척거렸다.

14일무자 맑음. 아침에 우병사(김응서)가 항복한 왜군 7명을 자기 군관을 시켜 데려왔기에 바로 남해현으로 보냈다. 이함(李瑊)이 남해에서 왔다.

15일기축 맑음. 따뜻하기가 봄날 같았다. 음양(陰陽)이 질서를 잃었으니 재앙이라고 할 수 있다. 오늘은 아버님의 제삿날이라 나가지 않고 홀로 방 가운데 앉아 있으니, 애통한 심정을 어찌 말로 다하랴. 저물녘에 정탐선이 들어왔다. 순천에 사는 향교 유생이 교서의 등본을 가지고 왔다. 또 아들 울(蔚)의 편지를 보니 어머님의 체후가 예전처럼 평안하시다고 한다. 매우 다행이다. 상주(尙州)의 사촌 누이의 편지와 그 아들 윤엽(尹曄)[95]이 본영에 와서 보낸 편지를 읽어 보고 눈물이 흐르는 것을 참지 못했다. 영의정의 편지도 왔다.

16일경인 맑음. 바람이 조금 차가웠다. 식후에 대청에 앉아 있으니 우우후, 여도 만호, 회령포 만호, 사도 첨사, 녹도 만호, 금갑도 만호, 영등포 만호, 전 어란진 만호 정담수 등이 와서 보고 돌아갔다. 저녁에는 날씨가 매우 따뜻했다.

17일신묘 맑고 온화했다. 서리가 눈처럼 쌓였는데, 무슨 징조인지 모르겠다. 늦게 산들바람이 종일 불었다. 2경(밤 10시경)에 조카 뇌(蕾)와 아들 울(蔚)이 들어왔다. 밤 3경(자정 경)에 거센 바람이 크게 불었다.

18일임진 맑음. 큰 바람이 저녁 내내 불더니 밤새 이어졌다.

19일계사 맑음. 큰 바람이 밤새도록 그치지 않았다.

20일갑오 맑음. 아침에 바람이 잤다. 대청으로 나가니 얼마 후 원수사가 와서 만나고 돌아갔다. 저녁에 큰 바람이 밤새 불었다.

21일을미 맑음. 아침에 바람이 잔잔해졌다. 조카 뇌가 나가고 이설(李渫)이 포상과 징계에 대한 장계를 가지고 나갔다. 종 금선(金善), 우년(禹年), 이향(離鄕), 수석(水石), 행보(行寶) 등도 나갔다. 김교성과 신경황이 나가고, 남도포 만호(강응표)와 녹도 만호(송여종)도 나갔다.

22일병신 맑음. 아침에 회령포 만호가 나갔다. 날씨가 매우 따뜻했다. 우우후(이정충)와 정담수가 와서 만났다. 활 5, 6순을 쏘았다. 왜인의 옷감으로 무명 10필을 가져갔다.

23일정유 맑고 온화했다. 흥양의 군량과 순천 군량 등을 받았다. 저녁에 이경복(李景福)이 자기 첩과 함께 들어 왔다. 순변사 등이 질책을 받았다고 들었다.

24일무술 맑음. 온화한 날씨가 꼭 봄날과 같았다. 대청으로 나가서 공문을 작성하여 보냈다.

---

95 윤엽(1546~1604)은 윤극신의 아들이다. 고산 찰방으로서 선조의 호종을 적극적으로 하지 않았다는 이유로 탄핵을 받았다. 정유재란 때 먼저 도주했다는 혐의를 받았고 서천 군수를 지냈다.

25일기해 흐렸다. 새벽꿈에 이일(李鎰)과 만나 내가 실없는 말을 많이 하고서 그에게 말하기를, "나라가 위태하고 혼란한 때에 중대한 책임을 지고서도 나라의 은혜를 보답하는데 마음을 두지 않고, 구태여 음탕한 계집을 두고서 관사에는 들어오지 않고 성 밖의 집에 사사로이 거처하면서 남의 비웃음을 받으니 생각이 어떠한 것이오. 또 수군의 각 관청과 포구에 육전의 병기를 배정하여 독촉하기에 겨를이 없으니 이 또한 무슨 이치요?"라고 하니, 순변사가 말이 막혀 대답하지 못했다. 기지개켜고 깨어나니 한 바탕 꿈이었다. 아침 식사 후에 대청에 나가서 공무를 보고 공문을 작성하여 보냈다. 조금 뒤에 우우후(이정충)와 금갑도 만호(이정표)가 왔다. 피리소리를 듣다가 저물어서 돌아왔다. 흥양의 총통을 관리하는 하급관리들이 여기에 와서 회계를 하고 돌아갔다.

26일경자 소한(小寒). 맑고 따뜻하였다. 방에 들어앉아 출근하지 않았다. 이날 메주 10섬을 쑤었다.

27일신축 맑음. 식후에 대청에 나가 출근하니, 좌우도로 나누어 보낸 항복한 왜적들이 모두 와 모였기에 총 쏘는 연습을 시켰다. 우우후(이정충), 사도 첨사(김완), 여도 만호(김인영), 거제 현령(안위) 등이 함께 왔다.

28일임인 맑음.

** 이하의 내용은 일기에 별도로 적은 글이다.(편집자 주)

(운명을) 피하기 어려움(難逃)[96]

밖으로는 나라를 바로잡을 주춧돌(인물)이 없고 안으로는 계책을 결정할 기둥(인재)이 없으니, ① 배를 더욱 늘리고 무기를 만들어 적들을 불안하게

---

96 이 난도(難逃)는 이순신이 나관중의 《삼국지통속연의(三國志通俗演義)》104회에 나오는 내용을 인용한 말이다. 제갈공명이 죽음을 앞두고 손수 남기는 글을 써서 후주에게 전했다. "삼가 생각건대 살고 죽는 것에는 일정한 도가 있으니, 정해진 운명을 피하기 어렵습니다. 죽음이 장차 이르려고 하는데저의 충정을 다하고자 합니다."

만들고 나는 그 편안함을 취하리라.②[97]

나를 알고 적을 알면 백 번 싸움에 백번 이기고, 나를 알고 적을 모르면 한 번 이기고 한번 질 것이다. 나를 모르고 적도 모르면 매번 싸울 때마다 반드시 패할 것이다.[98] 이는 만고불변의 이론이다.

하나, 영남의 좌우 연해에 큰 적들이 가득하여 저돌적으로 닥쳐올 재앙이 반드시 아침과 저녁 사이에 있습니다. 군사를 동원한 지 3년 만에 공사간의 재물이 탕진되고 전염병 또한 극성한데다 사망으로 거의 다 없어진 것이 육지나 바다가 똑같습니다. 대총(大總) 유정(劉綎)은 이미 군사를 철수시켜 고국으로 되돌아가니 위급한 형세가 호흡하는 사이에 닥쳐와서 온갖 생각을 해봐도 막아 지킬 방법이 전혀 없습니다. …… [바다와 육지의 여러 장수들이 모두] 호남의 한 도(道)에 의지하나 호남이 혼란스럽기가 전쟁을 겪은 곳보다 더 심하니, 앞으로 군량과 군사를 의지할 곳이 전혀 없게 되었습니다. 날로 쇠퇴하여 곳곳의 잡색군들을 급히 모은 것만도 못하기에 혹 육로의 중요한 곳을 차단하고 혹 수군을 도와 합세하여 곧장 적진을 뚫고 들어갔습니다.

하나, 영남 우도의 적의 형세는 예전처럼 별다른 흔적이 없습니다. 다만 다시 그 형세를 살펴보면 굶주린 기색이 많아 그 뜻은 필시 가을 곡식을 수확할 때에 있을 것인데, 우리나라의 방비는 너무 소홀하여 막아 지킬 형세가 전혀 없습니다. 왜놈이 두려워하는 바는 수군이지만 수군으로서 싸움에 나

---

97 이 구절은 《삼국지통속연의》 22회에서 인용한 것이다. 유비가 조조를 대항하기 위해 조조가 두려워하는 원소(袁紹)에게 지원을 요청하려고 할 때, 원소와 삼대 교분이 있는 정현(鄭玄)에게 찾아가 추천서를 받았다. 위 구절 ①은 그 추천서의 일부 내용으로, 중원 회복을 위해서는 무엇보다 인재가 필요하다고 하였다. 그 후 유비가 원소에게 손건을 보내어 이 글을 전하고 지원 승낙을 받았다. 이에 원소가 지원출동을 하려고 하자, 그의 부하인 모사 전풍(田豐)이 성급한 전쟁보다는 장기 전략을 세워 국가의 내실을 다져야한다며 지원출동을 반대했다. 위 구절 ②는 그때 전풍이 원소에게 말한 내용의 일부이다. ②내용은 《삼국지》〈위서〉 권6에도 나온다.

98 이는 《손자(孫子)·모공편(謀攻篇)》의 내용을 인용한 것이다.

가는 자는 하나도 없습니다. 또 같은 무리를 모아 옮겨 다니며 구걸하는 무리들은 궁핍한 상황이 되어 군사들은 양식을 보지 못하고 질병이 또 성하여 사망 사건이 줄을 이으니, 누차 이러한 내용을 갖추어 원수와 관찰사에게 공문으로 보고했으나 조금도 답변이 없습니다. 임금에게 급히 고한 것도 한두 차례가 아니었으나 또한 시행하라는 명령이 없으니 온갖 생각해보아도 막아 지킬 길이 전혀 없습니다. 수군이란 한 가지 일도 그 형세로 보면 장차 파하여 거두게 될 듯합니다. 저와 같은 한 몸은 만 번 죽어도 진실로 달갑게 여길 것인데, 나랏일에 있어서는 어쩌하겠습니까. 수군은 적은 군량일지라도 연해의 고을에 저장해 두고 있거늘, 관찰사와 원수가 군관을 보내어 곳간을 털어 실고 갔습니다. 저는 다른 도의 먼 바다에 있어서 미처 조치를 하지 못하여 형세가 이 지경에 이르렀으니 이를 어찌하겠습니까. 만약 특별히 수군 어사를 보내어 수군의 일을 총괄하여 검사하게 한다면, 일을 이룰 수 있을 것 같기에 망령된 생각이나마 급히 보고합니다. 그러나 만약 합당하지 않다면 영남 순무어사가….

하나, 순변사 이일(李鎰)이 [병사들의 소속을 거의 다 바꾸어] 명령이 내려진 날에 검사 받을 모병 소속 군사들이 집에 물러가 있다가 적들이 근경에 있다는 소식을 듣고 일시에 달려와 모였다고 합니다. 연해 수군의 원수 소속 병사들은 어찌하여 잠시 한때의 안일함에만 거의 의존하는 것입니까. 해당 관리에게 이를 감독하게 하였지만, 순변사가 연해에 머물러 있으면서 잡아가지 못하게 하니 일마다 이와 같은 것을 어찌하겠습니까.

하나, 정경달(丁景達)이 종사관이 되어 진심으로 [둔전의 일을] 감독하였습니다. 이전 관찰사가 보낸 공문에, "도내의 일은 본디 주관하는 이가 있으니 둔전을 통제하고 검사하는 일은 실로 그의 임무가 아니오. 더욱이 다른 도의 해상 진영에 멀리 있어서 또한 경작을 검사할 수 없으니 지금 이후로는 일체

둔전검칙유지(屯田檢飭有旨) | 선조가 승정원 동부승지 정숙하(鄭叔夏)를 통해 이순신에게 군량 보충을 위해 둔전 관리를 지시한 명령서이다. 보물1564-13호 최순선 소유, 사진 문화재청 ⓒ

검사하지 말라."고 합니다. 이제 함양군수가 되었다고 하니 걱정됩니다. 추수할 때까지만 그대로 검사하게 하도록 장계를 올립니다.

하나, 파총 장홍유(張鴻儒)가 이 달 17일 진영에 도착하여 우리 수군의 위세를 보고 탄복하기를 마지않았습니다. 그러나 내년 봄 산동(山東)과 천진(天津) 등의 비호선(飛唬船) 1백 2십여 척을 거느리고 곧장 제주도로 갔다가 그 길로 한산진에 와서 합세하여 함께 이 적들을 토벌할 것이라고 합니다. 이 말은 비록 깊이 믿을 건 못되지만, 그 사정을 자세히 살펴보면 거짓은 아닌 것 같습니다. 여기에 사흘간 머물렀는데 송(宋)과 이(李)가 막아 가린 것에 안타까움이 많습니다.

*장편으로 된 자작시 2편을 썼다.

우수수 비바람 치는 이 밤에	蕭蕭風雨夜
맘이 초조하여 잠 못 이룰 적에	耿耿不寐時
긴 한숨 거듭 짓노라니	長嘆更長嘆

눈물만이 자꾸 흐르네	淚垂又淚垂
배를 부린 몇 해의 계책은	倚船經歲策
다만 성군을 속인 것이 되었네	獨作聖君欺
산하는 오히려 부끄러운 빛 띠고	山河猶帶慚
물고기 날새들도 슬피 우누나	魚鳥亦吟悲
나라에 다급한 형세가 있는데	國有蒼皇勢
변방에는 평정을 맡길 이가 없네	邊無任轉危
배를 몰던 몇 해의 계책은	扣舷經歲策
이제 성군을 속인 것이 되었네	今作聖君欺
중원회복한 제갈량이 그립고	恢復思諸葛
적 몰아낸 곽자의 사모하네	長驅慕子儀

우수수 비바람 치는 이 밤에	蕭蕭風雨夜
맘이 초조하여 잠 못 이룰 적에	耿耿不寐時
슬픈 마음은 쓸개가 찢기 듯	傷心如裂膽
아픈 가슴은 살을 에는 듯	懷痛似割肌
긴 한숨 거듭 짓노라니	長嘆更長嘆
눈물만이 자꾸 흐르네	淚垂又淚垂
아픈 마음은 쓸개가 잘리 듯	懷痛如摧膽
슬픈 마음은 살을 에는 듯	傷心似割肌
산하가 참혹한 빛을 띠고	山河帶慘色
물고기 날새들도 슬피 우누나	魚鳥亦吟悲
태평세월 이백년에	昇平二百年
화려한 문물은 삼천 가지	文物三千姿
나라의 다급한 형세에	國有蒼皇勢
평정을 맡길 인재 없도다	人無任轉危

여러 해 바다 막을 계책 세우노라니　　經年防海策

중원 회복한 제갈량이 그립고　　　　恢復思諸葛

적을 몰아낸 곽자의 사모하네　　　　長驅慕子儀

을미일기
乙未日記

이순신의 주요 활동

전쟁이 잠시 소강상태였다. 1월 이순신의 맏아들 회(薈)의 혼례를 치렀고, 2월 화룡꿈을 꾸고 도양 둔전의 벼를 각 포구에 분급했다. 5월 두치·남원 등의 식량을 운반하고, 소금 가마솥을 제작하였다. 8월 체찰사 이원익이 진영을 순방하고, 9월 충청 수사 선거이에게 송별시를 주었다. 11월 이원익이 이순신의 진영에서 떠났다.

그 외 주요 사건

2월 김응남이 도체찰사가 되고 3월 명나라에 갔던 주청사 윤근수가 돌아와 황제가 세자를 전경총독(全慶總督)으로 임명함을 전했다. 4월 심유경이 한양에 도착하여 부산으로 가고 고니시 유키나가가 귀국했다. 명나라 책봉사가 한양에 왔다. 7월 책봉부사 양방형이 남하했다. 10월 권율이 한성부판윤이 되고 양방형이 부산에 갔다. 11월 통신사 황신이 일본의 상황을 보고했다.

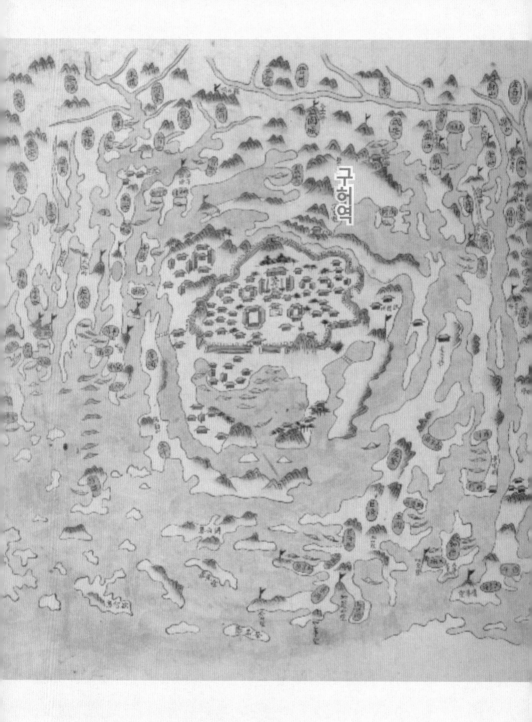

구허역

구허역, 《해동지도》 사진 규장각한국학연구원/서울대중앙도서관 ⓒ

을미년(1595)
전쟁의 소강상태에서 홀로 화룡을 꿈꾸다

1월

1일^{갑술} 맑음. 촛불을 밝히고 혼자 앉아 나랏일을 생각하니 나도 모르게 눈물이 흐른다. 또 팔순의 병드신 어머니를 생각하며 초조한 마음으로 밤을 새웠다. 새벽에는 여러 장수들과 병졸들이 와서 새해인사를 했다. 원전(元琠), 윤언심(尹彦諶), 고경운(高景雲) 등이 와서 만났다. 각종의 군사[諸色軍]들에게 술을 먹였다.

2일^{을해} 맑음. 나라(인순왕후 심씨)의 제삿날이라 출근하지 않았다. 장계 초본을 수정했다.

3일^{병자} 맑음. 일찍 대청으로 나가 각 관청과 해상기지의 공문을 작성하여 보냈다.

4일^{정축} 맑음. 우우후(이정충), 거제 현령(안위), 금갑도 만호(이만표), 소비포 권관(이영남), 여도 만호(김인영) 등이 와서 만났다.

5일^{무인} 맑음. 공문을 작성하였다. 조카 봉(菶)과 아들 울(蔚)이 들어와서 어머니께서 평안하시다는 소식을 들으니, 매우 기쁘고 다행이다. 밤새도록 온갖 생각들이 떠올라 잠을 이루지 못하였다.

6일^{기묘} 맑음. 어응린과 고성 현령(조응도)가 왔다.

7일^{경진} 맑음. 흥양 현감(배흥립)과 방언순과 함께 이야기했다. 남해에서 항복한 왜인 야여문(也汝文) 등이 찾아와서 인사했다.

8일신사 맑으나 바람이 크게 불었다. 광양 현감(박치공(朴致恭))[1]의 공식 인사를 받은 뒤에 명령을 전달할 기한을 넘긴 죄로 곤장을 쳤다.

9일임오 맑음. 식후에 야여문 등을 남해로 돌려보냈다.

10일계미 순천 부사 박진(朴晉)이 교서에 숙배를 행했다. 경상수사 원균이 선창에 왔다는 말을 듣고 불러 들여 함께 이야기했다. 순천 부사, 우우후(이정충), 흥양 현감(배흥립), 광양 현감, 웅천 현감(이운룡), 고성 현령(조응도), 거제 현령(안위)도 와서 보고하고 돌아갔다.

- 경상수사 원균이 선창에 왔다는 말을 듣고, 순천부사(박진)가 공사간의 인사를 하려는 것을 잠시 보류했다. 잠시 후에 불러 들여 함께 자리에 앉아 술을 대접할 때 말이 매우 흉악하고 참담했다. -(일기초)

11일갑신 우박이 내리고 동풍이 불었다. 식후에 순천 부사, 흥양 현감(배흥립), 고성 현령(조응도), 웅천 현감(이운룡), 영등포 만호(조계종)가 와서 이야기했다. 고성 현령은 새 배 만들 것을 감독할 일로 보고하고 돌아갔다.

12일을유 흐리고 바람이 크게 불었다. 각 고을과 해상기지에 공문을 작성하여 보냈다. 늦게 순천 부사가 고하고 돌아갔다. 영남 우후 이의득이 와서 만났다.

- 3경(자정 경)에 꿈을 꾸니 돌아가신 부친*이 와서 분부하기를 "13일에 회(薈)가 혼례하여 장가가는 것이 알맞지 않는 것 같구나. 비록 4일 뒤에 보내도 무방하다."고 하셨다. 완전히 평상시와 같은 모습이어서 이를 생각하며 홀로 앉았으니, 그리움에 눈물을 금하기 어려웠다. -(일기초)

13일병술 아침에 맑더니 저녁에 비가 내렸다. 박치공이 왔다.

14일정해 맑음. 동풍이 크게 불었다. 몸이 불편하여 누워서 신음하였다. 영등포 만호, 사천 현감, 여도 만호가 와서 만났다.

---

1 박치공이 1594년 10월부터 을미년까지 광양현감으로 근무하였다.

-사천 현감(기직남)이 와서 이르기를 "새로 온 수사 선거이(宣居怡)가 병으로 면직서를 올려 진주 목사 배설이 이를 대신 맡았다." 고 하였다. -(일기초)

15일무자 맑음. 우우후 이정충을 불렀더니, 이정충은 발을 헛디뎌 물에 빠져 한참동안 헤엄치는 것을 간신히 건져냈다. 그를 불러서 위로했다.

-우후 이몽구와 아우 우신이 왔다. 이 편에 "이천주(李天柱)씨가 뜻하지 않게 갑자기 죽었다."는 말을 들으니, 경탄함을 참지 못했다. 천리 밖에 던져진 사람이 보지도 못하고 갑자기 죽으니 애통함이 더욱 심했다. -(일기초)

이정의 묘비 | 이순신의 부친인 이정의 묘비이다. 아산 음봉 소재.

16일기축 맑음. 대청으로 나가 공무를 보았다.

17일경인 맑고 따뜻하며 바람도 없다. 대청으로 나가 공무를 보았다. 우우후(이정충)가 소비포 권관(이영남), 거제 현령(안위), 미조항 첨사(성윤문)와 함께 와서 활쏘기를 하고 헤어졌다.

18일신묘 흐림. 공문을 처리했다. 늦게 활 10순을 쏘고 헤어졌다.

19일임진 맑음. 대청으로 나가 공무를 보았다. 옥구의 피란민 이원진(李元軫)이 왔다. 장흥 부사(황세득), 낙안 군수(김준계), 발포 만호(황정록)가 들어왔는데, 기한에 늦은 죄를 처벌했다. 잠시 후 여도 전선에 불이 나서 광양, 순천, 녹도 전선 4척에 불이 번져 탔다. 통탄함을 참을 수 없다.

20일계사 맑음. 아침에 아우 우신과 조카 해(荄)가 이응복과 함께 나갔다. 아들 울(蔚)과 조카 분(芬)이 함께 들어왔다. 어머니께서 편안하시다고 하니 매우 다행이다.

21일갑오 종일 가랑비가 내렸다. 이경명과 장기를 두었다. 장흥 부사가 와서 만났다. 그에게 들으니 순변사 이일(李鎰)의 처사가 지극히 형편없고 나를 해치려고 몹시 힘쓴다고 한다. 매우 우습다.

-오늘이 바로 아들 회(薈)가 혼례하는 날이니, 걱정하는 마음이 어떠하겠는가. 장흥 부사(황세득)가 술을 가지고 왔다. 그 편에 들으니, "삼도순변사 이일(李鎰)의 처사가 지극히 형편 없고 나를 해치려고 몹시 애쓴다."고 하였다. 우습다. 그의 서울에 있는 첩들을 자기의 관부에 거느리고 왔다고 하니, 더욱 놀랍다. -(일기초)

22일을미 맑음. 종일 바람이 크게 불었다. 원수의 군관 이태수(李台壽)가 전령을 가지고 왔는데, 여러 장수들이 왔는지 안 왔는지를 알고 간다고 하였다. 늦게 누대에 나가서 불을 낸 여러 배의 장수들과 하급 관리들을 처벌했다. 초경(밤 8시경)에 금갑도 만호(이정표)의 옆집에 불이 났는데 다 타버렸다.

23일병신 큰 바람이 종일 불었다. 장흥 부사(황세득)와 전라좌우후(이몽구), 흥양 현감(배흥립)이 와서 이야기하고 날이 저물어서 돌아갔다.

24일정유 맑았으나 바람이 크게 불었다. 이원진을 배웅했다.

25일무술 맑음. 장흥 부사, 흥양 현감, 우후, 영등포 만호, 거제 현령이 와서 만났다.

26일기해 흐리고 바람이 불었다. 정탐선이 들어왔다. 흥양 현감(배흥립)을 잡아갈 나장(羅將)이 들어왔다고 한다. 이희(李禧)도 왔다.

27일경자 맑음. 춥기가 한겨울과 같다. 대청에 나가 영암 군수(박홍장)와 강진 현감(이극신) 등의 공식 인사를 받았다.

-가리포 첨사(이응표)를 통하여 여옥(汝沃)² 형의 사망 소식을 들으니, 놀랍고 애통함을 참지 못했다. -(일기초)

28일신축 맑음. 바람이 크게 불고 추웠다. 황승헌이 들어왔다.

29일임인 흐리나 비는 오지 않았다.

---

2 여옥은 이순신의 큰 할아버지인 이백복(李百福)의 손자 이은신(李殷臣 1539~1594)의 자(字)다. 익위사 부솔을 지냈다. 이은신이 갑오년에 사망한 소식을 이순신은 을미년 정월에 들었다.

30일계묘 맑고 동풍이 크게 불었다. 보성 군수(안홍국)가 들어왔다.

2월

1일갑진 맑고 바람이 불었다. 일찍 대청으로 나가 보성군수(안홍국)의 기한에 늦은 죄를 처벌하고, 도망쳤던 왜군 2명을 처형했다. 의금부의 나장(羅將)이 와서 흥양 현감(배흥립)을 잡아 갈 일을 전했다.

2일을사 흐리고 바람이 크게 불었다. 흥양 현감을 잡아갔다. 대청으로 나가 공무를 보았다.

3일병오 맑음. 일찍 대청으로 나가 흥양의 배에 불을 던진 자를 추궁한 끝에 신덕수(申德壽)를 심문했으나 증거를 얻어 내지 못하고 가두었다.

4일정미 맑음. 몸이 불편하다. 장흥 부사(황세득)와 우우후(이정충)가 왔다. 원수부의 회답 공문과 종사관의 회답 편지도 왔다. 조카 봉과 아들 회, 오종수(吳從壽)가 들어왔다.

5일무신 맑음. 충청 수사(이계정)가 왔다. 천성(天城, 부산 천성동) 만호 윤홍년(尹弘年)이 교서에 숙배했다.

6일기유 맑고 바람이 크게 불었다. 장흥 부사(황세득), 우우후 등과 함께 활을 쏘았다.

7일경술 맑음. 보성 군수(안홍국)가 술을 가져와 종일 이야기했다.

8일신해 흐림.

9일임자 비가 내림.

- 꿈을 꾸니 서남방 사이에 붉고 푸른 용이 한쪽에 걸렸는데, 그 형상이 굽어 있었다. 내가 홀로 보다가 이를 가리키며 남들도 보게 했지만, 남들은 볼 수 없었다. 머리를 돌린 사이에 벽 사이로 들어와 화폭의 용*이 되어 있었고,

화룡 | 조선시대에 그린 용그림. 사진 국립민속박물관 ©

내가 한참동안 어루만지며 구경하는데 그 빛과 형상의 움직임이 기이하고 웅장하다고 할만 했다. 특이한 상서로움이 많기에 이에 적었다. -(일기 초)

10일계축 비가 뿌리고 바람도 크게 불었다. 황숙도와 함께 종일 이야기 했다.

11일갑인 비가 내리다가 늦게 잠깐 갰다. 황숙도, 이분, 허주, 변존서가 돌아갔다. 종일 공무를 보았다. 저물녘에 왕명서가 왔는데, 둔전을 점검하라는 것이다.

12일을묘 맑음. 바람은 일지 않았다. 윤엽이 들어왔다. 늦게 활 10여 순을 쏘았다. 장흥 부사(황세득)와 우우후도 와서 활을 쏘았다.

13일병진 맑음. 일찍 대청에 나가고 도양(道陽)의 둔전에서 벼 3백 섬을 싣고 와서 각 해상기지에 나누어 주었다. 우수사와 진도 군수, 무안 현감, 함평 현감, 남도포 만호, 마량 첨사, 회령포 만호 등이 들어왔다.

14일정사 맑고 온화하였다. 식후에 진도 군수, 무안 현감, 함평 현감이 교서에 숙배한 뒤에, 방비에 들여보낼 수군을 일제히 징발하여 보내지 않은 것과 전선을 만들어 오지 않은 일로 처벌했다. 영암 군수(박홍장)도 죄를 논했다. 조카 봉(菶)과 해(荄) 및 분(芬)과 방응원이 함께 나갔다.

15일무오 맑고 따뜻하다. 새벽에 망궐례를 하여 하례를 고하였다. 우수사, 가리포 첨사, 진도 군수가 함께 와서 참가했다. 지휘선을 연기로 그을렸다.

16일기미 맑음. 대청으로 나가 앉았으니 함평 현감 조발(趙撥)이 논박을 당하

경상우수영 | 거제 가배리 마을 가운데 축조된 가배량성.(외부는 돌, 내부는 흙) 현재 남쪽성벽 일부가 남아 있다. 임진왜란 때는 거제의 오아포에 있던 것을 이순신이 이곳으로 우수영을 옮기면서 이 성을 쌓은 것이다.
경상우수영 앞바다 | 우수영에서 바라본 전망.

여 돌아간다고 고하기에 술을 먹여 보냈다. 조방장 신호가 진에 도착하여 교서에 숙배하고서 함께 이야기했다. 저녁에 배를 타고 바다 가운데로 옮겨 정박했다가 2경(밤 11시경)에 출항하여 춘원도(통영 한산면 추봉도)에 도착했다. 날은 밝아 오는데 경상도 수군은 아직 도착하지 않았다.

17일경신 맑음. 아침에 군사들에게 식사를 서두르게 하고 곧장 우수영(右水營, 경상우수영)* 앞바다에 도착했다. 성안에 있던 왜놈 7명이 우리 배를 보고는 도망치므로 배를 돌려 나왔다. 장흥 부사(황세득)와 조방장 신호를 불러 종일 계책을 논의하고서 진으로 돌아왔다. 저물녘에 임영(林榮) 및 조방장 정응운이 들어왔다.

18일신유 맑음. 정탐선이 들어왔다.

19일임술 맑음. 아침에 대청으로 나가 공무를 보았다. 거제 현령(안위), 무안 현감, 평산포 만호(김축), 회령포 만호(민정붕) 및 허정은도 왔다. 송한련이 와서 말하기를 "고기를 잡아 군량을 산다."고 했다.

20일계해 맑음. 우수사, 장흥 부사, 신조방장(신호)이 와서 이야기하는데, 원균의 흉포하고 패악한 짓을 많이 전했다. 매우 놀라운 일이다.

21일갑자 비가 조금 오다가 늦게 개었다. 보성 군수, 웅천 현감, 우우후, 소비포 권관, 강진 현감, 평산포 만호 등이 와서 만났다.

22일을축 맑음. 대청으로 나가 장계를 봉했다. 늦게 우후와 낙안 군수, 녹도 만호를 불러 떡을 먹였다.

23일병인 맑음. 신조방장(신호)과 장흥 부사(황세득)가 와서 이야기했다.

24일정묘 흐림. 우뢰와 번개가 많이 쳤으나 비는 오지 않았다. 몸이 불편하다. 원전(元琠)이 돌아간다고 고하였다.

25일무진 흐리고 바람도 고르지 않았다. 아들 회와 울이 들어왔는데 그편에 어머니께서 편안하시다는 말을 들었다. 장계를 가지고 갔던 이전(李荃)이 들어왔는데, 조정의 관보와 영의정의 편지를 가지고 왔다.

26일기사 흐림. 아침에 편지와 장계 16통을 봉하여 정여흥(鄭汝興)에게 부쳤다.

27일경오 한식. 맑음. 원균이 포구에 있는 수사(水使) 배설(裵楔)과 교대하려고 여기에 도착했다.[3] 교서에 숙배하게 했더니, 불평하는 기색이 많아 두세 번 타이른 후에 마지못해 행했다고 한다. 너무도 무지하니 우습다.

– 원균이 포구에 있는 배수사와 교대하려고 여기에 도착했다. (…) 나는 또한 임시방편으로 손을 꼽으며 대비책을 묻다가 해가 저물어서 파하고 돌아왔다. 그의 형상을 이루다 말할 수 없었다. –(일기초)

28일신미 맑음. 대청으로 나가 장흥 부사(황세득)와 우우후와 함께 이야기했다. 광양 현감과 목포 만호도 왔다.

29일임신 맑음. 고여우가 창신도로 갔다. 배수사(배설)가 와서 둔전을 만드는 일을 논의하였다. 신조방장(신호)도 왔다. 저녁에 옥포 만호 방승경(方承慶), 다경포* 만호 이충성(李忠誠) 등이 교서에 숙배를 행했다.

30일계유 비가 내렸다. 대청으로 나가 공무를 보았다.

---

3 이때 원균과 이순신은 갈등이 심한 상태였다. 서로의 공은 같은데 상이 달라 원균이 불쾌하게 여겼고, 각 소속 장사들이 말다툼함으로써 서로 반목이 심해졌다. 이순신이 원균과의 갈등으로 사직을 청하자, 조정은 원균을 충청병사로 이임시켰다. 1595년 2월 4일에는 진주에 있던 배설이 아직 부임하지 않아 원균과 선거이도 교대하지 못한 상황이었는데, 원균의 입장이 애매하여 사실상 선거이가 경상수사의 임무를 맡은 것으로 보인다.(《선조실록》, 기타지마 만지 주)

다경포진성 | 무안군 운남면 원성안 마을에 성벽의 일부가 남아 있다. 임치진에 속한 만호진으로 이 주변에 전선수리소, 선착장 등의 유적이 남아 있다. 병신년 9월 7일 이순신이 다경포에서 유숙했다.

3월

1일^{갑술} 맑음. 삼도의 겨울을 지낸 군사들을 모아 임금님께서 하사하신 무명을 나누어 주었다. 조방장 정응운이 들어왔다.

2일^{을해} 흐림.

3일^{병자} 맑음.

4일^{정축} 맑음. 조방장 박종남(朴宗男)이 들어왔다.

5일^{무인} 비가 내림. 노대해(盧大海)[4]가 왔다.

6일^{기묘} 맑음.

7일^{경진} 맑음. 조방장 박종남(朴宗男), 조방장 신호(申浩), 우후 이몽구(李夢龜)

---

4 노대해(1549~1626)는 소재(蘇齋) 노수신(盧守愼)의 아들(양자)이다. 부친이 귀양하는 동안 출사를 하지 못하다가 귀양이 풀린 뒤에 직산, 교하, 보은, 영덕 등의 현감을 지냈다.《상주목읍지》

및 진도 군수 박인룡이 와서 만났다.

－우수사(이억기)가 만나러 왔다. 정원명(鄭元明)과 순천 군관의 일로 어조와 낯빛이 매우 다급하니 우습다.－(일기초)

8일신사 맑음. 식사 후에 대청으로 나갔다. 우수사(이억기), 경상수사(배설), 두 조방장(박종남, 신호), 우후(이몽구), 가리포 첨사(이응표), 낙안 군수(김준계), 보성 군수(안홍국), 광양 현감(박치공), 녹도 만호(송여종)가 함께 모여 이야기했다.

9일임오 맑음. 늦게 대청으로 나갔다. 방답의 새 첨사 장린(張麟), 옥포의 새 만호 이담(李曇)⁵이 공사례를 행했다. 진주의 이곤변(李坤抃)이 와서 만나고 돌아갔다.

10일계미 흐리고 가랑비가 내렸다. 조방장 박종남(朴宗男)과 이야기했다. 보성 군수 안홍국(安弘國)이 보고하고 돌아갔다.

11일갑신 흐리고 큰 바람이 불었다. 사도시(司導寺, 궁중 물품 담당) 주부 조형도(趙亨道)⁶가 와서 전라좌도에 있는 왜적의 형세와 투항한 왜군이 보고한 내용을 전하였다. 그 내용은 "도요토미 히데요시(豊臣秀吉)가 3년 동안 군사들을 내보냈지만 끝내 성과가 없으므로, 군사를 더 내어 바다를 건너와 부산에다 진영을 설치하려고 하는데, 3월 11일에 바다를 건너오기로 이미 결정했다."는 것이다.

12일을유 흐림. 박조방장과 우후 이몽구가 장기를 두었다.

13일병술 흐리고 큰 바람이 불었다. 아침에 박종남을 불러서 함께 밥을 먹었다. 저녁 식사 후에 조형도가 와서 만나고 돌아갔다.

14일정해 비는 계속 내리고 바람은 그쳤다. 남해 현령(기효근)이 진에 도착했다.

---

5 이담(1524~1600)은 이계유(李繼裕)의 아들이다. 조식의 문하에서 공경과 의리의 의미와 처세의 도를 배웠다. 이순신의 휘하에서 옥포만호로서 아우 이섬(李暹)과 함께 참전하였다.

6 조형도(1567~1637)는 1594년 무과에 합격하여 선전관 겸 비국랑에 임명되었다. 1595년 영남의 수군을 구휼하고 이순신의 막하에서 남해와 한산도의 정찰임무를 수행했다.

15일무자 비가 잠깐 그치고 바람도 잤다. 식후에 조형도가 돌아간다고 고하였다. 늦게 활을 쏘았다.

16일기축 비가 내림. 사도 첨사 김완(金浣)이 들어왔다. 그에게 들으니, 전 충청 수사 이순신이 군량미 2백여 섬 때문에 조도 어사 강첨(姜籤)[7]에게 붙잡혀서 심문 당했다고 했다. -그의 사돈 이호문(李好問)도 붙잡혔다고 한다. -(일기초) 또 충청의 새 수사 이계정(李繼鄭)[8]은 배 위에서 불을 내었다고 하니, 놀라움을 금치 못하겠다. 동지(同知, 종2품) 권준(權俊)이 본영에 왔다고 했다.

17일경인 비가 걷힐 듯하다. 아들 면(葂)이 허주, 박인영 등과 함께 돌아갔다. 오늘 군량을 계산하여 표를 붙였다. 충청 우후(원유남)가 급히 보고하기를, "수사 이계정이 불을 내고 물에 빠져 죽었으며, 군관과 격군 도합 140여 명이 불에 타 죽었다."고 하니, 참으로 놀라운 일이다. 늦게 우수사가 급히 보고하기를, "견내량의 복병한 곳에서 온 항복한 왜인 심안은기(沈安隱己, 시마즈)를 심문했더니, 그 자는 본시 영등포에 있던 왜놈인데, 그의 장수 시마즈 요시히로(島津義弘)가 그의 아들 시마즈 다다쓰네(島津忠恒)를 대신 세우고 가까운 시일에 일본으로 돌아갈 것이라고 한다."[9]고 했다.

18일신묘 맑음. 권준과 아우 우신, 조카 봉, 이수원 등이 들어왔다. 그 편에 어머니께서 편안하시다는 말을 들으니, 매우 기쁘고 다행이다. 우수사가 와서 이야기했다.

19일임진 맑음. 권준과 함께 활을 쏘았다.

20일계사 비가 계속 내렸다. 식후에 우수사에게로 가다가 길에서 배수사(배

---

7 강첨(1559~1611)은 충청, 경상도의 운량어사가 되어 군량조달에 힘썼다. 1595년 2월 3일에 사헌부 지평에 제수되어 3월 1일 경상도 방어사 권응수의 치계에 의해 경주로 보낸 군량을 파악하던 중 이순신(李純信)의 잘못을 심문하였다.

8 이계정은 최희량의 장인. 전공을 세워 충청수사가 되고(1594년 12월 후), 삼남지방에 군량을 공급하였다. 이순신에게 가서 전쟁을 도왔는데, 원산 앞바다에서 적선에 불을 발사할 때 조수가 물러가고 역풍이 불어 와서 화염에 휩싸여 전사했다.《호남절의록》

9 1595년 4월 12일, 도요토미 히데요시가 시마즈 요시히로에게 자신의 관할지를 나누어 주고 귀국을 명령했다고 한다.《도진가문서(島津家文書)》〈풍신수길 주인장〉)

다경포앞바다 | 무안 성내리 마을에서 바라본 앞바다이다.

설)를 만나 배 위에서 잠깐 이야기했다. 그는 밀포(密浦)*의 둔전 만들 곳을 살펴볼 일로 돌아간다고 보고했다. 그 길로 우수사가 있는 곳으로 가서 몹시 취하고 저물어서 돌아왔다.

21일^{갑오} 맑음. 늦게 아우 우신과 조카 봉, 수원(壽元)이 돌아갔다. 나주 반자 (半剌,¹⁰ 원종의)와 우후(이몽구)가 와서 만났다. 정오에 조방장 박종남에게 가서 바둑을 두었다.

22일^{을미} 동풍이 크게 불었다. 아침에는 흐리다가 늦게 갰다. 세 조방장(정응운·박종남·신호)과 함께 활을 쏘았다. 우수사가 와서 함께 활을 쏘았다. 날이 저물어서 헤어지고 돌아왔다.

23일^{병신} 맑음. 아침 식사 후에 세 조방장 및 우후와 함께 걸어서 앞산에 오르니, 삼면의 전망이 막힌 데가 없고, 북쪽길이 훤하게 트여 있었다. 과녁 세울 자리를 설치하고 앉을 자리를 넓게 만들어 놓고 종일토록 돌아오는 것도

---

10 반자는 감영과 유수영 및 큰 고을에 두었던 종5품 벼슬이다. 이를 판관이라고도 한다.

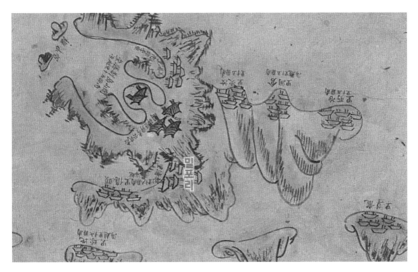

밀포 | 한산도 두억리 지역에 밀포리가 확인되므로 《거제부지도》, 밀포리 연안 일대로 추정한다. 사진 규장각한국학연구원 ⓒ

잊었다.

24일^{정유} 흐렸으나 바람은 없었다. 공문을 처리하였다. 늦게 세 조방장과 함께 활을 쏘았다.

-우수사(이억기)는 공무를 볼 대청을 보수하여 세우는 것을 나쁘게 여기고 헛소리를 많이 하며 보고하러 왔다. 매우 놀랍다. -(일기초)

25일^{무술} 종일 비가 내렸다. 권준과 우후, 남도포 만호(강응표), 나주 반자가 와서 만났다. 영광 군수(정연)도 왔다. 권동지와 장기를 두었는데 권준이 이겼다. 저녁에 몸이 몹시 불편했는데 닭이 울어서야 열이 조금 내리고 땀이 흐르지 않았다.

26일^{기해} 맑음. 영광 군수(정연)가 나갔다. 늦게 신호, 박종남, 두 조방장 및 우후와 함께 활 15순을 쏘았다. 저녁에 배수사(배설), 이운룡, 안위가 와서 새 감사를 맞이할 일을 고하고, 사량(蛇梁)으로 갔다. 2경(밤 10시경)에 동쪽이 어둡다가 밝아지니, 무슨 조짐인지 모르겠다.

27일^{경자} 맑음. 식후에 우수사가 여기 와서 종일 활을 쏘았다. 어두울 무렵

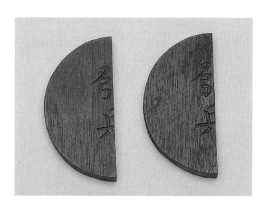

박조방장에게로 가서 발포 만호, 사도 첨사, 녹도 만호를 불러서 함께 이야기하다가 헤어졌다. 정탐선이 들어왔다. 표마(表馬, 갈기가 은색인 말)와 종 금이(金伊)가 들어왔는데 어머니께서 평안하시다고 한다.

28일신축 맑음. 활 여남은 순을 쏘았다. 늦게 사도첨

병부 | 군대를 동원할 때 쓰던 나무 패. 한 면에 '발병(發兵)'을 쓰고 다른 한 면에는 직함을 쓴다. 그 반을 잘라 오른쪽은 담당자에게 주고 왼쪽은 궁중에 보관하였다가 발병할 때에 임금의 교서와 함께 내려주면 그 두 쪽을 맞추어 본 뒤에 군대를 동원하였다. 사진 국립민속박물관ⓒ

사가 와서 보고하기를, "각 해안기지의 병부(兵符)*를 순찰사의 공문에 의거하여 각 해안기지에 직접 나누어 주었다."고 했다. 그 연유를 알 수 없다.

29일임인 맑음. 식후에 두 조방장과 이운룡, 조계종과 함께 활 23순을 쏘았다. 배수사가 순찰사의 처소에서 오고, 미조항 첨사(성윤문)도 진에 왔다.

4월

1일계묘 맑았으나 바람이 크게 불었다. 들으니 남원 유생 김굉(金軥弘)이 수군에 관한 일로 진영에 왔다고 하기에 그와 함께 이야기했다.

2일갑진 맑음. 종일 공무를 보았다.

3일을사 맑음. 세 조방장이 우수영의 진으로 가고, 나는 사도첨사와 함께 활을 쏘았다.

-상량하였다 . 도리(道里, 서까래를 받치는 나무)를 올렸다. -(일기초)

4일병오 맑음. 아침에 경상 수사(배설)가 활쏘기를 청하기에 권, 박 두 조방장

침도 | 거제시 둔덕면 술역리 부근 화도 앞바다에 위치하는 방화도이다.《해동지도》

(권준·박종남)과 함께 배를 타고 경상수사에게 갔다. 전라 수사(이억기)가 이미 먼저 와 있었다. 같이 활을 쏘고 종일 이야기하다가 돌아왔다.

5일정미 맑음. 선전관 이찬(李燦)이 비밀 왕명서를 가지고 진영에 왔다.

6일무신 가랑비가 종일 내렸다. 권동지(權同知)와 함께 이야기했다.

7일기유 맑음. 저물녘 바다로 내려가 어두울 때에 견내량에 이르러 하룻밤을 잤다. 선전관(이찬)이 돌아갔다.

8일경술 맑음. 동풍이 크게 불었다. 왜적들이 밤에 도망갔다는 말을 듣고 들이 치지 않았다. 늦게 침도(砧島)*에 이르러 우수사(이억기)와 배수사(배설)와 함께 활을 쏘았다. 여러 장수들도 모두 들어와서 참여했다. 저녁에 본부 진영으로 돌아왔다.

9일신해 맑음. 박조방장(박종남)과 함께 활을 쏘았다.

10일임자 맑음. 구화역(仇化驛, 구허역)의 역졸이 와서 보고하기를, "적선 3척이 또 역 앞(통영시 광도면 노산리)에 왔다."고 한다. 그래서 삼도의 중위장들에게 각각 5척씩 배를 거느리고 견내량으로 달려가서 형세를 살핀 뒤에 무찌르게 했다.

11일계축 맑음. 우수사가 와서 만나 보고는 그대로 활을 쏘고, 종일 이야기하다가 돌아갔다. 정여흥(鄭汝興)이 들어왔다. 또 변존서의 편지를 보고 무사히 집으로 돌아간 줄을 알았다. 기쁨을 금할 수 없었다.

12일갑인 맑음. 장계의 회답 18통과 영의정(유성룡), 우의정(정탁)의 편지와 이축(李軸)의 답장이 왔다. 군량을 독촉할 일로 아병(대장 휘하) 양응원(梁應元)은 순천·광양으로, 배승련(裵承鍊)은 광주·나주로, 송의련(宋義連)은 흥양·보성으로, 김충의(金忠義)는 구례·곡성으로 정하여 보냈다. 삼도의 중위장 성윤문, 김완, 이응표가 견내량에서 돌아와 왜적이 물러갔다고 보고했다. 배수사(배설)는 밀포(두억리 소재)로 나갔다.

13일을묘 흐리고 비가 내렸다. 세 조방장이 함께 왔다. 장계와 편지 4통을 봉하여 거제 군관 편에 올려 보냈다. 저녁에 고성 현령 조응도가 와서 왜적의 일을 말하고, 또 "거제의 왜적이 웅천에 군사를 청하여 야간습격을 하려고 한다."고 말했다. 비록 믿을 만하지는 못하나, 그럴 염려도 없지는 않았다.

– 대청의 공사를 마쳤다. –(일기초)

14일병진 잠깐 비가 내렸다. 아침에 흥양 현감(홍유의(洪有義))[11]이 교서에 숙배례를 행했다.

15일정사 흐림. 여러 가지 장계와 단오절의 진상품을 봉해 올렸다.

16일무오 종일 큰 비가 왔다. 비가 흡족히 오니, 올해 농사는 풍년일 것을 점칠 수 있다.

17일기미 맑음. 동북풍이 크게 불었다. 식후에 대청으로 나가 세 조방장과 활 15순을 쏘았다. 배수사(배설)가 여기에 왔다가 그길로 해평장(海坪場)*의 논밭 일구는 곳으로 갔다. 미조항 첨사도 와서 활을 쏘고 갔다.

18일경신 맑음. 식후에 대청으로 나가 앉았는데, 우수사(이억기), 배수사(배

---

11 1595년부터 홍유의(1557~?)가 흥양 현감으로 근무하였다.《홍양지》전임 배흥립은 을미년 정월 〈예조회계〉에 "금산(김천) 고첨판 배흥립"이라는 직급을 사용하였다.

해평장 | 통영시 봉평동 해평마을 소재. 이 마을에 해평열녀비각이 있는데, 이 일대를 해평장으로 본다.

설), 가리포 첨사(이응표), 미조항 첨사(성윤문), 웅천 현감(이운룡), 사도 첨사
(김완), 이의득, 발포 만호(황정록) 등 삼도 변방의 장수가 모두 모여 활을 쏘
았다. 권준, 신호 두 조방장도 같이 모였다.

19일 신유 맑음. 박조방장(박종남)이 수색과 토벌하는 일로 배를 탔다.
-아침에 청혼하는 글을 쓰고 조카 해(莈)의 혼례 용품을 함께 준비했다.-(일
기초) 이영남이 장계의 회답을 가지고 내려 왔는데, 남해 현령(기효근)의 목을
베어 걸으라는 것이었다.

20일 임술 맑음. 늦게 우수사가 있는 곳으로 가서 조용히 이야기하다가 돌아
왔다. 이영남이 장계 회답을 가지고 내려 왔는데, 남해 현령의 목을 베어 걸
으라고 했다.

21일 계해 맑았으나 큰 바람이 불었다. 대청에 나갔다. 활 10순을 쏘았다.

22일 갑자 맑음. 오후에 미조항 첨사(성윤문)와 이운룡, 적량 만호 고여우, 영

타루비 | 1603년 정사준을 비롯한 이순신의 부하들이 이장군의 덕을 추모하기 위해 건립함. 중국의 양호(羊祜)를 추모하며 눈물을 흘린 고사를 인용했다.

등포 만호 조계종과 두 조방장이 함께 왔다. 그래서 정사준(鄭思竣)[*12]이 보낸 술과 고기를 같이 먹고, 남해 현령이 군령을 어겼으니 목을 베어 걸으라는 글을 보았다.

23일을축 맑음. 남풍이 크게 불어 배를 운항할 수 없으므로 나가서 누대 위에 앉아 공무를 보았다.

24일병인 맑음. 이른 아침에 아들 울(蔚)과 조카 뇌(蕾), 완(莞)[13]을 어머니 생신에 상 차리는 일로 내보냈다. 오시(정오경)에 강천석(姜千石)이 달려 와서 보고하기를, "도망한 왜놈 망기시로(望己時老)가 우거진 풀 숲 속에 엎드려 있다가 붙잡혔고, 왜인 한 놈은 물에 빠져 죽었다."고 했다. 바로 망기시로를 압송해 오게 하고 삼도에 나누어 맡긴 항복한 왜놈들을 모두 불러 모아 즉시 머리를 베라고 명하였다. 망기시로는 조금도 난색이 없이 죽으러 나왔다. 참으로 독한 놈이었다.

25일정묘 맑고 바람도 없다. 구화역의 역졸 득복(得福)이 경상 우후(이의득)의 급보를 가지고 왔는데, "왜선의 대 · 중 · 소를 합쳐 50여 척이 웅천에서 나와 진해로 향한다."고 하였다. 그래서 오수(吳水) 등을 정탐하도록 내어 보냈다. 흥양 현감(홍유의)이 와서 만났다. 사량 만호 이여념(李汝恬)이 돌아간다고 고하였다. 아들 회와 조카 해가 들어왔는데, 어머니께서 평안하시다는 말을 들으니, 매우 다행이다.

26일무진 맑음. 새벽에 전라우수사(이억기)와 신조방장이 자기 소속의 배 20

---

12 정사준은 아우 사굉(思竤), 사정(思靖)과 함께 쌀 천석을 가지고 이순신을 도왔다. 군관으로서 우수한 총통을 만들고, 광양현의 복병장 때는 상중인데도 경계임무를 완수했다. 전쟁이 끝난 뒤 이순신의 타루비를 세우고 결성현감을 지냈다.

13 이완(1575~1627)은 이희신의 아들로 이순신의 조카이다. 19세 때 이순신을 따라 왜적을 토벌하고 이순신의 전사한 뒤 수습을 하였다. 이괄의 난을 평정하고 정묘호란 때 전사했다.

여 척을 거느리고 탐색하러 나갔다. 늦게 권준, 흥양 현감(홍유의), 사도 첨사(김완), 여도 만호(김인영)와 함께 활 20순을 쏘았다.

27일기사 맑고 바람도 없었다. 몸이 불편하였다. 권동지, 미조항 첨사(성윤문), 영등포 만호(조계종)가 와서 같이 활 10순을 쏘았다. 3경(자정 경)에 전라우수사가 적을 수색, 토벌하고 진으로 돌아왔는데, "적의 종적이 없다."고 하였다.

28일경오 맑음. 식후에 대청으로 나가 공무를 보았다. 전라우수사와 경상수사가 와서 활을 쏘았다. 송덕일이 하동 현감(성천유(成天裕)[14])을 잡아 왔다.

29일신미 4경(새벽 2시경)에 비가 오더니, 묘시에 말끔히 갰다. 해남 현감(최위지)과 공사례를 마친 뒤에, 하동 현감은 두 번이나 약속했으나 오지 않았기에 곤장 90대를 치고, 해남 현감(최위지)은 곤장 10대를 때렸다. 미조항 첨사는 휴가를 고했다. 세 조방장과 함께 이야기했다. 노윤발이 미역을 99동을 채취해 왔다.

30일임신 맑음. 활 10순을 쏘았다.

−아침에 원수(권율)의 장계와 기(奇), 이(李)씨 두 사람이 진술한 초안을 보니 원수가 근거 없이 망녕되게 고한 일들이 매우 많았다 . 반드시 실수에 대한 문책이 있을 것이다 . 이와 같은데도 원수의 지위에 눌러앉을 수 있는 것인가 . 괴이하다.−(일기초)

5월

1일계유 바람이 크게 불고 비가 내렸다.

---

14 성천유(1564~?)는 하동현감을 지내고 창령에 거주했다.《하동읍지》1591년 별시에 급제하고 당항포해전에 참전하고 제포만호를 지냈다.

2일갑술 맑음. 아침에 바람이 몹시 사납게 불었다. 웅천 현감과 거제 현령, 영등포 만호, 옥포 만호가 와서 만났다. 2경(밤 10시경)에 정탐선이 들어와서, 어머니께서 평안하시다고 하고, 종사관이 이미 본영에 왔다고 하였다.

3일을해 맑음. 활 15순을 쏘았다. 해남 현감이 와서 만났다. 금갑도 만호(이정표)가 진영에 왔다.

4일병자 맑음. 오늘이 어머님의 생신인데, 몸소 나아가 잔을 드리지 못하고 홀로 멀리 바다에 앉았으니, 가슴에 품은 생각을 어찌 말로 다하랴. 늦게 활 15순을 쏘았다. 해남 현감이 보고하고 돌아갔다. 아들의 편지를 보니, "요동의 왕작덕(王爵德)이 왕건의 후예로서 군사를 일으키고자 한다."고 했다. 참으로 놀랄 일이다.

5일정축 비가 계속 내렸다. 유시(오후 6시경)에 잠깐 갰다. 활 3순을 쏘았다. 우수사와 경상 수사가 여러 장수들과 모였다. 신시 말(오후 5시)에 종사관 유공진(柳拱辰)[15]이 들어왔다. 이충일, 최대성(崔大晟)*, 신경황이 함께 왔다. 몸이 춥고 불편해서 앓다가 토하고 잤다.

6일무인 맑고 바람은 없었다. 아침에 종사관이 교서에 숙배한 뒤에 공사례를 받고 함께 이야기하였다. 늦게 활 20순을 쏘았다.

7일기묘 맑음. 아침에 종사관(유공진)과 우후(이몽구)와 함께 이야기했다.

8일경진 흐리나 비는 오지 않았다. 아침 식사 후에 배를 띄워 삼도(三道) 장수가 같이 선인암(仙人巖)*으로 가서 이야기하며 구경하고 또 활도 쏘았다. 오늘 방답 첨사(장린)가 들어와 아들들의 편지를 가지고 왔는데, "4일에 종 춘세(春世)가 불을 내어 집 여남은 채가 탔으나 어머님이 계신 집은 타지 않았다."고 했다. 이것만도 다행이다. 저물기 전에 배를 돌려 진으로 들어왔다. 종사관과 우후가 모두 과거 급제자의 모임 때문에 늦었다.

---

15 유공진(1547~1604)은 1591년 정철의 세자책봉문제에 연루되어 유배되었다가 임진왜란 때 풀려났다. 이듬해 사은사의 서장관으로 명나라에 다녀왔으며, 남원부사를 거쳐 1596년에는 사섬시 정이 되었다.

선인암 | 한산도 두억리 문어개 북쪽에 있는 큰 바위. 신선바우, 신선암이라고도 한다. 임진왜란 때 신선노인이 바둑을 두다가 도망갈 길을 묻는 왜적들을 속였다는 설이 전한다.《통영지명총람》

9일신사 맑음. 아침식사 후에 종사관이 돌아갔다. 우후도 같이 갔다. 활 20순을 쏘았다.

10일임오 맑음. 활 20순을 쏘았는데 많이 적중했다. 종사관 등이 본영(전라좌수영)에 도착했다고 했다.

11일계미 늦게 비가 뿌렸다. 두치(豆峙)의 군량과 함께 남원, 순창, 옥과 등에서 모두 68섬을 실어왔다.

12일갑신 궂은비가 그치지 않더니 저녁에야 잠깐 갰다. 대청에 나가 공무를 보았다. 권동지와 신조방장이 왔다.

13일을유 비가 퍼붓듯이 오는데 종일 그치지 않았다. 혼자 대청 가운데에 앉아 있으니 온갖 생각이 다 떠오른다. 배영수(裵永壽)를 불러 거문고를 타게 했다. 또 세 조방장을 불러오게 하여 함께 이야기했다. 온종일 정탐선이 엿새째 오지 않아서 어머님이 평안하신지를 알 수가 없다. 애태우는 마음이 어찌 다하랴.

14일병술 궂은비가 그치지 않고 종일토록 왔다. 아침 식사 후에 대청으로 나가 공무를 보았다. 사도 첨사가 와서 보고하는데, "흥양 현감(홍유의)이 받아

간 전선이 돌섬에 걸려 뒤집어졌다."고 한다. 그래서 대행하는 장수 최벽(崔璧)과 10호선 장수와 도훈도를 잡아다가 곤장을 쳤다. 동지 권준이 왔다.

15일정해 궂은비가 개지 않아 지척을 분간할 수 없었다. 새벽꿈이 몹시 심란했다. 어머니께서 평안하신지 소식을 듣지 못한 지가 벌써 이레나 되니 몹시 애가 타고 걱정이 된다. 또 조카 해가 잘 갔는지 모르겠다. 아침 식사 후에 나가 공무를 보니, 광양의 김두검(金斗劍)[16]이 복병으로 나갔을 때 순천과 광양의 두 수령에게서 이중으로 월급을 받은 일 때문에 벌로써 수군으로 나왔는데, 칼이나 활도 안 차고서 무척 오만을 떨기에 곤장 70대를 쳤다. 늦게 우수사가 술을 가지고 와서 몹시 취하여 돌아갔다.

16일무자 흐리나 비는 오지 않았다. 아침에 정탐선이 들어왔는데, 어머님은 평안하시다고 하지만, 아내는 불이 난 뒤로 심기가 많이 상하여 천식이 더 심해졌다고 한다. 매우 걱정이 된다. 비로소 조카 해(荄) 등이 간 것을 알았다. 활 20순을 쏘았는데, 동지 권준이 잘 맞추었다.

17일기축 맑음. 아침에 나가 본영 각 배의 사부(활쏘는 병사), 격군(보조사공)으로 급료받은 사람들을 점검했다. 늦게 활 20순을 쏘았는데, 박, 권 두 조방장(박종남 · 권준)이 잘 맞추었다. 오늘 쇳물을 부어 소금 굽는 가마솥 하나를 만들었다.

18일경인 맑음. 충청 수사(선거이)가 진영에 도착했는데, 결성 현감(손안국), 보령 현감(최시망(崔時望))[17], 서천 만호(소희익(蘇希益))[18]만을 데리고 왔다. 충청 수사가 교서에 숙배한 뒤에 세 조방장(권준 · 박종남 · 신호)과 함께 이야기했다. 저녁에 활 10순을 쏘았다. 거제 현령(안위)이 보러 왔다가 그대로 하룻

---

16 김두검은 힘이 매우 세었고 옥포해전 때 부장으로서 이순신을 도와 왜선을 분멸하고 왜군 363명을 죽였다.《순천속지》에, "임진란에 왜군 수백 급을 베고 적의 탄환을 맞고 죽었다."고 한다.

17 최시망(1548~?)은 임진왜란 때 묘주를 모시고 의주에 다녀왔다. 낭청의 보고에 보령현감 최시망의 사람됨이 우원하고 느려서 체직을 청했다."는 내용이 있다.《죽계일기》1595년 7월)

18 소희익은 서천 만호이고 충청수사 구사직의 휘하이다.

밤 잤다.

19일신묘 맑음. 동풍이 차게 불었다. 아침 식사 후에 권, 박, 신 세 조방장과 사도, 방답 두 첨사와 함께 활 30순을 쏘았다. 선수사(선거이)도 와서 함께 참여했다. 저녁에 쇳물을 부어 소금 굽는 가마솥 하나를 만들었다.

20일임진 비바람이 저녁 내내 불더니 밤새도록 그치지 않았다. 아침 식사 후에 공무를 보았다. 선 수사, 권 조방장과 함께 장기를 두었다.

21일계사 흐림. 오늘은 반드시 본영에서 누군가 올 것 같은데, 당장 어머니의 안부를 몰라 매우 답답하였다. 종 옥이(玉伊)와 무재(武才)를 본영으로 보내고, 전복과 밴댕이 젓갈, 어란 등을 어머니께 보냈다. 아침에 나가 공무를 보고 있는데, 투항한 왜놈들이 와서 보고하기를, "동료 왜인 산소(山素)가 흉포하고 패악한 일을 많이 저질렀기에 죽여야 한다."고 했다. 그래서 왜인을 시켜 그놈의 목을 베게 했다. 활 20순을 쏘았다.

22일갑오 맑고 화창하다. 권준 등과 함께 활 20순을 쏘았다. 이수원(李壽元)이 상경할 일로 들어왔다. 비로소 어머니께서 편안하시다는 것을 알았다. 매우 다행이다.

23일을미 맑음. 세 조방장과 함께 활 15순을 쏘았다.

24일병신 맑음. 아침에 이수원이 장계를 가지고 나갔다. 조방장 박종남(朴宗男)과 충청 수사 선거이를 시켜 활을 쏘게 했다. 쇳물을 부어 소금 굽는 가마솥을 만들었다.

25일정유 맑음. 늦게 비가 내렸다. 경상 수사(배설), 우수사(이억기), 충청 수사(선거이)가 함께 모여 활 9순을 쏘았다. 충청 수사가 술을 내어 몹시 취하여 헤어졌다. 배수사(배설)를 통하여 김응서(金應瑞)가 거듭 대간(臺諫)들의 탄핵[19]을 받았는데, 원수(권율)도 그 가운데에 들어있다는 말을 들었다.

---

19 선조가 김응서는 적장과 사사로이 내통하고 유키나가를 대인이라고 존칭했다고 압송하여 조사하라고 명했다. 5월 3일 사헌부가 김응서의 파직과 권율의 추고를 청했는데, 권율은 가볍게 죄를 줄 수 없다고 했다.《선조실록》1595년 5월 1일)

26일무술 늦게 갬. 홀로 대청에 앉아 있었다. 충청 수사(선거이)와 세 조방장과 함께 종일 이야기했다. 저녁에 현덕린(玄德麟)이 들어왔다.

27일기해 맑음. 활 10순을 쏘았다. 선수사(선거이)와 두 조방장(권준 · 신호)이 취하여 돌아갔다. 정철(丁哲)[20]이 서울에서 와서 진영에 도착했는데, 장계 회답 내용에 "김응서가 함부로 강화를 말한 일을 죄로 돌린다."는 말이 많았다. 영의정(유성룡)과 좌의정(김응남)의 편지가 왔다.

28일경자 저녁 내내 흐리더니 저녁비가 크게 쏟아졌다. 밤새 바람이 크게 불어 전선을 안정시킬 수가 없어 간신히 구호했다. 식후에 선수사와 세 조방장과 이야기했다.

29일신축 비바람이 그치지 않고 종일 퍼부었다. 사직(社稷)의 존엄한 신령을 믿고 겨우 작은 공로를 세웠는데, 임금의 총애와 영광이 초월하여 분수에 넘친다. 장수의 직책을 지닌 몸이지만 세운 공은 티끌만큼도 보탬이 되지 못하였고, 입으로는 교서를 외우지만 얼굴에는 군사들에 대한 부끄러움이 있을 뿐이다.

6월

1일임인 늦게 갬. 권준, 박종남, 신호 세 조방장과 웅천 현감(이운룡), 거제 현령(안위)과 함께 활 15순을 쏘았다. 선수사(선거이)는 이질에 걸렸기에 활을 쏘지 않았다. 새로 당직을 서는 하급관리가 들어왔다.

2일계묘 종일 가랑비가 내리다. 식후에 대청에서 공무를 보았다. 한비(韓棐)

---

20 정철(?~1595)은 이순신이 전쟁 중 모친을 피신시킬 때 종질인 정대수와 함께 머물 방을 제공하였다. 당항포해전에서 정운, 송희립 등과 전공을 세우고 초계군수로서 진주 제석산에서 왜군을 다수 격퇴하였다. 이순신의 막하로서 1595년 부산에서 참전했다가 전사했다.

천성진성 | 부산시 강서구 천성동에 소재. 조선 중중 때 가덕도 천성진에 설치되었고, 서북쪽에 옹성이 있고 동쪽에 2중 성벽이 있으며, 성밖에 치성과 해자가 있다. 규모가 작아서 천성보라고도 함.

가 돌아가는 편에 어머니께 편지를 썼다. 하급관리 강기경(姜起敬), 조춘종(趙春種), 김경희(金景禧), 신홍언(申弘彦) 등이 모두 당직을 마쳤다. 오후에 가덕진 첨사, 천성* 만호, 평산포 만호, 적량 첨사 등이 와서 만났다. 천성보(天城堡)* 만호 윤홍년(尹弘年)이 와서 청주 이계(李繼)[21]의 편지와 서숙(조부의 서자)의 편지를 전하고, 김개(金介)가 지난 3월에 죽었다고 했다. 비통함을 이길 길이 없다. 저물녘에 권준이 와서 이야기했다.

3일갑진 흐리나 비는 오지 않았다. 식후에 나가 공무를 보았다. 각처에 공문을 작성하여 보냈다. 늦게 가리포 첨사(이응표)와 남도포 만호(강응표)가 왔다. 권준, 신호 두 조방장과 방답 첨사(장린), 사도 첨사(김완), 여도 만호(김인영), 녹도 만호(송여종)가 활 15순을 쏘았다. 아침에 남해 현령(기효근)이 급히 보고하되, "해평군 윤두수가 남해에서 본영으로 건너온다."고 하였다. 무슨 연유인지 모르겠으나, 바로 배를 정비하고 현덕린을 본영으로 보냈다. 사량 만호(이여념)가 와서 양식이 떨어졌다고 보고하고 바로 돌아갔다.

4일을사 맑음. 진주의 서생 김선명(金善鳴)이라는 자가 군량지원 담당자가 되고 싶다고 여기에 왔는데, 보인(保人) 안득(安得)이라는 이름을 칭하는 자가

---

21 이계는 오리 이원익의 고모의 손녀 사위이다.

데리고 왔다. 그가 말하는 것을 듣고 사실인지를 살펴보니, 그렇게 한다는 것을 보장하기 어려워 우선 그가 하는 것을 지켜보기로 하고 공문을 만들어 주었다. 세 조방장(권준·박종남·신호)과 사도 첨사, 방답 첨사, 여도 만호, 녹도 만호가 활 15순을 쏘았다. 정탐선이 오지 않아 어머니의 안부를 알 수 없었다. 걱정이 되어 눈물이 났다.

5일병오 맑음. 이(李) 조방장 등과 같이 아침식사를 하는데, 박종남은 병으로 오지 못했다. 늦게 우수사, 웅천 현감, 거제 현령이 와서 종일 함께 이야기했다. 정오부터 비가 내려 활을 쏘지 못했다. 나는 몸이 몹시 불편하여 저녁 식사를 하지 않았고 종일 고통스러워했다. 종 경(京)이 들어 왔는데 그편에 어머니께서 편안하시다는 것을 알았다. 매우 다행이다.

6일정미 종일 비가 내렸다. 몸이 몹시 불편하였다. 송희립이 들어 왔다. 그 편에 도양장의 농사 형편을 들으니, 흥양 현감(홍유의)이 심력을 다했기에 가을 추수의 희망이 가득하다고 했다. 군량지원 담당자 임영(林英)[22]도 애를 쓴다고 했다. 정항(鄭沆)이 이곳에 왔으나, 나는 몸이 불편하여 온종일 조금 앓았다.

7일무신 종일 비가 내렸다. 몸이 몹시 불편하여 신음하며 앉았다 누웠다했다.

8일기유 비가 내렸다. 몸이 좀 나은 것 같다. 늦게 세 조방장(권준·박종남·신호)이 와서 만났는데, "곤양 군수(이광악)는 부친상을 당하여 급히 집으로 돌아갔다."고 전했다. 매우 한탄스러웠다.

9일경술 맑음. 몸이 아직 완쾌되지 않아서 매우 걱정된다. 신조방장(신호)과 사도 첨사(김완), 방답 첨사(장린)가 편을 갈라서 활쏘기를 했는데, 신호(申浩) 편이 이겼다. 저녁에 원수의 군관 이희삼(李希參)[23]이 왕명서를 가지고 이곳

---

22 임영은 서하 임춘의 후손이고 임응춘의 아들이다. 이순신의 휘하로서 흥양의 곡식을 거두어 바치고 옥포, 당포, 부산해전에 작전계획을 세우는데 도움을 주었다.

23 이희삼(1534~?)은 이몽규의 아들. 성혼의 부친인 성수침의 문인으로 정철과 이이, 성혼 등과 교유했고 세마(정9품)를 지냈다. 《혼정편록》 3권 1581년 5월 기록에 "이의건·이희삼·변사정·정운룡 등은 공론이 있는 무리이다."라고 하였다.

에 왔다. 조형도(趙亨道)가 무고하여 장계하되, "수군 1명에게 날마다 식량 5홉, 물 7홉씩을 준다."고 했다니, 인간사가 매우 놀랍다. 천지간에 어찌 이처럼 속이는 일이 있을 수 있을까. 저물녘에 정탐선이 들어왔는데 어머니께서 이질에 걸리셨다고 한다. 걱정이 되어 눈물이 난다.

10일^{신해} 맑음. 새벽에 정탐선을 본영으로 내어 보냈다. 늦게 세 조방장과 충청, 경상수사가 와서 만났다. 광주의 군량 39섬을 받았다.

11일^{임자} 가랑비가 오고 바람이 크게 불었다. 아침에 원수의 군관 이희삼이 돌아갔다. 저녁에 나가 공무를 보았다. 광주의 군량을 훔친 놈을 잡아 가두었다.

12일^{계축} 가랑비가 오고 바람이 불었다. 새벽에 아들 울(蔚)이 들어왔는데, 그편에 어머니의 병환이 좀 덜하다는 말을 들었다. 그러나 아흔(실제 81세)의 노인이 이렇게 위험한 증세(이질)에 걸리셨으니, 걱정이 되고 또 눈물이 난다.

13일^{갑인} 흐림. 새벽에 경상 수사 배설을 잡아오라는 명령이 내려왔다. 그 대신으로는 권준이 임명되고 남해현령 기효근은 그대로 유임되었다고 하니, 놀랄 일이다. 늦게 경상수사 배설에게 가서 만나고 돌아왔다. 저물녘에 정탐선이 들어왔는데, 의금부 도사가 이미 본영(전라좌수영) 안에 도착했다. 또 별좌(別坐)²⁴의 편지를 보니, 어머니께서 조금씩 나아지신다고 한다. 다행이다.

14일^{을묘} 새벽에 큰비가 내렸다. 사도 첨사(김완)가 활쏘기를 청하여 우수사와 여러 장수들이 모두 모였다. 늦게 날이 개어 활 12순을 쏘았다. 저녁에 의금부 도사가 배수사를 잡아갈 일로 들어왔다. 권수사(권준)의 사은숙배를 면제하는²⁵ 공문과 명령서, 밀부(密符)*도 왔다.

15일^{병진} 맑음. 새벽에 망궐례를 행했다. 식후에 포구로 나가 배설을 송별하니 마음이 편치 않았다. 아들 울(蔚)이 돌아갔다. 오후에는 신조방장과 함께

---

24 별좌는 조선시대 여러 관서에 딸린 관직으로서 정(正)·종(從) 5품의 관리가 겸임하였다.

25 외관직에 임명된 관리가 부임할 때 길이 멀고 일이 급한 경우, 임금에게 감사하며 절하는 것을 면제하고 부임하는 것이다.《대전회통》〈이전·제수〉

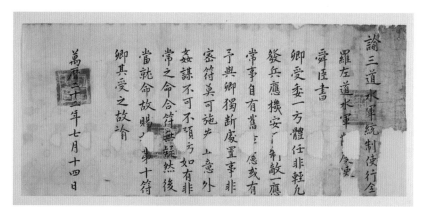

활 10순을 쏘았다.

16일^{정사} 맑음. 나가서 공무를 보았다. 순천의 7호선의 장수 장일(張溢)이 군량을 훔치다가 잡혔기에 처벌했다. 오후에 두 조방장 및 미조항 첨사 등과 함께 활 7순을 쏘았다.

17일^{무오} 맑음. 바람이 종일 세게 불었다. 경상 수사(권준)와 충청 수사(선거이), 두 조방장과 함께 활을 쏘았다.

18일^{기미} 비가 오다 개다 했다. 진주의 유생 유기룡(柳起龍)과 하응문(河應文)이 양식을 대주기를 바라여 쌀 5섬을 받아 갔다. 늦게 박조방장(박종남)과 함께 활 15순을 쏘고 헤어졌다.

19일^{경신} 비가 계속 내렸다. 홀로 누대 위에 앉았는데 잠결에 아들 면(葂)이 윤덕종(尹德種)의 아들 운로(雲輅)와 같이 왔다. 이편에 어머니의 편지를 보고 병환이 완쾌된 것을 알게 되니 천만 다행이다. 신홍헌 등이 들어 와서 보리 76섬을 바쳤다.

20일^{신유} 비가 오다 개다 했다. 종일 누대에 앉아 있었는데 충청 수사(선거이)가 말이 분명치 않다는 말을 들었다. 저녁에 직접 가서보니, 중한 상태에 이르지는 않았으나 풍습에 많이 상하여 매우 염려되었다.

21일임술 맑음. 매우 더웠다. 식후에 나가 공무를 보았다. 신홍헌이 돌아갔다. 거제 현령이 또 왔다. 경상 수사(권준)가 보고하되, "평산포 만호(김축)의 병이 중하다."고 한다. 그래서 내보내라고 적어서 보냈다.

22일계해 맑음. 할머님의 제삿날이라 출근하지 않았다. 경상 수사가 와서 만났다.

23일갑자 맑음. 두 조방장과 함께 활을 쏘았다. 저녁에 배영수가 돌아갔다.

24일을축 맑음. 우도의 각 관청과 해상기지에 있는 전선의 죄상을 조사했다. 음탕한 계집 12명을 잡아다가 그 부대의 우두머리와 함께 처벌했다. 늦게 침을 맞아 활을 쏘지 못했다. 허주와 조카 해(荄)가 들어오고 전투말도 왔다. 기성백(奇誠伯)의 아들 징헌(澄憲)이 그의 이복 숙부 기경충(奇景忠)과 함께 왔다.

25일병인 맑음. 원수(권율)의 공문이 들어왔는데, "세 위장(衛將)을 세 패로 갈라 보낸다."고 하였다. 또 고니시 유키나가(小西行長)[26]가 일본에서 와서 강화할 것을 이미 결정했다고 한다. 저녁에 박종남과 함께 충청 수사(선거이)에게 가서 그의 병세를 살펴보니, 괴이한 점이 많았다.

26일정묘 맑음. 식후에 나가 공무를 보고 활 15순을 쏘았다. 경상 수사가 와서 만났다. 오늘이 권준의 생일이라고 해서, 국수를 만들어 먹고 술도 몹시 취했다. 거문고 소리도 듣고 피리도 불다가 저물어서야 헤어졌다.

27일무진 맑음. 허주와 조카 해, 기운로(奇雲輅) 등이 돌아갔다. 나는 신조방장과 거제현령과 함께 활 10순을 쏘았다.

28일기사 맑음. 나라(명종)의 제삿날이라 출근하지 않았다.

29일경오 맑음. 일찍 대청으로 나갔다. 우수사가 와서 활 10여 순을 쏘았다.

30일신미 맑음. 문어공(文語恭)이 날삼[生麻]을 사들일 일로 나갔다. 이상록도

---

26 고니시 유키나가(?~1600)는 히데요시의 부하이며 대마도주의 장인으로, 임진왜란 때 대마도주와 함께 만8천명의 군대를 거느리고 부산진성을 공격했다. 대동강까지 진격하고 평양성을 함락했다가 명나라 이여송부대에 패배하여 후방으로 퇴각했다. 조명일 간의 강화협상이 결렬되자, 정유재란을 일으키어 남원과 전주를 점령하고, 순천 예교성에 주둔하였다. 이순신이 전사한 후 일본으로 도주했다

돌아갔다. 늦게 거제 현령(안위)과 영등포 만호(조계종)가 와서 만났다. 방답 첨사(장린)와 녹도 만호(송여종), 신 조방장(신호)이 활 15순을 쏘았다.

7월

1일임신 잠깐 비가 내렸다. 나라(인종)의 제삿날이라 출근하지 않고 홀로 누 대에 기대고 있었다. - 내일은 돌아가신 부친의 생신인데 , 슬프고 그리운 생각에 나도 모르게 눈물이 흘렀다. -(일기초) 나라의 정세를 생각하니, 위태 롭기가 아침 이슬과 같다. 안으로는 계책을 결정할 동량(인재)이 없고, 밖으 로는 나라를 바로잡을 주춧돌(인물)이 없으니, 종묘사직이 마침내 어떻게 될 것인지 알지 못하겠다. 마음이 어지러워서 하루 내내 뒤척거렸다.

2일계유 맑음. 오늘은 돌아가신 아버님의 생신이다. 슬픔에 젖어 생각을 떠올 리니 나도 모르게 눈물이 흘렀다. 늦게 활 10순을 쏘았다. 또 철전(鐵箭)* 5순 을 쏘고 편전 3순을 쏘았다.

3일갑술 맑음. 아침에 충청 수사(선거이)에게로 가서 문병하니 많이 나았다고 한다. 늦게 경상 수사가 이곳에 와서 서로 이야기한 뒤에 활 10순을 쏘았다. 2경(밤 10시경)에 정탐선이 들어왔는데, 어머니께서 평안하시긴 하나 밥맛이 쓰시다고 한다. 매우 걱정이다.

4일을해 맑음. 나주 판관이 배를 거느리고 진으로 돌아왔다. 이전(李荃) 등이 산 일터에서 노[櫓] 만들 나무를 가져와 바쳤다. 식후에 대청으로 나갔다. 미 조항 첨사와 웅천현감이 와서 활을 쏘았다. 군관들이 활쏘기를 시합하여 향 각궁(鄕角弓)[27]을 상으로 걸었는데 노윤발이 1등을 하여 차지하였다. 저녁에

---

27 향각궁은 양 또는 한우의 뿔로 만든 활. 물소뿔, 참나무, 뽕나무, 대나무, 소힘줄 등을 어교로 접 착하여 만드는데, 탄력성 때문에 멀리 화살을 날릴 수 있다.

쇠화살촉 | 철전은 무쇠로 만든 화살로, 육냥전·아량전·장전이 있다. 화살 하나의 무게는 6량이다. 사진은 철전에 사용된 쇠화살촉. 국립중앙박물관 ⓒ

임영과 조응복이 왔다. 양정언은 휴가를 얻어 돌아갔다.

5일^{병자} 맑음. 대청으로 나가 공무를 보았다. 늦게 박조방장(박종남), 신조방장(신호)이 왔다. 방답 첨사가 활을 쏘았다. 임영(林英)이 돌아갔다.

6일^{정축} 맑음. 정항(鄭沆), 금갑도 만호(가안책(賈安策))[28], 영등포 만호(조계종)가 와서 만났다. 늦게 나가 공무를 보고 활 8순을 쏘았다. 종 목년(木年)이 고음내(古音川)에서 왔는데, 그편에 어머님께서 평안하시다는 것을 알았다.

7일^{무인} 흐리나 비는 오지 않았다. 경상수사와 두 조방장, 충청 수사(선거이)가 왔다. 방답 첨사, 사도 첨사 등에게 편을 갈라 활을 쏘게 했다. 경상 우병사(김응서)에게 왕명서가 왔는데, "나라의 재앙이 참혹하고 원수가 사직(社稷)에 남아 있어서 귀신의 부끄러움과 사람의 원통함이 온천지에 사무쳤건만, 아직도 요사한 기운을 재빨리 쓸어버리지 못하고 원수와 함께 하늘을 이는 분통함을 모두 절감하고 있다. 무릇 혈기가 있는 자라면 누가 팔을 걷고 절치부심하며 그놈의 그 살을 찢고 싶지 않겠는가! 그런데 경(卿)은 적진을 마주한 장수로서 조정이 명령하지도 않았는데 함부로 적과 대면하여 감히 사리에 어긋난 말을 지껄이는가. 또 누차 사사로운 편지를 보내어 그들을 높여

---

28 가안책은 권관을 지내고 이순신의 휘하에서 한후장(捍後將)으로서 당포 해전에서 왜적을 격파했다. 한산도 해전에서 좌별도장으로 적의 층각선 2척을 빼앗는 등의 전공을 세웠다.

아첨하는 모습을 보이고 수호하고 강화하자는 말을 하여, 명나라 조정에까지 들리게 해서 치욕을 끼치고 사이가 벌어지게 했음에도 조금도 거리낌이 없도다. 마땅히 군법으로 다스려도 진정 아까울 것이 없거늘, 오히려 관대히 용서하여 돈독히 타이르고 경고하여 책망하기를 분명히 하였다.[29] 그런데도 미혹한 것을 고집하기를 더욱 심하게 하여서 스스로 죄의 구렁텅이에 빠져드니, 나는 몹시 해괴하게 여겨져 그 까닭을 알 수가 없다. 이에 비변사의 낭청(종6품) 김용(金涌)[30]을 보내어 구두로 나의 뜻을 전하니, 경은 그 마음을 고치고 정신을 가다듬어 후회할 일을 남기지 말라."는 것이었다. 이것을 보니, 놀랍고 황송한 마음을 참을 수 없다. 김응서가 어떠한 사람이기에 스스로 회개하여 힘쓴다는 말을 들을 수가 없는가. 만약 쓸개 있는 자라면 반드시 자결이라도 할 것이다.

8일기묘 맑음. 식후에 나가 공무를 보았다. 영등포 만호와 박조방장(박종남)이 와서 만났다. 우수사의 군관 배영수(裵永壽)가 그 대장의 명령을 가지고 와서 군량 20섬을 빌려 갔다. 동래 부사 정광좌가 와서 부임했다고 보고하기에 활 10순을 쏘고 헤어졌다. 종 목년(木年)이 돌아왔다.

9일경진 맑음. 오늘은 말복이다. 가을 기운이 서늘해지니 마음에 떠오르는 것이 매우 많다. 미조항 첨사가 와서 만나고 갔다. 웅천 현감, 거제 현령이 활을 쏘고 갔다. 2경(밤 10시경)에 바다의 달빛이 누대에 가득 차니, 가을 생각이 매우 어지러워 누대 위를 배회하였다.

10일신사 맑음. 몸이 몹시 불편했다. 늦게 우수사를 만나 서로 이야기했다. 군량이 떨어졌다는 말을 많이 하였으나 달리 계책이 없었다. 매우 걱정스럽다. 박조방장도 왔는데, 술 몇 잔을 마시고 몹시 취했다. 밤이 깊어 누대 위에

---

29 이 내용이 《선조실록》1595년 5월 3일 사헌부에서 올린 보고서에 나온다.

30 김용(1557~1620)은 고향 안동에서 의병을 일으켰고, 정유재란 때 이원익의 종사관으로 참전했다. 군량미 조달에 힘쓰고 1595년 비변사가 김용에게 김응서를 엄하게 문책하게 했다. 1598년 유성룡이 서인에 의해 축출되자, 대간의 탄핵을 받아 내외직을 전전하였다.

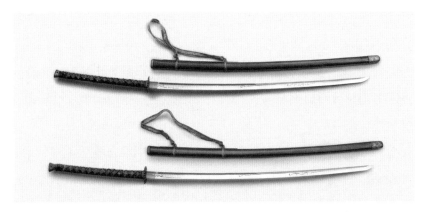

장검 | 태구련이 이무생과 함께 만든 이순신의 장검 두 자루. 국보 326호. 최순선 소유, 사진 현충사 ⓒ.

누웠더니 초생달빛이 누대에 가득하여 회포를 가눌 수 없었다.

11일임오 맑음. 아침에 어머니께 편지를 쓰고, 또 여러 곳에 편지를 써 보냈다. 무재(武才), 박영(朴永)이 부과된 노역 때문에 돌아갔다. 나가서 공무를 보고, 활 10순을 쏘았다.

12일계미 맑음. 아침 식사 후에 경상 우수사(권준)가 와서 만났다. 그와 함께 활 10순, 철전 5순을 쏘았다. 해질 무렵 서로 회포를 풀고 물러났다. 가리포 첨사(이응표)도 와서 함께 했다.

13일갑신 맑음. 가리포 첨사와 우수사가 함께 왔는데 가리포 첨사가 술을 바쳤다. 활 5순, 철전 2순을 쏘았는데 나는 몸이 몹시 불편했다.

14일을유 늦게 갬. 군사들에게 휴가를 주었다. 녹도 만호 송여종을 시켜 죽은 군졸들에게 제사를 지내도록 하고 쌀 2섬을 주었다. 이상록(李祥祿), 태구련(太九連)*31, 공태원(孔太元)32 등이 들어왔다. 어머니께서 평안하시다고 하니

---

31 태구련은 칼을 만드는 장인으로, 태귀련(太貴連)이라고도 한다. 이순신과 신호, 박종남, 선거이 등의 환도를 언복(彥福)과 함께 만들었다. 그가 1594년 4월 한산도에서 이무생과 함께 만든 이순신의 장검 두 자루가 현재 현충사에 소장되어 있다.

32 공태원은 일본에 포로로 붙잡혀갔다가 도요토미 히데요시가 통신사를 요청하면서 돌아왔다. 영리하여 글을 잘 알았고 이순신에게 포로생활과 일본 섬의 토지, 풍속 등에 대한 정보를 알려

기쁘고 다행한 마음이 그지 없다.

15일^{병술} 맑음. 늦게 대청으로 나가니, 박·신 두 조방장과 방답 첨사, 여도 만호, 녹도 만호, 보령 현감, 결성 현감 및 이언준(李彥俊) 등이 활을 쏘고 술을 마셨다. 경상 수사도 와서 함께 이야기하고 씨름을 겨루게 했다. 정항(鄭沆)이 왔다.

16일^{정해} 맑음. 아침에 김대복의 병세가 몹시 위중하다고 들으니, 애통하고 걱정스런 마음을 참지 못했다. 곧 송희립과 유홍근을 시켜 치료하게 했지만, 그 증세를 잘 알 수 없어서 매우 걱정스럽다. 늦게 나가 공무를 보았다. 순천 사람 정석주(鄭石柱)와 영광 도훈도 주문상(朱文祥)을 처벌했다. 저녁에 원수에게 가는 공문과 병사에게 갈 공문에 초안을 잡아 주었다. 미조항 첨사(성윤문)와 사도 첨사(김완)가 휴가신청서를 올리기에 성첨사에게는 10일, 김 첨사에게는 3일을 주어 보냈다. 녹도 만호를 유임한다는 병조의 공문이 내려왔다.

17일^{무자} 비가 내림. 거제 현령이 급히 보고하기를, "거제에 있던 왜적이 벌써 철수하여 돌아갔다."고 했다. 그래서 곧 정항(鄭沆)을 보내었다. 대청으로 나가 공무를 보았다. 내일 배로 출발하여 나갈 일을 전령했다.

18일^{기축} 맑음. 아침에 대청에 나가, 박종남, 신호 두 조방장과 같이 아침식사를 했다. 오후에 출발하여 지도(紙島)로 가서 정박하고 밤을 지냈다. 3경(자정 경)에 거제 현령이 와서 말하기를, "장문포에 있는 왜적의 소굴이 이미 다 비었고, 다만 30여 명만 있다."고 했다. 또 사냥하러 다니는 왜적을 만나니 활로 쏘아서 잡아 목을 베고 생포한 이가 각각 1명이었다고 했다. 4경(새벽 2시경)에 출발하여 견내량으로 돌아왔다.

19일^{경인} 맑음. 우수사, 경상 수사, 충청 수사(선거이), 두 조방장과 함께 이야기하고서 헤어졌다. 신시(오후 4시경)에 진으로 돌아왔다. 당포 만호에게 잡

주었다.

아 신문할 때 보이지 않은 죄로 곤장을 쳤다. 김대복의 병세를 가서 살펴보았다.

20일신묘 흐림. 두 조방장과 함께 아침 식사를 했다. 늦게 거제 현령과 전 진해 현감 정항(鄭沆)이 왔다. 오후에 나가 공무를 보고 활 5순, 철전 4순을 쏘았다. 경상 좌병사(고언백)의 군관이 편지를 가지고 왔다.

21일임진 크게 비바람이 쳤다. 우후가 들어온다고 들었다. 식후에 태구련(太九連)과 언복(彦福)이 만든 환도(環刀)를 충청 수사(선거이)와 두 조방장에게 각각 한 자루씩 나눠 보냈다. 저물녘에 회(薈)와 울(蔚)이 우후와 함께 배를 타고 섬(한산도) 밖에 도착했다. 아들들이 들어왔다.

22일계사 흐리고 바람이 크게 불었다. 이충일이 부친의 사망소식을 듣고 나갔다.

23일갑오 맑음. 늦게 말달리는 일로 원두구미(元頭龜尾, 통영 한산면 내)로 가니 두 조방장과 충청 수사(선거이)도 왔다. 저녁에 작은 배를 타고 돌아왔다.

24일을미 맑음. 나라(이성계의 조부 도조(度祖))의 제삿날이라 출근하지 않았다. 충청 수사(선거이)가 와서 이야기했다.

25일병신 맑음. 충청 수사(선거이)의 생일이라 음식을 준비해 가지고 왔다. 우수사, 경상수사와 신조방장(신호(申浩)) 등의 군관들과 술에 취한 채 이야기했다. 저녁에 정 조방장이 들어왔다.

26일정유 맑음. 아침에 정영동(鄭永同)과 윤엽(尹曄), 이수원(李壽元) 등이 흥양 현감과 함께 들어왔다. 식후에 정수사(丁水使)와 충청 수사(선거이)도 와서 조용히 이야기를 하였다.

27일무술 맑음. 어사(신식(申湜))[33]의 공문이 들어왔는데, 내일 진영에 온다고 한다.

---

33 신식(1551~1623)은 이황의 문인이다. 1592년 경상도 안무어사로 활동하고 선조가 '신식은 졸(拙)하다'하자, 감격하여 서재에 이졸(以拙)이라 편액을 걸고 자호로 삼았다. 대사헌을 지내고 정문을 받았다.

남도진성 | 진도군 임회면 남동리 소재하는 석성. 남해에서 서해로 가는 요새지로 가리포진에 소속되어 있었다. 현재 동서 남문과 성터가 일부 남음. 조선초기 왜구를 막기 위해 축조했고 수군만호가 근무하여 남도포수군만호진성이라고 한다. 을 미년 8월 2일 이순신이 남도포 막사에 머물렀다.

28일기해 맑음. 아침 식사 후에 배로 내려가 삼도(三道)가 모두 포구 안에 진을 쳤다. 미시(오후 2시경)에 어사 신식이 진에 왔기에 바로 대청으로 내려가 한참 동안 대화를 나누었다. 각 수사와 세 조방장을 청해 함께 이야기했다.

29일경자 흐리고 바람이 크게 불었다. 어사(신식)가 좌도에 소속된 다섯 해상 기지(여도·녹도·발포·사도·방답)의 죄상을 일일이 조사했다. 저녁에 이곳에 와서 조용히 이야기했다.

8월

1일신축 비바람이 크게 일었다. 어사와 아침 식사를 함께 하고, 바로 배로 내려가 순천 등의 다섯 고을(순천·보성·낙안·광양·흥양)의 배를 점검했다. 저물녘 나는 어사가 있는 곳으로 내려가 함께 이야기했다.

2일임인 흐렸다. 우도의 전선을 일일이 조사한 뒤에 그대로 남도포(南桃浦)* 막사에 머물렀다. 나는 나가서 공무를 보며 충청 수사(선거이)와 함께 이야기했다.

3일계묘 맑음. 어사는 늦게 경상도 진으로 가서 일일이 조사했다. 저녁에 경상도 진으로 가서 함께 이야기하다가 몸이 불편하여 바로 돌아왔다.

4일갑진 비가 내렸다. 어사가 이곳에 왔기에 여러 장수들을 모두 모아 종일 이야기하고서 헤어졌다.

5일을사 흐리나 비는 오지 않았다. 아침에 어사와 이야기하다가 작별 하려고 충청 수사(선거이)가 있는 곳에 갔다. ─어사를 송별하니 그는 곧 "안무어사 통훈대부 행사헌부 집의 겸 지제교인 신식(申湜)은 자(字)가 숙지(叔止)이고, 신해생이며 본관이 고령이고 서울에 산다."고 하였다. ─(일기초) 정조방장(정응운)이 보고하고 돌아갔다.

6일^{병오} 비가 크게 내렸다. 우수사(이억기), 경상 수사(권준), 두 조방장(박종남·신호)이 모여 함께 종일 이야기하고서 헤어졌다.

7일^{정미} 비가 계속 내렸다. 아침에 아들 울(蔚)이 허주 및 현덕린, 우후(이몽구)와 함께 배를 타고 나갔다. 늦게 두 조방장과 충청 수사가 함께 이야기했다. 저녁에 신분증을 가진 선전관 이광후(李光後)가 왕명서를 가지고 왔는데, "원수가 삼도의 수군을 거느리고 곧장 적의 소굴로 들어가라."는 것이었다. 그와 함께 밤새도록 이야기하였다.

8일^{무신} 비가 계속 내렸다. 선전관이 나갔다. 경상 수사, 충청 수사(선거이) 및 두 조방장과 함께 이야기하며 저녁밥을 같이 먹었다. 날이 저물어서 각자 돌아갔다.

9일^{기유} 서풍이 크게 일었다.

10일^{경술} 맑음. 몸이 불편한 것 같다. 홀로 누대 위에 앉았으니, 온갖 생각이 다 떠오른다.

늦게 대청으로 나가 공무를 본 뒤에 활 5순을 쏘았다. 정제(鄭霽)와 결성 현감(손안국)이 같은 배를 타고 나갔다.

11일^{신해} 비가 오다 개다 했다. 종 한경(漢京)도 본영으로 갔다. 배영수, 김응겸이 활쏘기를 겨루었는데, 김응겸이 이겼다.

12일^{임자} 흐림. 일찍 나가 공무를 보았다. 늦게 두 조방장과 함께 활을 쏘았다. 김응겸이 경상 우수사에게 갔다가 돌아올 때에 들어와 알현했는데, 우수사(이억기)와 활쏘기를 겨루어 배영수가 또 졌다고 했다.

13일^{계축} 종일 비가 내렸다. 장계 초본을 쓰고 공문을 작성하였다. 독수(禿水)가 왔는데, 그 편에 도양장 둔전에 대한 일을 들었다. 이기남(李奇男)[34]이 하는 짓에 괴상함이 많으므로 우후에게 달려가 죄상을 조사하도록 공문을 만들어 보냈다.

---

34 이기남은 무예가 뛰어났고 사촌 동생 이기윤(李奇胤)과 이기준(李奇俊)과 함께 의병을 모아 이순신을 도왔다. 견내량해전에서 왜선 1척을 분멸하고 왜적 7명을 참살했으며 포로도 되찾아왔다.

진주성 | 진주시 남성동 소재. 남강에서 바라본 진주성의 모습.

14일^{갑인} 종일 비가 내렸다. 진해 현감 정항과 조계종(영등포 만호)이 와서 이야기했다.

15일^{을묘} 새벽에 망궐례를 행했다. 우수사*(이억기), 가리포 첨사(이응표), 임치 첨사(홍견) 등의 여러 장수들이 함께 왔다. 이날 삼도(三道)의 사수(射手)와 본도의 잡색군에게 음식을 먹이고, 종일 여러 장수들과 함께 술에 취했다. 이날 밤 희미한 달빛이 누대를 비추어 자려해도 잠들지 못하고 밤새도록 시를 읊었다.

16일^{병진} 궂은비가 개지 않고 하루 종일 부슬부슬 내렸다. 마음이 몹시 어지러웠다. 두 조방장과 함께 이야기했다.

17일^{정사} 가랑비가 오고 동풍이 불었다. 새벽에 김응겸을 불러 일에 대해 물었다. 늦게 나가 공무를 보았다. 두 조방장과 함께 이야기하고 활 10순을 쏘았다.

18일^{무오} 궂은비가 걷히지 않았다. 신, 박 두 조방장이 와서 함께 이야기했다.

곤리도 | 통영시 산양면에 있는 곤리도. 미륵산 정상에서 바라본 전망이다. 가운데가 곤리도이다.

19일^{기미} 날씨가 쾌청하였다. 두 조방장과 방답 첨사(장린)와 함께 활을 쏘았다. 2경(오후 10시경)에 조카 봉(菶)과 아들 회(薈), 울(蔚)이 들어왔는데, 체찰사(이원익(李元翼))³⁵가 21일 진주성*에 도착해서 군사업무에 관한 일을 묻고자하여 체찰사의 군관이 들어왔다고 하였다.

곤리도 | 미륵도 내 삼덕리에서 바라본 전망이다.

20일^{경신} 맑음. 종일 체찰사의 전령을 기다렸으나 오지 않았다. 권수사(권준)와 우수사(이억기), 발포 만호(황정록)가 와서 만나고 돌아갔다. 2경(오후 10시경)에 체

---

35 이원익(1547~1634)은 관찰사 겸 순찰사가 되어 이여송과 합세해 평양을 탈환했다. 1595년 우의정 겸 4도체찰사로서 명나라의 정응태가 경리 양호를 모략한 사건으로 명나라에 다녀온 뒤 영의정에 임명되었다. 이순신이 파직되어 감금되었을 때 구원운동을 했다. 이이첨이 유성룡을 공격해 대신들이 내몰림을 당하자 사직하였다.

침도 | 사천시 신수동에 소재하는 신수도. 멀리서 이 섬을 보면 낚시 바늘 모양으로 보인다. 사천시 삼천포항에서 바로 보이고, 남쪽으로 창선도가 있다.

찰사(이원익)가 진주에 이르러 군무에 관한 일을 묻고자 하여 전령을 들여보냈다. 3경(자정 경)에 배를 몰아 곤이도(昆伊島)*에 이르렀다.

21일신유 흐림. 늦게 소비포 앞바다에 이르니, 전라 순찰사(홍세공)의 군관 이준(李俊)이 공문을 가지고 왔다. 강응호(姜應虎)와 오계성(吳繼成)이 함께 와서 한참동안 함께 이야기했다. 이억기와 권준, 박종남, 신호에게 편지를 썼다. 저물녘에 사천 땅 침도(針島)*에 도착하여 잤다. 밤 기운이 몹시 차고 마음이 편치 않았다.

22일임술 맑음. 이른 아침에 여러 가지 공문을 만들어 체찰사에게 보냈다. 아침 식사 후에 출발하여 사천현에 이르렀다. 오후에 진주 남강(南江) 가에 이르니, 체찰사(이원익)가 이미 진주에 들어왔다고 했다.

—강을 건너 주인집에 들어갔다가 그길로 체찰사의 임시숙소로 가니 먼저 사천현에 와서 자고 있었기 때문에 맞이하라는 명령을 내리지 못했다고 변명을 하였다. 우습다. —(일기초)

23일계해 맑음. 체찰사(이원익)가 있는 곳으로 가보니 조용히 이야기하는 사이에 그는 백성을 위해서 질고를 덜어주어야겠다는 생각을 많이 했다. 호남 순찰사는 헐뜯어 말하는 기색이 가득하니, 한탄스럽다. 나는 늦게 김응서와

촉석루 | 진주시 남강가에 있는 누각. 정면 5칸, 측면 4칸의 팔작기와집. 진주성의 총지휘 본부였기에 남장대(南將臺)라고 하였다. 그 아래에 있는 의암(義巖)은 의기 논개가 왜장을 유인하여 순국한 곳이다.

함께 촉석루(矗石樓)*에 이르러 장병들이 패전하여 죽은 곳을 보니, 비통함을 가누지 못하였다. 얼마 후 체찰사가 나에게 먼저 가라고 하기에 배를 타고 소비포로 돌아와 정박했다.

- 새벽에 체찰사의 개인숙소로 가니 -그 앞으로 불러 들였다.- 조용히 이야기하는 사이에 그는 백성을 위해서 질고를 덜어주어야겠다는 생각을 많이 하였다. 호남 순찰사는 헐뜯어 말하는 기색이 많으니, 한탄스럽다. -늦게 진주에서 전쟁으로 죽은 장수와 병사의 위령제를 지낸다는 전언을 듣고, -나는 김응서와 함께 촉석루에 이르러 장수와 병사들이 패망한 것을 보고, 매우 비통함을 이기지 못하였다. 얼마 뒤에 - 체찰사가 나를 부르며 분부하기를 "먼저 배가 있는 곳에 가서 배를 타고 소비포로 돌아가 정박하라."고 하였다. 그래서 선박이 있는 곳으로 돌아와 - 배를 타고 소비포로 돌아와서 정박하였다. -(일기초)

24일갑자 맑음. 새벽에 소비포 앞에 이르니, 고성현령 조응도가 와서 인사했

지세포성 | 거제시 일운면 지세포리에 소재. 조선 수군만호진으로 인종 때 증축했고 동문에 옹성이 있으며 성밖에 해자가 있다.
조라포 | 일운면 구조라리 소재. 사진에서 멀리 보이는 산 정상에 구조라성이 있다.

다. 이에 소비포 앞 바다에서 잤다. 체찰사(이원익)와 부사(김륵(金玏))[36]가 종사관(노경임)과 함께 잤다.

25일을축 맑음. 일찍 식사를 한 뒤에 체찰사와 부사, 종사관 등이 모두 내가 탄 배에 같이 탔다. 진시(오전 8시경)에 출항할 배에 함께 들어가 함께 서서 여러 섬들과 여러 진을 합병할 곳과 더불어 접전한 곳들을 손으로 가리키며 하루 종일 이야기하였다. 곡포(曲浦, 남해이동 화계리)는 평산포(平山浦, 남면 평산리)에 합하고, 상주포(尙州浦, 상주면 상주리)는 미조항(彌助項, 미조면 미조리)에 합하고, 적량(赤梁, 창선면 진동리)은 삼천진(三千鎭, 삼천포시)에 합하고, 소비포(所非浦)는 사량(蛇梁)에 합하고, 가배량(加背梁, 거제 도산면 노전동)은 당포(唐浦)에 합하고, 지세포(知世浦)*는 조라포(助羅浦)*에 합하고, 제포는 웅천에 합하고, 율포는 옥포에 합하고, 안골포는 가덕진(부산 가덕도 성북동)에 합치기로 결정했다. 저녁에 진중에 이르러 여러 장수들이 교서에 숙배하고 공사간의 인사를 마친 뒤에 헤어졌다.

26일병인 맑음. 저녁에 부사(김륵)와 서로 만나 조용히 이야기했다.

---

36 김륵(1540~1616)은 경상도 안집사로 영남에 가서 선비들에게 왜적을 토벌하도록 장려하였다. 경상우도 관찰사가 되어 전라도의 곡식을 운반해 굶주린 백성을 구제하였다. 대사헌이 되어 〈시무16조〉를 올리고 1595년 체찰사 이원익의 부사가 되어 이순신에게 왕래하였다.

- 일체의 공문을 결재하였다. -(일기초)

27일정묘 맑음. 군사 5,480명에게 음식을 먹였다. 저녁에 상봉(上峯)에 올라 적진이 있는 곳과 적이 다니는 길을 손으로 가리켜 보였다. 바람이 몹시 험하게 불었다. 밤을 틈타 도로 내려왔다.

28일무진 맑음. 이른 아침에 체찰사와 부사, 종사관과 함께 누대 위에 앉아 여러 가지 폐단을 의논했다. 식사 전에 배로 내려와서 배를 몰고 나갔다.

29일기사 맑음. 일찍 나가 공무를 보았다. 체찰사(이원익)가 머문 곳에서 경상 수사(권준)가 왔다.

9월

1일경오 맑음. 새벽에 망궐례를 행했다. 정탐선이 들어왔다. 우후가 도양장에서 와서 본영의 공문을 바쳤는데, 정사립을 해치려는 뜻이 많이 있으니 가소롭다. 종사관(유공진)이 병가를 내고 돌아가서 조리하고자 하므로 결재해 보냈다.

2일신미 맑음. 새벽에 지휘선을 출발시켰다. 재목을 끌어내릴 군사 1,283명에게 밥을 먹이고서 끌어내리게 했다. 충청 수사(선거이), 우수사, 경상 수사와 두 조방장이 함께 와서 종일 이야기하다가 헤어졌다.

3일임신 맑음. 동풍이 크게 불었다. 아우 우신과 아들 울, 유헌(有憲)이 돌아갔다. 강응호가 도양장의 추수할 일로 함께 돌아갔다. 정항(鄭沆), 우수(禹壽), 이섬(李暹)이 정탐하고 들어왔는데, "영등포에 있는 적진은 초이틀에 소굴이 비게 되고 누각과 모든 소굴들이 다 불타버렸다."고 했다. 웅천에서 적에게 투항한 사람 공수복(孔守卜) 등 17명을 달래서 데려 왔다.

4일계유 맑음. 경상 수사(권준)가 와서 만나고 청하여 종일 이야기하고 돌아갔다. 아우 우신, 아들 울 등이 어떻게 갔는지 알 수 없어 마음이 몹시 걱정되었다.

5일^{갑술} 맑음. 아침에 권수사(권준)가 소고기음식을 조금 보냈다. 충청 수사(선거이)와 신 조방장(신호)과 함께 아침밥을 먹었다. 식후에 신 조방장과 선수사와 함께 배를 타고 경상수사가 있는 곳으로 가서 종일 이야기하고 저물어서야 돌아왔다. 이날 체찰사의 공문이 왔는데, 순천, 광양, 낙안, 흥양의 갑오년 토지에 부과되는 곡물을 실어 오라는 것이었다. 그래서 바로 답장을 했다.

6일^{을해} 맑았으나 바람이 크게 불었다. 충청 수사(선거이)가 술을 바치므로 우수사와 두 조방장이 와서 함께 하였다. 송덕일이 들어왔다.

7일^{병자} 맑음. 식후에 경상 수사(권준)가 왔다. 충청도 병영의 배와 서산, 보령의 배들을 내보냈다.

8일^{정축} 맑음. 나라(세조)의 제삿날이라 출근하지 않았다. 식후에 아들 회(薈)와 송덕일이 같은 배로 나갔다. 충청 수사와 두 조방장이 와서 이야기했다.

9일^{무인} 맑음. 우수사와 여러 장수들이 모두 모여서 진영의 군사들에게 떡 한 섬을 나누어 주고, 초경(밤 8시경)에 헤어져 돌아왔다.

10일^{기묘} 맑음. 오후에 나는 충청 수사(선거이)와 두 조방장과 더불어 우수사가 있는 데로 가서 같이 이야기하고 밤에 돌아왔다.

11일^{경진} 흐림. 몸이 몹시 불편하여 공무를 보지 못했다.

12일^{신사} 흐림. 아침에 충청 수사(선거이)와 두 조방장에게 오기를 청하여 함께 아침밥을 먹고 늦게 헤어져 돌아왔다. 저녁에 경상 수사가 우후, 정항(鄭沆)과 함께 술을 가지고 와서 함께 이야기하다가 밤이 늦어서야 헤어졌다.

—충청 수사(선거이)와 박조방장(박종남)이 함께 왔는데, 신조방장은 병으로 오지 않았다. 권준이 홀로 남아 이야기를 할 때 정사립에 대하여 언급하는데, 우수사(이억기)를 통해 들었다면서, "그(사립)는 인륜과 강상을 어지럽히고 무너뜨렸다."는 것이었다 . 지극히 놀라운 일이다. 이억기는 어찌하여 이런 무리한 말을 한 것인가. 그것이 복되지 못한 행동임을 생각할 수 있다.—(일기초)

13일^{임오} 맑음. 누대에 기대어 혼자 앉았으니 마음이 편치 않았다.

14일^{계미} 맑음. -충청 수사(선거이)와 두 조방장(박종남·신호)과 함께 아침밥을 먹고, -(일기초) 늦게 나가 공무를 보았다. 우수사와 경상우수사(권준)가 함께 와서 이별주를 같이 나누고 밤이 깊어서야 헤어졌다. 선수사(선거이)와 이별할 때 짧은 시 한 수를 지어 주었다.

북방에 갔을 때 함께 힘써 일했더니	北去同勤苦
남방에 와서도 생사를 함께 하네	南來共死生
한잔 술 오늘 밤 달빛아래 나누고 나면	一杯今夜月
내일은 이별의 슬픈 정만 남으리	明日別離情

-이 시를 적어 주다. -(일기초)

15일^{갑신} 맑음. 선수사가 와서 보고하고 돌아가는데, 또 이별주를 들고 나서 헤어졌다.

16일^{을유} 맑음. 나가서 공무를 보고 장계를 직접 감독하여 봉하였다. 이 날 저녁에 월식이 있었는데 밤이 되자 환하게 밝아졌다.

17일^{병술} 맑음. 식후에 서울에 편지를 써 보냈다. 김희번(金希番)이 장계를 가지고 떠났다. 유자(柚子) 30개를 영의정에게 보냈다.

18일^{정해} 늦게 정조방장(정응운)이 들어와서 함께 이야기했다.

19일^{무자} 맑음. 정조방장이 들어왔다가 바로 돌아갔다.

20일^{기축} 4경(새벽 2시경)에 둑제(纛祭)를 지냈다. 사도 첨사 김완(金浣)이 헌관이 되어 행사를 치렀다. 아침에 우수사가 와서 만났다.

21일^{경인} 맑음. 박종남, 신호 두 조방장과 함께 아침밥을 먹었다. 박조방장을 전송하려고 했으나, 그 길로 경상 수사(권준)를 작별하러 간다다 그만 날이 저물어서 하지 못했다. 저녁에 이종호가 들어왔다. 다만 목화만을 가지고 왔

녹도진성 | 고흥군 도양읍 봉암리 소재. 전라좌수영이 관할하는 해상수군진 5포의 하나이다.
쌍충사 | 녹도진성 안에 녹도만호로 전사한 이대원과 정운을 배향한 사당이다.

기에 모두 나누어 주었다.

22일신묘 맑음. 동풍이 크게 불었다. 박종남이 나갔다. 경상 우수사도 와서 전별했다.

23일임진 맑음. 나라(신의왕후 한씨)의 제삿날이라 출근하지 않았다. 웅천 사람으로 포로가 되었던 박록수(朴祿守)와 김희수(金希壽)가 와서 인사하고, 아울러 적의 정세를 말해주기에 무명 1필씩을 나눠주고 보냈다.

24일계사 맑음. 아침에 각처에 편지 10여 통을 썼다. 아들 울과 면이 방익순

(方益純), 온개(溫介) 등과 함께 길을 떠났다. 이 날 저녁에 우수사와 경상 수사가 와서 만났다.

25일갑오 맑음. 미시(오후 2시경)에 녹도*의 하인이 불을 내어 대청과 누대방에까지 불이 번져 모두 타버렸다. 군량과 화약, 군기 등의 창고에는 불길이 미치지 않았으나, 누대 아래에 있던 긴 화살과 편전 2백여 개가 모두 타 버렸으니, 한탄스럽다.

–4경에 배에서 내렸다. 이른 아침에 목욕소에 이르러 식사 후 목욕을 하고 배에 올랐다. 음식을 조리할 때 시간이– 미시였는데 녹도의 하인이 불을 내어 대청과 누대방까지 불길이 닿아 모두 타버렸다.–(일기초)

26일을미 맑음. 홀로 배 위에 앉아서 온종일 앉았다 누웠다 하였는데, 마음이 편치 않았다. 이언량(귀선장)이 재목을 베어 가지고 왔다.

27일병신 흐림. 안골포 사람으로 왜적에게 붙었던 230여 명이 왔는데, 배의 수는 22척이라고 우수(禹壽)가 와서 보고했다. 식후에 불이 났던 터로 올라가 집 지을 땅을 손으로 가리켜 보았다.

28일정유 맑음. 식후에 집 지을 곳으로 올라갔다. 우수사와 경상 수사가 와서 만났다. 아들 회(薈)와 울(蔚)이 기별을 듣고 들어왔다.

29일무술 맑음.

30일기해 맑음.

10월

1일경자 맑음. 신 조방장(신호)과 함께 아침 식사를 하고 그대로 작별하는 술자리를 베풀었다. 늦게 신 조방장이 나갔다.

2일신축 맑음. 대청에 대들보를 올렸다. 또 지휘선을 연기로 그을렸다. 우수사와 경상수사(권준) 및 이정충이 와서 만났다.

3일임인 맑음. 해평군 윤근수의 공문을 구례의 유생이 가지고 왔는데, "김덕령이 전주의 김윤선(金允先) 등과 함께 죄없는 사람을 때려죽이고 바다의 진영으로 도망해 들어갔다."고 했다. 그래서 이들을 수색해 보니, 9월 10일 즈음에 보리씨를 바꿀 일로 진에 왔다가 바로 돌아갔다고 했다.

- 회(薈)의 생일이다 . 그래서 술과 음식을 갖추어 주도록 예방에 당부하였다. -(일기초)

4일계묘 맑음.

5일갑진 이른 아침에 누대에 올라가서 일하는 것을 감독했다. 누대 위의 바깥 서까래에 흙을 올려 발랐다. 투항해온 왜놈들에게 운반하는 일을 시켰다.

6일을사 식후에 우수사(이억기)와 경상수사(권준)가 와서 만났다. 저녁에 웅천 현감(이운룡)이 왔다. 그 편에 명나라 사신(양방형)이 부산으로 들어갔다는 말을 들었다. 이날 적에게 사로잡혔던 사람 24명이 나왔다.

7일병오 맑음. 화창하기가 봄날과 같다. 임치 첨사(홍건)가 와서 만났다.

8일정미 맑음. 조카 완(莞)이 들어왔다. 진원(珍原) 현감과 조카 해(荄)의 편지도 왔다.

9일무신 맑음. 각처에 답장을 써서 보냈다. 대청을 짓는 것을 다 마쳤다. 우우후(이정충)가 와서 만났다.

10일기유 맑음. 늦게 대청으로 나가 공무를 보았다. 우수사와 경상 수사가 함께 와서 조용히 이야기했다.

11일경술 맑음. 일찍 누대방으로 올라가 종일 공사를 감독하였다.

12일신해 맑음. 일찍 누대 위로 올라가 공사를 감독하였다. 서쪽 사랑채를 만들어 세웠다. 저녁에 송홍득이 들어왔는데, 함부로 지껄이는 말이 많았다.

13일임자 맑음. 일찍 새로 지은 누대에 올라가 대청에 흙을 올려 바르는데 투항해 온 왜인들에게 작업을 마치도록 하였다. 송홍득이 군관을 따라 갔다.

14일계축 맑음. 우수사와 경상 수사, 사도* 첨사, 여도 만호, 녹도 만호 등이

사도진성터 | 고흥군 영남면 금사리에 소재. 전라좌수영이 관할하는 해안수군진 5포의 하나이다. 현재는 진성이 훼손되고 성벽 일부가 남아 있다.
사도앞바다 | 사도진성터에서 바라본 앞바다.

와서 만났다.

15일^{갑인} 맑음. 새벽에 망궐례를 행했다. 저녁에 달빛 아래 우수사 이억기에게 가서 만나고 전별했다. 경상 수사, 미조항 첨사, 사도 첨사도 왔다.

16일^{을묘} 맑음. 새벽에 새로 지은 누대방으로 올라갔다. 우수사, 임치 첨사, 목포 만호 등이 떠났다. 그대로 새 누대방에서 잤다.

17일^{병진} 맑음. 아침에 가리포 첨사, 금갑도 만호가 와서 함께 아침 식사를 했다. 진주의 하응구(河應龜), 유기룡(柳起龍) 등이 계속 지원하는 쌀 20섬을 가지고 와서 바쳤다. 부안의 김성업(金成業)과 미조항첨사 성윤문이 와서 만났다. 정항이 보고하고 돌아갔다.

18일^{정사} 맑음. 권수사(권준)와 우우후(이정충)가 와서 만났다.

19일^{무오} 맑음. 아들 회(薈)와 면(葂)이 떠났다. 송두남이 장계를 가지고 서울로 갔다. 김성업도 돌아갔다. 이운룡이 와서 만났다. 군량 지원 담당자 하응문(河應文)과 유기룡(柳起龍)이 나갔다.

20일^{기미} 맑음. 늦게 가리포 첨사, 금갑도 만호, 남도포 만호, 사도 첨사, 여도 만호가 와서 만나고 그들에게 술을 먹여 보냈다. 저물녘에 영등포 만호도 와서 저녁 식사를 하고 돌아갔다. 이날 밤 바람은 몹시도 싸늘하고 차가운 달빛은 대낮 같아 자려해도 잠들지 못하고 밤새도록 뒤척거렸는데 온갖 근심이 가슴에 치밀었다.

21일^{경신} 맑음. 이설(李渫)이 휴가를 신청했으나 허락하지 않았다. 늦게 우우후 이정충, 금갑도만호 가안책, 이진(梨津) 권관(만호) 등이 와서 만났다. 바람이 몹시 싸늘하여 잠을 이룰 수 없기에 공태원(孔太元)을 불러 왜적의 정세를 물었다.

-사립(정사립)을 통하여 들으니, "경상 수백(권준)이 모함하는 말을 거짓으로 꾸미는데 손이 가는대로 글을 작성하고 , 문서로 작성하면 오로지 알려지지 않게 했다."고 하였다. 매우 놀랍다. 권수사의 사람됨이 어찌하여 그처럼 거짓되고 망령된 것인가. 늦게 미조항 첨사 성윤문이 와서 권준 수사의 형편없는 모습을 많이 말했다. -(일기초)

22일^{신유} 맑음. 가리포 첨사, 미조항 첨사, 우후 등이 와서 만났다. 저녁에 송희립, 박태수(朴台壽)³⁷, 양정언(梁廷彦)이 들어왔다. 왕에게 보낼 하례하는 글을 가지고 갈 유생도 들어왔다.

---

37 박태수는 처음 이름은 태수(鮐壽)였다. 당포해전에서 전공을 세우고 의병들이 추위와 기근으로 궁핍했을 때에 관아에 요청하여 지원하게 해주었다. 의주까지 선조를 호종하고 적을 정탐하는 일을 하다가 행재소에서 사망하였다.

가리포객사 | 완도군 완도읍 군내리에 소재. 첨사가 초하루 보름에 망궐례를 행하고 외국 사신과 파견 관리들의 숙소로 사용했다. 객사에 '청해관'이라고 적혀 있다.

23일임술 맑음. 아침에 하례하는 글을 보낸 뒤에 대청으로 나가 공무를 보았다.

24일계해 맑음. 경상 수사가 와서 만났다. 하응구(河應龜)도 와서 종일 이야기하고 저물어서 돌아갔다. 박태수(朴台壽)와 김대복(金大福)이 보고하고 돌아갔다.

25일갑자 맑음. 가리포* 첨사, 우후, 금갑도 만호, 회령포 만호, 녹도 만호 등이 와서 만나고 돌아갔다. 저녁에 정항이 돌아간다고 고하여 전별했다. 띠풀을 베어 올 일로 이상록, 김응겸, 하천수, 송의련(宋義連), 양수개(楊水漑) 등이 군사 80명을 거느리고 나갔다.

26일을축 맑음. 임달영이 왔다고 들었기에 불러서 제주도에 가는 일에 대해 물었다. 방답 첨사(장린)가 들어왔다. 송홍득과 송희립 등이 사냥하러 갔다.

-외삼촌의 제삿날이라 공무를 보지 않았다. -(일기초)

27일병인 맑음. 우우후와 가리포 첨사가 왔다.

28일정묘 맑음. 경상 우후(이의득)가 와서 만났다. 띠풀을 베러 갔던 배가 들어왔다. 밤에 비가 오고 우레가 치는 것이 여름철의 기상변화와 같으니 괴상한 일이다.

- 초경에 거센 바람과 폭우가 크게 일었다. 2경(오후 10시경)에 우레가 치고 비가 와서 여름철과 같으니 변괴가 이 지경에 이르렀다.(일기초)

29일무진 맑음. 가리포 첨사(이응표)와 이진 만호가 돌아갔다. 경상 수사(권준), 웅천 현감(이운룡), 천성보 만호(윤홍년)도 왔다.

11월

1일기사 새벽에 망궐례를 행했다. 늦게 나가 공무를 보았다. 사도 첨사가 나갔다. 함평, 진도, 무장의 전선을 내보냈다. 김희번(金希番)이 서울에서 내려와서 조정의 관보와 영의정의 편지를 바쳤다. 투항해 온 왜놈들에게 술을 먹였다. 오후에 방답 첨사와 활 7순을 쏘았다.

- 김희번이 서울에서 내려 와서 영의정의 편지와 조정의 관보 및 흉악한 원씨의 답서를 가져와 바치니, 지극히 흉악하고 거짓되어 입으로는 말할 수 없었다. 속이는 말들은 무엇으로도 형상하기 어려우니 천지 사이에 이 원씨처럼 흉패하고 망령된 이가 없을 것이다.(일기초)

2일경오 맑음. 곤양군수 이극일(李克一)[38]이 와서 만났다.

3일신미 맑음. 황득중이 들어와서, "왜선 2척이 청등(靑登)*을 거쳐 흉도(胸島)에 이르렀다가 해북도(海北島)*에 가까이 와서 불을 지르고 돌아가 춘원포 등지에 이르렀다."고 전하고는 새벽에 지도(紙島)로 돌아갔다.

4일임신 맑음. 새벽에 이종호와 강기경 등이 들어와서 만났다. 변존서의 편

---

38 이극일이 을미년부터 정유년까지 곤양 군수로 근무하였다.《곤양읍지》

청등 | 거제시 사등면 청곡리에 소재. 서쪽으로 약 3km지점에 고개도가 있고 여기서 견내량을 지나면 남쪽으로 3.5km지점에 해간도가 있다.

해북도 | 거제시 둔덕면에 소재하는 해간도로 거제와 통영사이 바다 가운데에 있다. 남쪽으로 멀리 화도와 한산도가 보인다.

지를 보니 조카 봉과 해 형제가 본영에 왔다고 했다.

- 직장 이여옥 형 집에서 이보(李甫)[39]의 편지가 오니 비통함을 참지 못했다. 곧바로 답서를 작성하여 보(甫)에게 보냈다. 쌀 2곡(斛 10말)과 6장의 기름종이[油芚], 4장의 유둔과 잡물 등의 3단을 또한 찾아서 보내도록 분부하였다.

- 또한 아들의 편지를 보니 "요동의 왕울덕(王鬱德)은 왕씨의 후예로서 군사를 일으키려 한다."고 하였다. 매우 놀랄 일이다. 우리 나라의 병사들이 쇠잔하고 피폐한데 이를 어찌하랴. - (일기초)

5일계유 맑음. 남해 현령, 금갑도 만호, 남도포 만호, 어란포* 만호, 회령포 만호와 정담수가 와서 만났다. 방답 첨사와 여도 만호를 불러다가 이야기했다.

6일갑술 맑음. 송희립이 들어왔다. 베어 온 띠풀 4백 동과 생칡 백 동을 실어 왔다.

7일을해 맑음. 하동 현감(최기준)이 교유서(教諭書)[40]에 숙배했다. 경상 우수사가 순찰사가 있는 곳에서 왔다. 미조항 첨사와 남해 현령도 왔다.

8일병자 맑음. 새벽에 조카 완(莞)과 종 경(京)이 본영으로 돌아갔다. 늦게 김

---

39 이보(1571~1638)는 자(字)가 요서(堯瑞)이고 이순신의 큰할아버지의 손자인 이은신의 아들이다.

40 교유서는 왕이 내린 교서와 유서로, 교서는 일반적인 명령서이고, 유서는 군사권이 있는 지방관에게 내리는 군사관련 명령서이다.

어란진성 | 해남 송지면 어란리에 소재. 지형이 난초와 같아서 어란리라고 했고, 전라우수영 관할하에 수군만호가 근무했다. 현재 성곽 일부와 경노당 앞의 수군만호비가 남아 있다.

응검과 경상도 순찰사의 군관 등이 왔다.

9일^{정축} 맑음. 여도 만호 김인영이 들어왔다.

10일^{무인} 맑음. 새벽에 경상도 순찰사의 군관이 돌아갔다.

11일^{기묘} 맑음. 새벽에 선조 임금의 탄신을 축하하는 예를 드렸다. 본영의 정탐선이 들어왔다. 주부 변존서, 이수원, 이원룡 등이 오는데, 그 편에 어머니께서 평안하시다는 말을 들었다. 기쁘고 다행이다. 저녁에 이의득이 와서 만났다. 금갑도 만호와 회령포 만호가 떠났다.

12일^{경진} 맑음. 발포의 임시대장으로 이설(李渫)을 정하여 보냈다.

13일^{신사} 맑음. 도양장에서 거둔 벼와 콩이 8백 2십 섬이었다.

14일^{임오} 맑음.

15일^{계미} 맑음. 아버님의 제삿날이라 밖에 나가지 않았다. 혼자 앉아서 그리워하는 생각에 마음을 스스로 가누지 못했다.

16일^{갑신} 맑음. 항복한 왜인 여문련기(汝文戀己), 야시로(也時老) 등이 와서, "왜인들이 도망가려 한다."고 보고했다. 그래서 우우후를 시켜 잡아오게 하여 그 주모자 준시(俊時) 등 두 명을 찾아내어 목을 베었다. 경상수사(권준)와

가덕도 앞바다 | 부산시 강서구 천가동 소재. 왼쪽으로 저도와 거제가 보이고 위로는 부산 강서가 보인다. 사진은 가덕도 천성항.

우후(이몽구), 웅천 현감(이운룡), 방답 첨사(장린), 남도포 만호(강응표), 어란포 만호(정담수), 녹도 만호(송여종)가 왔는데, 녹도 만호는 바로 떠났다.

17일을유 맑음.

18일병술 맑음. 어응린이 와서, "고니시 유키나가가 그 부하를 거느리고 바다로 나갔는데 어디로 갔는지 알 수 없다."고 전했다. 그래서 경상 수사에게 명을 전하여 바다와 육지를 정탐하게 했다. 늦게 하응문(河應文)이 와서 군량을 계속 대는 일에 대하여 보고했다. 조금 있으니 경상수사와 웅천현감 등이 와서 의논하고 갔다.

19일정해 맑음. 이른 아침에 도망갔던 왜인이 제발로 와서 인사했다. 2경(오후 10시경)에 조카 분(芬), 봉(菶), 해(荄)와 아들 회(薈)가 들어왔다. 어머님께서 평안하심을 알게 되니 기쁘고 다행이다. 하응문이 돌아갔다.

20일무자 맑음. 거제 현령과 영등포 만호가 와서 만났다.

21일기축 맑음. 북풍이 종일 불었다. 새벽에 송희립을 내보내어 견내량에 적선이 있는지를 조사하게 했다. 이날 저녁에 청어 13,240 두름을 곡식과 바꾸려고 이종호가 받아 갔다.

22일경인 맑음. 새벽에 동짓날의 임금께 하례를 고하는 숙배를 올렸다. 늦게 웅천 현감, 거제 현령, 안골포 만호, 옥포 만호, 경상 우후 등이 왔다. 변존서와 조카 봉(峯)이 함께 갔다.

23일신묘 맑으나 바람이 크게 불었다. 이종호가 하직하고 나갔다. 이날 견내량을 순찰하는 일로 경상 수사를 정하여 보냈으나, 바람이 몹시 사나워서 떠나지 못했다.

24일임진 맑음. 순찰선이 나갔다가 2경(오후 10시경)에 진으로 돌아왔다. 변익성(邊翼星)이 곡포 권관이 되어서 왔다.

25일계사 맑음. 식후에 곡포 권관의 공식 인사를 받았다. 늦게 경상 우후가 와서 "항복한 왜인 8명이 가덕도*에서 나왔다."고 전했다. 웅천 현감과 우우후, 남도포 만호, 방답 첨사, 당포 만호가 와서 만났다. 조카 분(芬)과 2경(오후 10시경)까지 이야기를 나누었다.

26일갑오 아침에 흐리더니 늦게 갰다. 식후에 나가서 공무를 보았다. 광양의 도훈도가 복병하러 나갔다가 도망간 자들을 잡아와서 처벌했다. 오시에 경상 수사가 왔다. 항복한 왜놈 8명과 그들을 데리고 온 김탁(金卓) 등 2명이 함께 왔기에 술을 먹였다. 김탁 등에게는 각각 무명 한 필씩을 주어 보냈다. 저녁에 유척(柳滌)과 임영(林英) 등이 왔다.

27일을미 맑음. 김응겸이 2년생 나무를 벌목해 올 일로 목수 5명을 데리고 갔다.

28일병신 맑음. 나라(예종)의 제삿날이라 출근하지 않았다. 유척과 임영이 돌아갔다. 조카들과 밤이 깊어질 때까지 이야기하였다.
- 오늘이 외삼촌의 기일이라 종일토록 밖에 나가지 않았다. -(일기초)

29일정유 맑음. 나라(인성왕후)의 제삿날이라 출근하지 않았다.

30일^{무술} 맑음. 남해에서 항복해 온 왜인 야여문(也汝文)과 신시(信是老) 등이 왔다. 경상 수사가 와서 만났다. 체찰사에게 보내는 토지세와 군량 30섬을 경상 수사가 받아 갔다.

12월

1일^{기해} 맑음. 새벽에 망궐례를 행했다.

2일^{경자} 맑음. 거제 현령(안위), 당포 만호(하종해), 곡포 권관(변익성) 등이 와서 만났다. 술을 대접하니 취해서 돌아갔다.

3일^{신축} 맑음.

4일^{임인} 맑음. 순천 2호선과 낙안 1호선의 군사를 점검하고 내보냈으나 바람이 순조롭지 못하여 출항하지 못했다. 조카 분과 해가 본영으로 갔다. 황득중과 오수(吳水) 등이 청어 7천여 두름을 싣고 왔기에 김희방(金希邦)의 곡식을 매매하는 배에 계산하여 주었다.

5일^{계묘} 맑으나 바람이 순하지 못했다. 몸이 불편한 것 같아 종일 나가지 않았다.

6일^{갑진} 맑음. 늦게 경상 수사가 와서 만났다. 저녁에 아들 울(蔚)이 들어와서 어머니께서 평안하시다는 것을 알게 되니 한없이 기쁘고 다행이다.

7일^{을사} 맑으나 바람이 순하지 못하다. 웅천 현감, 거제 현령, 평산포 만호, 천성보 만호 등이 와서 만나고 갔다. 청주의 이희남에게 답장을 써서 보냈다.

8일^{병오} 맑음. 우우후와 남도포 만호가 와서 만났다. 체찰사의 전령이 왔는데, 가까운 시일에 소비포에서 만나자고 했다.

9일^{정미} 맑음. 몸이 불편하여 밤새도록 신음했다. 거제 현령(안위)과 안골포

합포성지 | 창원시 마산합포구 산호동에 소재. 본래는 경상우도 병마절도사영이었는데, 1593년 병영을 진주로 옮기면서 합포진의 진성으로 남게 되었다.

만호 우수(禹壽)⁴¹ 등이 와서, "적들이 물러갈 뜻이 없는 것 같다."고 말했다. 하응구(河應龜)도 왔다.

10일^{무신} 맑음. 충청도 순찰사(박홍로)와 충청 수사(선거이)에게 공문을 작성하여 보냈다.

11일^{기유} 맑음. 조카 해와 분이 무사히 본영에 도착했다는 편지를 받아보니 기쁘고 다행이다. 그러나 그 고생하는 사정이야 말로 다 표현할 수 없을 것이다.

12일^{경술} 맑음. 경상 수사가 와서 만났다. 우후도 왔다.

13일^{신해} 맑음. 왜의(倭衣) 50벌과 연폭(連幅) (이하 결문). 초경(밤 8시경)에 종돌세[石世]가 와서 말하기를, "왜선(倭船) 3척과 작은배 1척이 등산(登山, 창원

---

41 우수(1557~?)는 거제도 출신 장수로서 우첨급(禹斬級)의 아들이다. 안골포 만호로서 웅포, 당항포, 장문포, 칠천량, 명량, 노량해전에 참전하였다. 해상지형에 밝았고 부산포 앞바다에서 이순신의 목숨을 구하기도 했다.

시 진해면) 바깥 바다로부터 와서 합포(合浦)*에 정박했다."고 한다. 이는 필시 사냥하는 왜군인 것 같아 바로 경상 수사(권준), 방답 첨사(장린), 전라 우우후 (이정충)에게 명하여 정탐해 보도록 하였다.

14일^{일자} 맑음. 경상 수사와 여러 장수들이 합포로 나아가 왜놈들을 타일렀다. 미조항 첨사(성윤문)와 남해 현령(기효근), 하동 현감(최기준)이 들어왔다.

15일^{계축} 맑음. 체찰사의 처소로 나아갔던 포구의 관리가 와서, "18일에 삼천포에서 만나자."고 한다기에 떠날 준비를 하였다. 초저녁에 경상 수사가 와서 만났다.

16일^{갑인} 맑음. 5경(새벽 4시경)에 배를 출발하여 달빛을 타고 당포 앞바다에 도착하여 아침을 먹고 다시 사량도 뒷바다에 도착했다.

17일^{을묘} 비가 뿌렸다. 삼천진 앞에 이르니, 체찰사(이원익)가 사천(泗川)에 이르렀다고 한다.

18일^{병진} 맑음. 아침식사 후 삼천진에 나아갔다. 오시에 체찰사가 성안에 들어와서 함께 조용히 이야기했다. 초저녁에 체찰사가 또 함께 이야기하자고 청하므로 4경(새벽 2시경)까지 이야기하다가 헤어졌다.

19일^{정사} 맑음. 아침 식사 후에 나가 공무를 보고 군사들에게 음식을 먹였다. 다 먹인 뒤에 체찰사가 떠나고, 나도 배로 내려왔다. 바람이 몹시 사나워 배를 몰 수 없었다. 그대로 머물러 정박하고 밤을 지냈다.

20일^{무오} 맑음. 바람이 크게 불었다. (이후 21일부터 30일까지 빠져있음)

병신일기
丙申日記

이순신의 주요 활동

1월 청어를 잡아 군량 5백 섬을 비축하고, 2월 흥양 둔전의 벼 352섬을 받았다. 4월 장사를 가장한 부산의 정탐 왜병 4명을 효수했다. 6월 조정에서 이순신과 원균간의 문제를 논하였다. 7월 귀순한 왜병이 광대놀이를 했고, 명나라 사신 수행원의 배 3척을 보냈다. 윤8월 무과시험장을 열고, 체찰사 이원익과 순회했다. 겨울에 요시라가 이순신을 모함하는 간계를 냈다.

그 외 주요 사건

1월 심유경이 고니시 유키나가와 함께 일본에 갔다. 2월 곽재우가 경상방어사가 되고 3월 요시라와 이홍발이 회담했다. 이원익이 원균에게 곤장 40대를 쳤다. 4월 유키나가가 부산에 오고, 6월 원균이 전라병사가 되고 양방형이 일본에 갔다. 7월 이몽학의 난이 일어나고 8월 김덕령이 옥사했다. 9월 오사카에서 명나라와 강화협상을 했으나 결렬되었다. 10월 일본은 재침 준비에 착수하고 11월 이원익이 남하하고 12월 유키나가가 부산에 상륙했다.

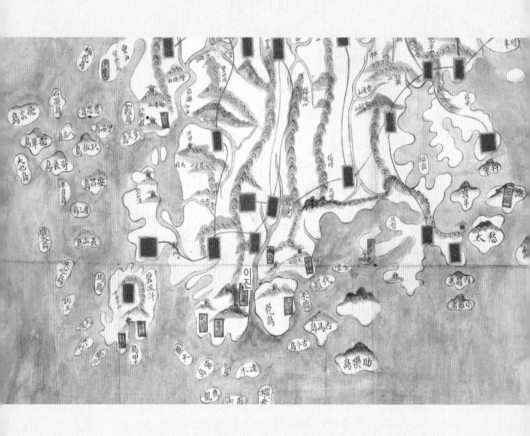

이진, 《팔도지도》사진 규장각한국학연구원/서울대중앙도서관 ⓒ

병신년(1596)

명일 간의 강화협상이 결렬되고 다시 전운이 감돌다

1월

1일^{무진} 맑음. 4경 초(새벽 1시경)에 어머님 앞에 들어가 배알하였다. 늦게 남양(南陽) 아저씨와 신사과(申司果)가 와서 이야기했다. 저녁에 어머니께 하직하고 본영으로 돌아왔다. 마음이 매우 산란하여 밤새도록 잠들지 못했다.

2일^{기사} 맑음. 일찍 나가 병기를 점검했다. (덕은 몸을 윤택하게 한다[德潤身])[1] 이 날은 나라(인순왕후)의 제삿날이다. 부장(部將) 이계(李繼)가 비변사의 공문을 가지고 왔다.

3일^{경오} 맑음. 새벽에 바다로 내려가니 아우 우신과 (덕은 몸을 윤택하게 한다[德潤身]) 여러 조카들이 모두 배 위로 왔다. 날이 밝아 배를 띄우고 서로 작별하였다. 정오에 곡포(남해 이동 화계리)바다 가운데에 이르니, 동풍이 약간 불었다. 상주포 앞바다에 이르니 바람이 자서 노를 재촉하여 3경(자정 경)에 사량(蛇梁)에 도착하여 잤다.

4일^{신미} 맑음. 4경 초에 첫 나발을 불고 날이 새자 배를 띄웠다. 이여염이 와서 만났다. 진중의 일을 물으니, 모두 여전하다고 했다. 신시(오후 4시경)에 가

---

1 2일자 내용 우변에 "덕윤신(德潤身)"이 적혀있는데, 《대학장구 전6장》에서 나오는 말이다. 증자(曾子)가 "부는 집을 윤택하게 하고, 덕은 몸을 윤택하게 하는 것이니, 덕이 있으면 마음이 넓어지고 몸이 펴져서 태연해진다."라고 하였다. 다음 3일자에도 적혀 있다.

랑비가 보슬보슬 내렸다. 걸망포에 이르니, 경상수사(권준)가 여러 장수들을 거느리고 나와 기다렸다. 우후(이몽구)는 먼저 배 위로 왔으나 몹시 취해 정신을 차리지 못하여 바로 자기 배로 돌아갔다. 송한련(宋漢連)과 송한(宋漢) 등이 말하기를, "청어 천여 두름을 잡아다 널었는데, 통제사께서 행차하신 뒤에 잡은 것이 1,800여 두름이나 됩니다."라고 했다. 비가 크게 내려 밤새도록 걷히지 않았다. 여러 장수들이 저물녘에 출발했는데, 길이 질어서 넘어진 사람이 많았다고 한다. 기효근과 김축이 휴가를 받아 돌아갔다.

- 진영에 도착했다. -(일기초)

5일임신 종일 비가 내렸다. 먼동이 틀 때에 우후와 방답 첨사(장린), 사도 첨사(김완)가 와서 문안했다. 나는 서둘러 세수하고 방밖으로 나가 그들을 불러들여 지난 사정을 물었다. 늦게 첨사 성윤문, 우우후 이정충, 웅천 현감 이운룡, 거제 현령 안위, 안골포 만호 우수, 옥포만호 이담이 왔다가 어두워진 뒤에 돌아갔다. 이몽상(李夢象)도 권수사(권준)가 보낸 것이라고 와서 문안하고 돌아갔다.

6일계유 비가 계속 내렸다. 오수(吳水)가 청어 1,310두름을, 박춘양(朴春陽)은 787두름을 바쳤는데, 하천수가 받아다가 말리기로 했다. 황득중은 202두름을 바쳤다. 종일 비가 내렸다. 사도첨사가 술을 가지고 와서 말하기를, "군량 5백여 섬을 마련해 놓았다."고 했다.

7일갑술 맑음. 이른 아침에 이영남이 눈독 들였던 여인이 와서 말하기를, "권숙(權俶)[2]이 사통하려고 하여 피해 왔는데, 바로 다른 곳으로 가겠다."고 했다. 늦게 권수사(권준)와 우후, 사도 첨사(김완), 방답 첨사(장린)가 오고 권숙도 왔다. 미시(오후 1시경)에 견내량의 복병장인 삼천포 권관이 급히 보고하기를 "항복한 왜인 5명이 부산에서 왔다."고 하였다. 그래서 안골포 만호 우수(禹壽)와 공태원(孔太元)을 보냈다. 날씨가 매우 춥고 서풍이 매서웠다.

---

2 권숙은 성균관 박사 이치(李致)의 사위이다. 이치는 덕수이씨로 이순신의 증조부 이거(李琚)의 아우 이찬(李璨)의 손자이다. 풍저창수(豊儲倉守)를 지냈다.

8일^{을해} 맑음. 입춘인데도 날씨가 몹시 차가워 매서운 한겨울 같다. 아침에 전라 우우후(이정충)와 방답 첨사(장린)를 불러 함께 약식(藥食)을 먹었다. 아침 일찍 항복한 왜인 5명이 들어왔기에 온 연유를 물으니, "저희 장수가 성질이 포악하고 일을 부리는 것이 고되어 도망 나와 투항했습니다."라고 하였다. 그들의 크고 작은 칼들을 거두어 누대 위에 두었다. 그러나 실은 부산에 있던 왜적이 아니고 가덕도에 있는 시마즈 요시히로(島津義弘)의 부하라고 하였다.

9일^{병자} 흐리고 추워서 살을 도리는 것 같았다. 오수가 잡은 청어 360두름을 하천수가 싣고 갔다. 각처에 공문을 작성하여 보냈다. 저물녘에 경상 수사가 와서 방비책을 논의했다. 서풍이 종일 불어서 배가 바다에 나가지 못했다.

10일^{정축} 맑았으나 서풍이 크게 불었다. 이른 아침에 적이 다시 나올지를 점쳤더니, "수레에 바퀴가 없는 것과 같다[如車無輪]."는 괘가 나왔다. 다시 점을 쳤더니, "군왕을 만나본 것과 같다[如見君王]."는 괘가 나와 모두 길한 괘라서 기뻤다. 식후에 대청으로 나가 공무를 보았다. 전라 우우후(이정충)와 어란 만호(정담수)가 와서 만났다. 사도 첨사(김완)도 왔다. 체찰사(이원익)가 나누어 준 여러 가지 물품을 세 위장(衛將, 오위 지휘 장수)에게 나누어 주었다. 웅천 현감(이운룡), 곡포 권관(변익성), 삼천포 권관, 적량 만호(고여우)가 함께 와서 만났다.

11일^{무인} 맑음. 서풍이 밤새도록 크게 부니 한겨울보다 배로 추웠다. 몸이 몹시 불편했다. 늦게 거제 현령(안위)이 와서 만났는데, 경상 수사(권준)의 옳지 못한 일을 자세히 말했다. 광양 현감(김성(金晟))[3]이 들어왔다.

12일^{기묘} 맑았으나 서풍이 크게 불어 추위가 배로 매서웠다. 4경(새벽 2시경)에 꿈을 꾸었는데 어느 한 곳에 이르러 영의정(유성룡)과 함께 이야기를 나누고 있었다. 한동안 둘 다 걸친 옷을 벗어 놓고 앉았다 누웠다하며 서로 우국

---

3 김성이 1595년 11월부터 1596년 6월까지 광양현감으로 근무했다.《광양읍지》남원출신의 의병으로서 왜군을 토벌하고 훈련원 주부를 지냈다.

금이포 | 거제시 사등면 사등리 금포. 이 해안이 곶처럼 굽어 있어 현재는 항구로 사용하고 있다. 동쪽에는 사곡의 만이 있고 북쪽에는 가조도가 있다.

에 대한 생각을 털어 놓다가 끝내 속내를 쏟아내면서 극에 달했다. 얼마 후 비바람이 억세게 치는데도 흩어지지 않고 조용히 이야기하는 사이 만일 서쪽의 적이 급한데 남쪽의 적까지 동원된다면 임금은 어디로 가시겠는가를 되풀이하며 걱정하다가 말할 바를 알지 못했다. 예전에 영의정이 천식을 심하게 앓는다고 들었는데 잘 나았는지 모르겠다. 척자점(擲字占)을 쳐보니 "바람이 물결을 일으키는 것과 같다[如風起浪]."는 괘가 나왔다. 또 오늘 어떤 길흉의 조짐을 들을지 점쳤더니, "가난한 사람이 보물을 얻은 것과 같다[如貧得寶]."고 했다. 이 괘는 매우 길하다. 어제 저녁에 종 금(金)을 본영으로 내보냈는데 바람이 몹시 거세어 걱정이 되었다. 늦게 나가서 공무를 보며 각지의 공문을 작성하여 보냈다. 낙안 군수(선의문)[4]가 들어왔다. 웅천 현감(이운룡)의 보고에, "왜선 14척이 와서 거제의 금이포(金伊浦)*에 정박했다."고 하기에 경상 수사에게 삼도의 여러 장수들을 거느리고 가 보도록 하였다.

---

4 선의문은 임진왜란 때 조전장으로 불리었고 1593년 최경장의 휘하에서 호남의병군 부장으로 활동하다가 김덕령 부대로 이속되었다. 낙안군수와 대구부사, 진도군수를 역임하였다.

낙안읍성 동헌 | 낙안면 동내리에 소재. 수령이 행정과 송사를 맡아 보던 곳으로 동헌 현판 이름이 "사무당(使無堂)"이다.
흥양(고흥)관아 | 고흥읍 옥하리에 소재. 흥양현의 동헌으로 존심당과 관아문이 남아 있다. 관아문에 "고흥아문"이라고
써져 있다.

13일경진 맑음. 아침에 경상 수사가 와서 견내량으로 출항할 것을 고하고
떠났다. 늦게 대청으로 나가 공문을 작성하여 보냈다. 체찰사(이원익)에게 올
리는 공문을 보냈다. 성균관의 종은, '유생들이 성균관의 학문을 다시 세운다
는 글'을 가지고 온 자인데, 고하고 돌아갔다. 이날 바람이 자고 날씨가 따뜻
했다. 이날 저녁 달빛은 대낮 같고 잔바람도 일지 않았다. 홀로 앉아 있으니
마음이 번잡하여 잠을 이루지 못했다. 신홍수(申弘壽)[5]를 불러서 피리 부는
소리를 듣다가 밤 2경(오후 10시경)에 잠들었다.

---

5 신홍수(1567~1619)는 이순신의 휘하로서 옥포와 노량해전에서 전공을 세우고, 권율의 휘하에서
는 행주대첩에서 전공을 세웠다. 군자감 주부와 훈련원 정을 지냈다.

14일신사 맑았으나 바람이 크게 불었다. 늦게 바람이 자고 날씨는 따뜻한 것 같다. 흥양 현감이 들어왔다. 정사립, 김대복이 들어왔다. 조기(趙琦)[6]와 김숙(金俶)도 함께 왔다. 그 편에 연안에 있는 옥(玉)의 외조모의 상사(喪事)를 들었다. 밤 늦게까지 이야기했다.

15일임오 맑고 따뜻하다. 사경 말(새벽 3시경)에 망궐례를 행했다. 아침에 낙안* 군수와 흥양* 현감(홍유의)을 불러 아침 식사를 함께 했다. 늦게 대청으로 나가 공문을 작성하여 나누어 보내고 항복한 왜인에게 술과 음식을 먹였다. 낙안과 흥양의 전선과 병기, 부속물 및 사부(활 쏘는 병사)와 격군(보조사공)들을 점검하니 낙안의 것이 가장 잘못됐다고 했다. 이 날 저녁 달빛이 매우 밝으니 풍년을 점칠 수 있다고 한다.

16일계미 맑음. 서리가 눈처럼 내렸다. 늦게 나가 공무를 보았다. 아주 늦게 경상 수사(권준)와 전라 우우후(이정충) 등이 와서 만났다. 웅천 현감(이운룡)도 와서 취하여 돌아갔다.

17일신유 맑음. 아침에 방답 첨사(장린)가 휴가를 받고서 변존서와 조카 분(芬), 김숙(金橚)[7]과 배를 함께 타고 떠났다. 마음이 편치 않았다. 정오에 나가 공무를 보았다. 우후를 불러 활을 쏠 때 성윤문과 변익성이 와서 만나고 함께 활을 쏘고서 돌아갔다. 어두울 무렵 강대수(姜大壽) 등이 편지를 가지고 들어왔는데, 종 금(金)이 16일에 본영에 도착했다고 한다. 종 경(京)이 돌아와서 말하기를, "아들 회가 오늘 은진(논산)으로 돌아간다."고 했다.

18일을유 맑음. 아침부터 종일 군복을 마름질했다. 늦게 곤양 군수(이극일)와 사천* 현감(변속(邊涑)[8]이 왔다가 취해서 돌아갔다. 동래 현령(정광좌)이 급히

---

6 조기(1574~?)는 조침(趙琛)의 손자로 무과에 급제하고 경상우도 병마절도사를 지내고, 부총관을 역임하였다.《승평지》끝으로 함평 현감을 지냈다.

7 김숙(1570~?)은 김구(金絿)의 3대손으로 덕산현감을 지냈다.《광해군일기》12년(1620)에, "부지런하고 유능하여 이진영(李震英)과 함께 번와소(燔瓦所)에 차임되었다."는 기록이 있다.

8 변속(1561~?)은 변양언(邊良彦)의 아들이다. 1595년 11월부터 1596년 12월까지 사천현감으로 근무했다.《사천현읍지〈환적〉》

사천읍성 침오정 | 사천시 선인리에 소재. 조선 세종 때 왜구를 방어하기 위해 축조되었고, 정유재란 때 정기룡이 이끈 조
명연합군과 일본군이 격전을 벌인 곳이다.
사천읍 장사나무 | 사천읍성 경내 소재. 수령 592년. 향시를 치른 유생들이 이 나무아래에서 강론을 하고 현감이 외지의
귀빈을 모시고 전경을 설명한 곳이다.

보고하기를, "왜인들이 마음이 자주 바뀌는 모습이 자주 보이고, 유격 심유
경이 고니시 유키나가와 함께 1월 16일에 먼저 일본으로 갔다."[9]고 했다.

19일^{병술} 맑고 따뜻했다. 늦게 나가서 공무를 보았다. 사도 첨사와 여도 만
호가 왔고 전라 좌우후(이몽구)와 곤양 군수(이극일)도 왔다. 경상 수사(권준)
도 와서 전라 우우후(이정충)를 불렀는데, 곤양 군수가 술을 차려 올리고 조
용히 이야기했다. 부산의 적진에 들어갔던 네 사람이 와서 "심유경이 고니
시 유키나가, 겐소(玄蘇)[10], 데라자와 마사나리(寺澤正成), 고니시히(小西飛)와
함께 정월 16일 새벽에 바다를 건너갔다."는 소식을 전했다. 그래서 그들에
게 양식 3말을 주어 보냈다. 이날 저녁에 박자방(朴自邦)은 서순찰사(서성)가

---

9 심유경과 고니시 유키나가가 조칙 맞을 절차를 의논한다는 핑계로 먼저 일본에 들어갔다.(《선조실
  록》1596년 1월 1일) 4일에 이들이 명나라 책봉사로 먼저 나고야에 당도하자, 도요토미 히데요시가
  회동하는 조칙을 맞을 절차를 밟았다.(기타지마 만지)

10 겐소는 일본 성복사(聖福寺)의 승려이고 고니시 유키나가의 휘하 참모이다. 대마도의 소요시토
   시(宗義智)를 따라 조선에 사신으로 와서 정탐하고 강화를 논할 때마다 참석을 했는데 1595년
   명나라로부터 본광선사(本光禪師)란 칭호를 받기도 했다.

진영에 온다고 하기 때문에 여러 가지 물건을 가지러 본영으로 갔다. 오늘 메주를 쑤었다.

20일^{정해} 종일 비가 내렸다. 몸이 매우 피곤하여 낮잠을 잠깐 잤다. 미시(오후 2시경)에 메주 만드는 것을 끝내고 부뚜막에 들여놓았다. 낙안 군수가 와서, "둔전에서 거둔 벼를 실어왔다."고 고했다.

21일^{무자} 맑음. 아침에 나가 공무를 보았다. 체찰사(이원익) 앞으로 보낼 순천의 공문을 작성했다. 식후에 미조항 첨사(성윤문)와 흥양 현감(홍유의)이 보러 왔기에 술을 먹여 보냈다. 미조항 첨사는 휴가를 보고했다. 늦게 대청으로 나가니 사도 첨사(김완), 여도 만호(김인영), 사천 현감(변속), 광양 현감(김성), 곡포 권관(변익성)이 와서 만나고 돌아갔다. 곤양 군수(이극일)도 와서 활 10순을 쏘았다.

22일^{기축} 맑음. 지극히 춥고 바람도 매우 험하여 종일 나가지 않았다. 늦게 경상 우후 이의득이 와서 수사(권준)의 경박하고 망령됨을 전했다. 이날 밤은 바람이 차고 거세니 아이들이 들어오는데 고생할까 염려되었다.

23일^{경인} 맑음. 바람이 찼다. 작은 형님(요신)의 제삿날이라 나가지 않았다. 심사가 매우 어지럽다. 아침에 옷 없는 군사 17명에게 옷을 주고는 여벌로 옷 한 벌씩 더 주었다. 하루 종일 바람이 험했다. 저녁에 가덕에서 나온 김인복(金仁福)[11]이 와서 인사하므로 적의 정세를 물어 보았다. 밤 이경에 아들 면과 조카 완 및 최대성, 신여윤, 박자방이 본영에서 와서 어머니께서 평안하시다는 편지를 보게 되니 기쁜 마음 어찌 다하랴. 종 경(京)도 왔다. 종 금(金)은 애수(愛壽)와 금곡(金谷, 아산 배방 중리(中里))에 사는 종 한성(漢城), 공석(孔石) 등과 함께 왔다. 3경(자정 경)에 잠자리에 들었다. 눈이 2치[寸, 6cm] 내렸는데, 근년에 없는 일이라고 한다. 이날 밤 몸이 매우 불편했다.

---

11 김인복은 김충효의 아들이며 김대복의 사촌 동생이다. 훈련원 주부로서 선조를 의주까지 호종하였다. 재종형 김억추와 함께 이순신의 휘하로 들어갔고, 명량해전에서 부상을 입은 몸으로 참전했다.

24일신묘 맑음. 북풍이 크게 일어 눈보라 치면서 모래까지 날리니 사람들이 걸어 다닐 수 없었고 배도 다닐 수 없었다. 새벽에 견내량의 매복한 병사가 보고하기를, "어제 왜놈 한명이 매복한 병사에게 와서 항복하여 들어오기를 청한다."고 하기에 데려오라

고 회답했다. 늦게 좌우후(이몽구)와 우우후(이정충), 사도 첨사(김완)가 와서 만났다.

25일임진 맑음.

26일계사 맑으나 바람이 순하지 못했다. 나가서 공무를 보고 활을 쏘았다.

27일갑오 맑고 따뜻하였다. 아침 식사 후에 나가 공무를 보았다. 장흥 부사(배흥립)의 죄를 조사한 뒤에 흥양 현감(홍유의)과 함께 이야기했다. 늦게 경상우도 순찰사(서성)가 들어왔기에 신시에 전라우수사(이억기)의 진영*으로 가서 만나고 3경(자정 경)에 돌아왔다. 사도(蛇渡)의 관리가 화약을 훔치다가 붙잡혔다.

28일을미 맑음. 늦게 나가 공무를 보았다. 오시에 순찰사(서성)가 와서 활을 쏘고 함께 이야기했다. 순찰사가 나와 상대하여 활쏘기를 하여 7푼을 졌는데, 아쉬운 기색이 없지 않았다. 우스웠다. 군관 3명도 다 졌다. 밤이 깊도록 취하여 돌아갔다. 우스웠다.

29일병신 종일 비가 내렸다. 아침 식사 후에 경상도 진으로 가서 순찰사와 함께 조용히 이야기했다. 오후에 활을 쏘았는데, 순찰사가 9푼을 지고 김대복(金大福)이 활쏘기에서 일등하였다.[12] 피리 소리를 듣다가 삼경에 헤어지고

---

12 기존 판본과 달리 독보(獨步)[국사편찬위원회《난중일기초본》(1930)]를 참고하여 일등으로 해석하였다.

진영으로 돌아왔다. 저녁에 사도에서 화약을 훔친 자가 도망갔다.

30일^{정유} 비가 계속 오다가 늦게 갰다. 나가서 공무를 보는데 군관들이 활을 쏘았다. 천성보 만호(윤홍년), 여도 만호(김인영), 적량 만호(고여우) 등이 와서 만나고 돌아갔다. 이 날 저녁 청주에 사는 이희남의 종 4명과 준복(俊福)이 들어왔다.

2월

1일^{무술} 아침에 흐리더니 늦게 갰다. 여러 장수들과 함께 활을 쏘았다. 권숙 (權俶)이 이곳에 왔다가 취해서 갔다.

2일^{기해} 맑고 따뜻하다. 아들 울(蔚)과 조기(趙玘)가 배를 함께 타고 나갔다. 우후도 갔다. 저녁에 사도첨사가 와서 "어사의 장계로 파면되었다."고 전하므로 바로 장계 초본을 작성했다.

3일^{경자} 맑고 바람이 크게 불었다. 혼자 앉아서 자식이 떠난 것을 생각하니, 마음이 편치 않다. 아침에 장계를 수정했다. 경상 수사(권준)가 와서 만났다. 그 편에 "적량 만호 고여우가 장담년(張聃年)에게 소송을 당하고 순찰사 (서성)가 장계를 올려 파면시키려고 한다."고 하였다. 초저녁에 어란 만호(정담수)가 견내량의 복병한 곳으로부터 와서 보고하기를, "부산의 왜놈 3명이 성주(星州)에서 투항한 사람을 거느리고 복병한 곳에 와서 물품을 교환하여 장사를 하고자 한다."고 하였다. 그래서 곧 장흥 부사(배흥립)에게 명령을 전하여 "내일 새벽에 가서 보고 타일러 쫓으라."고 하였다. 이 왜적들이 어찌 물건을 사려고 한 것이겠는가. 우리의 허실을 엿보기 위한 것이 틀림없다.

4일^{신축} 맑음. 아침에 장계를 봉하여 사도(蛇渡) 사람 진무성(陳武晟)에게 부쳤다. 영의정(유성룡)과 신식(申湜) 두 집에 문안 편지도 함께 덧붙여 보냈다. 늦

패도 | 환도와 같음. 조선시대의 환도로 부산 동래구에서 출토됨. 사진 부산광역시립박물관ⓒ

게 흥양 현감(홍유의)이 와서 만나고 돌아갔다. 오후에 활 10순을 쏘았다. 여도 만호(김인영), 거제 현령(안위), 당포 만호(안이명), 옥포 만호(이담)도 왔다. 저녁에 장흥 부사(배흥립)가 병사를 매복한 곳에서 돌아와 왜놈들이 돌아갔다고 전했다.

5일임인 아침에 흐리더니 늦게 갰다. 사도 첨사(김완)와 장흥 부사(배흥립)가 일찍 왔기에 아침밥을 함께 먹었다. 식후에 권숙이 와서 돌아간다고 고하므로 종이와 먹 2개, 패도(佩刀)*를 주어 보냈다. 늦게 삼도의 여러 장수들을 불러 모아 위로연을 열고, 겸하여 활도 쏘고 풍악도 울리고 취한 뒤에 자리를 파하였다. 웅천 현감(이운룡)이 손인갑(孫仁甲)[13]의 옛 여인을 데려왔기에 여러 장수들과 함께 가야금 몇 곡조를 들었다. 저녁에 김기실(金己實)이 순천에서 돌아왔는데, 그 편에 어머님이 평안하시다는 소식을 알았으니 매우 기쁘고 다행이었다. 전라우수사(이억기)의 편지가 왔는데 약속한 기한을 늦추자고 하니, 우습고도 한심스러웠다.

6일계묘 흐림. 새벽에 목수 10명을 거제로 보내어 배를 만들도록 분부하였다. 이날 침방에 벽 흙이 떨어진 곳이 많아 수리했다. 사도 첨사 김완은 조도

---

13 손인갑은 합천의병장 출신으로 활동하였고, 낙동강 무계(茂溪)에서 적병 백 여명을 사살하였다. 초계의 마진(馬津)에서 왜적의 큰 부대를 격파하였고, 남은 왜선을 추격하다가 전사하였다.

흥양읍성 | 고흥군 옥하리에 소재. 조선초기의 전형적인 읍성으로 왜구의 침입을 막기 위해 축조하였다. 성벽의 길이가 3백m.

어사의 장계로 파면되었다는 기별이 또 와서 본래의 진영[14]으로 보냈다. 순천 별감 유(兪) 아무개와 군관 장응진(張應軫) 등을 처벌하고 바로 누대로 들어왔다. 송한련이 숭어를 잡아 와서 여도 첨사, 낙안 군수, 흥양 현감을 불러 함께 나누어 먹었다. 적량 만호 고여우가 큰 매를 안고 왔으나 오른쪽 발가락이 다 얼어서 문드러졌으니 어찌하겠는가. 초경(밤 8시경)에 잠깐 땀을 냈다.

7일갑진 아침에 흐리다가 동풍이 크게 불었다. 몸이 좋지 않다. 늦게 나가 군사들에게 음식을 먹였다. 장흥 부사(배흥립), 전라좌우후(이몽구), 낙안 군수, 흥양 현감(홍유의)을 불러 이야기하다가 해가 저물어 헤어졌다.

8일을사 맑음. 이른 아침에 녹도 만호(송여종)가 와서 만났다. 아침에 벗나무 껍질을 마름질했다. 늦게 손인갑이 눈독들인 여인이 들어왔다. 얼마 후 오철 (吳轍)과 현응원(玄應元)을 불러 사정을 물었다. 저녁에 군량에 대한 장부를 만들고 흥양*의 둔전에서 추수한 벼 352섬을 받아들였다. 서풍이 크게 불어 배

14 사도첨사 김완이 파직되어 본래 소속 진영인 사도진(蛇渡鎭)으로 보냈다. 이는 흥양에 출몰하는 왜군을 방어하기 위해 축조된 수군진영으로 전남 고흥군 영남면 금사리에 소재한다.

가 다닐 수 없었다. 유황(柳滉)을 떠나보내려고 했는데 갈 수 없었다.

9일병오 맑음. 서풍이 크게 불어 배가 통행하지 못했다. 늦게 권수사(권준)가 와서 이야기하고 활 10순을 쏘았다. 저녁에 바람이 그쳤다. 견내량과 부산에 있는 왜선 2척이 나왔다는 말을 듣고서 웅천 현감(김충민)과 우후(이정충)를 보내어 탐색하게 했다.

10일정미 맑고 온화했다. 일찍 박춘양이 대나무를 싣고 왔다. 늦게 나가 공무를 보고 태구생을 처벌했다. 저녁에 직접 창고를 지을 곳을 살펴보았다. 아침에 웅천 현감과 우우후가 견내량으로부터 돌아와서 왜인들이 겁에 질려 두려워하는 모습을 보고했다. 어두울 무렵 창녕사람이 술을 바쳐 밤이 깊어서야 헤어졌다.

11일무신 맑음. 아침에 체찰사(이원익) 앞으로 갈 공문을 작성하여 성첩(成貼)하여[15] 보냈다. 보성의 군량지원 담당자 임찬(林贊)이 소금 50섬을 실어 갔다. 임달영이 제주에서 돌아왔는데, 제주 목사(이경록)의 편지와 박종백(朴宗伯), 김응수(金應綏)의 편지를 가지고 왔다. 늦게 장흥 부사(배흥립)와 전라우우후(이정충)가 왔기에 또 낙안 군수(선의문)와 흥양 현감(홍유의)을 불러 활을 쏘았다. 초저녁에 영등포 만호(조계종)가 그 첩을 데리고 술을 갖고 와서 권했다. 어린 아이도 왔는데 놔두고 돌아갔다. 땀을 흘렸다.

12일기유 맑음. 일찍 창녕사람이 웅천의 별장으로 돌아갔다. 아침에 화살대 50개를 경상 수사(권준)에게 보냈다. 늦게 수사가 와서 함께 이야기했다. 저녁에 활을 쏘았다. 장흥 부사(배흥립)와 흥양 현감(홍유의)도 함께 쏘다가 어둘 무렵에 헤어졌다. 어린 아이가 초경(밤 8시경)에 돌아갔다.

13일경술 맑음. 식후에 나가 공무를 보았다. 강진 현감(이극신)이 기한에 늦은 죄를 처벌했다. 가리포 첨사(이응표)는 논의를 보고한 것이 기한에 늦었기에 타일러서 내보냈다. 영암 군수(박홍장)를 파면시킬 장계의 초본을 작성하였

---

15 성첩은 문서에 수결을 하고 관인을 찍어 마무리하는 일이다.

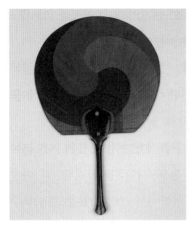

삼색부채 | 조선시대의 삼색을 넣은 태극선. 사진 국립민속박물관ⓒ

다. 저녁에 어란포 만호가 돌아갔다. 임달영도 돌아갔다. 제주 목사에게 답장을 보내는데 청어, 대구, 화살대, 곶감, 삼색 부채*를 봉해서 보냈다.

14일신해 맑음. 늦게 나가 공무를 보고 장계 초본을 수정했다. 동복(同福)의 군량지원 담당자 김덕린(金德麟)16이 와서 인사했다. 경상 수사가 쑥떡과 초 한 쌍을 보내왔다. 새로 지은 곳간에 지붕을 덮고는 낙안 군수(선의문)와 녹도 만호(송여종) 등을 불러서 떡을 먹었다. 얼마 후 강진 현감이 와서 인사하기에 위로하고 술을 마시게 했다. 저녁에 물을 부엌가로 끌어들여 물 긷는 수고로움을 덜어주었다. 이날 밤 바다의 달빛은 대낮 같고 물결 빛은 비단결 같았다. 홀로 높은 누대에 기대어 있노라니 마음이 몹시 어지러워 밤이 깊어서야 잠들었다. 홍양의 담당관리 송상문(宋象文)이 와서 쌀과 벼를 합해 7섬을 바쳤다.

15일임자 새벽에 망궐례를 행하고자 했으나 비가 부슬부슬 내리고 뜰이 젖어서 행하기가 어려워 중지했다. 어두울 무렵 "전라우도의 항복한 왜인들이 경상도의 왜인들과 함께 약속하여 도망갈 계획을 꾸미려한다."고 들리기에 전령을 보내어 그쪽에 통보했다. 아침에 화살대를 가려내어 큰 화살대 111개와 그 다음 대 154개를 옥지(玉只)에게 주었다. 아침에 장계 초본을 수정했다. 늦게 나가 공무를 보는데, 웅천 현감(김충민), 거제 현령(안위), 당포 만호(안이명), 옥포 만호(이담), 전라 우우후(이정충), 경상 우후(이의득)가 함께 와서 만나고 돌아갔다. 순천의 둔전에서 추수한 벼를 내가 직접 보는 앞에서 받치게 하였다. 동복의 담당관리 김덕린(金德麟), 홍양의 담당관리 송상문(宋象文)

---

16 김덕린은 절이도의 양인으로, 집이 가난하여 물품을 꾸어가며 부모를 봉양했다. 부친에 대한 효성이 극진하여 관가에서 신역을 면제했다.《동복지》 전쟁 중에는 식량 공급하는 일을 하였다.

등이 돌아갔다. 저녁에 사슴 한 마리와 노루 두 마리를 사냥해 가지고 왔다. 이날 밤 달빛이 대낮 같고 물빛은 비단결 같아서 자려 해도 잠들지 못했다. 아랫사람들은 밤새도록 술에 취하며 노래했다.

16일계축 맑음. 아침에 장계 초본을 수정했다. 늦게 나가 공무를 보았다. 장흥 부사(배흥립), 우우후(이정충), 가리포 첨사(이응표)가 와서 함께 활을 쏘았다. 군관들은 지난날 승부내기 한대로 진편이 한턱을 내기에 모두 몹시 취해서 헤어졌다. 이 날 밤은 몹시 취하여 잠을 이루지 못하고 앉았다 누웠다 하다가 새벽이 되었다. 봄날의 노곤함이 이렇구나.

17일갑인 흐림. 나라(세종의) 제삿날이라 출근하지 않았다. 식후에 아들 면(葂)이 본영으로 갔다. 박춘양과 오수(吳水)가 조기잡는 곳으로 갔다. 어제의 취기로 인해 몸이 몹시 불편했다. 저녁에 흥양 현감(홍유의)이 와서 이야기하다가 저녁밥을 함께 먹었다. 미조항 첨사 성윤문의 문안 편지가 왔는데, "이제 관찰사의 공문을 받고 진주로 부임하게 되어 나아가 인사드리지 못한다."고 하고, "자기 대신으로는 황언실(黃彦實)이 맡게 되었다."고 했다. 웅천 현감의 답장이 왔는데, "임금의 명령서는 아직 받지 못했다."고 한다. 이 날 저물녘에 서풍이 크게 불어 밤새도록 그치지 않았다. 아들이 떠나간 것을 생각하니 걱정이 되어 마음을 가눌 수가 없다. 답답한 마음을 어찌 말로 다하랴. 봄 기운이 사람을 괴롭혀 몸이 매우 노곤하였다.

18일을묘 맑음. 식후에 나가 공무를 보았다. 서풍이 크게 불었다. 늦게 체찰사(이원익)의 비밀 공문 3통이 왔는데, 그 하나는 제주목에서 계속 지원하는 일이고, 또 하나는 영등포 만호 조계종을 심문하여 조사하는 일이며, 다른 하나는 진도의 전선을 아직 독촉하여 모으지 말라는 것이었다. 저녁에 김국(金國)이 서울에서 들어왔는데, 비밀 공문 2통과 책력* 1권을 가지고 왔다. 또 서울의 조정의 관보*도 가지고 왔다. 황득중은 철을 싣고 와서 바쳤다. 절(節)이 술을 가지고 왔다. 땀이 온몸을 적셨다.

19일병진 맑으나 바람이 크게 불었다. 아들 면(葂)이 잘 갔는지 몰라서 밤새

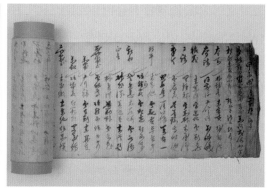

책력 | 1년 동안의 월일, 월식, 일식, 절기, 기상 등의 내용을 날짜별로 적은 책자. 농사에 많이 사용되었음. 조선시대책력 사진 국립민속박물관 ⓒ

조정의 관보 | 조보(朝報). 승정원에서 정기적으로 발행하는 관보. 정무와 공지, 관료인사 등에 관한 소식을 적어 서울과 지방의 각 관청과 양반들에게 보냈다. 사진 국립민속박물관 ⓒ

도록 매우 걱정이 되었다. 이날 저녁에 들으니 낙안의 군량선이 바람에 막혀 사량에 정박했는데, 바람이 자면 출발한다고 했다. 이날 새벽에 경상도 진영에 머물러 있는 항복한 왜인들을 이곳의 왜인 난여문 등에게 묶어 와서 목을 베게 했다. 권수사(권준)가 왔다. 장흥 부사(배흥립), 웅천 현감(김충민), 낙안 군수(선의문), 흥양 현감(홍유의), 전라 우우후(이정충), 사천 현감(변속) 등과 함께 부안에서 보내온 술을 마셨다. 황득중이 가져온 총통 만들 철을 저울로 달아서 보관하게 했다.

20일정사 맑음. 이른 아침 조계종이 현풍(玄風)의 수군 손풍련(孫風連)에게서 소송을 당했기 때문에 대면하여 진술하려고 여기에 왔다가 돌아갔다. 늦게 나가 공무를 보고 공문을 처리하여 보냈다. 손만세(孫萬世)가 사사로이 입대에 관한 공문을 만든 죄에 대해 처벌했다. 오후에 활 7순을 쏘았다. 낙안 군수(선의문)와 녹도 만호(송여종)가 함께 왔다. 비가 올 징조가 있었다. 새벽에 몸이 노곤했다.

21일무오 굳은 비가 내렸다. 새벽에 내린 비가 늦게 그쳤다. 관아에 나가지 않고 혼자 앉아 있었다.

22일기미 맑고 바람이 없었다. 아침 식사를 하고 나가 공무를 보니, 웅천 현감과 흥양 현감(홍유의)이 와서 만났다. 흥양 현감은 몸이 불편하여 먼저 돌아갔다. 전라우우후, 장흥 부사, 낙안 군수, 남도포 만호(강응표), 가리포 첨사(이응표), 여도 만호(김인영), 녹도 만호가 와서 활을 쏘았다. 나도 활을 쏘았다. 손현평(孫絃平)도 와서 몹시 취하여 헤어졌다. 이날 밤 땀을 흘렸다. 봄기운이 사람을 노곤하게 하였다. 강소작지(姜所作只)가 그물을 가지러 본영으로 갔다. 충청 수사(선거이)가 화살대를 가져와서 바쳤다.

23일경신 맑음. 아침 일찍 식사한 후에 나가 공무를 보고 둔전의 벼를 다시 되질하였다. 새 곳간에 쌓은 것이 167섬이고 줄어든 것이 48섬이었다. 늦게 거제 현령, 고성 현령(조응도), 하동 현감(신진), 강진 현감(이극신), 회령포 만호(민정붕) 등이 왔는데, 고성에서 가져온 술을 함께 마셨다. 웅천 현감이 저녁에 와서 크게 취했다. 2경(오후 10시경)에 자리를 파하고 돌아갔다. 하천수(河千壽)와 이진(李進)도 왔다. 방답 첨사가 들어왔다.

24일신유 맑음. 식후에 나가 공무를 보고 둔전의 벼를 다시 되는 것을 감독했다. 전라우수사(이억기)가 들어왔다. 신시에 비바람이 크게 일었다. 둔전의 벼를 다시 된 수량 170섬을 곳간에 들이니, 줄어든 수가 30섬이다. 낙안 군수(선의문)가 교체되었다는 소식[17]이 왔다. 방답 첨사(장린)와 흥양 현감(홍유의)이 와서 모였다. 배를 본영으로 보내려고 할 때 비바람 때문에 출발을 멈췄다. 밤새도록 비바람이 그치지 않았다. 몸이 노곤했다.

25일임술 비가 내리다가 정오쯤 갰다. 아침에 장계 초본을 수정했다. 늦게 전라우수사가 오고 나주 판관(원종의)도 왔다. 장흥 부사(배흥립)가 와서, "수군의 업무를 수행하기 어려운 것은 관찰사(홍세공)가 방해하기 때문이다."라고 하였다. 이진(李璡)이 둔전으로 돌아갔다. 춘절(春節), 춘복(春福), 사화(士花)가 본영으로 돌아갔다.

26일계해 아침에 맑다가 저물녘에 비가 왔다. 늦게 대청으로 나갔다. 여도

---

17 이때 사간원에서 낙안군수 선의문이 임진왜란 초기에 도주한 사실을 들어 파직을 청하였고, 그 후 선의문의 후임으로 임계영이 맡았다.

만호(김인영)와 홍양 현감(홍유의)이 와서 하급관리들이 백성을 침해하는 폐단을 말했다. 매우 놀라운 일이다. 양정언(梁廷彦)과 하급관리 강기경(姜起敬), 이득종(李得宗), 박취(朴就) 등을 중죄로 처벌하고, 곧바로 전령을 내려 경상도와 전라우도의 하급관리를 잡아들이도록 하였다. 경상 수사(권준)가 와서 만났다. 얼마 후 견내량의 복병이 급히 보고하기를, "왜선 한 척이 견내량으로부터 들어와서 해평장에 도착하려 할 때에 머물지 못하도록 금지시켰다."고 하였다. 둔전에서 받아들인 벼 230섬을 다시 되질하여 198섬으로 바로잡으니 32섬이 줄었다고 한다. 낙안 군수(선의문)와 이별주를 마시고 전송했다.

27일^{갑자} 흐리다가 늦게 갰다. 이날 녹도 만호 등과 함께 활을 쏘았다. 홍양 현감(홍유의)이 휴가를 받아 돌아갔다. 둔전에서 받아들인 벼 220섬을 다시 되질하니 여러 섬이 줄었다.

28일^{을축} 맑음. 아침 일찍 침을 맞았다. 늦게 나가 출근하니 장흥 부사(배흥립)와 체찰사(이원익)의 군관이 이곳에 이르렀는데, 장흥 부사는 "종사관이 전령을 알리고 자신을 잡아 갈 일로 왔다."고 보고했다. 또 "전라도 수군 중에 우도의 수군은 좌도와 우도를 왕래하면서 제주와 진도를 성원하라."고 하였다.[18] 우스운 일이다. 조정에서 계책을 세움이 이럴 수가 있는가. 체찰사가 계책을 내놓은 것이 이처럼 제대로 된 것이 없단 말인가. 나라의 일이 이러하니 어찌할 것인가. 저녁에 거제현령을 불러 와서 일을 물어보고 바로 돌려보냈다.

29일^{병인} 맑음. 아침에 공문의 초본을 수정했다. 식후에 나가 출근하니, 전라우수사(이억기)와 경상 수사(권준)가 장흥 부사(배흥립)와 체찰사(이원익)의 군관과 함께 왔다. 경상우도 순찰사(서성)의 군관이 편지를 가지고 왔다.

30일^{정묘} 맑음. 아침에 정사립에게 보고문을 쓰게 하여 체찰사에게 보냈다.

---

18 선조가 한산도 후방에서 왜선이 나올 것을 염려하여 각 도의 수군을 좌우도 사이에서 오가게 하여 진도와 제주에서 지원하게 했다. 그러나 그후 충청 수군이 이미 반을 가르고 우도 수군도 다 철수하게 되어 한산도 형세를 갖추지 못하게 되었다.(이원익의 장계, 3월 14일)

임치진성터 | 무안군 해제면 임수리에 소재. 조선초기 전라우도도만호진으로서 목포, 다경포, 법성포 진지 등을 지휘했고 현재는 성벽 일부와 역대 첨사들의 선정비가 남아 있다.
목포진 | 목포시 만호동에 소재. 원형 성벽으로 4대문이 설치되어 있고 수군만호가 근무했다. 만호는 해상경계 및 군사와 민정을 담당했다.

장흥 부사(배흥립)도 체찰사에게 갔다. 해가 지려할 때 전라우수사가 보고하기를, "이미 바람이 온화하여 대응 계책을 세워야 할 때이니 급히 소속 부하를 거느리고 본도(전라우도)로 가고자 한다."고 하였다. 그 작심한 것이 지극히 해괴하여 그의 군관과 도훈도에게 곤장 70대를 쳤다. 수사가 자기 부하를 거느리고 견내량에서 병사를 매복하는데 그 분하다고 하는 말에 가소로움이 많았다. 저녁에 송희립, 노윤발, 이원룡 등이 들어왔다. 희립은 또 술을 가지고 왔다. 몸이 몹시 불편하여 밤새도록 식은땀을 흘렸다.

3월

1일^{무진} 맑음. 새벽에 망궐례를 행했다. 아침에 경상 수사(권준)가 와서 이야기하고 돌아갔다. 늦게 해남 현감 유형(柳珩)[19]과 임치* 첨사 홍견(洪堅), 목포* 만호 방수경(方守慶)에게 기한에 늦은 죄를 처벌했다. 해남 현감은 새로

---

19 유형(柳珩)이 1596년부터 해남현감으로 근무하였다.《해남읍지》

소근두 | 한산도 염호리에 있는 어촌마을. 지금은 이를 소고포라고 한다. 병신년 3월 4일 이순신이 소근두를 지나 바로 그 앞에 있는 좌리도 바다로 갔다.
좌리도 | 한산면 창좌리에 있는 좌도. 사진은 거제 법동어구에서 바라본 좌도의 모습이다.

부임했기에 곤장을 치지는 않았다.

2일기사 맑음. 아침에 장계 초본을 수정했다. 보성 군수(안홍국)가 들어왔다. 몸이 몹시 불편하여 출근하지 않았다. 몸이 노곤하고 땀에 젖으니, 이것이 병의 근원이다.

3일경오 맑음. 새벽에 이원룡(李元龍)이 본영으로 돌아갔다. 늦게 반관해(潘觀海)가 왔다. 정사립 등에게 장계를 쓰게 했다. 이날은 명절(삼짇날)이라 방답 첨사와 여도 만호, 녹도 만호 및 남도포 만호 등을 불러 술과 떡을 대접했다. 일찍 송희립을 전라우수사(이억기)에게 보내어 뉘우치는 뜻을 전하니, 공손하게 대답했다고 한다. 땀에 젖었다.

4일신미 맑음. 아침에 장계를 봉했다. 늦게 보성 군수 안홍국을 기한에 늦은 죄를 처벌했다. 오시에 배를 출발하여 곧장 소근두(所斤頭)*를 거쳐 경상우수사(권준)에게 가서 그를 불렀다. 좌수사 이운룡도 와서 조용히 이야기하다가, 그대로 좌리도(佐里島)* 바다 가운데서 함께 잤다. 수시로 땀이 났다.

5일임신 맑다가 구름이 끼었다. 5경(새벽 4시경)에 배를 출발하여 날이 밝을 무렵 견내량의 우수사가 복병하고 있는 곳에 도착하니, 마침 아침 식사 때였다. 그래서 식사한 후에 우수사(이억기)를 만나서 다시 잘못된 점을 말하니 우수사는 사과하기를 마지않았다. 이에 술자리를 마련하여 잔뜩 취하여 돌아오다가 그 길로 이정충(李廷忠)의 휴식소에 들러 조용히 이야기하는데 나도 모르게 취기에 엎어졌다. 비가 크게 내려서 먼저 배로 내려가는데, 우수사는 취해서 누워 정신을 못 차리므로 말도 못하고 왔다. 우스운 일이다. 배안에 도착하니, 회, 해, 면, 울과 수원(壽元) 등이 함께 와 있었다. 빗속에서 진영으로 돌아오니, 김혼(金渾)도 왔다. 같이 이야기하다가 삼경에 잤다. 계집종 덕금(德今), 한대(漢代), 효대(孝代)와 은진(恩津)에 있는 계집종이 왔다.

6일계유 흐렸으나 비는 오지 않았다. 새벽에 한대(漢代)를 불러 일의 연유를 물었다. 아침에 몸이 불편했다. 식후에 하동 현감(신진)과 고성 현령(조응도)이 보고하고 돌아갔다. 늦게 함평 현감(최정립)과 해남 현감(유형)이 보고하고 돌아갔다. 남도포 만호(강응표)도 돌아갔는데, 기한을 5월 10일까지로 정했다. 우우후와 강진 현감(이극신)은 8일이 지난 뒤에 나가도록 일렀다. 함평 현감, 남해 현령(박대남), 다경포 만호(윤승남) 등이 칼쓰기를 시험하였다. 땀이 지금까지도 흐른다. 사슴 세 마리를 사냥해 왔다.

7일갑술 맑음. 새벽에 땀이 매우 많이 흘렀다. 늦게 나가 공무를 보았다. 가리포 첨사(이응표)와 방답 첨사(장린), 여도 만호(김인영)가 와서 만나고 돌아갔다. 머리카락을 한참 빗었다. 녹도 만호가 노루 두 마리를 잡아왔다.

8일을해 맑음. 아침에 안골포 만호(우수)가 큰 사슴 한 마리를 보내오고 가리포 첨사(이응표)도 보내 왔다. 식후에 나가 출근하니, 전라 우수사(이억기), 경상 우수사(권준), 경상좌수사(이운룡), 가리포 첨사, 방답 첨사, 평산포 만호(김축), 여도만호, 전라 우우후(이정충), 경상 우우후(이의득), 강진 현감(이극신) 등이 와서 함께 하였고, 종일 술에 몹시 취하고서 헤어졌다. 저녁에 비가 잠시 왔다.

9일^{병자} 아침에 맑다가 저물녘에 비가 내렸다. 아침에 전라 우우후와 강진 현감이 돌아가겠다고 고하기에 술을 먹였더니 몹시 취했다. 전라 우우후는 취하여 쓰러져서 돌아가지 못했다. 저녁에 경상좌수사가 와서 이별주를 마시고 전송하고는 취하여 대청에서 엎어져 잤다. 개(介, 여자종)와 함께 했다.

10일^{정축} 비가 계속 내렸다. 아침에 다시 경상좌수사를 청했더니 와서 이별주를 마시고 전송했다. 온종일 크게 취하여 나가지 못했다. 수시로 땀이 났다.

11일^{무인} 흐림. 해, 회, 완과 수원(壽元) 등이 계집종 3명과 함께 나갔다. 이날 저녁에 방답 첨사(장린)가 성낼 일도 아닌데 성을 내어 지휘선의 선상요원[無上] 흔전자(欣田子)에게 곤장을 쳤다니, 매우 놀라운 일이다. 바로 군관과 이방(吏房)을 붙잡아 군관에게는 20대, 이방에게는 50대의 곤장을 쳤다. 늦게 이전의 천성 만호(윤홍년)가 하직하고 돌아가고, 신임 천성 만호는 체찰사(이원익)의 공문에 의해서 우병사(김응서)에게 붙잡혀 갔다. 나주 판관(어운급)도 왔기에 술을 먹여 보냈다.

12일^{기묘} 맑음. 아침 식사 후에 몸이 노곤하여 잠깐 잠을 잤더니 처음으로 피로가 가셨다. 경상 수사(권준)가 와서 함께 이야기했다. 여도 만호(김인영)와 금갑도 만호(이정표), 나주 판관도 왔는데, 군관들이 술을 내왔다. 저녁에 소국진이 체찰사 처소에서 돌아왔는데, 그 회답에 우도의 수군을 합하여 본도로 보내라는 것은 본의가 아니라고 하였다. 우스운 일이었다. 그 편에 들으니 원흉(元兇, 원균)은 곤장 40대를, 장흥 부사(배흥립)는 20대를 맞았다고 했다.

13일^{경진} 종일 비가 계속 내렸다. 저녁에 견내량의 복병이 급히 달려와, "왜선이 계속해서 나온다."고 보고하기에 여도 만호(김인영)와 금갑도 만호(이정표) 등을 뽑아 보냈다. 봄비가 오는 가운데 몸이 노곤하여 누워서 앓았다.

14일신사 굳은비가 걷히지 않았다. 새벽에 삼도에서 급한 보고가 왔는데, "견내량 근처의 거제 땅 세포(細浦, 거제 사등 성포리)에 왜선 5척과 고성 땅에 5척이 정박하여 상륙했다."고 하였다. 그래서 삼도의 여러 장수들에게 5척을 더 뽑아 보내도록 전령했다. 늦게 나가 공무를 보고 각처에 공문을 작성하여 보냈다. 아침에 군량에 대한 회계를 마감했다. 방답 첨사(장린)와 녹도 만호(송여종)가 와서 만났다. 체찰사에게 공문을 보내려고 서류를 작성했다. 봄철의 노곤함이 이러한데 밤새도록 땀을 흘렸다.

15일임오 맑음. 새벽에 망궐례를 행했다. 가리포 첨사, 방답 첨사, 녹도 만호가 와서 참석했고, 우수사와 다른 사람은 오지 않았다. 늦게 경상 수사(권준)가 와서 함께 이야기하다가 취해서 돌아갔는데, 그때 아랫방에서 덕(德)이와 사담을 나눴다고 한다. 이날 저녁에 바다 위의 달빛이 희미했다. 몸이 노곤하여 밤새도록 식은땀이 났다. 3경(자정 경)에 비가 몹시 왔다. 낮에 노곤하여 머리를 빗었는데 수시로 땀이 흘렀다.

16일계미 비가 퍼붓듯이 내려 종일 그치지 않았다. 진시(아침 8시경)에 동남풍이 크게 일어 지붕이 걷힌 곳이 많았다. 창문의 종이가 떨어져 비가 방안으로 흩뿌려서 괴로움을 견딜 수 없었다. 오시에 바람이 그쳤다. 저녁에 군관을 불러 와서 술을 먹였다. 삼경 말[밤 1시경]에 비가 잠시 그쳤다. 어제처럼 땀이 흘렀다.

17일갑신 흐리다가 종일 가랑비가 내리더니 밤새도록 그치지 않았다. 늦게 나주 판관이 보러 왔기에 술을 취하도록 먹여 보냈다. 어두울 무렵에 박자방이 들어왔다. 이날 밤에 식은땀이 등을 적셔서 옷 두 겹이 다 젖고 또 이불도 젖었다. 몸이 불편하였다.

18일을유 맑았으나 종일 동풍이 불고 날씨가 매우 찼다. 늦게 나가 공무를 보고 청원서[所志]를 작성하여 나누어 보냈다. 방답 첨사(장린), 금갑도 만호(이정표), 회령포 만호(민정붕), 옥포 만호(이담) 등이 와서 만났다. 활 10순을 쏘았다. 이날 밤 바다의 달빛이 희미하고 밤기운이 몹시 찼다. 자려해도 잠들지 못하고 앉으나 누우나 편치 않았다. 다시 몸이 불편했다.

19일^{병술} 맑았으나 동풍이 크게 불고 날씨가 매우 찼다. 아침에 새로 만든 가야금에 줄을 맸다. 늦게 보성 군수(안홍국)가 파종한 것을 검사할 일로 휴가를 받았다. 김혼(金渾)이 함께 배를 타고 나갔다. 종 경(京)도 함께 돌아갔다. 정량(丁良)이 볼일이 있어 여기 왔다가 돌아갔다. 저녁에 가리포 첨사와 나주 판관(어운급)이 보러 왔기에 술을 취하도록 먹여 보냈다. 저물녘 바람이 몹시 험했다.

20일^{정해} 바람이 험하고 비가 계속 내려 종일 나가지 않았다. 몸이 몹시 불편하였다. 바람막이를 두 개 만들어서 걸었다. 밤새도록 비가 왔다. 땀이 옷과 이불을 적셨다.

21일^{무자} 큰비가 종일 내렸다. 초경(오후 8시경)에 곽란이 나서 한참 구토를 했는데, 3경(자정경)에 조금 가라앉았다. 몸을 뒤척거리며 앉았다 누웠다 하는데 괜한 고생을 하는 것 같아 이보다 더 한심스런 게 없다. 이날은 무료함이 너무 심해서 군관 송희립, 김대복, 오철 등을 불러서 종정도(從政圖)*를 겨루었다. 바람막이 세 개를 만들어 달았는데, 이언량과 김응겸이 만드는 것을 감독했다. 삼경 후에 비가 잠깐 걷히고 사경 말(새벽 3시경)에 쇠잔한 달이 밝아지기 시작하였다. 방밖에 나가서 산보하였으나 몸이 몹시 피곤했다.

22일^{기축} 맑음. 아침에 종 금이[수]에게 머리를 빗게 했다. 늦게 전라우수사(이억기)는 경상우수사(권준)와 함께 보러 왔기에 술을 먹여 보냈다. 그 편에 들으니 작은 고래가 섬 위에 죽어서 떠있다고 하므로 박자방을

종정도 | 벼슬이름을 종이에 도표로 만들어놓고 놀던 놀이. 하륜이 창안했는데, 큰 종이에 300여 칸을 만들어 품계와 종별에 따라 관직명을 차례대로 써넣고 알[輪木]과 말을 굴려 윷놀이하듯 나온 숫자에 따라 올라가거나 내려가도록 하여 승부를 겨루었다. 사진 창원시립마산박물관 ⓒ

파지도 | 태안군 이원면에 있는 고파도. 서쪽에는 후암산이 있고 동쪽에는 웅도가 보인다.

보냈다. 이 날 저녁에 수시로 땀이 났다.

23일경인 맑음. 새벽에 정사립이 와서 물고기 기름을 많이 가져 왔다고 고했다. 오경 초(새벽 4시경)에 몸이 불편하여 금이를 불러 머리를 풀게 했다. 늦게 나가 출근하여 각지의 공문을 작성하여 나누어 주었다. 활 10순을 쏘았다. 조방장 김완이 들어왔다. 충청 수군의 배 8척도 들어왔고 우후도 왔다. 종 금이가 편지를 가져 왔는데, "어머니께서 편안하시다."고 했다. 초경(밤 8시경) 후에 영등포 만호(조계종)가 그의 어린 딸을 데리고 술을 가져 왔다고 하는데 나는 만나지 않았다. 이경 후에 돌아갔다. 이날에 비로소 미역을 채취했다. 삼경에 비로소 잠이 들었는데 땀이 흘러 옷을 적셨다. 그래서 옷을 갈아입고 잤다.

24일신묘 맑음. 새벽에 미역을 채취하러 나갔다. 헌 활집은 베로 만든 것이 8개, 솜으로 만든 것이 2개였는데, 그중 활집 하나를 고쳐 만들라고 내주었다. 아침 식사 후에 나가서 공무를 보고 마량첨사 김응황(金應璜), 파지도(波知島)* 권관 송세응(宋世應), 결성 현감 손안국(孫安國) 등을 처벌했다. 늦게 전라좌우후가 가져온 술을 방답 첨사, 평산포 만호(김축), 여도 만호, 녹도 만호, 목포 만호(방수경) 등과 함께 마셨다. 나주 판관 어운급(魚雲汲)[20]에게는 말미를 주어 내보냈는데, 4월 15일까지 기한을 정하였다. 저물녘 몸이 몹시 피곤하고 수시로 땀이 흐르니 이 또한 비가 올 징조다.

25일임진 새벽에 비가 내리더니 종일 퍼부어 잠시도 그치지 않았다. 저녁 내내 누대에 기대어 있었는데 품은 생각이 차츰 산란해졌다. 머리를 한참동안 빗었다. 낮에 땀이 옷을 적셨는데 밤에는 옷 두 겹이 젖고 방바닥까지 흘렀다.

26일계사 맑음. 남풍이 불었다. 늦게 나가 공무를 보고, 조방장(김완)과 방답 첨사, 녹도 만호가 와서 활쏘기를 하였다. 경상 수사도 와서 이야기를 했다. 체찰사의 전령이 왔는데, "전날 우도의 수군을 돌려보내라고 한 것은 회답 보고서를 잘못 본 때문이다."라고 하였다. 매우 가소롭다.

27일갑오 맑음. 남풍이 불었다. 늦게 나가 활을 쏘았다. 전라 좌우후(이몽구)와 방답 첨사(장린)도 왔다. 충청 수사(선거이), 마량 첨사(김응황), 임치 첨사(홍견), 결성 현감(손안국), 파지도 권관(송세응)이 함께 왔기에 술을 먹여서 보냈다. 저녁에 신사과(愼司果)와 아우 우신이 같은 배로 들어왔다. 그 편에 어머니께서 편안하시다는 소식을 들으니 기쁘고 다행인 마음 어찌 다하랴.

28일을미 궂은비가 크게 내려 종일 개지 않았다. 출근하여 공문을 만들어서 나누어 보냈다. 충청도의 각 뱃사람들이 다시 목책을 설치하여 방비하였다.

29일병신 궂은비가 개지 않았다. 늦게 부찰사(이정형)의 통지문이 왔는데, 성주(星州)에서 진영으로 온다고 했다.

---

20 1597년 2월 28일 원균이 장계를 올려, 나주판관 어운급이 기계와 군량을 다 불타게 한 죄로 처벌하기를 주청했다. 3월 4일 사간원에서 나주판관 어운급을 체포하여 신문하기를 청했다.

4월

1일^{정유} 큰 비가 내렸다. 신 사과와 함께 이야기했다. 종일 비가 내렸다.

2일^{무술} 늦게 갰다. 저물녘에 경상 수사(권준)가 부찰사(이정형)를 마중하러 나갔다. 신 사과도 함께 배를 타고 갔다. 이날 밤 몸이 몹시 불편했다.

3일^{기해} 맑았으나 동풍이 종일 불었다. 어제 저녁에 견내량 복병의 긴급보고에, "왜놈 4명이 부산으로부터 장사하러 나왔다가 바람에 밀려 표류되었다."고 했다. 그래서 새벽에 녹도 만호 송여종을 보내어 그 연유를 묻고 처리하도록 지시하여 보냈다. 그 형세와 자취를 살펴보니, 정탐하러 온 것이 분명하므로 목을 베어 죽였다. 전라 우수사(이억기)에게 가보려다가 몸이 불편하여 가지 못했다.

4일^{경자} 흐림. 아침에 오철이 나가고 종 금이도 함께 갔다. 아침에 체찰사(이원익)의 공문을 작성하여 벽에 붙였다. 여러 장수들의 통행증을 고쳤다. 충청도의 군대에 나무 울타리를 설치했다. 늦게 우수사에게 가보고 취중에 이야기하다가 돌아왔다. 초경(오후 8시경) 후에 비로소 저녁밥을 먹었다. 가슴이 뜨겁고 땀에 젖었다. 2경(오후 10시경)에 잠깐 비가 내리다가 그쳤다.

5일^{신축} 맑음. 부찰사(이정형)가 들어왔다.

6일^{임인} 흐렸으나 비는 오지 않았다. 부찰사가 활쏘기를 시험했다. 저녁에 나는 전라 우수사(이억기) 등과 함께 들어가 앉아 군사들에게 음식을 먹이고 함께 대하였다.

7일^{계묘} 맑음. 부사가 나가 공무를 보고 상을 나누어 주었다. 새벽에 부산 사람이 들어왔는데, 명나라 으뜸 사신 이종성(李宗城)이 달아났다고 하니[21] 어

---

21 1596년 1월 일본이 철수하지 않자, 심유경은 양방형과 이종성을 부산에 머물게 하고 유키나가와 함께 일본에 갔다. 어떤 이가 이종성에게 "히데요시가 봉작 받을 의사가 없으니 그대를 가두어 곤욕을 보일 것이오."라고 하자, 이종성은 두려워 한밤중에 도망갔다.(《징비록》2권)

떤 일인지 모르겠다. 부사가 입봉(立峯, 한산도 내)에 올라갔다. 점심을 먹은 뒤 두 수사와 함께 이야기했다.

8일^{갑진} 종일 비가 내렸다. 늦게 들어가 부찰사와 마주 앉아 술을 마셨다. 몹시 취한 채 관등(觀燈)²²을 하고 헤어졌다.

9일^{을사} 맑음. 이른 아침에 부찰사가 떠나기에 배를 타고 포구로 나가 같은 배에서 이야기하고 헤어졌다.

10일^{병오} 맑음. 아침에 암행어사가 들어온다는 기별을 들었기에 수사 이하 모두가 포구로 나가서 기다렸다. 조붕(趙鵬)이 와서 만났다. 그 모습을 보니 오랫동안 학질을 앓아서 살이 무척 야위었다. 매우 한탄스럽다. 늦게 암행어 사가 들어 왔는데, 내려 앉아 함께 이야기하다가 촛불을 밝히고 헤어졌다.

11일^{정미} 맑음. 아침을 먹고 어사와 함께 마주하여 조용히 이야기했다. 늦게 장병들에게 음식을 먹이고 활 10순을 쏘았다.

12일^{무신} 맑음. 아침 식사 후에 어사가 밥을 지어 군사들에게 먹인 뒤에 활 10순을 쏘고 종일 이야기했다.

13일^{기유} 맑음. 아침 식사를 어사와 함께 하였다. 늦게 포구로 나가니 남풍 이 크게 불어 배가 갈 수 없었다. 선인암(仙仁岩)으로 가서 종일 이야기하고 어두워져서 서로 헤어졌다. 저물녘에 거망포(巨網浦, 걸망포)*에 이르렀는데 잘 갔는지 모르겠다.

14일^{경술} 흐렸다가 종일 비가 내렸다. 아침을 먹고 나가 공무를 보았다. 홍 주 판관(박륜(朴崙))과 당진 만호(조효열)가 교서에 숙배한 뒤에 충청 우후 원 유남에게 곤장 40대를 쳤다. 당진 만호도 역시 같은 벌을 받았다.

15일^{신해} 맑음. 아침에 단오날 진상할 물품을 봉하는 것을 감독하고 곽언수 에게 주어 보냈다. 영의정(유성룡), 영부사 정탁, 판서 김명원, 윤자신, 조사척,

---

걸망포 | 통영시 산양읍 신전리에 있는 신봉 마을 일대. 걸망개. 사진에서 멀리 보이는 곳이 걸망포이다.

신식, 남이공(南以恭)[23]에게 편지를 썼다.

16일^{임자} 맑음. 아침 식사 후 나가서 공무를 보았다. 항복한 왜인 난여문(亂汝文) 등을 불러 불지른 왜군 3명이 누구인지를 묻고 불러내어 처형시켰다. 전라 우수사(이억기)와 경상 수사(권준)도 함께 앉아서 아우 우신이 가져온 술에 함께 취했다. 가리포 첨사(이응표)와 방답 첨사(장린)도 같이 마셨는데, 밤에 들고서야 헤어졌다. 이날 밤 바다의 달빛이 차갑게 비치고 티끌 한 점도 일지 않았다. 다시 땀을 흘렸다.

17일^{계축} 맑음. 아침 식사 후 아우 우신과 아들 면(葂)이 종을 데리고 돌아갔다. 늦게 각 공문을 작성하여 나누어 보냈다. 이 날 저녁에 울(蔚)이 안위(安衛)에게 가서 만나고 왔다.

18일^{갑인} 맑음. 식사하기 전에 각 관청과 해상기지에 공문 및 청원서[所志]를 결재해 주고 체찰사에게 갈 공문을 내보냈다. 늦게 충청 우후, 경상 우후, 방답 첨사, 조방장 김완(金浣)과 함께 활 20순을 쏘았다. 마도진(馬島鎭)*의 군관이 복병한 곳으로 항복해 온 왜인 한 명을 잡아 왔다.

---

23 남이공(1565~1640)은 1596년 사헌부 지평에 임명되고, 정유재란 때 이원익의 종사관이 되었으며, 1598년 북인의 우두머리였는데 유성룡이 왜와 화의를 주장했다고 탄핵하여 파직되었다.

마도진성 | 강진군 마량리 관문(말머리)에 소재하는 해상 요새지이다. 이곳은 전라도 강진, 장흥, 해남, 영암으로 이어진다.

19일^{을묘} 맑음. 습열 때문에 침 20여 곳을 맞았더니 몸에 번열이 나는 것 같아 종일 방에 들어가서 나오지 않았다. 어두울 무렵 영등포 만호가 와서 만나고 돌아갔다. 종 목년(木年)과 금화(今花), 풍진(風振) 등이 와서 인사했다. 이날 아침에 남녀문(南汝文)²⁴을 통해 도요토미 히데요시가 죽었다는 말을 들었다. 손뼉 치며 뛰기를 그치지 않았지만 아직 믿을 수 없었다. 이 말은 벌써부터 전해졌으나 아직은 확실한 기별이 오지 않았다.

20일^{병진} 맑음. 경상 우수사(권준)가 와서 내일 모임에 초대했다. 활 10순을 쏘고 헤어졌다.

21일^{정사} 맑음. 아침 식사 후에 경상도의 진으로 가는 길에 전라우수사(이억기)의 진에 들러 경상 수사의 초청에 함께 갔다. 종일 활을 쏘고 잔뜩 취해서 돌아왔다. 신 조방장(신호)은 병으로 자기 집에 돌아갔다. 영인(永人)이 왔다.

22일^{무오} 맑음. 아침 식사 후에 나가 공무를 보았다. 부산의 허내은만(許內隱

---

24 남녀문은 투항한 왜군으로서 이순신이 왜적을 물리치는데 많은 도움을 주었다. 남우위문(南右衛門)과 난여문(亂汝文)도 같은 인물이다.

萬)이 요약 보고문을 보냈는데, "명나라 으뜸 사신(이종성)이 달아나고 부사(양방형)는 여전히 왜군의 진영에 머물러 있는데, 4월 8일에 그가 달아난 까닭을 임금께 아뢰었다."고 했다. 김조방장(김완)이 와서 노천기(盧天紀)가 술에 취해 망녕을 부리다가 본영의 관리 황인수(黃仁壽)와 성복(成卜) 등에게서 욕을 당했다고 고하므로 곤장 30대를 쳤다. 활 10순을 쏘았다.

23일기미 흐리다가 늦게 개었다. 아침에 첨지 김경록이 들어왔다. 일찍 아침밥을 먹고 나가 공무를 보고 함께 술을 마셨다. 늦게 군사들 중에서 힘센 사람에게 씨름을 시켰더니, 성복이란 자가 가장 뛰어나므로 상으로 쌀 한 말을 주었다. 활 10순을 쏘았는데, 충청 우후 원유남, 마량 첨사(김응황), 당진 만호(조효열), 홍주 판관(박윤), 결성 현감(손안국), 파지도 권관(송세응), 옥포 만호(이담) 등도 함께 쏘았다. 3경(자정 경)에 영인(永人)이 돌아갔다.

24일경신 맑음. 식후에 목욕탕에서 나와 여러 장수들과 함께 이야기를 하였다.

25일신유 맑음. 남풍이 크게 불었다. 일찍 목욕하러 탕에 들어가서 한참 있었다. 저녁에 전라 우수사가 와서 만나고 돌아갔다. 또다시 목욕하러 탕에 들어갔다가 탕의 물이 너무 뜨거워 오래 있지 못하고 도로 나왔다.

26일임술 맑음. 아침에 체찰사(이원익)의 군관이 경상도로 갔다는 말을 들었다. 식후에 목욕을 했다. 늦게 경상 수사가 와서 만나고 돌아갔다. 체찰사의 군관 오(吳)도 왔다. 김양간(金良幹)이 소를 실어 올 일로 본영(전라 좌수영)으로 갔다.

27일계해 맑음. 저녁에 목욕을 한 차례 했다. 체찰사의 공문 회답이 왔다.

28일갑자 맑음. 아침과 저녁 두 차례 목욕했다. 여러 장수들이 모두 와서 만났다. 경상수사는 뜸을 뜨느라 오지 못하였다.

29일을축 맑음. 저녁에 한 번 목욕했다. 남여문을 시켜 항복한 왜인 사고여음(沙古汝音)의 목을 베었다.

30일병인 맑음. 저녁에 한번 목욕했다. 우수사가 와서 만났다. 충청 우후(원유남)가 와서 만나고 돌아갔다. 늦게 부산의 허내은만의 요약보고문이 왔는데, 고니시 유키나가가 군사를 철수하여 돌아갈 뜻이 있는 것 같다고 하였다. 김경록이 돌아갔다. 어머니께서 평안하시다는 편지가 왔다.

5월

1일^{정묘} 흐렸으나 비는 오지 않았다. 경상 우수사(권준)가 와서 만나고 돌아갔다. 한차례 목욕을 하였다.

2일^{무진} 맑음. 일찍 목욕하고 진으로 돌아왔다. 총통 두 자루를 쇠를 녹여 만들었다. 조방장 김완과 조계종이 와서 만났다. 우수사가 김인복의 목을 베어 걸었다. 이 날은 출근하지 않았다.

3일^{기사} 맑음. 가뭄이 너무 심했다. 근심과 고민을 어찌 말로 다하랴. 나가서 공무를 보았다. 경상 우후가 와서 활 15순을 쏘았다. 저물어서 들어왔다. 총통을 만들지 못했다.[25]

4일^{경오} 맑음. 이 날은 어머님의 생신인데 나아가 장수를 비는 술 한 잔도 올리지 못하니 마음이 절로 편치 못했다. 밖에 나가지 않았다. 오후에는 전라우수사가 공무 보는 관사에 불이 나서 모두 타버렸다. 이날 저녁에 문촌공(文村公)[26]이 부요(富饒)*에서 왔다. 조종(趙琮)[27]의 편지를 가지고 왔는데, 조정(趙

---

25 원문에서 불이병(不二柄)(《이순신의 일기초》 박혜일 등)을 따라 해석했다.

26 문촌공은 이광선(李光先 1563~1616)의 호이다. 이몽정(李夢禎)의 아들로 최사물(崔四勿)의 제자이다. 의주까지 선조를 호종하고 1592년 7월 권율을 도와 이치전투에 참전하고 행주대첩 때에 돌을 나르는 일을 지원했다.

27 조종(1549~?)은 조천상(趙天祥)의 셋째 아들로 순천 주암에서 태어남. 처음 이름이 조종(趙琮)이고 후에 조연(趙琠)으로 고쳤다. 어려서 문예(文藝)가 뛰어 났고 오래 살지는 못했다.

부요 | 순천시 주암면 부유(창촌)로 보인다. 부요는 부유하다는 뜻이고 부유의 이명이 부자촌이며, 조정의 고향이 순천시 주암면이므로 부요를 부유로 보았다. 사진은 부유창.

打)²⁸이 4월 1일에 세상을 떠났다고 했다. 매우 애통하다. 전라 좌우후(이몽구)가 앞산에서 역귀에게 제사지냈다.

5일^{신미} 맑음. 이날 새벽에 역귀에게 제사지냈다. 일찍 아침밥을 먹고 나가 공무를 보았다. 회령포 만호가 교서에 숙배한 뒤에 여러 장수들이 와서 모임을 갖고 그대로 들어가 앉아서 위로주를 4순배 돌렸다. 경상 수사는 술잔 돌리기가 한창일 때 씨름을 시켰는데, 낙안 군수 임계형(林季亨)이 장원이었다. 밤이 깊도록 이들을 즐겁게 뛰놀게 한 것은 내 자신만이 즐겁게 하자는 것이 아니라, 다만 오랫동안 고생하는 장병들에게 노곤함을 풀어 주고자 한 계획인 것이다.

6일^{임신} 아침에 흐렸다가 늦게 큰비가 왔다. 농민의 소망을 흡족하게 채워주니 기쁘고 다행한 마음을 이루 말할 수 없다. 비가 오기 전에 활 5, 6순을 쏘았다. 비가 밤새도록 그치지 않았다. 초저녁 무렵 총통과 숯을 넣어둔 창고에

---

28 조정은 조천상의 둘째 아들로, 처음 이름이 조정(趙珽)이다. 고경명의 휘하로서 전쟁중 수십 명의 왜적의 머리를 베니, 왜적들이 "참으로 충의의 절사(節士)라서 대적하지 못하겠다."고 하였다.

불이 나서 모두 타버렸다. 이는 감독관들이 새로 받은 숯을 쌓을 때 조심하지 않고 묵은 불씨를 살피지 않아서 이러한 재난을 만든 것이다. 매우 한탄스럽다. 울과 김대복이 배를 함께 타고 나갔다. 비가 크게 쏟아졌는데 잘 갔는지 모르겠다. 밤새도록 앉아서 걱정했다.

7일계유 비가 계속 내리더니 늦게 갰다. 오늘은 울(蔚)이 간 일이 온통 걱정되었는데 잘 도착했는지 몰라서였다. 밤에 앉아서 걱정하고 있을 때에 사람이 문을 두드리는 소리가 나기에 문을 열어 물어보니, 바로 이영남(李英男)이 온 것이었다. 불러 들여 조용히 옛 일을 이야기했다.

8일갑술 맑음. 아침에 이영남과 함께 이야기했다. 늦게 나가 공무를 보았다. 경상 우수사(권준)가 와서 만났다. 활 10순을 쏘았다. 몸이 몹시 불편하여 두 번씩이나 구토했다. 이날 영산(靈山)에 있는 이중(李中)의 무덤을 파낸다는 말을 들었다. 저녁에 조카 완(莞)이 들어왔다. 김효성(金孝誠)도 왔다. 비인 현감(신경징)도 들어왔다.

9일을해 맑음. 몸이 몹시 불편하여 나가지 않았다. 이영남과 함께 황해도와 평안도의 일을 이야기했다. 초저녁에 비가 뿌리더니 새벽까지 왔다. 부안의 전선에서 불이 났으나 심하게 타지는 않아서 다행이다.

10일병자 맑음. 나라(태종)의 제삿날이라 출근하지 않았다. 몸이 불편하여 종일 신음했다.

11일정축 맑음. 새벽에 앉아서 이정(李正)과 함께 이야기했다. 식후에 나가 공무를 보고, 비인 현감 신경징에게 기한에 늦은 죄로 곤장 20대를 쳤다. 또 순천 격군(格軍)과 감관 조명(趙銘)의 죄에 대해서도 곤장을 쳤다. 몸이 불편하여 일찍 들어와 신음했다. 거제 현령(안위), 영등포 만호(조계종), 이영남 등과 함께 잤다.

12일무인 맑음. 이영남이 돌아갔다. 몸이 불편하여 종일 신음했다. 김해 부사(백사림)에게서 긴급 보고가 왔는데 "부산에서 왜적에게 붙었던 김필동(金弼同)이 보낸 요약 보고문에도 도요토미 히데요시는 비록 정사(正使, 이종성)가 없으나 부사(副使, 양방형)가 그대로 있는 것을 생각하여, 곧 화친을 결정하고 군사를 철수하려고 한다."고 했다.

13일기묘 맑음. 부산의 허내은만의 요약 보고문이 왔는데, "가토 기요마사(加藤淸正)란 왜적이 이미 10일에 그의 군사를 거느리고 바다를 건너갔고, 각 진영에 있는 왜적들도 또한 장차 철수해 갈 것이며, 부산의 왜적들은 명나라 사신을 모시고 바다를 건너가려고 그대로 남아 있다."라고 했다. 이날 활 9순을 쏘았다.

14일경진 맑음. 아침에 김해 부사 백사림(白土霖)의 긴급 보고도 허내은만의 요약 보고문과 같았다. 그래서 순천 부사(배응경)에게 통보문을 전하여 그로 하여금 차례대로 통보하도록 하였다. 활 10순을 쏘았다. 결성 현감 손안국이 나갔다.

15일신사 맑음. 새벽에 망궐례를 행했다. 전라 우수사(이억기)는 오지 않았다. 식후에 나가서 공무를 보았다. 들으니 한산도 뒤의 상봉에서 다섯 섬과 대마도를 볼 수 있다고 하기에 혼자 말을 달려 올라가 보니 과연 다섯 섬과 대마도가 보였다. 해가 저물자 작은 냇가로 돌아와 조방장(김완)과 거제 현령(안위)과 함께 점심을 먹고 날이 저물어서야 진영으로 돌아왔다. 저물녘에 따뜻한 물에 목욕하고서 잤다. 바다 위의 달빛은 분명한데 잔바람도 일지 않았다.

16일임오 맑음. 아침에 송한련의 형제가 물고기를 잡아 왔다. 충청 우후(원유남), 홍주 판관(박륜), 비인 현감(신경징), 파지도 권관(송세응) 등이 왔다. 우수사(이억기)도 와서 만나고 돌아갔다. 이날 밤 비 올 징조가 많더니 3경(자정경)에 비로소 비가 내렸다. 이날 밤 정화수를 마시고 싶었다.

17일계미 종일 비가 계속 내렸다. 농사의 바람에 크게 흡족하여 풍년이 들 것을 점칠 수 있다. 늦게 영등포 만호 조계종이 들어와서 만났다. 혼자 누대에 기대어 시를 읊조렸다.

18일갑신 비가 잠깐 갰으나 바다의 안개는 걷히지 않았다. 체찰사의 공문이 들어왔다. 늦게 경상수사가 와서 만났다. 나가서 공무를 보고 활을 쏘았다.

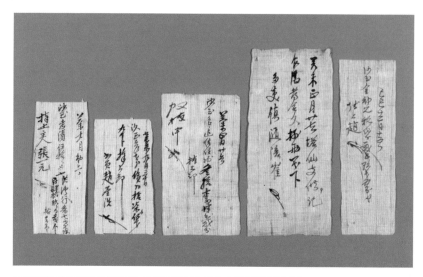

거래증명서 | 조선시대에 물물교환하는 데 사용한 증명서. 체자. 사진 국립중앙박물관 ⓒ

저녁에 정탐선이 들어왔는데, 어머니께서 평안하시나 식사하시는 것이 전
보다 줄었다고 하니 걱정이 되어 눈물이 난다. 춘절(春節)이 누비옷을 가지고
왔다.

19일^{을유} 맑음. 방답 첨사(장린)가 모친의 상사를 들었기에 우후를 임시 대장
으로 정하여 보냈다. 활을 10순을 쏘았다. 땀이 온 몸을 적셨다.

20일^{병술} 맑고 바람도 없다. 대청 앞에 기둥을 세웠다. 늦게 나가니 웅천 현
감 김충민(金忠敏)이 와서 만났는데, 양식이 떨어졌다고 고하였다. 그래서 벼
20말을 증명서*로 써 주었다. 사도 첨사(황세득)가 돌아왔다.

21일^{정해} 맑음. 나가 공무를 보고 우후 등과 함께 활을 쏘았다.

22일^{무자} 맑음. 충청 우후 원유남, 좌우후 이몽구, 홍주 판관 박륜(朴崙) 등과
함께 활을 쏘았다. 홍우(洪祐)가 장계를 가지고 감사에게 갔다.

23일^{기축} 흐렸으나 비는 오지 않았다. 충청 우후 등과 함께 활 15순을 쏘았

다. 아침에 미조항 첨사 장의현(張義賢)[29]이 교서에 숙배한 뒤에 장흥으로 부임해 갔다. 춘절(春節)이 본영으로 돌아갔다. 이날 2경(밤 10시경)부터 땀이 수시로 흘렀다. 이날 저녁에 새 누대의 지붕 덮는 것을 마치지 못했다.

24일경인 아침에 날이 흐려 비 올 징후가 많았다. 나라(문종)의 제삿날이라 출근하지 않았다. 저녁에 나가 활 10순을 쏘았다. 부산 허내은만의 요약 보고문이 들어왔다. 좌도 각 진영의 왜군들이 모두 철수하여 떠나고 다만 부산의 왜군만 남았다고 했다. 명나라 으뜸 사신이 갈려서 새로 정해진 사람이 온다는 기별이 22일 부사에게 왔다고 한다. 허내은만은 술쌀 10말과 소금 10말을 보내주고서 심력을 다해 정보를 잘 탐지하라고 했다. 어두울 무렵 비가 오더니 밤새도록 퍼부었다. 박옥(朴玉), 옥지(玉只), 무재(武才) 등이 화살대 150개를 처음으로 만들어 냈다. 땀이 잠시 흘렀다.

25일신묘 비가 계속 내렸다. 저녁 내내 홀로 누대 위에 앉아 있으니, 온갖 생각이 다 떠오른다. 우리나라의 역사를 읽어보니 개탄스러운 생각이 많이 들었다. 무재(武才) 등이 화살을 만드는데 흰 굽에 톱질을 한 것이 1천 개이고, 흰 굽 그대로 인 것이 870개이다.

26일임진 음산한 안개가 걷히지 않았다. 남풍이 크게 불었다. 늦게 나가 공무를 보고 충청 우후(원유남) 및 우후 등과 함께 활을 쏠 적에 경상 수사(권준)도 와서 함께 활 10순을 쏘았다. 이날 저녁 날씨가 찌는 듯이 더워서 흐르는 땀이 그치지 않았다.

27일계사 가랑비가 종일 그치지 않았다. 충청 우후와 좌우후(이몽구)가 이곳에 와서 종정도를 내기했다. 이날 저녁에도 찌는 듯이 무더워서 땀이 온 몸을 적셨다.

28일갑오 궂은비가 걷히지 않았다. 들으니 전라 감사(홍세공)가 파면되어 돌아갔다고 하고, 가토 기요마사(加藤淸正)가 부산으로 돌아왔다고 한다. 모두

---

29 장의현(1533~1615)은 해남현감을 지내고 1583년 부령부사로서 이탕개(尼湯介)를 물리치는 전공을 세웠다. 이시언의 조방장으로서 참전하고 광주목사 시절 운봉에서 전공을 세웠다.

믿을 수 없다.

29일을미 궂은비가 저녁 내내 내렸다. 장모의 제삿날이라 출근하지 않았다. 고성 현령(조응도)과 거제 현령(안위)이 와서 만나고 돌아갔다.

30일병신 흐림. 곽언수가 들어왔다. 영의정(유성룡)과 상장군(김명원), 정판부사(정탁), 지사 윤자신, 조사척, 신식, 남이공의 편지가 왔다. 늦게 우수사에게 가서 만나고 종일 실컷 즐기다가 돌아왔다.

6월

1일정유 궂은비가 종일 내렸다. 늦게 충청 우후(원유남) 및 본영 우후(이몽구)와 박윤, 신경징 등을 불러와서 술 마시며 이야기했다. 윤연(尹連)이 자기 포구로 간다고 하기에 도양장의 종자 콩이 부족하면 김덕록(金德祿)에게서 가져가도록 증명서를 써 주었다. 남해 현령(박대남)이 발령서를 가지고 와서 바쳤다.

2일무술 비가 그치지 않았다. 아침에 우후가 방답 첨사에게 갔다. 비인 현감 신경징이 나갔다. 이날 가죽으로 아래옷을 만들었다. 늦게 나가 공무를 보고 활 10순을 쏘았다. 편지를 써서 본영으로 보냈다.

3일기해 흐림. 아침에 제포 만호 성천유(成天裕)가 교서에 숙배했다. 김양간(金良幹)이 농사짓는 소를 싣고 떠났다. 새벽꿈에 어린 아이가 태어난 지 겨우 대여섯 달밖에 안되었는데 직접 안았다가 도로 내려놓았다. 금갑도 만호(이정표)가 와서 만났다.

4일경자 맑음. 식후에 나가 공무를 보았는데, 가리포 첨사(이응표), 임치 첨사(홍견), 목포 만호(방수경), 남도포 만호(강응표), 충청 우후(원유남) 및 홍주 판관(박륜) 등이 왔다. 활 7순을 쏘았다. 우수사(이억기)가 와서 다시 과녁을 그리고 활 12순을 쏘았다. 취해서 헤어졌다.

5일신축 흐림. 아침에 박옥(朴玉), 무재(武才), 옥지(玉只) 등이 화살 150개를 만들어 바쳤다. 나가서 공무를 보고 활 10순을 쏘았다. 경상우도 감사(서성)의 군관이 편지를 가져 왔는데, 감사는 혼사(婚事)가 있어서 서울로 올라갔다고 했다.

6일임인 맑음. 사도(四道)³⁰의 여러 장수들이 모두 모여 활을 쏘았다. 술과 음식을 먹고 다시 모여 활을 쏘아 승부를 겨루고서 헤어졌다.

7일계묘 아침에 흐리더니 늦게 갰다. 늦게 나가 충청 우후 등과 함께 활 10순을 쏘았다. 이날 왜군의 조총 값을 주었다.

8일갑진 맑음. 일찍 나가 활 15순을 쏘았다. 남도포 만호(강응표)의 첩인 본포(本浦) 사람이 허씨 집으로 뛰어 들어가서 투기 싸움을 했다고 한다.

9일을사 맑음. 일찍 나가서 충청 우후, 당진 만호(조효열), 여도 만호(김인영), 녹도 만호(송여종) 등과 활을 쏠 때에 경상 수사(권준)가 와서 함께 활 20순을 쏘았다. 경상 수사가 잘 맞혔다. 이날 일찍 종 금이(金伊)가 본영으로 갔고, 옥지(玉只)도 갔다. 이날 저녁에 몹시 더워서 땀이 수시로 흘렀다.

10일병오 비가 종일 쏟아졌다. 정오 때에 부산에서 요약 보고문이 왔는데, 평의지(平義智, 대마도주)가 9일 이른 아침에 대마도로 들어갔다고 했다.

11일정미 비가 계속 내리다가 늦게 개었다. 활 10순을 쏘았다.

12일무신 맑음. 심한 더위가 찌는 듯하였다. 충청 우후 등을 불러 활 15순을 쏘았다. 남해 현령(박대남)의 편지가 왔다.

13일기유 맑았으나 몹시 더웠다. 경상 수사가 술을 가지고 와서 활 15순을 쏘았다. 경상 수사가 매우 잘 맞혔지만 김대복(金大福)이 일등을 하였다.

14일경술 맑음. 일찍 나가 활 15순을 쏘았다. 아침에 아들 회(薈)가 이수원(李壽元)과 함께 왔는데 어머니께서 평안하시다는 소식을 들었다.

---

30 사도(四道)는 경상우도, 전라좌도, 전라우도, 충청도 4도를 말한다.

15일^{신해} 맑음. 새벽에 망궐례를 행했다. 우수사, 가리포 첨사(이응표), 나주 판관(어운급) 등은 병으로 탈이 났다. 늦게 나가 공무를 보고 충청 우후와 조방장 김완 등 여러 장수들을 불러서 활 15순을 쏘았다. 이날 일찍 부산의 허내은만이 와서 왜군의 정보를 전하고 군량을 주어 돌려보냈다.

16일^{임자} 맑음. 늦게 경상 수사가 와서 이야기했다. 나가서 공무를 보고 활 10순을 쏘았다. 저녁에 김붕만(金鵬萬)과 배승련(裴承鍊) 등이 돗자리를 사가지고 진에 왔다.

17일^{계축} 맑음. 늦게 우수사가 왔다. 활 15순을 쏘고 헤어졌다. 수사는 술을 마시지 않았다. 충청 수사(선거이)는 아버지의 제삿날이라 거망포로 간다고 보고했다.

18일^{갑인} 맑음. 늦게 나가 활 15순을 쏘았다.

19일^{을묘} 맑음. 체찰사(이원익)에게 공문을 작성하여 보냈다. 늦게 나가서 공무를 보고 활 15순을 쏘았다. 이설(李渫)을 통해 황정록(黃廷祿)의 형편없는 말을 들었다. 발포 보리밭에서 26섬을 생산했다고 한다.

20일^{병진} 맑음. 어제 아침 곡포 권관 장후완(蔣後琬)[31]이 교서에 숙배한 뒤에 평산포 만호(김축)에게 제때에 진에 도착하지 않은 까닭을 조사하여 문책할 때에, 그는 "날짜를 정하지 않았기에 50여 일 물러나 있었다."고 답하였다. 해괴함이 이보다 더할 수 없어 곤장 30대를 쳤다. 한낮에 남해 현령이 들어와 숙배한 뒤에 이야기하고서 활을 쏘았다. 충청 우후도 와서 15순을 쏘았다. 다시 안으로 들어가 남해 현령 박대남과 자세히 이야기하다가 밤이 깊어서야 헤어졌다. 임달영도 들어왔는데, 소를 거래한 내역서와 제주목사의 편지를 가지고 왔다.

21일^{정사} 내일이 제삿날이므로 출근하지 않았다. 아침에 남해 현령(박대남)을 불러 함께 아침 식사를 했다. 남해 현령은 경상 수사에게 갔다가 저녁에

---

31 장후완(1572~1644)은 훈련원정, 문경현감 등을 역임하였다. 《서애집》〈계사〉에 "1595년 동래 등을 드나들며 적정을 정탐한 의성인 장후완(蔣後琬)이 와서 보고했다."는 내용이 있다.

돌아와서 이야기했다.

22일^{무오} 맑음. 할머니의 제삿날이라 출근하지 않았다. 남해 현령(박대남)과 종일 이야기했다.

23일^{기미} 4경(새벽 2시경)부터 종일 비가 내렸다. 남해 현령과 이야기했다. 늦게 남해 현령(박대남)은 경상 수사에게 갔다. 조방장(김완) 및 충청 우후(원유남), 여도만호(김인영), 사도첨사(황세득) 등을 불러 남해에서 가져온 술과 고기를 먹었다. 곤양 군수 이극일(李克一)도 와서 만났다. 저녁에 남해 현령이 경상 수사에게서 왔는데 술에 취해 인사불성이었다. 하동 현감(신진)도 왔는데 본현으로 돌려보냈다.

24일^{경신} 초복이다. 맑음. 일찍 나가서 충청 우후와 함께 활 15순을 쏘았다. 경상 수사도 와서 함께 하였다. 남해 현령(박대남)은 자기 고을로 돌아갔다. 항복한 왜군 야여문 등이 동료인 신시로(信是老)를 죽이자고 청하기에 죽이라고 명령했다. 남원의 김굉(金軫弘)이 군량을 축낸 데 대해 증거를 조사하려고 여기에 도착했다.

25일^{신유} 맑음. 일찍 나가서 공문을 작성하여 보낸 뒤 조방장 및 충청우후, 임치 첨사, 목포 만호, 마량 첨사, 녹도 만호, 당포 만호(안이명), 회령포 만호(민정붕), 파지도 권관(송세응) 등이 활을 쏘러 왔다. 철전 5순, 편전 3순, 활 5순을 쏘았다. 남원의 김굉이 아뢰고 돌아갔다. 이날 저녁에 몹시 더워 땀을 흘렸다.

26일^{임술} 바람이 크게 불고 잠시 비가 왔다. 늦게 나가 공무를 보고 철전과 편전을 각 5순씩 쏘았다. 왜인 난여문 등이 말하는 목수의 아내에게 곤장을 쳤다. 이날 낮에 망아지 두 필의 편자가 떨어졌다.

27일^{계해} 맑음. 나가서 공무를 보고 조방장 김완, 충청 우후, 가리포 첨사(이응표), 당진포* 만호(조효열), 안골포 만호(우수) 등과 함께 철전 5순, 편전 3순, 활 7순을 쏘았다. 이날 저녁에 송구(宋逑)를 잡아 가두었다.

28일^{갑자} 맑음. 명종의 제삿날이라 출근하지 않았다. 아침에 고성 현령(조응

당진포진성 | 당진시 고대면 당진포리 해창 북쪽에 소재. 돌과 흙을 섞어 쌓은 성곽. 조선시대에 이곳에 만호가 지휘하는 병선이 있었고 수군이 주둔했었다.

도)이 급히 보고하기를, "순찰사(서성)의 일행이 어제 이미 사천현에 도착했다."고 한다. 오늘은 응당 소비포에 도착할 것이다. 수원(壽元)이 돌아갔다.

29일을축 아침에 흐리다가 늦게 갰다. 주선(周旋)이 받아갔다. 늦게 나가서 출근한 뒤에 조방장, 충청 우후, 나주 통판(원종의)과 함께 철전, 편전, 활을 도합해서 18순을 쏘았다. 심한 더위가 찌는 듯했다. 초저녁에 땀이 물 쏟듯이 흘렀다. 남해 현령의 편지가 오고 야여문이 돌아갔다.

7월

1일병인 맑음. 나라(인종)의 제삿날이라 출근하지 않았다. 경상 우순찰사(서성)가 진에 이르렀으나 이날은 서로 만나지 않았다. 그의 군관 나굉(羅浤)이 자기 대장의 말을 전하러 이곳에 왔다.

2일정묘 맑음. 아침 식사 후에 경상도의 진영으로 가서 순찰사(서성)와 함께 이야기했다. 얼마 후 새 정자로 올라가 앉았다. 편을 갈라 활을 쏘았는데, 경상순찰사 편이 162점이나 졌다. 종일토록 매우 즐겁게 보내고 촛불을 켜고 돌아왔다.

3일무진 맑음. 아침 식사 후에 순찰사와 도사(都事, 감영관리)가 이 진영에 와서 활을 쏘았다. 순찰사 편이 또 진 것이 96푼이었다. 밤이 깊어서야 돌아갔다. 아침에 체찰사(이원익)의 공문이 왔다.

4일기사 맑음. 아침 식사 후에 경상도 진영으로 가서 순찰사와 서로 만나 이야기했다. 얼마 후 배로 내려가 함께 타고 포구로 나가니, 여러 배들이 밖으로 줄지어 있었다. 종일 이야기하고 선암(仙巖) 앞바다에 이르러 닻을 풀고 헤어져 가려는데, 서로 바라보면서 인사하였다. 그 길로 우수사(이억기)와 경상 수사(권준)와 함께 배를 타고 들어왔다.

5일경오 맑음. 늦게 나가 활을 쏘았다. 충청 우후(원유남)도 와서 함께 하였다.

6일신미 맑음. 일찍 나가 각처의 공문을 작성하여 보냈다. 저물녘에 거제 현령, 웅천 현감(김충민), 삼천포 권관이 와서 만났다. 이곤변(李鯤變)[32]의 편지가 왔는데, 그 사연 중에는 입석(立石)이 잘못되었다는 말이 많았다. 우스운 일이다.

7일임신 맑음. 경상 우수사(권준) 및 우수사(이억기)와 여러 장수들이 함께 와서 세 가지로[33] 잠깐 활쏘기를 했다. 종일 비는 오지 않았다. 궁장(弓匠) 지이(智伊)와 춘복(春卜)이 저녁 때 본영으로 돌아갔다.

---

32 이곤변은 이정(李楨)의 손자이다. 문장가. 삼천진 권관으로 이순신과 자주 국난 대책을 논의했다. 정란 후 선무원종공신 3위에 올랐는데, 여기에는 이름의 곤(鯤)자가 곤(鵾)자로 되어 있다.

33 세 가지[三貫]는 철전·편전·사후(射帿)의 세 가지 활쏘는 방법을 말한다. 병신년 7월 28일자에, "충청 우후와 세 가지로 활을 쏘았다. 철전 36분, 편전 60분, 보통 화살 26분으로 도합 122분이었다."고 하였다.

풍석 | 돛을 만드는데 쓰는 돗자리인데, 여기서는 깔개로 사용할 멍석 따위를 말한다. 멍석사진 국립민속박물관 ⓒ

8일계유 맑음. 충청 우후(원유남)와 함께 활 10순을 쏘았는데, 체찰사의 비밀 증표를 받아 갔다고 한다.

9일갑술 맑음. 아침에 체찰사(이원익)에게 갈 여러 가지 공문을 작성하여 이전(李田)이 받아 갔다. 늦게 경상 수사(권준)가 이곳에 와서 통신사가 탈 배에 풍석(風席)*이 갖추어지지 않았다고 누차 말했다. 빌려 쓰고자 하는 뜻이 그 말 속에서 보였다. 물을 끌어 쓸 대나무와 서울 가는 사람이 요구하는 부채 만들 대나무를 채벌할 일로 박자방(朴自邦)을 남해로 보냈다. 오후에 활 10순을 쏘았다.

10일을해 맑음. 새벽꿈에 어떤 사람이 멀리 화살을 쏘았고, 다른 어떤 사람은 갓을 발로 차서 부수는 것이었다. 스스로 이것을 점쳐보니, '화살을 멀리 쏜 것'은 적들이 멀리 도망하는 것이요, 또 '삿갓을 발로 차서 부순 것'은 삿갓이 머리에 써야할 것이나 발로 걸어 채였으니, 이는 적의 우두머리에 대한 것으로서 왜적을 모두 초멸할 점이다. 늦게 체찰사의 전령에, "황첨지(황신(黃愼))[34]가 이제 명나라 사신을 따라가는 으뜸 사신이 되고, 권황(權滉)[35]이 부사(副使)가 되어 가까운 시일에 바다를 건너게 될 것이니, 그들이 타고 갈 배 3척을 정비하여 부산에다 대어 놓으라."고 하였다. 경상 우후(이의득)가 여기에 도착하여 백문석(白紋席) 150닢을 빌려 갔다. 충청 우후, 사량 만호(김성

---

34 황신(1560~1617)은 1593년 지평으로 명나라 경략 송응창을 접반하고, 1596년 통신사로 명나라의 사신 양방형 · 심유경을 따라 일본에 다녀왔다. 피폐해진 남원 복구에 공을 세워 동지중추부사가 되었다.

35 권황(1543~1641)은 만년 이름에 '황자(愰)'자를 썼다. 음보로 의금부 도사가 되었고 형조 · 호조정랑 등을 지냈다. 1596년 6월 25일, 동부승지 유희서가 선조에게 권황이 재주와 식견이 있다고 중국 사신을 따라갈 배신(陪臣)으로 추천했다.

춘원도 | 통영시 한산면에 소재하는 추봉도로 추정. 서쪽에 한산도가 이웃해 있고, 이 섬 안에 추원마을이 있다. 추봉도는 경상수사가 있었던 경상우수영과 거리가 가깝다.

옥), 지세포 만호(강지욱), 옥포 만호(이담), 홍주 판관(박륜), 전 적도 만호 고여우 등이 와서 만났다. 경상 수사(권준)가 급히 보고하기를, "춘원도(春院島)*에 왜선 한 척이 정박하였다."고 하기에 여러 장수들을 보내어 수색하도록 전령하였다.

11일병자 맑음. 아침에 체찰사에게 통문을 전하는 배에 관한 공문을 작성하여 보냈다. 늦게 경상 수사가 와서 바다를 건너 갈 격군(보조 사공)들에 대해 의논하였다. 관원을 따라 바다를 건널 양식은 벼 23섬을 찧은 것이 21섬이 되어 2섬 1말이 줄었다. 나가서 공무를 보고 직접 세 가지로 활을 쏘는 것을 보았다.

12일정축 새벽 비가 잠시 뿌리다가 곧 그치고 무지개가 한참 동안 떴다. 늦게 경상 우후 이의득이 와서 뜸 15닢을 빌려 갔다. 부산으로 실어 보낼 군량으로 백미 20섬, 중미 40섬을 차사원 변익성(邊翼星)과 수사의 군관 정존극

(鄭存極)[36]이 받아갔다. 조방장이 오고, 충청 우후도 와서 활을 쏘았다. 같은 해에 과거 급제한 남치온(南致溫)도 왔다.

13일무인 맑음. 수행하는 신하가 탈 배 3척을 정비하여 사시(오전 10시 경)에 보냈다. 늦게 활 13순을 쏘았다. 어두울 무렵 항복해온 왜인들이 광대놀이를 많이 벌였다. 장수된 자로서 좌시할 일은 아니었지만, 귀순하여 따르는 왜인들이 마당놀이를 간절히 바라기에 금하지 않았다.

14일기묘 아침에 비가 뿌렸다. 이날도 벌써 보름 전날이다. 저녁에 고성현령 조응도가 와서 이야기했다.

15일경진 새벽에 비가 뿌렸다. 망궐례를 행하지 못했다. 늦게 쾌청하게 갰다. 경상 수사와 전라 우수사가 함께 모여 활을 쏘고서 헤어졌다.

16일신사 새벽에 비 오다가 늦게 개었다. 북쪽으로 툇마루 세 칸을 만들었다. 이날 충청도 홍주의 격군으로서 신평(新平, 당진면 신평리)에 사는 사노 엇복(旕卜)이 도망하다가 붙잡혀 수금되었기에 처형하여 목을 베어 걸었다. 사천(변속)과 하동(신진)의 두 현감이 왔다. 늦게 세 가지로 활을 쏘았다. 이날 저녁 바다의 달빛이 지극히 밝아서 혼자 누대 위에 기대었다. 이경에 잠자리에 들었다.

17일임오 새벽에 비가 뿌리다가 곧 그쳤다. 충청도 홍산에서 큰 도둑(이몽학)이 도발하여 홍산 현감 윤영현(尹英賢)[37]이 붙잡히고, 서천 군수 박진국(朴振國)도 끌려갔다고 한다. 바깥 도둑도 아직 섬멸하지 못하고 안의 도둑들이 이러하니, 매우 놀라운 일이다. 남치온과 고성 현령(조응도), 사천 현감(변속)이 돌아갔다.

18일계미 맑음. 각지의 공문을 작성하여 보냈다. 충청 우후(원유남)와 홍주 반

---

36 정존극은 정경량(鄭慶良)의 아들이다. 아우 명극(明極), 조카 욱(昱)과 함께 의병을 모으고 진주성을 포위한 왜군 수십 명을 죽였는데, 이때 아우가 전사했다. 경상우수영군으로서 정유년 이순신이 감옥에 갇히자 고향으로 돌아갔다.

37 윤영현(1557~?)은 윤회(尹繪)의 아들로 이순신의 누이의 사위인 윤간(尹侃)의 숙부이다. 1596년 홍산 현감으로서 이몽학이 홍산에서 반란을 일으켰을 때 역적을 추종했다는 죄로 파직되었다.

자(박륜)가 충청도 도둑의 일을 듣고 와서 아뢰었다. 저녁에 들으니 항복해 온 왜인 연은기(戀隱己), 사이여문(沙耳汝文) 등이 흉모를 꾸미면서 왜인 남여문을 해치려고 한다고 한다.

19일^{갑신} 맑았으나 큰 바람이 종일 불었다. 남여문이 연은기, 사이여문 등을 참수했다. 우수사(이억기)가 와서 만나고 돌아갔다. 경상 우후 이의득과 충청 우후(원유남), 다경포 만호 윤승남(尹承男)이 왔다.

20일^{을유} 맑음. 경상 수사(권준)가 와서 만났다. 본영의 정탐선이 들어와서 어머님께서 평안하시다는 것을 알게 되어 매우 기쁘고 다행이다. 또 그 편에 충청도 토적(이몽학(李夢鶴))³⁸이 이시발(李時發)³⁹의 포수가 쏜 총에 맞아 즉사했다는 소식을 들었는데, 매우 다행이다.

21일^{병술} 맑음. 늦게 나가 공무를 보았다. 거제 현령과 나주 판관, 홍주 판관이 옥포 만호, 웅천 현감(이충민), 당진포 만호(조효열)와 함께 왔다. 옥포에는 배 만드는데 쓸 양식이 없다고 하므로 체찰사의 군량 20말을 주고, 웅천과 당진포에는 배 만들 철 15근을 함께 주었다. 이날 아들 회(薈)가 하인 수(壽)에게 곤장을 쳤다고 하기에 아들을 뜰 아래로 붙들어다가 꾸짖고 타일렀다. 이경에 땀이 계속 흘렀다. 통신사가 청하는 표범 가죽을 가지고 오도록 배를 본영(여수)으로 보냈다.

22일^{정해} 맑았으나 바람이 크게 불었다. 종일 나가지 않았다. 홀로 누대 위에 앉아 있었다. 종 효대(孝代)와 팽수(彭壽)가 나가서 흥양현의 군량선을 탔다. 저녁에 순천 관리의 공문에, "충청도 도둑들이 홍산(鴻山, 부여)에서 일어났다가 참수되었고, 홍주 등 세 고을이 포위되었다가 겨우 풀렸다."고 하였다. 매

---

38 이몽학 (?~1596)은 왕족의 서얼 출신으로 성품이 불량하여 아버지에게 쫓겨난 후 충청, 전라를 전전하였다. 왜군을 물리친다는 명목으로 반란군을 거느리고 홍주성을 공격했는데, 홍주목사 홍가신, 박명현 등이 철저히 방어했다. 그후 이시발의 포수가 아닌 그의 부하 임억명에 의해 살해되었다.

39 이시발(1569~1626)은 유성룡의 종사관으로 활약하였고 1596년 병조정랑으로 재직 중 이몽학의 반란을 평정하여 장악원 정(正)이 되었다.

우 놀라운 일이다. 3경(자정경)에 비가 크게 내렸다. 낙안의 교대할 배가 들어왔다.

23일무자 큰비가 내리다가 사시(오전 10시경)에 갰으나 이따금 보슬비가 내렸다. 늦게 홍주 판관 박륜(朴崙)이 보고하고 돌아갔다.

24일기축 맑음. 나라(현덕왕후)의 제삿날이다. 이날 우물에 가서 고쳐 파는데 경상 수사도 왔다. 거제 현령(안위), 금갑도 만호(이정표), 다경포 만호(윤승남)가 뒤따라 왔다. 샘의 줄기가 깊이 들어가 있고 물의 근원도 길었다. 점심 식사 후에 돌아와서 세 가지로 활을 쏘았다. 어두울 무렵 곽언수(郭彦壽)가 표범 가죽을 가지고 들어왔다. 이날 밤 마음이 어수선하여 잠들지 못했다. 인기척도 없어 앉았다 누웠다 하다가 밤이 깊어서야 잠들었다.

25일경인 맑음. 아침의 일은 사냥하고 그 수를 세는 것이었는데 녹각 10개는 창고에 넣고 표범 가죽과 화문석은 통신사에게 보냈다.

26일신묘 맑음. 이전(李筌)이 체찰사(이원익)로부터 증표 3개를 받아가지고 왔다. 하나는 경상 수사(권준)에게 보내고, 하나는 전라 우수사(이억기)에게 보냈다. 의금부(금오)의 나장이 윤승남(尹承男)을 잡아갈 일로 내려왔다.

27일임진 맑음. 늦게 활터로 달려가서 길을 닦도록 녹도 만호에게 지시하였다. 종 경(京)이 병이 났다. 다경포 만호 윤승남이 잡혀 갔다.

28일계사 맑음. 종 무학(武鶴), 무화(武花), 박수매(朴壽每), 우놈쇠[于老音金] 등이 26일날 여기에 왔다가 오늘 돌아갔다. 늦게 충청 우후와 더불어 세 가지로 활을 쏘았다. 철전 36분, 편전 60분, 보통 화살 26분으로 도합 122분이었다. 종 경이 심하게 앓는다니 무척 걱정이 된다. 고향 아산의 추석에 제물을 보낼 때 홍(洪), 윤(尹), 이(李) 등 네 곳에 편지를 부쳤다. 이경에는 꿈속에서도 땀을 흘렸다.

29일갑오 맑음. 경상 수사(권준)와 경상우후(이의득)가 와서 만났다. 충청 우후(원유남)도 함께 와서 세 가지로 활을 쏘았는데, 내가 쏘던 활은 고자[高

佐]⁴⁰가 들떠서 바로 수리하라고 명했다. 체찰사로부터 과거 시험장을 설치한다는 공문이 도착했다. 저녁때 들으니 점장이 집의 수지기 아이가 그 집의 여러 가지 물건들을 모두 훔쳐 달아났다고 하였다.

30일^{을미} 맑음. 새벽에 칡넝쿨을 벨 일꾼들이⁴¹ 들어 왔다. 간밤 꿈속에 영의정(유성룡)과 함께 조용히 이야기했다. 아침에 이진(李珍)이 본영으로 돌아가고 춘화(春花) 등도 돌아갔다. 김대인(金大仁)⁴²은 담제(禫祭)⁴³를 지낸다며 휴가를 받아 돌아갔다. 늦게 조방장이 와서 세 가지로 활을 쏘았다. 저녁에 정탐선이 들어와서 어머니께서 평안하신 것을 알았다. 왕명서 2통이 내려왔다. 싸움에 쓸 말과 아들 면(葂)의 말도 들어오고 지이(智伊)와 무재(武才)가 함께 왔다.

8월

1일^{병신} 맑음. 새벽에 망궐례를 행했다. 충청 우후(원유남), 금갑도 만호(이정표), 목포 만호(방수경), 사도 첨사(황세득), 녹도 만호도 와서 행했다. 늦게 파지도 권관 송세응(宋世應)이 돌아갔다. 오후에 활터로 가서 말을 달리다가 저물어서 돌아왔다. 부산에 갔던 곽언수가 돌아와서 통신사의 답장을 전했다. 저녁에 비 올 징후가 많았기에 비오기 전에 대비하도록 지시했다.

2일^{정유} 아침에 비가 크게 쏟아졌다. 지이(智伊) 등에게 새로 만든 활을 시험

---

40 고자는 활의 양 끝에 시위를 맨 휘어진 부분을 말한다. 이를 활고자라고도 한다.

41 기존 판본과 달리 부릴 역(役)자를 참고하여《이순신의 일기초》박혜일 등) 해석했다.

42 김대인은 승려 출신 무과급제자로 이순신의 휘하가 되었다. 칠천량해전 때 바다에서 사흘만에 탈출했다. 그후 육전에서 탄환이 다리뼈에 박힌채로 독전하며 승전한 뒤에 탄환을 제거했다.

43 담제는 부모가 사망한 후 3년상이 끝난 뒤 상주가 평상으로 돌아감을 고하는 제사이다.

정량궁 | 활 몸채가 크고 두꺼우며 힘이 강한데 주로 무과시험에 사용했다. 이를 육량궁이라고도 한다. 사진 고려대박물관 ⓒ

해보게 했다. 늦게 거센 바람이 크게 일고 빗줄기는 삼대 같이 굵어서 대청마루에 걸어 놓은 바람막이가 날아가 방 마루 바람막이에 부딪쳐 동시에 바람막이 두 개가 깨져 산산조각이 났다. 한탄스러웠다.

3일^{무술} 맑았으나 가끔 비가 뿌렸다. 지이(智伊)에게 새로 만든 활을 당겨보게 했다. 조방장과 충청 우후가 와서 만나고 거기서 활을 쏘았다. 아들들이 육냥궁(六兩弓)*⁴⁴을 쏘았다. 이날 늦게 송희립과 아들들을 시켜 황득중(黃得中)과 김응겸(金應謙)의 이름을 적어 허통(許通)⁴⁵하는 증명서를 작성하여 주었다. 초경(밤 8시경)에 비가 오다가 4경(새벽 2시경)에 그쳤다.

4일^{기해} 맑았으나 동풍이 크게 불었다. 아들 회(薈)가 면(葂), 조카 완(莞) 등과 함께 아내의 생일에 장수 비는 술잔을 올릴 일로 떠나갔다. 정선(鄭愃)⁴⁶도 나가고 정사립은 휴가를 얻어서 갔다. 늦게 누대에 앉아서 아이들을 보내는 것을 바라보느라 몸 상하는 줄도 몰랐다. 늦게 대청으로 나가 활 몇 순을 쏘다가 몸이 몹시 불편하여 활 쏘는 것을 멈추고 안으로 들어오니, 몸이 언 거북이처럼 움츠러들기에 바로 옷을 두껍게 입고 땀을 냈다. 저물녘 경상 수사가 와서 문병하고 갔다. 밤의 통증이 낮보다 배로 심하여 신음하며 밤을 보냈다.

5일^{경자} 맑음. 몸이 불편하여 공무를 보러 나가지 않았다. 가리포 첨사(이응

---

44 육량궁은 정량궁, 또는 큰활이라고도 한다. 몸채가 두껍고 커서 활을 당기면 강하게 나간다. 주로 전쟁이나 과거시험에 사용하니 무인으로 등단하는 자의 필수용품이다.《예용해전집》〈궁장〉

45 허통은 천인이나 서얼에게 벼슬길에 오를 수 있게 허가해 주는 제도이다.

46 정선은 정사준의 아들이다. 중부 정사익과 숙부 정사굉과 함께 의병을 일으키어 하인 3백 명과 식량 천 섬으로 의주까지 선조를 호종했다. 이순신의 휘하로서 의주에서 환도 후 훈련원 부정에 임명되었다.

표)가 와서 만났다.

6일신축 흐리나 비는 오지 않았다. 아침에 김조방장(김완)과 충청 우후(원유남), 경상 우후(이의득) 등이 보러 와서 문병했다. 당포 만호(안이명)는 자기 어머니의 병환이 심하다고 와서 고하였다. 경상 수사와 우수사 등이 와서 만났다. 배조방장(배흥립)이 들어왔다가 날이 저문 뒤에 돌아갔다. 밤에 비가 크게 내렸다.

7일임인 비가 계속 내리다가 늦게 갰다. 몸이 불편하여 출근하지 않았다. 서울에 보낼 편지를 썼다. 이날 밤 땀이 옷 두 겹을 적셨다.

8일계묘 흐리나 비는 오지 않았다. 박담동(朴淡同)이 서울로 올라가는 편에 서승지(서성)에게 혼수를 보냈다. 늦게 강희로(姜姬老)가 이곳에 와서 남해 현령(박대남)의 병세가 차츰 좋아진다고 했다. 그와 함께 밤이 깊도록 이야기했다. 의능(宜能)이 생마 120근을 가져와서 바쳤다.

9일갑진 흐렸으나 비는 내리지 않았다. 아침에 수인(守仁, 승장)에게서 생마 330근을 받았다. 하동에서 가공한 도련지(搗鍊紙)⁴⁷ 20권, 주지(注紙)⁴⁸ 32권, 장지(狀紙)⁴⁹ 31권을 김응겸과 곽언수 등에게 주어 보냈다. 마량 첨사 김응황이 직무평가에서 하등급을 맞고 떠나갔다. 늦게 나가 앉아서 공문을 작성하여 나누어 보냈다. 활 10순을 쏘았다. 몸이 몹시 불편하다. 밤 이경에 땀이 흘렀다.

10일을사 맑음. 아침에 충청 우후가 문병 왔다가 조방장과 함께 아침 식사를 했다. 아침에 송한련에게 그물을 만들라고 생마 40근을 주어 보냈다. 몸이 몹시 불편하여 한동안 베개를 베고 누워 있었다. 늦게 두 조방장과 충청 우후를 불러다가 상화병[床花餅]⁵⁰을 만들어 함께 먹었다. 저녁에 체찰사에게

---

47 도련지는 다듬잇돌에 올려놓고 다듬질하여 반듯하게 만든 종이이다.

48 주지는 승지가 임금의 앞에서 왕명을 받아 적거나 보고서를 쓰는데 쓰는 종이이다.

49 장지는 주로 공문이나 편지를 쓸 때 사용한다.

50 상화병은 상화병(霜花餅)과 같다. 밀가루를 탁주와 물로 반죽하고 사기 항아리에 하루 동안 발

통제영앞바다 | 멀리 수루가 보이는 한산도 통제영 앞바다.
송미포 | 옥포해전 전날 이순신과 원균이 머문 곳.(거제 남부면 다대포 추정) 다대포는 송변현 송미포의 옛 이름이다(조성
도). 송미는 흑송, 해송을 의미하는데, 다대포 산에 군락을 이루었다. 이에 기준하면 등산은 진해구로, 아자포는 거제시 둔
덕면으로 보게 된다. 최근에는 송미포를 저구리 대포길로 보는 견해도 있다.

보낼 공문을 작성하였다. 저녁 달빛은 비단 같고, 나그네 회포가 만 갈래라
자려해도 잠들지 못하였다. 2경에 방에 들어갔다.

11일^{병오} 맑고 동풍이 크게 불었다. 아침에 체찰사(이원익)에게 갈 여러 가지
공문을 작성하여 보냈다. 배조방장(배흥립)과 아침 식사를 함께 하고 늦게 그
와 같이 활터로 가서 말달리는 것을 구경하고 저녁에 진영(통제영)*으로 돌아
왔다. 초경(밤 8시경)에 거제 현령(안위)이 급히 보고하기를, "왜적 한 척이 등
산(登山, 진해)에서 송미포(松未浦)*로 들어왔다."고 했다. 이경에 또 보고하기

효시킨다. 삶은 팥을 체로 쳐서 꿀에 개고 호초와 계피가루를 조금 넣어서 작은 남비에 넣고 익
힌다. 이를 공 모양으로 만들고 밀가루로 둥근 떡모양으로 싸서 소쿠리에 올려서 찐다.《임원경
제지》〈옹치잡지〉

를, "아자포(阿自浦)로 옮겨 정박하였다."고 했다. 배를 정비하여 내보낼 때 또다시 보고하기를, "견내량을 넘어갔다."고 했다. 그래서 복병장이 잡아다가 신문했다.

12일정미 맑으나 동풍이 크게 불었다. 동쪽으로 가는 배가 도저히 오갈 수가 없었으니 오랫동안 어머니의 안부를 듣지 못하여 매우 걱정이 되었다. 우수사(이억기)가 와서 만났다. 땀이 두 겹 옷을 적셨다.

13일무신 날이 갰다가 흐리고 동풍이 크게 불었다. 충청 우후와 함께 활을 쏘았다. 이날 밤 땀이 흘러 등을 적셨다. 아침에 우(禹)씨가 곤장을 맞고 죽었다는 소식을 듣고 장사지낼 물품을 약간 보냈다.

14일기유 흐리고 바람이 크게 불었다. 동풍이 계속 불어 벼 이삭이 상했다고 한다. 배조방장과 충청 우후와 함께 이야기를 나누다가 그쳤다. 땀은 나지 않았다.

15일경술 새벽에 비가 계속 내려 망궐례를 멈췄다. 늦게 우수사(이억기), 경상 수사(권준) 및 두 조방장(김완, 배흥립)이 충청 우후(원유남), 경상 우후(이의득), 가리포 첨사(이응표), 평산포 만호(김축) 등 19명의 여러 장수들과 모여서 이야기했다. 비가 종일 그치지 않았다. 초경(밤 8시경) 후에 남풍이 불면서 비가 크게 쏟아졌다. 4경(새벽 2시경)에 이르도록 세 차례 땀을 흘렸다.

16일신해 잠깐 갰으나 남풍이 크게 불었다. 강희로가 남해로 돌아갔다. 몸이 매우 불편하여 종일 누워서 신음하였다. 저녁에 체찰사(이원익)가 진주성에 왔다는 공문이 왔다. 막 개인 뒤의 달빛이 지극히 밝아서 자려해도 잠들지 못하였다. 이경에 누워서 가랑비를 보니 또 한동안 내리다가 그쳤다. 땀이 흘렀다.

17일임자 갰다 흐렸다하더니 비가 오다 개다 했다. 경상 수사가 와서 만났다. 충청 우후와 거제 현령이 함께 와서 만났다. 이날 동풍이 그치지 않았다.

체찰사 앞으로 탐인(探人)⁵¹을 보냈다.

18일^{계축} 비가 오다 개다 하였다. 3경(자정경)에 사면장을 가지고 온 차사원 구례 현감(이원춘(李元春))⁵²이 들어왔다. 땀이 수시로 흘렀다.

19일^{갑인} 흐리다 맑다 하였다. 새벽에 우수사(이억기)와 여러 장수들과 함께 사면장에 숙배하고 그대로 아침 식사를 함께 했다. 구례 현감이 보고하고 돌아갔다. 송의련(宋義連)이 본영(여수)에서 아들 울(蔚)의 편지를 가지고 들어왔는데, 어머니께서 차츰 편안해지신다고 했다. 매우 다행이다. 늦게 거제 현령(안위)과 금갑도 만호(이정표)가 이곳에 와서 이야기했다. 초경(밤 8시경)에서 3경(자정 경)에 이르도록 땀에 젖었다. 저녁에 목수 옥지(玉只)가 재목에 깔리어 중상을 입었다고 보고를 받았다.

20일^{을묘} 동풍이 크게 불다. 새벽에 전선을 만들 재목을 끌어내리려고 우도 군사 3백 명, 경상도 군사 1백 명, 충청도 군사 3백 명, 전라좌도 군사 3백 90명을 송희립이 거느리고 갔다. 늦은 아침에 조카 봉, 해와 아들 회, 면, 조카 완이 최대성, 윤덕종, 정선 등과 함께 들어왔다.

21일^{병진} 맑음. 식후에 활 쏘는 정자에 가서 아들들에게 활 쏘는 연습을 시키고 말달리면서 활 쏘는 것도 시켰다. 배조방장(배흥립)과 김조방장(김완)이 충청 우후와 함께 와서 점심을 함께 먹었다. 저물어서 돌아왔다.

22일^{정사} 맑음. 외조모의 제삿날이라 나가지 않았다. 경상 수사가 와서 만났다.

23일^{무오} 맑음. 활터에 가 보았다. 경상 수사도 와서 함께 했다.

24일^{기미} 맑음.

25일^{경신} 맑음. 우수사와 경상 수사가 와서 만나고 돌아갔다.

26일^{신유} 맑음. 새벽에 배로 출발하여 사천에 이르러 유숙했다. 충청 우후와

---

51 탐인은 왕명을 받든 사신이 가는 길을 탐문하는 하급관리를 말한다.

52 이원춘(?~1597)은 구례현감으로서 의병장이 되어 전라의병 5천명을 이끌고 정인홍과 최경회와 성주탈환을 시도했으나 실패했다. 구례지방을 지켜낸 뒤 1597년 남원전투에서 전사했다.

구라량 | 사천시 늑도(勒島)에서 대방동 각산(角山) 아래의 해안 일대를 말한다. 구라(仇羅)는 바다 가운데에 있는 늑도의 '굴레 늑(勒)'자에서 따온 이름이다. 즉, 굴레를 한자로 음차한 것이 구라이다. 진주에서 60리 지점에 있는 바닷가 개펄이라고도 한다.《여지도서》
대방진굴항 | 사천시 대방동 소재. 고려말 왜구를 막기 위해 설치한 구라량 진영 소속의 군항으로 조선 수군이 여기에 거북선을 숨겨두기도 했다.

함께 종일 이야기하고 헤어졌다.

27일임술 맑음. 일찍 출발하여 사천에 이르러 점심을 먹은 뒤 그 길로 진주로 가서 체찰사(이원익)를 뵙고 온종일 이야기를 나누었다. 저물녘에 진주 목사(나정언(羅廷彦))의 처소로 돌아와서 잤다. 김응서도 왔다가 바로 돌아갔다. 이날 저녁에 이용제(李用濟)가 역적 무리의 편지를 가지고 들어왔다.

28일계해 맑음. 이른 아침에 체찰사 앞으로 가서 종일 여쭙고 논의하여 결정하였다. 초경(밤 8시경) 후에 진주 목사의 처소로 돌아왔다. 진주 목사와 함께 밤이 깊도록 이야기하고 헤어졌다. 청생(靑生)도 왔다.

29일갑자 맑음. 일찍 출발하여 사천에 도착했다. 아침밥을 먹은 뒤 그 길로 배 만드는 곳으로 갔다. 고성 현령(조응도)도 왔다. 삼천포 권관과 이곤변(李鯤變)이 술을 가지고 뒤따라 와서 밤늦도록 함께 이야기하고 구라량(仇羅梁)*에서 잤다.

윤(閏) 8월

1일을축 맑음. 일식(日蝕)을 했다. 이른 아침에 비망진(飛望津)*에 이르러 이곤변(李鯤變) 등과 함께 아침식사를 하였다. 서로 헤어지고 저물녘 진중(한산도)에 이르니 우수사(이억기)와 경상수사(권준)가 나와서 기다리고 있었다. 우수사를 만나서 이야기했다.

2일병인 맑음. 아침에 여러 장수들이 와서 만났다. 늦게 경상 수사와 우수사가 와서 이야기했다. 경상 수사와 함께 사청(射廳)[53]으로 갔다.

3일정묘 맑음.

4일무진 비가 계속 내렸다. 이날 밤 이경에 땀이 흘렀다.

5일기사 맑음. 사청에 가서 아들들이 말달리고 활 쏘는 것을 구경했다. 하천수가 체찰사에게 갔다.

---

53 사청은 군사들이 활쏘기를 하기 위하여 정자 비슷하게 지은 건물이다.

군영숲 | 사천시 대방동에 소재. 고려말부터 왜구를 막기 위해 설치한 구라량 진영으로, 임진왜란 때 대방진굴항의 군사들이 훈련하고 휴식한 곳이다.
비망진 | 사천시 선구동 망산 아래 나루터가 있었던 삼천포항 일대로 추정한다. 이 부근에 군영숲이 있다.

6일경오 맑음. 아침 식사 후에 경상 수사, 우수사와 함께 사청에 가서 말달리고 활 쏘는 것을 구경하고 저물어서 돌아왔다. 이날 밤 잠시 땀이 흘렀다. 방답 첨사가 진중에 도착했다.

7일신미 맑음. 아침에 아산의 종 백시(白是)가 들어왔다. 가을보리의 소출이 43섬이고, 봄보리는 35섬이며, 생선과 바꾼 쌀은 모두 12섬 4말인데, 또 7섬 10말이 나고, 또 4섬이 났다고 했다. 이날 늦게 나가 공무를 보고 청원서[所志]를 작성하여 보냈다.

8일임신 맑음. 식후에 사청으로 가서 말달리며 활 쏘는 것을 구경했다. 광양 현감(이함림(李咸臨))[54]과 고성 현령(조응도)이 시험관으로 들어왔다. 하천수가 진주에서 왔다. 아병(대장 휘하) 임정로(林廷老)가 휴가를 받아 나갔다. 이 날 밤 땀을 내었다.

9일계유 맑음. 아침에 광양 현감이 교서에 숙배를 했다. 봉, 아들 회와 김대복이 임명장에 숙배하고서 이들과 함께 이야기했다. 이날 밤에 우수사(이억기)와 경상 수사(권준)가 와서 이야기했다.

---

54 이함림(1564~?)은 1591년 28세에 식년시 병과에 23위로 합격하였다. 1596년 7월부터 11월까지 광양현감으로 근무했다.《광양읍지》

자당유허비 | 이순신의 모친이 살던 곳에 기념비가 세워져 있다. 비석 앞면에 "이충무공모부인 초계변씨유허비"라고 적혀 있다.
기거집벽면 | 새로 복원한 이순신의 모친이 살던 집의 벽면이다.

10일^{갑술} 맑음. 새벽에 과거 시험장을 열었다. 늦게 면(葂)이 쏜 것은 모두 55보(步), 봉이 쏜 것은 모두 35보, 해가 쏜 것은 모두 30보, 회가 쏜 것은 모두 35보, 완(莞)이 쏜 것은 25보라고 했다. 진무성이 쏜 것은 모두 55보로 합격하였다. 저녁에 우수사와 경상 수사, 배조방장(배흥립)이 함께 와서 이경에 헤어져 돌아갔다.

11일^{을해} 맑음. 체찰사(이원익)를 모시는 일로 진중을 출발하여 당포에 도착했다. 초경(밤 8시경)에 체찰사에게 갔던 탐인(探人)이 돌아왔는데, (체찰사는) 14일에 떠난다고 하였다.

12일^{병자} 맑음. 종일 노질을 재촉하여 이경에 어머님께 도착했다.* 백발이 성성한 채 나를 보고 놀라 일어나시는데, 숨을 가쁘게 쉬시는 모습이 아침저녁을 보전하시기 어렵겠다. 눈물을 머금으며 서로 붙잡고 밤새도록 위안하며 기쁘게 해 드림으로써 마음을 풀어 드렸다.

13일^{정축} 맑음. 아침 진지를 어머니 곁에서 모시고 올리니 기뻐하시는 빛이

가득했다. 늦게 하직을
고하고 본영(여수)으로
왔다. 유시(오후 6시경)
에 작은 배를 타고 밤새
노를 재촉하였다.

남양리산성 | 본래 산성에서 동서쪽으로 바다가 보였으나 지금은 초목이 무성하여 보기 어렵고 성벽의 일부가 남아 있다.

14일무인 맑음. 새벽에
두치(豆恥)에 이르니, 체
찰사(이원익)와 부체찰
사(한효순)가 어제 벌써 와서 잤다고 한다. 뒤를 따라 점검하는 곳으로 가서
진주 소촌(김村)의 찰방((이시경(李蓍慶))[55]을 만나고 일찍 광양현에 도착했다.
지나온 지역에는 쑥대만이 눈에 가득하니 그 참혹함을 차마 볼 수 없었다.
우선 전선 정비하는 일을 면제해 주어 군사와 백성들의 걱정하는 마음을 풀
어 주어야겠다.

15일기묘 맑음. 일찍 떠나 순천에 이르니 체찰사 일행이 관아(순천부) 안으
로 들어갔다고 하기에 나는 정사준(鄭思竣)의 집에서 묵었다. 순찰사(박홍
로)[56]도 와서 함께 이야기했다. 저녁에 들으니 아들들이 모두 시험에 참가했
다고 한다.

16일경진 맑음. 이날은 거기서(정사준 집) 머물렀다.

17일신사 맑음. 늦게 낙안으로 향하였다. 그 고을에 이르니 이호문(李好問)과
이지남(李智男)[57] 등이 보러 와서 오로지 수군에 폐단이 있다고 말했다.

18일임오 맑음. 일찍 출발하여 양강역(陽江驛, 고흥 남양리)에 도착하니 종사관

55 이시경(1565~1597)은 영의정 이양원(李陽元)의 셋째 아들이다. 임진왜란 때 종사관으로서 부친
 을 수행하고 1597년 정유재란 때 소촌 찰방으로 전투 중에 순절하였다.

56 박홍로(1552~1624)는 전라감사로서 순찰사를 겸직하면서 군량보급에 힘썼다.

57 이지남은 부친과 형제들과 함께 의병을 모아 이순신의 막하에서 활동했다. 정운(鄭運)의 작전을
 돕고 선조의 행재소에 군량 백여 석을 바쳤으며 노량해전에서 전공을 세웠다.

백사정 | 보성군 회천면 벽교리 명교해수욕장 일대이다.
장흥부동헌터 | 장흥군 장흥읍 남동리 소재. 현재는 관아가 없고 이 터에 역대 군수의 불망비가 세워져 있다.

김용(金涌)[58]은 서울로 올라갔다. 점심을 먹은 뒤 산성(山城, 남양리 산성)*으로 올라가 멀리 바라보고 각 포구와 여러 섬들을 손으로 짚어가며 살펴보고, 그 길로 흥양(고흥)으로 향했다. 저물녘에 흥양현에 이르러 유향소에서 잤다. 어두울 무렵 이지화(李至和)[59]가 제 물건을 뽐내려고 거문고를 가지고 왔다. 영(英)도 와서 만나고 밤새도록 이야기했다.

19일계미 맑음. 녹도로 가는 길에 도양(道陽)의 둔전을 살펴보았다. 체찰사(이원익)는 얼굴에 희색이 만연했다. 녹도에 도착하여 잤다.

20일갑신 맑음. 일찍 출발하여 배를 타고 체찰사와 부찰사(한효순)와 함께 앉아 종일 군사 일을 이야기했다. 늦게 백사정(白沙汀)*에 이르러 점심을 먹은 뒤에 그 길로 장흥부에 도착했다. 나는 관청의 동헌*에서 잤는데, 김응남이 와서 만났다.

21일을유 맑음. 그대로 머물러 잤다. 정경달이 와서 만났다.

---

58 김용(1557~1620)은 김성일의 조카이고, 배응경의 아들이 사위이다. 임진왜란 때 의병을 모으고 이원익의 종사관으로 활동했다. 이조좌랑, 독운어사 등을 역임했다.

59 이지화는 부윤(府尹)을 지낸 이언경(李彦卿)의 아들로서 서울에서 흥양에 와 살았는데, 참봉을 지냈다.

22일^{병술} 맑음. 늦게 병영(兵營)*에 도
착했는데 원균⁶⁰을 만나 밤이 깊도록
이야기했다.

23일^{정해} 가끔 맑음.

24일^{무자} 부사(副使, 한효순)와 함께 가리
포로 갔더니, 우우후 이정충이 먼저 와
있었다. 남망산(南望山)*에 함께 오르니,

적들이 다니는 좌우의 길과 여러 섬들을 역력히 헤아릴 수 있었다. 참으로
한 도의 요충지이다. 그러나 이곳은 형세가 지극히 외롭고 위태롭기에 부득
이 이진(梨津)으로 옮겨 합하였다. 병영에 도착하였다. 원균의 흉악한 행동은
여기에 기록하지 않는다.

25일^{기축} 일찍 출발하여 이진(梨津)에 도착했다. 점심 식사 후 바로 해남으로

남망산 | 완도군 완도읍 망석리에 있는 산. 여기에 남방봉이 있고, 오른쪽엔 동망봉이 있다. 《가리포진진지(加里浦鎭鎭
誌)》에는 "이 산의 동서남쪽 세 개 산봉우리에 망왜대를 쌓았는데, 이 누대에 오르면 원근의 여러 섬들을 역력히 셀 수 있
다. 이순신이 '참으로 호남제일의 요충이다.'"라고 하였다. 정상에 봉수대가 있다.

---

60 이때 원균은 전라병사직을 맡고 있었다. 1596년 8월 11일 원균이 부임지로 떠나기 위해 하직 인
   사를 했다.《선조수정실록》선조는 원균이 충청병사 재직 시 죄가 있어도 처벌하지 않고, 오히려
   지금의 장수로는 원균이 최고라며 설사 정도에 지나친 일이 있을지라도 가벼이 논계해선 안된
   다고 했다.《선조실록》8월 18일)

가는 길에서 중간에 김경록(金景祿)이 술을 가져 와서 만났다. 나도 모르게 날이 저물어 횃불을 들고 가니, 이경(밤 10시경)에 해남현*에 도착했다.

26일경인 맑음. 일찍 출발하여 우수영에 도착했다. 나는 곧 태평정(太平亭, 남쪽 성안)에서 자면서 우후(이정충)와 함께 이야기했다.

27일신묘 맑음. 체찰사(이원익)가 진도에서 우수영(해남)으로 들어왔다.

해남현 수성송 | 임진왜란 당시 전공을 세운 현감 변협을 기념하기 위해 심은 소나무가 해남현의 동헌 터에 현재까지 남아 있다. "성을 지키는 소나무"라는 뜻으로 수성송이다.

28일임진 비가 조금 내렸다. 일기의 줄을 고쳐 바로잡았다. 우수영에 머물렀다.

29일계사 비가 조금 내렸다. 이른 아침에 남녀역(男女驛, 해남 황산 남리리)에 도착했다. 점심을 먹은 뒤에 해남현에 이르렀다.

고막원터 | 나주군 문평면 고막리에 소재. 현재는 빈 대지에 갈대가 무성하다. 병신년 9월 6일 이순신이 고막원에 가서 점심을 먹었다.

9월

1일^{갑오} 소국진을 본영으로 보냈다. 잠시 비가 뿌렸다. 새벽에 망궐례를 행했다. 일찍 출발하여 석제원(石梯院)*에 도착하여 점심을 먹고 이경에 영암으로 가서 향사당(鄕舍堂)⁶¹에서 잤다. 정랑 조팽년(趙彭年)⁶²이 와서 만났다. 최숙남(崔淑男)도 와서 만났다.

2일^{을미} 맑음. 영암에서 머물렀다.

3일^{병신} 맑음. 아침에 출발하여 나주 신원(新院, 나주 왕곡 신원리)에 도착했다. 점심을 먹은 뒤 나주 판관(원종의)을 불러 고을의 일들을 물었다. 저녁에 나주 별관(別館)에 이르니 종 억만(億萬)이 신원으로 인사하러 왔다.

석제원불망비 | 석제원이 있었던 강진군 월평리 원기마을에 소재. 이 비석에는 "선행으로 구제하여 사람을 살리니 영원히 잊지 못할 비석[善賑活人永世不忘碑]"이라고 적혀 있다.

4일^{정유} 맑음. 나주에서 머물렀다. 어둘녘 목사(이복남)가 술을 가져 와 권했다. 일추(一秋)도 술잔을 들었다. 이날 아침에 체찰사와 함께 공자의 사당(향교)에 알현했다.

5일^{무술} 맑음. 나주에서 머물렀다.

6일^{기해} 맑음. 먼저 무안에 갈 일로 체찰사에게 고하고 길에 올랐다. 고막원(古莫院)*에 가서 점심을 먹고 나니, 나주 감목관 나덕준(羅德駿)이 뒤 쫓아와서 만났다. 이야기하는 중에 강개한 일이 많았다. 그래서 오랫동안 이야기를 나누다가 저물녘에 무안(務安)에 가서 잤다.

---

61 향사당은 조선시대 향촌자치기구로 사용된 청사이다. 여기서는 고을의 원로들이 모여 예악과 덕행을 세우는 것을 목표로 고을의 일을 의논하고 활쏘기와 법령 의식을 행하였다.

62 조팽년(1549~?)은 식년문과에 병과로 급제하고 강진에서 살았으며 전의현감을 지냈다.

동산원 | 무안군 현경면 용정리 부근에 소재. 무안농협자리로 보는 견해도 있다. 병신년 9월 8일 저녁에 이순신이 동산원에서 말에게 먹이를 먹였다.
동산원앞바다 | 동산원이 있던 곳에서 바라다 보이는 앞바다의 광경이다.

7일경자 맑음. 아침에 감목관(나덕준)과 무안 현감(남언상)과 함께 민폐에 대해 이야기했다. 얼마 후 정대청(鄭大淸)이 들어왔다고 하기에 그에게 청하여 함께 앉아 이야기했다. 늦게 출발하여 다경포(무안군 성내리)에 도착하여 영광 군수(김상준(金尙儁))와 2경(오후 10시)까지 이야기했다.

8일신축 맑음. 나라(세조)의 제삿날이다. 이날 새벽 조반에 고기반찬이 올랐으나 먹지 않고 도로 내놓았다. 아침을 먹은 뒤 길에 올라 감목관에게 갔더니 감목관과 영광 군수가 함께 있었다. 국화 떨기 속에 들어가서 술 몇 잔을 마셨다. 저물녘에 동산원(東山院)*에 와서 말에 여물을 먹이고 말을 재촉하여 임치진(臨淄鎭, 무안 해제 임수리)에 도착하니, 8살 된 이공헌(李公獻)의 딸이 그 사촌의 계집종 수경(水卿)과 함께 들어와서 인사했다. 공헌(公獻)을 생각하니 참담한 심경을 가눌 수 없었다. 수경은 길에 버려진 것을 이엽(李瑛)[63]의 집에서 데려다가 기른 아이이다.

9일임인 맑음. 일찍 일어나서 임치 첨사 홍견(洪堅)을 불러 적을 방비할 대책을 물었다. 아침 식사 후에 뒷성으로 올라가 형세를 살펴보고 동산원으로 돌아왔다. 점심을 먹은 뒤 함평현에 가다가 도중에 한여경(韓汝璟)을 만났으나

---

63 이엽(1551~?)은 이공헌(李公獻)을 말한다. 《충무공유사》(노승석 역)의 왜란에 참가한 병신년 장졸 명단을 보면, "임치(臨淄)의 이엽(李瑛)이 공헌(公獻)이다."라고 되어 있다.

말을 탄 상태에서 보기가 어려우므로 함평으로
들어오라고 일렀다. 현감(손경지)[64]은 경차관(敬
差官, 지방파견 관리)을 맞이하러 갔다고 했다. 김
억창(金億昌)도 함께 함평에 왔다.

10일계묘 맑음. 몸이 노곤하고 말도 피로하여
함평에 머물러 잤다. 아침 식사를 하기 전에 무
안의 정대청(鄭大淸)이 와서 함께 이야기했다.
고을의 유생도 많이 들어와 고을의 폐단을 이
야기했다. 저녁에 도사(都事, 성진선(成晉善))[65]가
들어와서 함께 이야기를 나누다가 이경에 헤어
지고 왔다.

11일갑진 맑음. 아침 식사 후 영광으로 가는 도
중에 신경덕(辛慶德)을 만나 잠시 이야기했다.
영광에 도착하니 영광 군수(김상준)가 교서에
숙배한 뒤에 들어와 함께 이야기했다. 내산월
(萊山月)*[66]도 와서 만났는데 술 마시며 이야기
하다가 밤이 깊어서 헤어졌다.

12일을사 비바람이 크게 불었다. 늦게 나서긴

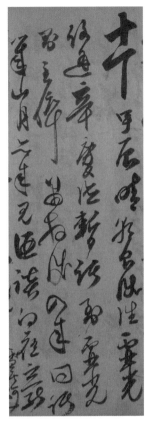

내산월 | 기존 해독본에는 "세산월"로 오
독되어 있었는데, 노승석이 "내산월"로
처음 바로잡았다. 사진 왼쪽 맨 위 3글
자. 최순선 소유, 사진 현충사 ⓒ.

했으나 진눈개비가 내려 길에 오를 수 없었다.[67] 10리쯤 되는 냇가에 이광

---

64 손경지(1558~?)는 1591년 별시 무과에 급제하고, 1596년 5월 15일에 함평현감에 임명되었다.
    삼수군수와 보성군수를 역임했다.

65 성진선(1557~?)은 천거에 의하여 도사(都事)에 임명되고 1594년 정시(庭試) 병과에 합격하였다.

66 내산월은 선조때의 한양 기생으로, 노승석이 최초로 고증하여 찾아낸 실존 인물임. 이춘원의
    《구원집》과 허균의 《성소부부고》에 나온다. 구전설화에 의하면 내산월이 이순신에게 금괴를 바
    쳐 거북선을 만드는데 도움을 주었다고 한다.

67 "진눈개비"는 새로 해독한 문구로, 보통 9월에 내렸다고 보긴 어렵지만, 전달이 윤8월로 한 달이
    더 있으므로, 그런 해석이 가능하다. 이때 선조는 항복한 왜인들에게도 겨울옷을 주도록 명했다.

고창무장객사 | 고창군 무장면 성내리 소재. 무장에 내려온 관리나 사신의 숙소로 사용하던 곳이다.
진무루 | 무장객사의 출입구에 진무루가 있다.

보(李光輔)[68]와 한여경(韓汝璟)[69]이 술을 갖고 와서 기다리고 있었기에 말에서 내려 함께 이야기를 나누었는데 비바람이 그치지 않았다. 안세희(安世熙)[70]도 왔다. 저물녘 무장(茂長)*에 도착했다. 여진(女眞)[71]과.

13일병오 맑음. 이중익(李仲翼)과 이광축(李光軸)도 와서 함께 이야기했다. 이중익이 군색하고 급하다는 말을 많이 하므로 내 옷을 벗어주었다. 종일 이야기했다.

14일정미 맑음. 하루를 더 묵었다. 여진(女眞)과 함께 했다.[72]

15일무신 맑음. 체찰사가 현(무장현)에 이르렀기에 들어가 인사하고 대책을 의논하였다. 여진(女眞)과 함께 했다.[73]

---

68 이광보(1547~1628)는 이광축(李光軸)의 아우이다. 관직에 뜻을 버리고 광주 별장에 은거하였다. 임진왜란 중 부친의 상을 당하여 3년 시묘 살이를 하고 그 후 영광으로 내려와 여생을 보냈다.

69 한여경(1544~1597)은 내금위 찰방을 지내고 임진왜란 때 의병을 모집하여 참전하고, 정유재란 때 왜적을 대항하여 성을 지키다가 부인과 함께 순절하였다.

70 안세희(1547~1597)는 1592년에 사헌부의 논핵을 받았고, 1593년 이홍국이 중종의 시체를 찾은 사건과 관련하여 의금부에서 조사를 받았다. 1597년 정유재란때 왜군의 공격을 받아 사망하였다.

71 여진(女眞)은 여자종의 이름으로 보인다. 그 당시 해남지방의 노비 문서와 김령(金坽 1577~1641)의 《계암일록》, 신최흥(辛最興)이 관에 올린 청원서(所志)에, "여자종 여진[婢女眞]"이 확인된다.

72 "함께 했다"에 해당하는 한자는 "공(共)"자이다. 기존 판본에는 "스물입(卄)"자로 오독되어 있었다. 국내의 고전 및 초서전문가 10여 명이 모두 共자로 인정함.

73 "함께 했다"에 해당하는 한자는 "공(共)"자이다. 기존 판본에는 "서른삽(卅)"자로 오독되어 있었는데, 이 역시 문맥에 맞지 않는다.

입암산성 | 장성군 북하면 신성리 소재. 주변에 장군바위가 있다. 남창계곡에서 3km 올라간다.

16일기유 맑음. 체찰사 일행이 고창(高敞)*에 이르렀다. 점심을 먹은 뒤에 장성(長城)에 와서 잤다.

17일경술 맑음. 체찰사(이원익)와 부사(한효순)는 입암 산성(立巖山城)*으로 가고, 나는 혼자 진원현(珍原縣, 장성 진원리)에 도착하여 진원 현감(심륜)과 함께 이야기했다. 종사관도 왔다. 저물녘 관청에 이르니 두 조카딸이 나와 앉아 있었다. 오랫동안 못 본 회포를 풀고 다시 작은 정자로 나와서 현감과 여러 조카들과 함께 밤이 깊도록 이야기했다.

18일신해 비가 조금 내렸다. 식후에 광주에 이르러 목사(최철견)와 이야기했다. 비가 크게 내리더니 3경(자정 경)에는 달빛이 대낮 같았다. 4경(새벽 2시 경)에 비바람이 크게 일었다. 영의정.

19일임자 비바람이 크게 불었다. 아침에 행적(行迪)이 와서 만났다. 진원(珍原)에 있는 종사관의 편지와 윤간(尹侃), 봉(菶), 해(荄)의 문안 편지도 왔다. 이날 아침 광주 목사(최철견)가 와서 함께 아침 식사를 하는데 술부터 마시어 밥을

능성현 동헌 | 화순군 능주면 석고리 소재. 능성이 지금은 능주이다. 임진왜란 때 훼손되어 1599년 아문을 보수함.
죽수절제아문 | 이 아문은 능성현령의 집무실인 동헌의 출입문이다.

먹지도 못한 채 취해버렸다. 광주 목사의 특별한 방에 들어가 종일 몹시 취했다. 낮에 능성* 현령(조공근(趙公瑾))[74]이 들어와서 곳간을 봉했다. 광주 목사는 체찰사가 파면시켰다고 한다. 최철견의 딸 귀지(貴之)가 와서 잤다.

20일계축 비가 크게 내렸다. 아침에 각종 사무를 담당한 하급 관리들의 죄를 논하였다. 늦게 목사를 만나보고 길을 떠나려 할 즈음에 명나라 사람 두 명이 대화를 청하기에 술을 취하도록 대접했다. 종일 비가 내려 멀리 가지 못하고 화순에 가서 잤다.

21일갑인 비가 개다 오다 했다. 일찍 능성(綾城)에 이르러 최경루(最景樓)*에 올라가서 연주산(連珠山)[75]을 바라보았다. 이 고을 수령이 술을 청하기에 잠깐 취하고 헤어졌다.

22일을묘 맑음. 아침에 각 항목의 죄들을 논했다. 늦게 출발하여 이양원(李陽院)[76]에 이르니, 해운 판관(海運判官)[77]이 먼저 와 있었다. 내가 가는 것을 보고

---

74 조공근이 을미년 7월부터 병신년 12월까지 능성현령으로 근무하였다.《능주읍지》

75 연주산은 전남 화순에 있는 능성산을 말한다. 연주는 능성의 옛 이름이다.

76 이양원은 능성현의 남쪽 40리에 있다《신증동국여지승람》 옛날에는 이양원(梨陽院)이 있다가 지금은 폐지되었다《능주목여지승람》〈역원〉. 본래는 능주군 도림면 지역이었는데, 현재는 화순군 이양면 이양리이다. 원문의 양(楊)자를 양(陽)자로 바로 잡았다.

77 해운 판관은 전함사 소속의 정5품 관직. 조운시의 각 조창(漕倉)을 순회하며 각 도에서 거둔 세곡과 서울 저장창고의 운반을 감독하였다.

최경루 | 능주면 연주산 아래에 있는 영벽정(映碧亭)이다. 《능주읍지》 1500년대 창건되고 1632년 능주목사 정연이 개수함. 시인묵객과 아전들의 휴식처로 사용됨.

이야기를 청하고자 하므로 그와 함께 이야기했다. 저물녘 보성군*에 도착하여 유숙했는데 몸이 매우 고단하여 잤다.

23일병진 맑음. 그대로 머물렀다. 나라(신의 왕후 한씨)의 제삿날이라 출근하지 않았다.

24일정사 맑음. 일찍 출발하여 선 병사(宣兵使, 선거이)의 집에 이르니, 선병사의 병이 극히 위중하여 몹시 위태하게 될까 걱정스러웠다. 저물녘 낙안*에 가서 잤다.

25일무오 맑음. 하급 관리와 선중립(宣仲立)의 죄를 논했다. 순천에 이르러 순

낙안객사 | 낙안면 동내리에 소재. 병신년 9월 24일 이순신이 여기서 유숙했다.
푸조나무 | 낙안객사 뒤에 이순신이 심은 푸조나무라고 전해 오고 있다.

보성읍성 | 보성군 보성리와 현성리에 걸쳐 있다.

천 부사(배응경(裵應褧))[78]와 함께 이야기했다.

26일^{기미} 맑음. 일 때문에 더 머물렀다. 저녁에 순천부의 사람들이 소고기와 술을 마련해 놓고 나오기를 청했으나 굳이 사양하다가 부사(府使)의 간청으로 잠시 마시고서 헤어졌다.

27일^{경신} 맑음. 일찍 출발하여 어머니를 뵈러 갔다.

28일^{신유} 맑음. 남양 아저씨의 생신이므로 본영(여수)으로 왔다.

29일^{임술} 맑음. 식후에 동헌에 출근하여 공문을 작성하였다. 종일 관아에 앉아서 공무를 보았다.

30일^{계해} 맑음. 아침에 옷 담아 둔 농을 뒤져보다가 두 통은 고음내[古音川]로

---

78 배응경(1544~1602)이 1595년 11월부터 1596년 11월까지 순천 부사로 근무하였다.《승평지》청 도군수로서 의병을 모집하여 이순신을 도와 많은 왜군을 물리쳤다. 농경에 힘써 굶주림을 면하게 하고 순천부사와 나주목사를 지냈다.

보내고, 한 통은 본영에 남겨 두었다. 저녁에 선유사(宣諭使)[79]의 군관 신탁(申拆)이 와서 군사들에게 위로연을 베풀 날짜를 말하였다.

10월

1일갑자 비가 오고 바람이 크게 불었다. 새벽에 망궐례를 행했다. 식후에 어머니를 뵈러 가는 길에 신 사과(愼司果)가 임시 거처하는 곳에 들렀다가 크게 취해서 돌아왔다.

2일을축 맑았으나 바람이 크게 불어 배가 다니지 못했다. 청어잡이 배가 들어왔다.

3일병인 맑음. 새벽에 배를 돌려 어머니를 모시고 일행과 함께 배에 올라 본영(여수)으로 돌아왔다. 종일토록 즐겁게 모시니 이 역시 다행한 일이었다. 흥양 현감이 술을 가지고 왔다.

4일정묘 맑음. 식후에 객사 동헌에 출근하여 종일 공무를 보았다. 저녁에 남해 현령(박대남)이 자기 첩을 데리고 왔다.

5일무진 흐림. 남양 아저씨 집안에 제사가 있어서 일찍 부르기에 다녀왔다. 남해 현령과 함께 이야기했다. 비 올 징후가 많았다. 순천 부사(배응경)는 석보창(石堡倉)에서 잤다.

6일기사 비바람이 크게 일어 이 날은 잔치를 차리지 못하고 이튿날로 미루었다. 늦게 흥양 현감(홍유의)과 순천 부사(배응경)가 들어왔다.

7일경오 맑고 온화했다. 아침 일찍 수연(壽宴)을 베풀어 온종일 매우 즐거워하니 참으로 다행스러웠다. 남해 현령은 조상의 제삿날이라 먼저 돌아갔다.

---

79 선유사는 전쟁이 났을 때 임금의 명을 받들고 민심을 무마하기 위해 지방에 파견된 임시 관리이다.

8일^{신미} 맑음. 어머님의 체후가 평안하시니 참으로 다행이다. 순천 부사와 서로 작별의 술잔을 나누고 전송했다.

9일^{임신} 맑음. 공문을 처리하여 보냈다. 하루 종일 어머니를 모셨다. 내일 진영에 들어갈 일로 어머니께서는 다소 서운해 하는 빛을 띠었다.

10일^{계유} 맑음. 삼경 말(새벽 1시경)에 뒷방으로 갔다가 4경(새벽 2시경)에 누대방으로 돌아왔다. 오시에 어머님께 떠날 것을 고하고 미시에 배를 타고 바람에 따라 돛을 달고 밤새도록 노를 재촉하며 갔다.

11일^{갑술} 맑음.(이후 12월까지의 일기가 빠져 있음)

정유일기 I
丁酉日記

이순신의 주요 활동

가토 기요마사에 대한 허위정보에 출동하지 않자, 3월 4일 옥에 갇혔다. 4월 1일 특사되고 백의종군을 한다. 11일 모친상을 당하고 6월 8일 초계의 권율 진영으로 갔다. 7월 16일 조선 수군이 칠천량에서 패하고, 8월 3일 삼도수군통제사에 복직되었다. 9월 조정이 육전을 명하자 "12척이 있어 싸울 수 있다"고 장계하였다. 16일 명량해전에서 13척으로 왜선 133척을 물리쳤다. 10월 29일 보화도로 진영을 옮겼다. 셋째아들 면(葂)이 전사했다.

그 외 주요 사건

1월 가토 기요마사부대가 다대포에 도착했다. 원균이 경상우수사 겸 삼도수군통제사에 임명되었다. 2월 도요토미 히데요시가 작전을 지시하고 3월 명나라의 수군이 출동했다. 5월 명나라 부총병 양원(楊元)이 조선에 파견되어 작전을 지휘하였다. 8월 남원성이 함락되고 9월 경리 양호가 한양에 오고 10월 명군이 남하하여 일본군이 후퇴했다. 11월 경략 형개가 한양에 도착하고, 12월 울산전투가 일어났다.

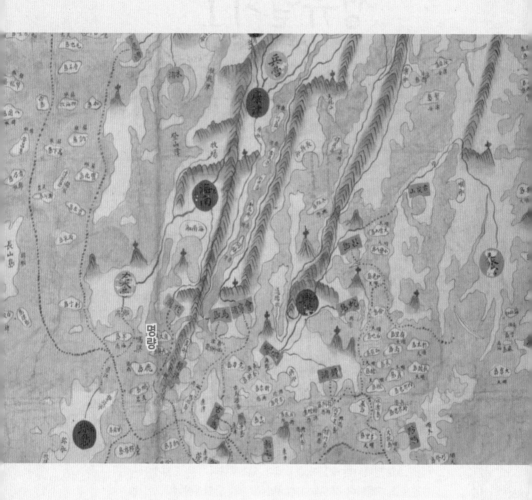

명량, 《해동지도》사진 규장각한국학연구원/서울대중앙도서관 ⓒ

정유년 I (1597)
최고의 위기를 극복하여 무너진 수군을 재건하다

4월

1일신유 맑음. 감옥 문을 나왔다.[1] 남대문 밖 윤간(尹侃)의 종 집에 이르니, 조카 봉, 분과 아들 울이 윤사행과 원경(遠卿)과 더불어 한 방에 함께 앉아 오래도록 이야기했다. 지사 윤자신이 와서 위로하고 비변사 낭청(6품) 이순지(李純智)가 와서 만났다. 더해지는 슬픈 마음을 가눌 수 없었다. 지사(윤자신)가 돌아갔다가 저녁밥을 먹은 뒤에 술을 갖고 다시 왔다. 윤기헌도 왔다. 정으로 권하며

의금부터 | 정유년 4월 1일 이순신이 백의종군하여 권율의 막하에서 공을 세우라는 명을 받고 감옥에서 풀려났다. 사진은 의금부터의 기념비이다.

위로하기에 사양할 수 없어 억지로 마셨는데 몹시 취했다. 이순신(李純信)이 술병을 들고 와서 함께 취하고 간절한 뜻을 전했다. 영의정(유성룡)이 종을

---

1 1596년 겨울 도요토미 히데요시는 재침의사를 조선에 전했다. 고니시 유키나가는 부하인 요시라를 시켜 가토 기요마사에 대한 허위정보를 권율에게 전하고 마침내 선조는 이순신에게 출동을 명한다. 그러나 그것이 적의 간계임을 안 이순신은 출동하지 않아 왕명거역죄로 파직되고, 결국 3월 4일에 투옥되었다. 이때 정탁과 많은 대신들의 노력으로 28일간의 옥고 끝에 4월 1일 석방되었다. 이날부터 복직되기까지 120일 간의 백의종군 여정에 오른다. 출옥한 날부터 다시 일기를 쓰기 시작했다.

통제사길 바위 | 조선시대 통제사가 한양을 오갔던 길로 통영에서 고성으로 이어졌다. 옛날에는 이 길을 "통영별로", "통영로"라고 했다. 이 곳이 유일하게 한양으로 가는 길이니, 이순신이 압송되어 갈 때도 이 길로 갔을 것으로 추정한다. 이 길가의 큰바위에 "통제사구현겸 불망비"라고 새겨져 있다. 맞은편에 또다른 바위가 있는데 여기에는 글씨가 모두 마모되어 보이지 않는다.

독산성 | 오산시 지곶동 소재. 오산과 수원, 화성을 아우른 높은 구릉에 설치되어 주변을 두루 살필 수 있는 산성이다. 독성산성. 140m거리에 세마대가 있다. 사진은 이순신이 실제 지나간 독산성 아래이다. 독성이라고도 함.

보내고 판부사 정탁, 판서 심희수, 이상(찬성) 김명원, 참판 이정형(李廷馨)[2], 대사헌 노직(盧稷)[3], 동지 최원(崔遠)[4], 동지 곽영(郭嶸)[5]이 사람을 보내어 문안했다. 술에 취하여 땀이 몸을 적셨다.

2일임술 종일 비가 계속 내렸다. 여러 조카들과 함께 이야기했다. 방업(方業)이 음식을 내온 것이 매우 풍성하였다. 붓 만드는 공인을 불러 붓*을 매게 했다. 저녁에 성으로 들어가 영의정(유성룡)과 이야기하다가 닭이 울어서야 헤어져 나왔다.

3일계해 맑음. 일찍 남쪽으로 길을 떠났다. 의금부 도사 이사빈(李士贇), 하급

---

2 이정형(1549~1607)은 우승지로서 왕을 의주까지 호종하고 개성유수가 되어 임진강 방어선이 무너지자 의병을 모아 성거산(聖居山)을 거점으로 왜적과 싸워 전공을 세웠다.

3 노직(1545~1618)는 왕을 호종하다 말에서 낙상했으나 성천의 행재소까지 달려간 공으로 병조참판가 되었다. 정유재란 때 김명원 휘하의 접반부사로서 명나라 장수 형개와 군대를 논의하였다.

4 최원은 군사 천명을 거느리고 의병장 김천일, 월곶첨절제사 이빈과 함께 여산에서 왜침을 막았다. 이듬해 영덕에서 왜군을 물리친 공으로 상호군이 되었다. 정유재란 때에 한강을 수호했다.

5 곽영은 전라우수사, 경상병마절도사, 평안병마절도사를 역임하였다. 전쟁 중 전라방어사로서 용인, 금산에서 패주하였고, 사헌부로부터 용감하게 싸우지 못한 졸장이라 하여 탄핵을 받았다.

휴대용붓 | 조선시대에 사용한 휴대용 붓. 이순신은 출옥한 후 다시 일기를 쓰기 시작했다. 사진은 휴대용묵호와 붓 국립중앙박물관ⓒ

관리 이수영(李壽永), 나장 한언향(韓彦香)은 먼저 수원부에 도착했다. 나는 인덕원에서 말을 쉬게 하고 조용히 누워서 쉬다가 저물녘 수원에 들어가서 이름도 모르는 경기 체찰사(홍이상)의 병사의 집에서 잤다. 신복룡(愼伏龍)이 우연히 왔다가 내 행색을 보고 술을 가지고 와서 위로해 주었다. 수원부사 유영건(柳永健)[6]이 나와서 만났다.

4일갑자 맑음. 일찍 길을 떠나 독성(禿城) 아래*에 이르니, 반자(판관) 조발(趙撥)이 술을 준비하여 장막을 설치하고 기다렸다. 취하도록 술을 마시고 길을 떠나 바로 진위(振威, 평택진위 봉남리)의 옛길을 거쳐 냇가에서 말을 쉬게 했다. 오산(吾山, 화성 오산)의 황천상(黃天祥)의 집에 가서 점심을 먹었다. 황(黃, 황천상)은 내 짐이 무겁다고 말을 내어 실어 보내게 하니, 고마운 마음 그지없었다. 수탄(水灘)*을 거쳐 평택현(팽성읍)* 이낸손(李內隱孫)의 집에 투숙했는데, 주인이 매우 친절하게 대했다. 자는 방이 몹시 좁은데 뜨겁게 불

수탄 | 천안시 서북구에 소재하는 안성천 일대. 옛날부터 이곳에 군영과 나루터가 있었다고 한다.
팽성읍객사 | 팽성읍 부용산 남쪽에 소재함. 수령이 여기에 유숙하고 초하루와 보름으로 망궐례를 행했다. 이 주변에 이낸손의 집이 있었다. 독산성에서 여기까지 25km.

---

6 유영건은 병신년 8월부터 정유년 4월까지 수원부사로 근무하였다.《죽계일기》에 보면, "병신년 8월 수원부사에 임명되고 정유년 5월 후임 정엽(鄭曄)이 부임했다."고하였다.

부친의 묘소 | 아산 음봉에 소재. 선산은 이순신의 부친 이정의 산소를 말한다. 맏형 희신의 묘소는 부친의 묘소 뒤편에 있고, 둘째형 요신의 묘소는 희신의 묘소 뒤에 있다. 이낸손의 집에서 아산의 선산까지 거리가 약 13km이다.

을 때서 땀이 흘렀다.

5일을축 맑음. 해가 뜰 때 길을 떠나 곧장 선산(先山)*으로 갔다. 나무들이 들에 난 불을 거듭 겪고 말라 비틀어져서 차마 볼 수가 없었다. 묘소 아래에서 절하며 곡하는데 한참동안 일어나지 못했다. 저녁이 되어 외가로 내려가 사당에 절하고, 그 길로 조카 뇌(蕾)의 집에 가서 조상의 사당에 곡하며 절했다.*7 또한 들으니 남양 아저씨가 세상을 뜨셨다고 한다. 저물녘 본가*에 이르러 장인, 장모님의 신위 앞에 절하고 바로 작은 형님(요신)과 아우 우신의 부인인 제수의 사당에도 올라갔다가 잠자리에 들었으나 마음이 편치 않았다.

6일병인 맑음. 멀고 가까운 친척과 친구들이 모두 와서 모였다. 오랫동안 못본 회포를 풀고 갔다.

7일정묘 맑음. 금오랑(이사빈)이 아산현에서 왔기에 내가 가서 매우 정성껏 대접했다. 홍찰방, 이별좌, 윤효원이 와서 만났다. 금오랑은 변흥백의 집에서 잤다.

8일무진 맑음. 아침에 자리를 차려 남양 아저씨 영전에 곡하고 상복을 입었

---

7 이순신이 사당에서 장차 멀리 출정하러 감을 고한 것이다. 《주자가례》권1, 〈사당〉조에, "멀리 수 십일 이상을 출행하게 되면 사당에 재배 분향한다."고 하였다.

고택의 사당 | 아산 고택 뒤에 소재함. 그 당시에는 집안 조상님을 배향했을 것으로 추정하는데, 현재는 이순신과 부인 상주방씨 두 분의 위패가 배향되어 있다.
본가 | 아산 현충사 경내에 소재하는 고택. 본래 방진의 집이었는데, 이순신이 처가살이하면서 이순신의 집이 되었다. 4월 5일 이순신이 여기서 장인, 장모의 신위에 참배했다.

다. 늦게 변흥백의 집에 가서 이야기했다. 강계장(姜楔長)이 세상을 떠났다고 하므로 내가 가서 조문하고, 그 길로 홍석견(洪石堅)의 집에 들러보았다. 늦게 변흥백의 집에 가서 도사(都事, 의금부 관원)를 만났다.

9일기사 맑음. 동네 사람들이 각기 술병을 갖고 와서 멀리 가는 이의 심정을 위로해 주기에 거절하지 못하고 몹시 취하고서 헤어졌다. 홍군우(洪君遇)[8]는 창을 하고 이 별좌(李別坐)도 창을 하였다. 나는 창을 들어도 즐겁지 않았다. 도사는 술을 잘 마시나 흐트러짐이 없었다.

10일경오 맑음. 아침 식사 후 변흥백의 집에 가서 도사와 함께 이야기했다. 늦게 홍찰방, 이별좌 형제, 윤효원 형제가 와서 만났다. 이언길(李彦吉)과 허제(許霽)가 술을 들고 왔다.

11일신미 맑음. 새벽꿈이 매우 심란하여 이루다 말할 수가 없었다. 덕(德)이를 불러서 대강 이야기하고 또 아들 울(蔚)에게도 말했다. 마음이 몹시 침울하여 취한 듯 미친 듯 마음을 가눌 수 없으니, 이것이 무슨 징조인가. 병드신 어머니를 그리워하는 생각에 나도 모르게 눈물이 흐른다. 종을 보내어 어머

---

8 홍군우는 홍익현(洪翼賢)이고 자(字)가 군우(君遇)이다. 과거를 보지 않고 천거로 찰방과 판관에 제수되었으나 모두 나아가지 않았다. 이순신이 알려지지 않았을 때 홍군우가 유성룡에게 "이순신은 관용과 용맹을 갖추어 큰 그릇이 될 것이다."라고 했는데, 후에 과연 적중했다.《신정아주지》

니의 소식을 듣고 오게 했다. 도사는 온양으로 돌아갔다.

12일원신 맑음. 종 태문(太文)이 안흥량(安興梁)*에서 들어와 편지를 전하는데, "어머니께서는 숨이 가쁘시며, 초9일 위아랫 사람들은 모두 무사히 안흥에 도착하여 정박하였다."고 했다. 법성포(영광 법성리)에 도착하여 배를 대고 자고 있을 때 닻이 끌려 떠내려가서 두 배가 육일 간 서로 떨어져 있다가 만났는데, 무사하다고 한다. 아들 울(蔚)을 먼저 바닷가로 보냈다.

13일계해 맑음. 일찍 식사 후에 어머니를 맞이할 일로 바닷가 길에 올랐다. 도중에 홍찰방 집에 들러 잠깐 이야기하는 동안 아들 울(蔚)이 종 애수(愛壽)를 보냈을 때에는 배가 왔다는 소식이 없었다. 다시 들으니 황천상이 술병을 들고 변흥백의 집에 왔다고 하여 홍찰방과 작별을 고하고 홍백의 집으로 갔다. 얼마 후 종 순화(順花)가 배에서 와서 어머니의 사망 소식을 알렸다. 달려나가 가슴을 치고 발을 구르니[9] 하늘의 해조차 캄캄해 보였다. 바로 해암(蟹巖)*으로 달려가니 배는 벌써 와 있었다. 길에서 바라보면서 가슴 찢어지는 비통함을 모두 적을 수가 없었다. 추가로 대강 기록했다.

---

9 가슴을 치고 발로 땅을 구르는 것은 자식이 부모의 상에 대한 극도의 슬픔을 형용하는 말이다. 이 는 지극한 슬픔을 나타낸 것이고《예기》〈단궁〉), 인간의 감정이 절제할 수 없는 것이다.(정약용)

삽교호 뱃길 | 이순신 모친의 시신을 실은 배가 아산만과 삽교호, 곡교천을 지나 게바위로 들어갔다. 사진은 삽교호에 있는 어머니 뱃길을 찍은 것이다.
해암(게바위) | 아산시 인주면 해암리 197-2번지에 소재. 본래 바닷가에 인접한 포구이었는데, 지금은 매립되어 농지가 되었다. 여기에 있는 바위 모양이 게와 비슷하여 "게바위[蟹巖]"라고 한다. 해암리 강가에 또다른 게바위가 있다고 하나 근거가 미약하다.

14일^{갑술} 맑음. 홍찰방과 이별좌가 들어와서 곡하고 관을 만들었다. 관은 본영에서 준비해 왔는데, 조금도 흠난 데가 없다고 했다.

15일^{을해} 맑음. 늦게 입관하는데 직접 해준 오종수(吳終壽)가 정성을 다해 상을 치르게 해주니 뼈가 가루가 되도록 잊지 못하겠다. 관에 넣는 물품은 후회함이 없게 했으니[10] 이것은 다행이다. 천안 군수(이유청)가 들어와서 상을 치를 것을 준비해주고 전경복(全慶福)씨가 연일 상복을 만드는 일 등에 성심을 다하니 슬프고 감사한 마음을 어찌 말로 다하랴.

16일^{병자} 굳은비가 오다. 배를 끌어 중방포(中方浦)* 앞으로 옮겨 대고, 영구를 상여에 올려 싣고 본가로 돌아왔다. 마을을 바라보면서 가슴이 찢어지는 비통함을 어찌 말로 다할 수 있으랴. 집에 도착하여 빈소를 차렸다. 비가 크게 내렸다. 나는 아주 지친데다가 남쪽으로 갈 일이 또한 급박하니, 울부짖으며 곡을 하였다. 오직 어서 죽기만을 기다릴 뿐이다. 천안 군수가 돌아갔다.

17일^{정축} 맑음. 의금부 도사(금오랑)의 하급관리 이수영(李壽永)이 공주에서 와서 갈 길을 재촉했다.

---

10 염습과 장례 때 관에 넣는 물품을 정성스럽게 하여 후회가 없게 하는 것인데, 이 말은 《예기》〈단궁〉의 부관무회(附棺無悔)에서 나온 말이다.

중방포 | 아산시 염치읍 중방리 소재. 여기서 곡교천변으로 조금 내려가면 위의 수장골에서 내려오는 강물과 아래의 게바위 앞으로 내려가는 강물이 맞닿는다. 모친의 시신을 실은 배가 중방포까지 왔다.
중방포앞강 | 중방포구 아래 강변에서 중방포를 멀리 바라보며 찍은 사진이다.

18일무인 종일 비가 계속 내렸다. 몸이 몹시 불편하여 고개도 내밀지 못하고, 다만 빈소 앞에서 곡만 하다가 종 금수(今守)의 집으로 물러 나왔다. 늦게 계원들이 내가 있는 곳으로 모여서 계(楔)에 관한 일을 의논하고 헤어졌다.

19일기묘 맑음. 일찍 나와서 길에 오르며 어머님의 혼령을 모신 자리에 하직을 고하고 울부짖으며 곡하였다. 어찌하랴. 어찌하랴. 천지사이에 어찌 나와 같은 사정이 있겠는가. 빨리 죽는 것만 같지 못하구나. 조카 뇌(蕾)의 집에 가서 조상의 사당 앞에서 하직을 아뢰었다. 금곡(金谷)*의 강선전(姜宣傳, 강희증)의 집 앞에 당도하니, 강정(姜晶)과 강영수(姜永壽)씨를 만나 말에서 내려 곡을 하였다.* 또 보산원(寶山院)*에 당도하니 천안군수가 먼저 와 있어서, 냇가에서 말에서 내려 쉬고 갔다. 임천 군수 한술(韓述)은 한양에 가서 중시(重試)를 보고 오는데 앞길을 지나다 내가 가는 것을 듣고 들어와 조문하고 갔다. 아들 회, 면, 울과 조카 해, 분, 완 및 변주부(卞主簿, 존서)가 함께 천안까지 따라왔다. 원인남(元仁男)도 와서 만나고 작별한 뒤에 말에 올랐다. 일신역(日新驛, 공주 신관동)에 도착하여 잤다. 저녁에 비가 뿌렸다.

20일경진 맑음. 공주 정천동(定天洞)에서 아침밥을 먹고 저녁에 이산(尼山, 논산 노성 읍내리)에 들어가니, 고을 원이 극진히 대접했다. 관아 동헌*에서 잤

금곡 | 아산 배방읍 감태기마을. 진주강씨의 집성촌으로 강정과 강영수의 후손들이 지금까지 살고 있다. 사진은 이 마을의 오래된 정자나무이다.
말에서 내려 곡한 곳 | 감태기마을 입구쪽으로 내려오면 4월 19일 이순신이 강정과 강영수를 만난 장소가 있다. 이곳은 강씨 후손들과 마을주민들의 한결같은 증언에 의해 확인되었다.
보산원터 | 천안시 광덕면 보산원리 소재. 현재 이곳에 기념비가 세워져 있다.
이산관아터 | 논산시 노성면에 이산현 관아터가 남아 있는데, 여기에 518년 된 느티나무가 서있다. 4월 20일 이순신이 여기서 하루 유숙했다.

다. 김덕장(金德章)이 우연히 와서 만났고, 의금부 도사도 와서 만났다.

21일신사 맑음. 일찍 출발하여 은원(恩院, 논산 은진 연서리)에 도착하니, 김익(金瀷)이 우연히 왔다고 한다. 임달영(任達英)이 곡식을 교역할 일로 은진포(恩津浦)에 왔다고 하는데, 그의 행적이 매우 괴상하고 거짓되었다. 저녁에 여산(礪山)* 관노의 집에서 잤다. 한밤중에 홀로 앉았으니, 비통한 마음을 어찌 견딜 수 있으랴.

여산동헌 | 익산시 여산면 소재. 여산의 수령이 집무를 보던 관아건물이다.
사선루 | 옛 오원역은 임실군 관촌면 오원 강변에 설치된 역참으로 임실현에서 북쪽으로 약 8km거리에 있었다. 현재 이 부근에 사선루가 남아 있다.

22일임오 맑음. 낮에는 삼례역(參禮驛)[11] 장리(長吏)의 집에 가고 저녁에는 전주 남문 밖 이의신(李義臣)의 집에서 묵었다. 판관 박근(朴勤)이 와서 만났고 전주 부윤(박경신(朴慶新))[12]도 후하게 대접해 주었다. 판관이 기름종이[油芚]와 생강 등을 보내 왔다.

23일계미 맑음. 일찍 출발하여 오원역(烏原驛)*에 도착하여 말을 갈아타는 역참에서 말을 쉬게 하고 아침밥을 먹었다. 얼마 후 도사(都事)가 왔다. 저물녘 임실현으로 들어가니 현감이 예를 갖추어 대접했다. 현감은 홍순각(洪純慤)이다.

24일갑신 맑음. 일찍 출발하여 남원에 이르렀는데, 고을에서 15리쯤 되는 곳에서 정철(丁哲) 등을 만났다. 남원부 5리 안까지 이르러서 내가 가는 것을 전송하였고, 나는 곧장 십리 밖의 동쪽 이희경(李喜慶)의 종 집으로 갔다. 애통한 심정을 어찌하리오.

25일을유 비 올 징후가 많았다. 아침 식사 후에 길에 올라 운봉(雲峯, 남원시 운

---

11 삼례역은 전북 완주군 삼례읍 삼례리(參禮里)이다. 삼례(參禮)는 지명이기도 하지만,《선조실록》 1592년 5월 1일 기록에 역명(驛名)으로 기록하고 있어 이를 따랐다.

12 박경신(1560~1626)은 박사공(朴思恭)의 아들이다. 순변사 이일의 종사관으로서 해주목사 때에 피폐한 상황을 복구하고 1594년 밀양부사로서 관민을 훈련시켜 전쟁에 대비하였다. 정유재란 때는 전주부윤으로서 성을 버리고 달아나 파직당하였다.

손인필비각 | 구례군 봉북리에 소재. 손인필은 아들 숙남(淑南)과 함께 이순신의 막하에서 군수품 조달과 군인 모집을 하였다.

봉읍)의 박롱(朴巃)의 집에 들어가니, 비가 크게 내려 머리를 내놓을 수 없었다. 여기서 들으니 원수(권율)가 이미 순천을 향했다고 하기에 즉시 사람을 의금부 도사(이사빈)에게 보내어 머물러 있게 했다. 이 고을의 현감(남간)은 병 때문에 나오지 않았다.

26일^{병술} 흐리고 개지 않았다. 일찍 밥을 먹고 길에 올라 구례현에 이르니 의금부 도사가 먼저 와 있었다. 손인필(孫仁弼)*의 집에 거처를 정하였더니, 고을의 현감(이원춘)이 급히 보러 나와서 매우 정성껏 대접하였다. 의금부 도사도 와서 만났다. 내가 현감을 시켜 의금부 도사에게 술 마시기를 권하게 했더니, 현감이 정성을 다했다고 한다. 밤에 앉아 있으니 비통함을 어찌 말로 다하랴.

27일^{정해} 맑음. 일찍 출발하여 송치(松峙)* 아래에 이르니 구례 현감(이원춘)이 사람을 보내어 점심을 지어 먹고 가게 했다. 순천 송원(松院, 순천 서면 운평리)에 도착하자, 이득종과 정선(鄭愃)이 와서 문안하였다. 저녁에 정원명의 집에 도착하니, 원수(권율)는 내가 온 것을 알고 군관 권승경(權承慶)을 보내어 조문하고 안부를 물었는데, 위로하는 말이 매우 정성스러웠다. 저녁에 이 고을 수령이 와서 만났다. 정사준도 와서 원공(원균)의 패악하고 망령되어 잘못된 행태를 많이 말했다.

28일^{무자} 맑음. 아침에 원수(권율)가 또 군관 권승경을 보내어 문안하였다. 이에 전언하기를, "상중에 몸이 피곤할 테니, 몸이 회복되는 대로 나오라."고 하며, "이제 들으니 친절한 군관이 통제영에 있다하니, 편지와 공문을 보내어 나오게 하여 데리고 가서 간호하게 하라."고 하면서 편지와 공문을 작성

송치 | 순천시 서면 학구리 소재. 사진은 송치재인데 여기에 터널이 있다. 구례에서 송치까지 약 16km이고, 순천 송치에서 운평의 송원까지 약8km이다.

하여 왔다. 순천 부사(우치적)의 첩이 세상을 떠났다고 한다.

29일^{기축} 맑음. 신사과(愼司果)와 방응원(方應元)이 와서 만났다. 전라 병사(이복남)도 원수의 의논을 들을 일로 관부에 들어왔다고 한다. 신사과와 함께 이야기했다.

30일^{경인} 아침에 흐리고 저물녘에 비가 내렸다. 아침 식사 후에 신사과와 함께 이야기하였는데, 그는 병사(兵使)가 남아서 술을 마시게 했다고 했다. 병사 이복남이 아침식사 전에 보러 와서 원균에 대한 일을 많이 말했다. 전라 감사(박홍로)도 원수에게 왔다가 군관을 보내어 안부를 물었다.

5월

1일^{신묘} 비가 계속 내렸다. 신사과가 머물러서 대화하였다. 전라 순찰사(박홍로)와 병사(이복남)는 원수(권율)가 임시 거처하는 정사준의 집에 함께 모여서

순천부동헌 푸조나무 | 순천부의 동헌은 현재 없어졌고 순천시 금곡길에 있는 동헌 터에 5백 년 된 푸조나무가 있다. 5월 2일 이순신이 순천부의 빈 동헌에 머물렀다.

머물며 술을 마시고 매우 즐거워한다고 하였다.

2일임진 늦게 개었다. 원수는 보성으로 가고, 병사는 본영으로 갔다. 순찰사는 담양으로 가는 길에 와서 만나고 돌아갔다. 순천 부사가 와서 만났다. 진흥국(陳興國)이 좌수영으로부터 와서 눈물을 흘리며 원균의 일을 말했다. 이형복과 신홍수도 왔다. 남원의 종 끝돌이[㐱石]가 아산집에서 와서 어머님의 영혼을 모신 자리가 평안하시다고 전하고, 또 변유헌은 무사히 식구들을 거느리고 금곡(金谷)에 도착했다고 전하였다. 홀로 빈 동헌*에 앉아 있으니, 비통함을 어찌 견디랴.

3일계사 맑음. 신사과, 응원, 진흥국이 돌아갔다. 이기남(李奇男)이 와서 만났다. 아침에 둘째아들 울(蔚)의 이름을 열(㦸)로 고쳤다. 열의 음은 열(悅)이다. 싹이 처음 트거나 초목이 무성하게 자란다는 뜻이니 글자의 뜻이 매우 아름답다. 늦게 강소작지(姜所作只)가 보러 왔다가 곡을 했다. 신시(오후 4시경)에 비가 뿌렸다. 저녁에 수령이 와서 만났다.

4일갑오 비가 내렸다. 오늘은 어머님의 생신이다. 애통함을 어찌 견디랴. 닭이 울 때 일어나 앉으니 눈물을 드리울 뿐이다. 오후에 비가 크게 내렸다. 정사준이 와서 종일 돌아가지 않았다. 이수원(李壽元)도 왔다.

5일을미 맑음. 새벽꿈이 매우 어지러웠다. 아침에 순천 부사(우치적)가 와서 만났다. 늦게 충청 우후 원유남이 한산도에서 와서 원공의 흉포하고 패악함을 많이 전하고, 또 진중의 장졸들이 이탈하여 반역하니, 그 형세가 장차 어찌 될지 모르겠다고 말하였다. 오늘은 단오절인데 천리 되는 천애의 땅에 멀리 와서 종군하여 어머니의 장례도 못 치르고[13] 곡하고 우는 것도 마음대로 못하니, 이 무슨 죄로 이런 앙갚음을 받는 것인가. 나와 같은 사정은 고금(古今)에 둘도 없을 터이니, 가슴 찢어지듯이 아프다. 다만 때를 만나지 못한 것이 한스러울 뿐이다.

6일병신 맑음. 꿈에 돌아가신 두 형님을 만났는데, 서로 붙들고 통곡하면서 말씀하시기를, "장사를 지내지도 못하고 천리 밖에서 종군하고 있으니, 누가 그것을 주관한단 말인가. 통곡한들 어찌하리오."라고 하셨다. 이것은 두 형님의 혼령이 천리 밖까지 따라와서 이토록 걱정한 것이니 비통함이 그치지 않는다. 또 남원의 감독하는 일을 걱정하시는데, 그것은 모르겠다. 연일 꿈이 어지러운 것도 죽은 혼령이 말없이 걱정하여 주는 터라 깊은 애통함이 간절하다. 아침저녁으로 그립고 비통함에 눈물이 엉겨 피가 되건마는, 하늘은 어찌 아득하기만 하고 내 사정을 살펴주지 못하는가. 어찌하여 어서 죽지 못하는가. 늦게 능성 현령 이계명(李繼命)이 역시 상중에 벼슬한 사람인데, 와서 만나고 돌아갔다. 흥양의 종 우놈쇠(禹老音金), 박수매(朴守每), 조택(趙澤)이 순화(順花)의 처와 함께 와서 만났다. 이기윤(李奇胤)[14]과 몽생(夢生)이 오고 송정

---

13 이때 모친의 장례를 못치렀는데, 당시 상례는 4품 이상의 관리는 3개월 후 장례를 치렀다. 이순신의 경우는 113일만인 8월 4일에 모친의 장례를 가족이 대신 치렀다. 《경국대전》〈상장(喪葬)〉조에 "4품 이상의 관리는 3월장, 5품 이하의 관리는 한달 후 장례를 치른다."고 하였다.

14 이기윤은 금산에 격문을 보내어 의병을 일으키고 사촌 이기남, 아우 이기준과 함께 의병 1백 여명을 모아 이순신을 도왔다. 노량해전에서 전공을 세우고 포로를 찾아오고 왜선을 다수 물리쳤다.

립(宋挺立)15, 송득운(宋得運)16도 왔다가 바로 돌아갔다. 저녁에 정원명이 한산도에서 돌아왔는데, 흉악한 자(원균)의 소행을 많이 이야기했다. 또 들으니 부찰사(한효순)가 좌수영으로 나와서 병 때문에 머무르며 조리한다고 했다. 우수사(이억기)가 편지를 보내어 조문했다.

7일정유 맑음. 아침에 정혜사(定惠寺)17의 승려 덕수(德修)가 와서 짚신 한 켤레를 바쳤으나 거절하고 받지 않았다. 두세 번 드나들며 고하기에 그 값을 주어 보내고 짚신은 바로 정원명에게 주었다. 늦게 송대기(宋大器)와 유몽길(柳夢吉)이 와서 만났다. 서산 군수 안괄(安适)도 한산도에서 와서 흉악한 공(원균)의 일을 많이 말했다. 저녁에 이기남이 또 오고 이원룡은 수영에서 돌아왔다. 안괄이 구례에 갔을 때 조사겸(趙士謙)의 수절녀(아내)를 사통하려 했으나 하지 못했다고 한다. 매우 놀랍다.

8일무술 맑음. 아침에 승장(僧將) 수인(守仁)이 밥 지을 승려 두우(杜宇)를 데리고 왔다. 종 한경(漢京)은 일 때문에 보성으로 보냈다. 흥양의 종 세충(世忠)이 녹도에서 망아지를 끌고 왔다. 궁장 이지(李智)가 돌아갔다. 이날 새벽꿈에 사나운 범을 때려잡아서 가죽을 벗기고 휘둘렀는데, 이건 무슨 징조인지 모르겠다. 조종(趙琮)이 이름을 연(瑌)으로 고치고 와서 만났고 조덕수(趙德秀)도 왔다. 낮에 망아지에 안장을 얹어 정상명(鄭詳溟)이 타고 갔다. 음흉한 원균이 편지를 보내어 조문하니, 이는 곧 원수(권율)의 명령이었다. 이경신(李敬信)이 한산도에서 와서 흉악한 원씨(원균)의 일에 대해 많이 말하였다. 또 말하기를 "그가(원균) 데리고 온 하급관리를 곡식을 교역한다고 구실삼아 육지에 보내

---

15 송정립은 송희립의 아우이다. 모친을 재종숙인 송두남에게 부탁하고 이순신의 휘하에서 활동했다. 정유재란 때는 아우 득운과 함께 식량을 지원했다. 무과에 올라 훈련원 주부를 지냈다.

16 송득운은 송성(宋晟)의 아들이다. 힘이 세고 무예에 뛰어났다. 수문장으로서 의주까지 선조를 호종하고 갑오년에 송정립과 함께 이순신을 보필하고 명량해전에서 전공을 세웠다.

17 정혜사는 전남 순천시 서면 청소리 계족산에 있는 절이다. 이 당시 이순신은 순천에 체류 중이었다. 이 절은 통일신라 경덕왕 때 혜소(慧昭) 국사가 창건하였고, 임진왜란 때 많은 피해를 입고 정유재란 이후 광해군 때쯤 중창 된 것으로 추정한다.

놓고 그 아내를 사통하려 하였는데, 그 여인이 발악하여 따르지 않고 밖으로
나와 고함을 질렀다."고 했다. 원(원균)이 온갖 계략으로 나를 모함하니 이 또
한 운수로다. 짐을 실은 것이 서울 가는 길에 연잇고 나를 훼방하는 것이 날
로 심하니, 스스로 불우함을 한탄할 따름이다.

9일기해 흐림. 아침에 이형립(李亨立)이 와서 만나고 바로 돌아갔다. 이수원이
광양에서 돌아왔다. 순천의 과거급제자 강승훈(姜承勳)이 응모해 왔다. 순천
부사(우치적)가 좌수영에서 돌아왔다. 종 경(京)이 보성에서 말을 끌고 왔다.

10일경자 궂은비가 내렸다. 오늘은 태종의 제삿날이다. 오늘은 예로부터 비
가 내렸으니,18 늦게 큰 비가 내렸다. 박줄생(朴注生)이 와서 인사했다. 주인
이 보리밥을 지어서 내왔다. 장님 임춘경(任春景)이 운수를 따지러[推數]19 왔
다. 부찰사(한효순)도 조문하는 글을 보내 왔다. 녹도 만호 송여종이 삼과 종
이 두 종류를 보냈다. 전라순찰사(박홍로)는 백미, 중품미[中米] 각 10말에다
콩과 소금을 얻어다가 군관을 통해 보낸다고 말했다.

11일신축 맑음. 김효성(金孝誠)이 낙안에서 왔다가 바로 돌아갔다. 전 광양현
감 김성(金惺)이 체찰사(이원익)의 군관을 데리고 화살대를 구할 일로 순천에
왔다가 나를 보러 왔다. 소문을 많이 전하는데, 그 소문이란 것은 모두 흉악
한 자(원균)의 일이었다. 부찰사의 통지문이 왔다. 장위(張渭)가 편지를 보냈
다. 정원명이 보리밥을 지어서 내왔다. 장님 임춘경이 와서 운수를 따지는 것
에 대해 말했다. 부찰사가 순천부에 도착하자, 정사립과 양정언이 와서 부찰
사가 와서 보기를 원한다고 전했으나 나는 몸이 불편하다고 거절했다.

12일임인 맑음. 새벽에 이원룡을 보내어 부찰사(한효순)에게 문안했더니, 부
찰사도 김덕린을 보내어 문안했다. 늦게 이기남(李奇男)과 기윤(奇胤)이 보러

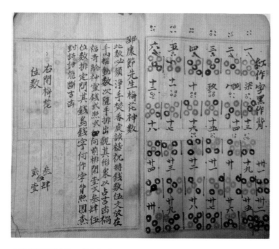

소강절주역점서 | 송나라의 상수학을 창시한 주역학자 소강절의 주역점을 필사한 미공개 된 책이다.(노승석 소장) 이 이론의 영향을 받은 것이 이순신의 점법이다.

왔다가 도양장으로 돌아간다고 고했다. 아침에 아들 열(莜)을 부찰사에게 보냈다. 신홍수(申弘壽)가 보러 와서 원공(원균)에 대해 점을 쳤는데, 첫 괘인 수뢰둔(水雷屯, ䷂)괘[20]가 변하여 천풍구(天風姤, ䷫)괘[21]가 되니, 용(用)이 체(體)를 극(克)하는 것이라

크게 흉하였다.[22] 남해 현령(박대남)이 조문 편지를 보냈다. 또 여러 가지 물품을 보냈는데, 쌀 2섬, 참기름 2되, 꿀 5되, 좁쌀 1섬, 미역 2동이다. 저녁에 향사당에 가서 부찰사와 함께 밤늦게 이야기하고 3경(자정경)에 숙소로 돌아왔다. 정사립과 양정언 등이 와서 닭이 운 뒤에 돌아갔다.

13일계묘 맑음. 어젯밤에 부찰사(한효순)가 이르기를, "중국 사행의 수장(이원익)이 보낸 편지에 영공(이순신)의 일에 대해 많이 탄식했다."고 한다. 늦게 정사준이 떡을 만들어 왔다. 순천 부사(우치적)가 노자를 보내주니 매우 미안하

---

20 수뢰둔괘는 주역 64괘의 하나로, 앞길이 험난하여 나아가기 어려움을 상징하며 부드러움이 처음 섞이어 어려움이 생기는 것을 뜻한다.

21 천풍구괘는 64괘의 하나로, 음효 하나가 다섯 양효를 만나 음기가 성해짐을 상징하며 부드러움이 강함을 만남을 뜻한다.

22 수뢰둔괘는 구오만 빼고 나머지 5개의 효가 모두 변하여 천풍구괘가 되었다. 주자의《역학계몽》의 "5개 효가 변하면 지괘의 불변효를 가지고 점친다."고 했으니, 천풍구괘의 불변효인 구오로 점을 판단한다. 소강절은 "변한 괘가 용(用)이 되고 변하지 않은 괘가 체(體)가 된다."고 하고《단점총결》, 또 "용이 체를 극하면 흉하다"고 하였다. 따라서 '천풍구괘의 구오'가 점괘 판단의 기준이자 변한 괘로서 용이 된다. 이를 적용하면 구오가 포함된 건괘☰가 용이 되고, 손괘☴가 체가 된다. 건괘는 금(金)이고 손괘는 목(木)이니 용이 체를 극하여 흉하다고 본 것이다

부유창터 | 순천시 주암면 창촌마을에 소재. 정유재란 당시 전라도 후방의 가장 큰 병영 창고이었다. 8월 8일에 이순신이 이곳을 방문했다.
찬수강 | 구례군 신천강변길 일원. 이곳 주민들은 상류를 상찬수, 하류를 하찬수라고 하여 이 일대의 강을 "찬수강" 또는 "잔수강"이라고 한다. 이는 섬진강의 상류에 해당한다.

였다.

14일^{갑진} 맑음. 아침에 순천 부사가 와서 만나고 돌아갔고, 부찰사도 출발하여 부유(富有)*로 향했다. 정사준, 정사립, 양정언이 와서 모시고 가겠다고 고하기에 아침밥을 먹고 길에 올라 송치(松峙) 밑으로 가서 말을 쉬게 하고, 혼자 바위 위에 앉아서 한동안 곤하게 잤다. 운봉의 박롱(朴巃)이 왔다. 저물녘 찬수강(粲水江)*에 이르러 말에서 내려 걸어서 건너가 구례현의 손인필(孫仁弼)의 집에 가니, 현감(이원춘)이 바로 보러 왔다.

15일^{을사} 비가 오다 개다 했다. 주인집은 지대가 너무 낮게 있어서 파리가 벌떼처럼 몰려들어 사람이 밥을 먹을 수가 없었다. 관아의 띠를 올린 정자로 옮겨왔더니 남풍이 바로 불어 와서 현감과 함께 종일 이야기하다가 그대로 잤다.

16일^{병오} 맑음. 구례 현감(이원춘)과 함께 이야기를 나누었다. 저녁에 남원의 정탐군이 돌아와서 전하여 고하되, "체찰사(이원익)가 내일 바로 곡성을 거쳐 본현(구례)으로 들어와서 며칠 묵은 뒤에 진주로 간다."고 했다. 구례 현감이 음식상을 내왔는데 매우 풍요하였다. 매우 미안하였다. 저녁에 정성명이 왔다.

17일^{정미} 맑음. 현감과 함께 이야기했다. 저녁에 남원의 정탐군이 돌아와서

명협정 | 현대 구례현 자리(구례읍사무소)에 복원되었다. 명협정의 명협은 중국 요(堯)임금 때 있었다는 상서로운 풀로서, 초하루부터 보름까지 매일 한 잎씩 자랐다가 16일부터 말일까지 매일 한 잎씩 진다고 한다.

전하기를, "원수(권율)가 운봉 길로 가지 않고 명나라 양총병(楊摠兵, 양원(楊元))을 맞이할 일로 완산(전주)으로 달려갔다."고 했다. 내 행색은 엉망이라 민망스럽다.

18일무신 맑음. 동풍이 크게 불었다. 저녁에 김종려(金宗麗)가 남원에서 곧바로 와서 만났다. 충청 수영(최호(崔浩))[23]의 하급관리 이엽(李燁)이 한산도에서 왔기에 집에 보낼 편지를 보냈다. 그러나 그가 아침술에 취해 광기를 부리니 가증스러웠다.

19일기유 맑음. 체찰사(이원익)가 구례현에 들어온다고 하는데 성안에 머물고 있기가 미안해서 동문 밖 장세호(張世豪)의 집으로 옮겨 갔다. 명협정(蓂莢亭)*에 앉았는데, 구례 현감(이원춘)이 와서 만났다. 저녁에 체찰사가 현으로 들어왔다. 신시(오후 4시경)에 소나기가 크게 쏟아지더니 유시(오후 6시경)에 갰다.

20일경술 맑음. 저녁에 김첨지(김경로)가 와서 만났는데, 무주(茂朱) 장박지리(長朴只里, 영동 학산 박계리)의 농토가 상품이라고 말했다. 옥천에 사는 권치중(權致中)은 김첨지의 서출 처남인데, 장박지리가 옥천 양산창(梁山倉, 영동 양산 가곡리(柯谷里))의 근처라고 했다. 체찰사(이원익)가 내가 머물고 있다는 것을 듣고는 먼저 공생(貢生, 향교 교생)을 보내고 또 군관 이지각(李知覺)을 보내더니, 조금 있다가 또 다시 사람을 보내어 "일찍이 모친상을 당했다는 소식을

---

23 최호는 1596년 7월부터 1597년 7월까지 충청수사로 재직하였다. 정유년 7월 14일 원균부대가 치른 칠천량 해전 때 전라우수사 이억기 등과 함께 전사하였다.

듣지 못하였다가 이제야 비로소 듣고 놀랍고 애도하는 마음에 군관을 보내어 조문한다."고 하였다. 그를 통해 "저녁에 만날 수 있는가."라고 묻기에 나는 "당연히 저녁에 가서 인사하겠다."고 대답하고, 저녁에 가서 뵈니 체찰사는 소복차림으로 기다리고 있었다. 조용히 일을 의논하는데 체찰사는 개탄스러움을 참지 못했다. 밤이 깊도록 이야기하는 가운데에 "일찍이 왕명서가 있었는데 거기에 미안하다는 말이 많이 있어서, 그 심사가 미심쩍었으나 어떤 뜻인지를 몰랐다."고 하였다. 또 말하기를 "흉악한 자(원균)의 일은 기만함이 심한데도 임금이 살피지 못하니 나랏일을 어찌하겠는가."하는 것이었다. 떠나올 때 남종사(南從事)가 사람을 보내어 문안했으나 나는 대답하기를, "밤이 깊어서 나가 인사하지 못한다."고 하였다.

21일신해 맑음. 박천(博川, 평북 박천군 박천읍) 군수 유해(柳海)가 서울에서 내려와서 한산도에서 공을 세우겠다고 하였다. 또 말하기를, "은진현에 가니, 은진 현감이 배로 가는 일에 대해 이야기했다."고 하였다. 유해가 또 말하기를, "의금부 감옥에 간힌 이덕룡(李德龍)을 고소한 사람이 옥에 갇혀 세 차례나 형장을 맞고 죽어간다."고 하니 매우 놀라운 일이다. 또 "과천의 유향소의 수장 안홍제(安弘濟) 등이 이상공(李尙公)에게 말과 스무 살 난 계집종을 바치고 풀려나 돌아갔다."고 한다. 안(安)은 본디 죽을죄도 아닌데 누차 형장을 맞아 거의 죽게 되었다가 물건을 바치고서야 석방 되었다는 것이다. 안팎이 모두 바치는 물건의 많고 적음에 따라 죄의 경중을 정한다니, 아직 결말이 어떻게 날지 모르겠다. 이것이 이른바 "백전(百錢)의 돈으로 죽은 혼을 살게 한다[一陌金錢便返魂]."[24]는 것이리라.

22일임자 맑음. 남풍이 크게 불었다. 아침에 손인필(孫仁弼)의 부자가 와서 만

---

24 일맥금전편반혼(一陌金錢便返魂)은 이순신이 물품에 따라 죄의 경중이 정해지는 현실을 풍자하기 위해 인용한 시구이다. 일맥금전은 백장의 종이돈(한 꿰미 돈)을 의미하고《수호전》,《박옹시초》,《연경잡지》등), 이 시구의 출전은 구우의《전등신화》《영호생명몽록(令狐生冥夢錄)》이다. 강직한 선비 영호선(令狐譔)이 어느 날 오로(烏老)가 죽었다가 불사(佛事)로서 많은 돈을 불살라 소생했다는 말을 듣고 돈으로 환생한 것을 비판하였다. 이 시구는《연행록일기》(최덕중)에도 나온다.

났다. 박천군수 유해가 순천으로 가고 그 길로 한산도로 간다하기에 전라, 경상 두 수사(이억기 · 배설)와 가리포 첨사(이응표) 등에게 문안 편지를 썼다. 늦게 체찰사(이원익)의 종사관 김광엽(金光燁)이 진주에서 이 고을(구례)로 들어오고, 배흥립이 온다는 사적인 통보도 왔다. 그 동안의 회포를 풀 수 있을 것이니 매우 다행이다. 혼자 앉아 있노라니 비통하여 매우 견디기 어려웠다. 저녁에 배흥립과 현감(이원춘)이 와서 만났다.

23일계축 아침에 정사룡(鄭士龍)과 이사순(李士順)이 보러 와서 원공(원균)의 일을 많이 전했다. 늦게 배흥립은 한산도로 돌아갔다. 체찰사가 사람을 보내어 부르기에 가서 뵙고 조용히 의논하는데, 시국의 일이 이미 잘못된 것에 대해 많이 분해하며 오직 죽을 날을 기다린다고 했다. 내일 초계(草溪, 합천 초계리)에 갈 일을 고하니, 체찰사가 이대백(李大伯)에게 모은 쌀 두 섬을 증명서로 써주고 성 밖의 주인인 장세휘(張世輝)의 집으로 보냈다.

24일갑인 맑음. 동풍이 종일 크게 불었다. 아침에 광양의 고응명(高應明)의 아들 고언선(高彦善)이 와서 만났는데 한산도의 일을 많이 전했다. 체찰사가 군

석주관 | 구례 토지면에 송정리 소재. 섬진강을 사이에 두고 내륙으로 통하는 길목에 있다. 구례현감의 의승병이 일본군과 격전을 벌였는데, 이때 전사한 이를 추모하는 석주관사당과 석주관성이 남아 있다.

하동읍성 | 하동군 고전면에 소재. 태종때 돌로 쌓은 연해의 산성으로 성문과 옹성, 치성, 해자 등이 있다. 이순신이 백의종군 기간에 5월 28일~29일 이틀간 유숙했다. 현재 읍성은 복원한 것이다.
하동읍성구벽 | 동남쪽으로 늙은 팽나무 사이에 허물어진 옛 성벽이 보인다.

관 이지각(李知覺)을 보내어 안부를 묻고, 이에 경상우도의 연해안 지도를 그리고 싶으나 방도가 없으니, 본대로 그려 보내주기를 바란다고 말을 전하므로, 나는 거절할 수가 없어서 지도를 베껴 그려서 보냈다. 저녁에 비가 크게 내렸다.

25일을묘 비가 내렸다. 아침에 길을 출발하려 하다가 비 때문에 가기를 멈추고 혼자 시골집에 기대어 있으니 떠오르는 생각이 만 가지다. 슬픔과 그리움이 어떠하겠는가.

26일병진 종일 큰비가 내렸다. 비를 맞으면서 길에 올라 막 떠나려는데, 사량만호 변익성이 조사받을 일로 이종호에게 붙잡혀서 체찰사 앞으로 왔다. 잠깐 서로 대면하고는 석주관(石柱關)*의 관문에 가니, 비가 퍼붓듯이 내렸다. 말을 쉬게 하고 간신히 엎어지고 자빠지면서 악양(岳陽, 하동 악양 평사리)의 이정란(李廷鸞)25의 집에 당도했는데, 문을 닫고 거절하였다. 그 집 뒤에 기와집이 있어서 종들이 사방으로 흩어져 찾았으나 모두 만나지 못하여 잠시 쉬

---

25 이정란(1529~1600)은 자진해서 성을 지키는 장수가 되어 전주성에 침입한 왜군을 물리치고 태상시 첨정이 되었다. 정유재란 때 명군이 없는 상황에 조정에 읍소하여 전주부윤이 되어 전주성을 지켰다.

청수역 | 하동군 옥종면 정수리 부근에 최근 청수역 건물이 설치되었으나 실제는 이 자리가 아니고 건너 마을 농지 부근에 청수역터가 있다고 한다.
청수역터 | 하동의 원로학자들이 지목하는 옛날의 청수역 자리이다.
박호원의 이사재 | 산청군 단성면 사월리에 소재. 6월 1일 이순신이 하루 머문 박호원의 농사짓는 노비집이 바로 여기다. 이사재(泥泗齋)는 박호원의 재실이다.
이사재 대문 | 이사재로 들어가는 입구에 있는 대문.

었다가 돌아왔다. 이정란의 집은 김덕령(金德齡)의 아우 덕린(德麟)[26]이 빌려 입주하고 있었다. 나는 아들 열(㑲)을 시켜 억지로 말하여 들어가 잤다. 행장이 다 젖었다.

27일정사 흐리고 갠 것이 반반이다. 아침에 젖은 옷을 널어 바람에 말렸다. 늦게 출발하여 두치(豆恥)의 최춘룡(崔春龍) 집에 도착하니, 사량 만호 이종호가 먼저 와 있었다. 변익성은 곤장 스무 대를 맞고 몸을 움직이지 못한다고 한다. 유기룡이 와서 만났다.

---

26 김덕린이 실제 김덕령의 아우인지는 정확하지 않다. 김덕령의 본관은 광산이고, 김덕린은 동복 사람으로 확인된다. 《광산김씨족보》에는 김덕령의 아우가 덕보(德普)로 되어 있고, 덕린이란 인물이 나오지 않는다. 김덕린은 절이도의 양인으로서, 군량 공급을 담당했다.

28일무오 흐렸으나 비는 오지 않았다. 늦게 출발하여 하동현*에 도착하니, 하동 현감(신진(申蓁))이 만난 것을 기뻐하여 성안의 별채로 맞아 정성을 다해 대접하였다. 그리고 원균이 하는 일에 미친 짓이 많다고 말했다. 날이 저물도록 이야기를 나누었다. 변익성도 왔다.

29일기미 흐림. 몸이 매우 불편하여 길에 오를 수 없었다. 그대로 머물러 몸조리를 했다. 현감(신진)은 정겨운 말을 많이 했다. 황(黃)생원이라고 칭하는 이가 나이가 71세로 하동에 왔는데, 예전에 서울에 살다가 지금은 떠돌아다닌다고 하였다. 나는 만나지 않았다.

6월

1일경신 비가 계속 내렸다. 일찍 출발하여 청수역(清水驛)* 시냇가의 정자에 이르러 말을 쉬게 하였다. 저물녘 단성(丹城, 산청 단성 성내리) 땅과 진주 땅의 경계에 사는 박호원(朴好元)[27]의 농사짓는 종의 집*에 투숙하려는데, 주인이 반갑게 맞기는 하나 잠자는 방이 좋지 못하여 간신히 밤을 지냈다. 비가 밤새도록 내렸다. 기름종이 1개, 장지(狀紙) 2권, 백미 1섬, 참깨와 들깨를 혹 5말, 혹 3말, 꿀 5되, 소금 5말 등을 보내고, 또 특우(特牛, 숫소) 5마리를 보냈으니, 모두 하동 현감(신진)이 보낸 것이다.

2일신유 비가 오다 개다 했다. 일찍 출발하여 단계(丹溪, 산청 신등면 단계리) 시냇가에서 아침밥을 먹었다. 늦게 삼가현*에 도착하니, 현감(신효업)은 이미 산성으로 가서 빈 관사에서 잤다. 고을 사람들이 밥을 지어갖고 와서 먹게

---

27 박호원(1527~1637)은 박이(朴苡)의 아들로 임꺽정 등의 도적을 진압한 공으로 숙마 1필을 하사받고, 대사헌, 호조참판 등을 지냈다. 평소 언행이 올바라서 모두 보필할 그릇이라고 하였다.《기년편고》현재 이사재 재실이 산청에 남아 있다.

삼가현 기양루 | 합천군 삼가면에 소재. 삼가현의 부속 건물로 이순신이 6월 1일 여기서 머물렀다. 겹처마 팔작지붕으로 지어졌다. 기양루(岐陽樓)는 합천의 옛 명칭인 삼기현의 '기'자와 강양군의 '양'자를 따온 것이다.
홰나무정자(괴정) | 합천군 삼가면에 소재. 6월 2일 이순신이 노일을 만난 곳인데, 현재까지도 이 정자가 남아 있다.

했으나 종들에게 먹지 말라고 타일렀다. 삼가현 5리 밖에 홰나무 정자*가 있어서 내려가 앉아 있는데, 근처에 사는 노순(盧錞)과 노일(盧鎰) 형제[28]가 와서 만났다.

3일임술 비가 계속 내렸다. 아침에 출발하려고 하니 비가 이토록 와서 쭈그리고 앉아 고민하고 있을 때쯤 도원수(권율)의 군관 유홍(柳泓)이 흥양에서

괴목정 | 합천군 대양면에 소재. 합천관아에서 4km지점이고, 2km전방에 현과 초계로 갈라지는 길이 있다. 이 괴목정이 있었던 터에 4백여 년 된 홰나무가 있었으나 4십여 년 전에 고사했고, 이 주변에 옛날부터 주막촌이 있었다고 한다. 사진은 괴목정이 있었던 마을이다.

왔다. 그에게 길을 물어보니 출발하지 못할 정도라고 하여 그대로 묵었다. 아침에 들으니 고을 사람들의 밥을 얻어먹었다고 하기에 종들을 매질하고 밥한 쌀을 돌려주었다.

4일계해 흐리다가 맑음. 일찍 출발하여 막 떠나려는데 현감(신효업)이 문안편지와 함께 노자까지 보내왔다. 낮에 합천 땅에 도착하여 관아에서

---

28 노순은 임란 초기에 군량운송을 담당하고, 윤탁(尹鐸), 박사겸(朴思謙) 등과 함께 삼가 일대에서 의병활동을 하였다.《망우집》,《용사일기》 실제는 이때 노순이 사망하여 없었고 이순신이 노일을 만난 것으로 추정한다.

적포들 | 원수의 진영이 있었던 곳. 1593년 12월 25일 권율이 합천에 진영을 설치했다. 이순신이 멀리서 바라보니 적포들에서 수(帥)자 기가 보였다고 한다.
개연 | 합천군 율곡면 문림리 본천천에서 영전교 부근까지 기암절벽을 이룬 산이다. 개벼루 또는 개비리.

10리[4Km]쯤 되는 곳에 괴목정(槐木亭)*이 있어서 아침밥을 먹었다. 몹시 더워서 한참 동안 말을 쉬게 하고, 5리 되는 전방에 당도하니 갈림길이 있었다. 하나는 곧장 고을로 들어가는 길이고, 다른 하나는 초계로 가는 길이다. 그래서 강을 건너지 않고 겨우 10리를 가니 원수(권율)의 진이 바라 보였다.* 문보(文珤)가 우거했던 집에 들어가서 잤다. 개연(介硯)*으로 걸어오는데 기암절벽이 천 길이고 강물은 굽어 흐르고 깊었으며, 길 또한 잔도(건너지른 다리)처럼 아찔하다. 만일 이 험한 곳을 지킨다면, 만명의 군사도 지나가기 어려울 것이다.

5일갑자 맑음. 서풍이 크게 불었다. 아침에 초계 군수가 모여곡(毛汝谷)*으로 달려왔기에 바로 그를 불러들여 이야기했다. 식후에 중군(中軍, 정3품 부관) 이덕필(李德弼)도 달려 와서 함께 지난 일을 이야기했다. 얼마 후 심준(沈俊)이 보러 와서 함께 점심을 먹고 잠자는 방을 도배했다. 저녁에 이승서(李承緖)가 보러 와서 파수병과 복병이 도피한 일을 말했다. 이날 아

모여곡 | 율곡면 매실마을. 옛날에는 여기에 매화나무와 모개나무가 많아서 이 마을을 매화, 매야, 모개라고 부른 것이 모여곡이 되었다. 여기에 이어해 후손의 집이 있다.

침에 구례 사람과 하동 현감(신진)이 보내준 종과 말들을 모두 돌려보냈다.

6일을축 맑음. 잠자는 방을 다시 도배하고 군관이 쉴 대청 두 칸을 만들었다. 늦게 모여곡 주인집의 이웃에 사는 윤감(尹鑑)과 문익신(文益新)이 와서 만났다. 종 경(京)을 이대백(李大伯)에게 보냈는데 하급 관리가 나가고 없어서 받아오지 못했다고 한다. 대백도 나를 보러 오려고 한다고 했다. 저녁에 집에 들어갔는데 그 집 과부는 다른 집으로 옮겨 갔다.

7일병인 맑고 몹시 더웠다. 원수(권율)의 군관 박응사(朴應泗)와 유홍(柳洪) 등이 와서 만났다. 원수의 종사관 황여일(黃汝一)[29]이 사람을 보내어 문안하므로 바로 답례하여 보냈다. 안방으로 들어가 잤다.

8일정묘 맑음. 아침에 정상명을 보내어 황종사관(황여일)에게 안부를 물었다. 늦게 이덕필과 심준이 와서 만나고 원님이 그 아우와 함께 와서 만났다. 원수(권율)를 마중 갔는데 원수의 일행 여남은 명이 와서 만났다. 점심을 먹은 뒤에 원수가 진영에 도착하여 내가 바로 가서 만났다. 종사관이 원수 앞에서 원수와 함께 이야기했다. 얼마 후에 원수가 박성(朴惺)[30]이 올린 사직서 초본을 보여 주는데, 박성은 원수의 처사가 허술하다고 많이 말하였고, 원수는 스스로 불안하여 체찰사(이원익)에게 글을 올렸다. 또 복병을 보내는 것에 대한 사항의 조건을 보고 저물어서야 돌아왔다. 몸이 매우 불편하여 저녁을 먹지 않았다.

숫돌 | 율곡면 매실마을 부근에 그 당시 이순신이 숫돌을 채취한 곳이 있다. 연일석은 경상도 연일현(延日縣)에서 나는 숫돌로 석질이 곱고 부드럽다.

9일무진 흐리고 개지 않았다. 늦게

---

29 황여일(1556~?)은 권율의 종사관으로서 진영의 군사 업무를 보며 많은 활약을 하였다. 예천군수와 동래병마첨절제사 등을 지냈다

30 박성(1549~1606)은 정구(鄭逑)의 문인이다. 김성일의 참모로 활동하고 정유재란 때 이원익의 휘하에서 주왕산성의 대장으로 활약하였다. 이순신이 파직되었을 때 조정에 참수를 청했다. 비변사에서 천거하여 여러 차례 관직을 제수했으나 모두 사양하였다.

정상명을 원수에게 보내어 문안하고 다음으로 종사관(황여일)에게도 문안했다. 처음으로 종과 말에 먹일 비용을 받았다. 숫돌*을 채취해 왔는데 연일석(延日石)보다 훨씬 낫다고 한다. 윤감(尹鑑), 문익신(文益新), 문보 등이 와서 만났다. 이날은 우신의

편자 | 말굽에 붙이는 U자모양의 쇳조각. 사진은 조선시대 편자. 국립민속박물관 ⓒ

생일인데 혼자 변방 땅에 앉아 있으니 품은 생각이 어떠하겠는가.

10일기사 맑음. 아침에 가라말(加羅馬, 검은말), 워라말(月羅馬, 얼룩말), 간자짐말(看者卜馬, 이마와 뺨이 흰말), 유짐말(騮馬, 갈기는 검고 배가 흰말) 등의 네 발의 편자*가 떨어진 것을 갈아 박았다. 원수의 종사관이 삼척 사람 홍연해(洪漣海)를 보내어 문안하고 늦게 보러 오겠다고 하였다. 홍연해는 홍견(洪堅)의 삼촌 조카이다. 어릴 때 같이 놀던 죽마고우 서철(徐徹)이 합천 땅 동쪽 율진(栗津, 율곡 율진리)에 사는데, 내가 왔다는 소식을 듣고 와서 만났다. 아이 때 이름은 서갈박지(徐乫朴只)였는데 음식을 대접해서 보냈다. 저녁에 원수의 종사관 황여일이 와서 만나고, 조용히 이야기하다가 임진년에 왜적을 토벌한 일에 대해 훌륭하다고 찬탄해 마지않았다. 또 산성에 험한 요새를 설치하지 않은 데 대한 안타까움과 지금의 토벌과 방비가 허술한 것 등의 일을 말하는데, 밤이 깊은 줄도 모르고 돌아갈 것을 잊고서 이야기했다. 또 말하기를 내일은 원수가 산성을 살펴보러 간다고 했다.

11일경오 맑음. 중복이라 쇠나 구슬도 녹일 것처럼 대지가 찌는 듯이 더웠다. 늦게 명나라 차관 경략군문(經略軍門) 이문경(李文卿)이 보러 왔기에, 부채를 주어 보냈다. 어제 저녁 종사관과 이야기 할 때, 변홍백의 종 춘(春)이가 집안 편지를 가지고 와서 어머니의 혼령을 모신 자리가 평안하신 것을 전하여 알았다. 애통한 심정을 말로 다할 수 있겠는가. 다만 홍백이 나를 만나볼 일로 여기까지 왔다가 그냥 청도(淸道)로 돌아갔다고 하니, 아쉽다. 이날 아

둥근부채 | 조선시대의 원형 부채. 동글부채, 단선이라고도 함. 사진 국립민속박물관 ⓒ
짚신 | 짚으로 엮은 신. 초혜라고도 한다. 사진 국립민속박물관 ⓒ

침 홍백에게 편지를 써서 보냈다. 아들 열(薒)이 곽란을 앓아 밤새도록 신음했는데, 애태우며 걱정한 심정을 말로 다할 수 있겠는가. 닭이 울고서야 조금 덜하여 잠들었다. 이날 아침 한산도의 여러 곳에 갈 편지 14장을 썼다. 경(庚)의 모친이 보낸 편지 내용에, "말하기가 매우 괴롭다"며 "도둑이 또 일어나서 날뛴다."고 하였다. 작은 워라말(月羅馬, 얼룩말)이 먹지를 않으니 더위를 먹은 탓이다.

12일신미 맑음. 이른 아침에 종 경(京)과 종 인(仁)을 한산도 진영으로 보냈다. 전라 우수사(이억기), 충청 수사(최호), 경상 수사(배설), 가리포 첨사(이응표), 녹도 만호(송여종), 여도 만호(김인영), 사도 첨사(황세득), 배동지(홍립), 김 조방장(김완), 거제 현령(안위), 영등포 만호(조계종), 남해 현령(박대남), 하동 현감(신진), 순천 부사(우치적) 등에게 편지를 했다. 늦게 승장 처영(處英)이 와서 만나고 둥근 부채*와 짚신*을 바치므로 다른 물건으로 갚아 보냈다. 또 적의 사정을 말하고 또 원균의 일도 말했다. 오후에 들으니 중군장(이덕필)이 군사를 거느리고 적에게 나아갔다고 한다. 무슨 일인지 알 수 없었다. 내가 원수(권율)에게 가보니, 우병사(김응서)의 급한 보고에, "부산의 적이 창원 등지로 출발하려 하고, 서생포(西生浦, 울산 서생리)의 적은 경주(慶州)로 진영을 옮긴다고 하기에 복병군을 보내어 길을 막고 우리 군대의 위세를 과시했다." 고 한다. 병사의 우후 김자헌(金自獻)이 일 때문에 원수에게 와서 인사했다. 나도 그를 만나보고 달빛을 받으며 돌아왔다.

13일임신 맑음. 늦게 가랑비가 뿌리다가 그쳤다. 늦게 병마사의 우후 김자헌이 보러 왔기에 한참 동안 서로 이야기하다가 점심을 대접해서 보냈다. 이날 낮에 왕골을 쪄서 말렸다. 저녁에 청주의 이희남의 종이 들어와서, "주인이 우병사의 부대에 입대했기 때문에 지금 원수의 진영 근방에까지 왔는데 그 대로 날이 저물어서 유숙했다."고 했다.

14일계유 흐리나 비는 오지 않았다. 이른 아침에 이희남이 들어와서 자기 누이의 편지를 전했는데, "아산 어머니의 영혼을 모신 자리와 위 아랫사람들이 모두 무사하다."고 하였다. 그러나 아픈 마음을 말로 다할 수 있겠는가. 아침 식사 후에 이희남이 편지를 가지고 우병사(김응서)에게 갔다.

15일갑술 맑고 흐리기가 반반이다. 오늘은 보름인데 몸이 군중에 있어서 혼백의 신위를 마련하여 곡하지 못하니, 그리운 마음을 어찌하랴. 초계 군수가 떡을 마련하여 보냈다. 원수의 종사관 황여일(黃汝一)이 군관을 보내어 전하기를, "원수가 오늘 산성으로 가고자 한다."고 했다. 나도 따라가서 큰 냇가(황강 백사장(적포뜰))에 이르렀는데, 다른 논의가 있을까 염려가 되어 냇가에 앉아 정상명을 보내 병에 걸렸다고 아뢰고서 그길로 돌아왔다.

16일을해 맑음. 종일 혼자 앉았는데 와서 묻는 이가 없었다. 아들 열(莻)과 이원룡(李元龍)을 불러 책을 만들어 변씨 족보를 쓰게 했다.[31] 저녁에 이희남이 한글 편지를 보내어 말하기를, "병사(兵使)가 보내주지 않는다."고 했다. 변광조(卞光祖)가 와서 만났다. 아들 열은 정상명과 함께 큰 냇가로 가서 전투말을 씻기고 왔다.

---

31 충무공의 집안은 3대가 모두 초계변씨와 혼인하였다. 할머니는 변함(卞誠)의 딸이고 어머니는 변수림(卞守琳)의 딸이며, 누이는 변기(卞騏)에게 출가하였다.

안골왜성 | 창원 진해구 안골동 산27번지에 소재. 임진왜란 때 가등가명 등 일본수군이 축조함. 산 정상을 깎아 성곽을 쌓았는데 굴과 해자가 바다로 이어졌다.

17일^{병자} 흐리고 비는 오지 않았다. 서늘한 기운이 감돌고 밤의 정경이 쓸쓸하다. 새벽에 앉았으니 애통함과 그리움을 어찌 말로 다하랴. 아침 식사 후에 원수(권율)에게 가니, 원균의 정직하지 못한 점을 많이 말했다. 또 비변사의 회계에 대한 공문을 보이는데, 원균의 장계에 "수군과 육군이 함께 나가 먼저 안골포*의 적을 공격한 후에 수군이 부산 등지로 진입하려 한다니, 안골포의 적을 먼저 토벌하면 안 됩니까?"하였고, 또 원수(권율)의 장계에는 "통제사 원균이 전진하려 하지 않고, 우선 안골포를 먼저 토벌해야 한다고 말하지만, 수군의 여러 장수들은 대부분 이와 다른 생각을 하고 있고, 원균은 안으로 들어가 나오지 않으니, 절대로 여러 장수들과 합의하여 계획하지 못할 것이므로 일을 그르칠 것이 뻔합니다."라고 하였다. 원수에게 고하여 이희남과 변존서, 윤선각 등에게 모두 공문을 보내어 독촉하도록 했다. 돌아올 때에 종사관 황여일의 임시 숙소에 들어가 앉아서 한참 이야기하다가 우거하는 집으로 와서 바로 이희남의 종을 의령 산성으로 보냈다. 청도에는 파발꾼이 공문을 보내어 초계 군수에게 보여주었으니, 양심 없는 사람이라 하겠다.

18일정축 흐리나 비는 오지 않았다. 아침에 황여일이 종을 보내어 문안했다. 늦게 윤감(尹鑑)이 떡을 만들어서 왔다. 명나라 사람 섭위(葉威)가 초계에서 와서 이야기 했다. 또 말하기를, "명나라 사람 주언룡(朱彦龍)이 일본에 붙잡혀 갔다가 이제 비로소 나왔는데, 적병 10만 명이 이미 사자마(沙自麻)나 대마도에 이르고, 고니시 유키나가는 의령을 거쳐 곧장 전라도를 침범하고, 가토 기요마사는 경주와 대구 등지로 옮겨가서 그대로 안동땅으로 가고자 할 것이다."라고 했다. 저물녘 원수(권율)가 사천(泗川)에 갈 일을 통보하기에 곧바로 정상명을 보내어 가는 것을 물으니, "원수가 수군의 일로 사천에 간다."고 하였다.

19일무인 새벽닭이 세 번 울 때 문을 나와 원수의 진영에 이르려하니 새벽빛이 벌써 환했다. 진영에 도착하니 원수와 황여일이 나와 앉아 있었다. 내가 들어가 보니 원수는 원균에 관한 일을 내게 알려주는데, "통제사(원균)의 일은 흉악함을 말로 다할 수가 없소. 그는 조정에 청하여 안골(安骨)과 가덕(加德)을 모두 초멸한 뒤[32]에 수군이 나아가 토벌해야 한다고 하니, 이것이 정말 어떤 마음이겠소? 일을 뒤로 미루다가 나아가지 않으려는 생각인 것이오. 그러하니 사천으로 가서 세 수사(배설·이억기·최호)에게 독촉할 것이오. 통제사(원균)는 내가 지휘할 것도 없소."라고 했다. 내가 또 왕명서를 보니, "안골의 적은 경솔하게 들이 쳐서는 안된다."고 하였다. 원수가 나간 뒤에 황여일과 함께 이야기하였다. 얼마 후 초계 군수가 왔는데 작별에 임해서 초계 군수에게 말하기를, "진찬순(陳贊順)에게 심부름시키지 말라."고 했더니 원수부의 병방 군관과 군수가 모두 수락했다. 내가 올 때 붙잡혔다가 도망쳐 온 사람이 따라 왔다. 이날은 대지가 찌는 듯이 더웠다. 저녁에 작은 워라말(얼룩

---

32 1597년 6월 18일 19일 양일에 걸쳐 원균부대가 2차 안골포해전을 치렀다. 한산도에서 출발하여 안골포의 적의 소굴로 진격하여 많은 왜군을 살상하고 왜선 2척을 빼앗았다. 그후 가덕도를 공격했으나 왜적들은 소굴로 들어가 버렸다. 수군이 철수하려 할 때 다시 교전이 이루어졌는데, 이 때 평산만호 김축(金軸)이 눈에 부상을 입고 보성군수 안홍국이 철환을 뇌에 맞고 전사했다.《선조실록》6월 29일자)

무밭터 | 합천 둔전마을내 소재. 권율의 지시로 이순신이 농사지은 무밭으로 추정되는 곳이다.

말)에게 풀을 조금 먹였다. 낮에 군사 변덕기(卞德基)와 하급관리 덕장(德章),
늙어서 면역된 하급관리 변경완(卞慶琬), 18세의 변경남(卞敬男) 등이 와서 만
나고, 진사 이신길(李信吉)의 아들 진사 이일장(李日章)도 와서 만났다. 밤에 소
나기가 크게 내리니 처마의 낙수가 쏟아지듯 요란했다.

20일기묘 종일 비가 오더니 밤에는 큰비가 왔다. 늦은 아침에 서철(徐徹)이
와서 만났다. 윤감, 문익신, 문보 등도 와서 만나고 변유(卞瑜)도 와서 만났다.
오후에 종과 말 먹일 비용을 받아왔다. 병든 말이 조금 나아졌다.

21일경진 비가 오다가 개다가 했다. 새벽에 덕(德)과 율온(栗溫)을 꿈꾸었고,
대(蕓)도 꿈에 함께 보였는데, 반갑게 인사하는 빛이 역력했다. 아침에 영덕
(盈德) 현령 권진경(權晉慶)이 원수에게 인사할 일로 왔다가 원수가 이미 사천
에 갔으므로 내게 와서 만나고 좌도의 일을 많이 전했다. 좌병사(성윤문)의
군관이 편지를 가지고 왔기에 바로 답장을 써서 보냈다. 황여일이 사람을 보

내어 문안하였다. 변존서와 윤선각이 여기에 와서 밤까지 이야기했다.

22일신사 비가 오다가 개다가 하였다. 아침에 초계 군수가 연포(軟泡)³³를 장만해 가지고 와서 권했는데 오만한 빛이 역력했다. 그의 처사가 무례함을 말로 다할 수 있겠는가. 늦게 이희남이 들어와서 우병사의 편지를 전했다. 낮에 정순신, 정사겸, 윤감, 문익신, 문보 등이 와서 만나고 이선손도 와서 만났다.

23일임오 비가 오다가 개다가 하였다. 아침에 큰 화살을 수리했다. 늦게 우병사(김응서)가 편지를 보내고 아울러 크고 작은 환도(環刀)를 보냈다. 그러나 갖고 오던 사람이 물에 빠뜨려 장식과 칼집이 망가졌으니 아깝다. 아침에 나굉(羅宏)의 아들 재흥(再興)이 그 아버지의 편지를 가지고 와서 만났다. 또 군색한 노자까지 보내왔으니 매우 미안했다. 오후에 이방(李芳)이 와서 만났는데, 방(芳)은 곧 아산 이몽서(李夢瑞)³⁴의 차남이다.

24일계미 오늘은 입추이다. 새벽안개가 사방에 자욱히 끼니 골짜기 안을 분간할 수 없었다. 아침에 수사 권준의 종 세공(世功)과 감손(甘孫)이 와서 무밭의 일*을 고했다. 또 생원 안극가(安克家)³⁵가 와서 만나고 시국의 일을 이야기했다. 무밭을 갈고 심는 일에 감독관 이원룡, 이희남, 정상명, 문림수 등을 정하여 보냈다. 오후에 합천 군수가 조언형(曺彦亨)을 보내어 안부를 물었다. 혹독한 더위가 찌는 듯했다.

25일갑신 맑음. 다시 무씨를 심도록 하였다. 아침을 먹기 전에 황여일이 와서 만났는데 해전에 관한 일을 많이 말하였다. 또 원수가 오늘이나 내일 진중으로 돌아온다고 말했다. 군사의 일을 토론하다가 늦게 돌아갔다. 저녁에

---

33 연포는 연포탕으로 두부나 무, 고기 등을 넣고 끓인 맑은 장국이다. 연한 두부를 잘게 썰어 한 꼬치에 3, 4개 꽂아, 흰 새우젓국과 끓이되, 베를 덮어 소금물을 뺀 뒤 그 속에 두부꼬치를 살짝 익히고, 굴과 함께 끓인다. 다진 생강을 국물에 타서 먹으면 맛이 매우 좋다.《산림경제》〈치선·어육〉

34 이몽서(1556~1608)는 이호인의 아들. 1585년 무과에 급제하고 장연현감을 지냈다. 판관으로서 참전하여 선무원종공신 3등에 책록되었다.

35 안극가(1547~1661)는 안기(安圻)의 아들이고 이정(李楨)의 제자이다. 부친이 전사하자 맏아들 각(珏)을 데리고 적진에 뛰어 들어가 시신을 찾아왔다. 왜군이 감동하여 마을 입구에 "충효리(忠孝里)"라고 크게 써놓고 물러갔다.〈안공묘지명〉

마흘방 | 합천군 적중면 소재하는 두방마을. 사진은 황말저수지에서 마흘방을 찍은 것이다.

종 경(京)이 한산도에서 돌아왔는데, 보성 군수 안홍국(安弘國)이 적탄에 맞아 죽었다는 소식[36]을 들었다. 놀랍고 슬픈 마음을 가눌 수가 없다. 놀라서 탄식할 따름이다. 적을 한 놈도 잡지 못하고 먼저 두 장수를 잃었으니 통탄함을 말로 다할 수 있겠는가. 거제 현감이 사람을 보내어 미역을 실어 보냈다.

26일^{을유} 맑음. 새벽에 순천의 종 윤복(允福)이 와서 인사하기에 즉시 곤장 쉰 대를 쳤다. 거제에서 온 사람이 돌아갔다. 늦게 중군장 이덕필과 변홍달(卞弘達), 심준(沈俊) 등이 와서 만났다. 황여일이 개벼루[犬硯](합천 개비리) 강가의 정자로 갔다가 돌아갔다. 어응린과 박몽삼 등이 와서 만났다. 아산에 있는 종 평세(平世)가 들어와서 "어머니의 혼령을 모신 자리가 평안하시고, 각 집안의 위아래 분들이 모두 평안 보중한데, 다만 석 달 동안 가물어서 농사가 끝장나고 가망이 없다."고 하였다. 장삿날은 7월 27일로 미루어 택했다가 다시 8월 4일로 택했다고 했다. 그리운 생각이 간절하니 비통함을 말로 다할 수 있겠는가. 저녁에 우병사(김응서)가 체찰사(이원익)에게 보고하여, "아산의

---

36 이원익이 가덕도와 안골포의 전황을 보고한 장계에, "적들이 역습하여 평산 만호 김축이 눈 아래에 탄환을 맞아 즉시 뽑아냈고, 보성 군수 안홍국이 이마에 철환을 맞아 뇌를 관통하여 그 자리에서 죽었으니, 매우 참혹하다."고 하였다.(《선조실록》1597년 6월 29일)

말무덤골 | 합천 매실마을 내 소재. 이순신이 죽은 말을 묻은 무덤으로 추정되는 곳이다.

이방(李昉)과 청주의 이희남이 병사를 매복시키기를 꺼려하여 원수(권율)의 진영 옆에서 피해 있도록 하였다."고 하여, 체찰사(이원익)가 원수에게 공문을 보냈다. 원수가 매우 노하여 공문을 작성하여 보내니, 병사 김응서의 뜻을 알지 못한 것이다. 이 날 작은 워라말이 죽어서 버렸다.*

27일병술 맑음. 아침에 어응린과 박몽삼 등이 돌아갔다. 이희남과 이방(李昉) 등이 체찰사의 행차가 당도한 곳으로 갔다. 늦게 황여일(黃汝一)이 와서 만나 한참동안 이야기하였다. 미시 말(오후 3시경)에 소나기가 크게 내려 잠깐 사이에 물이 불었다고 했다.

28일정해 맑음. 늦게 황해도 배천[白川]에 사는 별장 조신옥(趙信玉)과 홍대방(洪大邦) 등이 와서 만났다. 또 초계의 아전이 보낸 요약 보고문에는 "원수가 내일 남원에 간다."고 하였다. 이날 새벽꿈이 매우 어지러웠다. 종 경(京)이 물건을 교역하러 가서 돌아오지 않았다.

29일무자 맑음. 변주부(변존서)가 마흘방(馬訖坊)*으로 갔다. 종 경(京)이 돌아왔다. 이희남과 이방(李昉) 등이 돌아왔다. 중군장 이덕필과 심준(沈俊)이 와서 전하기를, "유격장 심유경이 체포되어 가는데, 양총병(양원)이 삼가에 와서 그를 결박해서 압송했다."[37]고 했다. 문림수(文林守)가 의령에서 와서 전하기를, "체찰사(이원익)가 이미 초계역에 도착했다."고 했다. 새로 급제한 양간(梁諫)이 황천상(黃天祥)의 편지를 가지고 왔다. 변주부가 마흘방에서 돌아왔다.

30일기축 맑음. 새벽에 정상명을 시켜 체찰사에게 문안을 드리게 했다. 이날 매우 더워서 대지가 찌는 듯했다. 저녁에 홍양의 신여량(申汝樑)[38]과 신제운(申霽雲) 등이 와서 연해 지역에는 빗물이 알맞게 내렸다고 전했다.

7월

1일경인 새벽에 비가 오고 늦게 갰다. 명나라 사람 3명이 왔는데, 부산에 간다고 했다. 송대립(宋大立)[39]이 송득운(宋得運)과 함께 왔다. 안각(安珏)도 와서 만났다. 저녁에 서철(徐徹)과 변덕수(卞德壽)가 그 아들들과 함께 와서 잤다. 이날 밤 가을 날씨가 몹시 서늘하니 슬픔과 그리움이 어떠하겠는가. 송득운이 원수의 진에 갔다온 일에 의하면 "종사관(황여일)이 큰 냇가에서 피리소리를 들었다."고 한다. 매우 놀라운 일이다. 오늘이 바로 인종의 제삿날이다.

2일신묘 맑음. 아침에 변덕수(卞德壽)가 돌아왔다. 늦게 신제운과 평해에 사는

---

37 4월 13일 명나라 시랑 손헌(孫憲)이, "심유경이 강화를 핑계로 백성만 괴롭히고 왜놈을 도우니, 먼저 심유경을 죽여야 한다."하고, 관원을 조선에 파견했다. 6월 27일 관원이 양원과 함께 의령에 도착하여 심유경을 잡아 돌아갔다.《난중잡록》 그 후 심유경은 참살 당하고 기시(棄市)의 형을 당했다.

38 신여량(1564~?)은 의주까지 선조를 호종하고 권율의 부장으로서 행주대첩에 공헌하였다. 이순신의 막하로서 한산도해전에서 백여 명의 왜적을 참살하고 갑오년 통영에서 철정 화살과 불화살로 적선을 크게 무찔렀다. 그 공으로 부산첨사가 되었다. 종전 후 경상우수사의 우후로서 당포에 침입한 왜선을 격퇴하자 선조가 〈당포승첩도〉를 하사하였다.

39 송대립(1550~1557)은 이이와 성혼의 제자이다. 아우 송희립과 함께 이순신의 휘하에서 활동하고, 권율에게 천거되어 창의별장이 되었다. 정유재란 때 별장으로서 홍양에서 8명의 왜장을 참살하였는데, 그 후 천여 명의 왜군들에게 포위되어 대항하다가 전사하였다.

정인서(鄭仁恕)가 종사관(황여일)에게 문안할 일로 여기에 왔다. 오늘은 돌아가신 아버님의 생신인데, 멀리 천리 밖에 와서 군영에서 복무하고 있으니 인간사가 참으로 어떠한 것인가.

3일임진 맑음. 새벽에 앉아 있으니 서늘한 기운이 뼈 속에 스민다. 비통한 마음이 더욱 심해졌다. 제사에 쓸 유과와 밀가루를 준비했다. 늦게 정읍의 군사 이량(李良)과 최언환(崔彦還) 및 건손(巾孫) 등 세 사람을 심부름 시키라고 보내왔다. 늦게 장후완(蔣後琬)이 남해로부터 와서 만났는데, 남해 현령(박대남)의 병이 심하다고 전하였다. 마음이 애타고 걱정스러웠다. 얼마 뒤 합천군수 오운(吳澐)[40]이 보러 와서 산성의 일을 많이 이야기했다. 점심을 먹은 뒤에 원수의 진영으로 가서 황여일과 함께 이야기했다. 종사관은 전적(典籍) 박안의(朴安義)와 함께 활을 쏘았다. 이때 좌병사가 자기 군관을 시켜 항복한 왜군 두명을 압송해 가지고 왔는데, 그들은 가토 기요마사의 부하라고 하였다. 해가 저물어서 돌아 왔는데, 고령 현감이 성주(星州)에 갇혔다는 소식을 들었다.

4일계사 맑음. 아침에 황여일이 정인서를 보내어 문안했다. 늦게 이방(李芳)과 유황(柳滉)이 오고 자원군인 흥양의 양점(梁霑), 찬(纘), 기(紀) 등이 변방을 지키러 왔다. 변여량(卞汝良), 변회보(卞懷寶), 황언기(黃彦己) 등이 모두 무과에 급제하고서 보러 왔다. 변사증(卞師曾)과 변대성(卞大成) 등도 와서 만났다. 점심을 먹은 뒤에 비가 뿌렸다. 아침밥을 먹을 때 안극가(安克可)가 와서 만났다. 저녁때 비가 크게 내리더니 밤새도록 그치지 않았다.

5일갑오 비가 내렸다. 아침에 초계 군수는 체찰사의 종사관 남이공(南以恭)이 경내를 지나간다고 해서 산성에서부터 집 앞을 지나갔다. 늦게 변덕수(卞德壽)가 왔다. 변존서가 마흘방(馬訖坊)으로 갔다.

6일을미 맑음. 꿈에 윤삼빙(尹三聘)을 만났는데 나주로 귀양지가 정해져 간다

---

40 오운(1540~1671)은 의병을 모집하고 곽재우의 휘하에서 의령과 현풍 전투에서 전공을 세웠다. 상주목사와 합천군수를 지냈다. 정유재란 때 합천 부근의 왜적을 물리치고 명나라 제독 진린의 접반사로 활약하였다.

고 했다. 늦게 이방(李芳)이 와서 만났다. 홀로 빈방에 앉았으니 그리움과 비통함을 어찌 말로 다할 수 있겠는가. 저녁에 바깥 행랑에 나가 앉았다가 변존서가 마흘방에서 돌아왔기에 안으로 들어갔다. 안각(安珏) 형제도 변홍백을 따라 왔다. 이날 제사에 쓸 중배끼[中朴桂][41] 다섯 말을 꿀로 만들어 봉해서 시렁에 올려놓았다.

7일^{병신} 맑음. 오늘은 칠석이다. 슬프고 그리운 마음이 어찌 그치랴. 꿈에 원균과 함께 모였는데 내가 원균의 윗자리에 앉아 밥을 내올 때 원균이 즐거운 기색을 보이는 것 같았다. 그 징조를 잘 모르겠다. 박영남(朴永男)이 한산도에서 와서 "자기 주장(主將)의 잘못 때문에 대신 죄를 받으려고 원수에게 붙잡혔다."고 했다. 초계 군수가 계절 산물을 갖추어 보내왔다. 아침에 안각(安珏) 형제가 와서 만났다. 저물녘 흥양의 박응사(朴應泗)가 와서 만나고 심준(沈俊) 등도 와서 만났다. 의령 현감 김전(金銓)이 고령에서 와서 병사의 처사가 잘못된 것을 많이 이야기했다.

8일^{정유} 맑음. 아침에 이방(李芳)이 보러 왔기에 밥을 먹여 보냈다. 그에게서 들으니, 원수가 구례에서 이미 곤양에 이르렀다고 한다. 늦게 집 주인 이어해(李魚海)*와 최태보(崔台輔)가 와서 만났다. 변덕수(卞德壽)도 왔다. 저녁에 송대립, 유홍(柳洪), 박영남이 왔는데, 송(宋)과 유(柳) 두 사람은 밤이 깊어서야 돌아갔다.

9일^{무술} 맑음. 내일 아들 열(莅)을 아산으로 보내려고 제사에 쓸 과일을 봉하는 것을 살펴보았다. 늦게 윤감(尹鑑), 문보 등이 술을 가지고 와서 열과 변존서 등이 돌아가는 것을 송별하였다. 이 밤은 달빛이 대낮 같이 밝으니 어머니를 그리며 슬피 우느라 밤늦도록 잠들지 못했다.

10일^{기해} 맑음. 이른 새벽에 열과 변존서를 보낼 일로 밤에 앉아서 날이 새

---

41 중배끼는 밀가루와 꿀로 만든 유밀과로서 주로 제사용으로 쓴다. 밀가루에 기름을 넣고 반죽한 것을 네모나게 썰어 기름에 지지면 박계가 된다. 큰 것이 대박계, 중간 것이 중박계이다.《한국민속대관》

이어해 후손 집 | 합천 매실마을 내에 소재. 본래 이어해의 집은 매실마을 입구 좌측에 있었으나 지금은 없어졌고 현재 집은 이어해 후손의 집이다.

기를 기다렸다. 일찍 아침식사를 하였는데 심정을 스스로 억누르지 못하고 통곡하며 보냈다. 내가 무슨 죄를 지었기에 이 지경에 이르렀는가. 구례에서 구해온 말을 타고 가니 더욱 염려된다. 열 등이 막 떠나자 황여일이 와서 한참동안 이야기했다. 늦게 서철이 와서 만났다. 정상명이 말의 뱃대끈[馬帶]⁴² 을 종이로 만들기를 마쳤다. 저녁에 홀로 빈집에 앉았으니, 그리운 생각이 매우 격해져서 밤이 깊도록 잠들지 못하고 밤새도록 뒤척거렸다.

11일^{경자} 맑음. 열이 잘 갔는지 온통 걱정되는 마음을 어찌 감당하랴. 더위가 매우 엄혹하여 근심이 그치지 않았다. 늦게 변홍달, 신제운, 임중형 등이 와서 만났다. 홀로 빈 대청에 앉았으니 그리운 마음이 어떠하겠는가. 매우 비통하다. 종 태문(太文)과 종이(終伊)가 순천으로 갔다.

12일^{신축} 맑음. 아침에 합천 군수가 햅쌀과 수박을 보냈다. 점심을 지을 무

---

42 종이로 만든 뱃대끈으로 마소의 안장이나 길마를 얹을 적에 배에 걸쳐 졸라매는 줄로 만들어 썼다. 기타지마 만지는 "끈으로 말의 고삐[手綱] 만들기를 마쳤다."로 해석했다.

렴 방응원, 현응진, 홍우공, 임영립(林英立)[43] 등이 박명현(朴名賢)[44]이 있는 곳에서 와서 함께 밥을 먹었다. 종 평세(平世)는 열(莈)을 따라갔다가 돌아왔다. 잘 갔다는 소식을 들으니 다행이다. 그러나 슬픔과 탄식을 어찌 말로 다하랴. 이희남이 사철쑥[茵蔯][45] 백 묶음을 베어 왔다.

13일임인 맑음. 아침에 남해 현령(박대남)이 편지를 보내고 음식물을 많이 보냈다. 또 싸움말을 끌어가겠다고 하기에 답장을 썼다. 늦게 이태수(李台壽)와 조신옥, 홍대방이 와서 만나고, 또 적을 토벌할 일에 대해 이야기하였다. 송대립과 장득홍(張得洪)도 왔다. 장득홍은 자비로 복무한다고 고하기에 식량 2말을 주었다. 이날 칡을 채취하여 왔다. 이방도 와서 만났다. 남해의 아전이 수행인[從人][46] 2명과 함께 왔다.

14일계묘 맑음. 이른 아침에 정상명과 종 평세(平世), 귀인(貴仁), 짐말[卜馬] 2필을 남해로 보냈다. 정(상명)은 싸움말을 끌고 오도록 보냈다. 새벽꿈에, 내가 체찰사와 함께 어느 한 곳에 갔는데 많은 송장들이 널려 있어 혹은 밟고 혹은 목을 베기도 했다. 아침을 먹을 때 문인수(文麟壽)가 와가채(蛙歌菜)[47]와 동아 전과[東瓜餞][48]를 가져 왔다. 방응원, 윤선각, 현응진, 홍우공 등과 함께 이야기했다. 홍(우공)은 자기 부친의 병 때문에 종군을 원하지 않아 나에게 팔에 질병이 있다고 핑계를 대었다. 매우 놀라운 일이다. 사시(오전 10시 경)

---

43 임영립은 임진왜란 때 판관으로서 노량에서 많은 전공을 세우고 훈련원 정(正)이 되었다.

44 박명현(?~1608)은 이몽학의 반란사건을 홍가신과 임득의와 함께 평정하여 청난공신 2등에 책록되었다. 정유재란 때 전라병마절도사로서 충청, 전라지역에서 전공을 세웠다.

45 사철쑥은 국화과에 속하는 다년생 풀로 산기슭과 개울가의 모래땅에서 자라는데 입추에 베어 그늘에 말려 쓴다. 맛은 쓰고 성질이 찬데 주로 간질환이나 해열 등에 쓴다.

46 수행인은 버슬아치의 심부름을 한다. 이는 군관과 내시나 가족을 데리고 가지 않는 진영 장수나 공물을 수송해 오는 사람에게 준다. 3품 이하는 4명, 7품 이하는 2명이다.《경국대전》〈병전〉

47 와가채는 무명조개로 만든 음식이다. 무명조개로 끓인 국을 와가탕이라고 하는데 '와가'는 조개의 이칭인 와각(蝸角)에서 나온 말이다. 즉 와가의 음을 '와가(蛙歌)'로 음차한 것이다.

48 동아 전과는 동아(박의 일종)를 꿀로 조리하여 만든 전과이다. 조리법은 동아를 잘게 썰어 탕수에 데치고 끓인 꿀에 동아를 넣는다. 누럴 때까지 삶아서 자기 안에 저장한다.

두모포 | 부산시 기장군 기장읍 앞바다. 정유년 7월 14일 조선 전선 5척이 두모포에 정박하고 7척은 표류했다.
두모포해안 | 배를 정박할 수 있는 두모포 연안.

에 황여일은 정인서를 보내어 문안하고, 또 김해 사람으로 왜적에게 붙었던 김억(金億)의 요약 보고문을 보여 주었다. 그 내용은, "7일에 왜선 5백여 척이 부산을 나오고, 9일 왜선 천척이 합세하여 우리 수군과 절영도(絶影島) 앞바다에서 싸웠는데, 우리 전선 5척이 표류하여 두모포(豆毛浦)*에 대었고, 7척은 간 곳이 없었다."[49]고 하였다. 그 말을 듣고 애통하고 분함을 참지 못해

---

49 정유년 7월 8, 9일에 원균 부대가 부산의 절영도해전에서 왜선 10척을 분멸했으나 조선의 전선은 7척이 표류하였다. 윤휴의 〈이충무공유사〉에 "원균이 진격하라고 독촉하자, 적은 거짓 후퇴하며 유인했다. 원균은 쉬지 않고 진격하니 적은 피곤하게 하고 종일토록 교전하지 않았다. 우리 수군이 후퇴하는데 바닷물에 거슬려서 빠져나오지 못하고 깊은 밤 심한 바람에 수군의 7척이 표류했다."고 하였다.

곧 바로 황여일이 군대를 점열하는 곳으로 달려갔다. 황여일과 일을 논의하고, 그대로 앉아서 활 쏘는 것을 구경했다. 얼마 뒤 내가 타고 간 말을 홍대방에게 달려보게 하니 매우 잘 달렸다. 날씨가 비 올 징후가 많아서 돌아와 집에 도착하니 비가 크게 내렸다. 2경(밤 10시경)에 맑게 개고 달빛이 조금 밝아져 낮보다 두 배 밝으니 회포를 말로 다할 수 있겠는가.

15일^{갑진} 비가 오다가 개다가 했다. 늦게 조신옥과 홍대방 등과 여기 있는 윤선각까지 9명을 불러서 떡을 장만하여 먹었다. 가장 늦게 중군 이덕필이 왔다. 저물어서 돌아갔다. 그를 통해 "우리 수군 20여 척이 적에게 패했다." 는 소식을 들었다. 매우 분통하였다. 제어할 방책이 없는 것이 매우 한탄스럽다. 저녁비가 크게 내렸다.

16일^{을사} 비가 오다 개다하면서 끝내 흐리고 맑지 않았다. 아침 식사 후에 손응남(孫應男)을 중군(이덕필)에게 보내어 수군의 사정을 조사하게 하니, 돌아와서 중군에 대한 말을 전하기를, "좌병사의 급보를 보니 불리한 일이 많다."면서 자세히 말하지 않았다. 한탄스러운 일이다. 늦게 변의정(卞義禎)이라고 칭하는 사람이 수박 두 덩이를 가지고 왔는데, 그 모습이 형편없어 어리석고 용렬해 보였다. 궁벽한 촌에 사는 사람이 배우지 못하고 가난하게 지내어 형편이 그렇게 만든 것이리라. 이 역시 소박하고 순후한 모습이다. 이날 낮에 이희남에게 칼을 갈게 했는데, 매우 예리하여 적장의 맨머리를 벨 만하였다. 소나기가 급히 내렸다. 아들 열(葆)이 가는데 고될 것이 많이 걱정되니 침묵 속의 생각이 그치지 않는다. 저녁에 영암군 송진면(松進面)에 사는 사노(私奴) 세남(世男)이 서생포(西生浦, 울산 울주 서생리)에서 알몸으로 왔기에 그 연유를 물으니, "7월 4일에 전 병사의 우후(이의득)가 타고 있던 배의 격군이 되어 5일에 칠천량*에 이르러 정박하고, 6일에 옥포에 들어왔다가 7일에는 날이 밝기 전에 말곶(末串, 부산 성북동 고직말(古直末))을 거쳐 다대포(多大浦, 부산 사하구)에 가니, 왜선 8척이 머물러 정박하고 있었습니다. 우리의 여러 배들이 바로 돌격하려는데, 왜인들은 하나도 남김없이 육지로 올라가고 빈 배만

칠천량 | 거제시 칠천교에서 바라본 해전장소. 정유년 7월 16일 아침에 원균부대가 일본군의 공격을 받아 궤멸하고, 이억기와 최호가 전사하고 원균은 추원포에서 전사했다.
칠천량낙조 | 칠천량의 일몰시의 광경.

걸려 있어, 우리 수군이 그것을 끌어내어 불을 지른 뒤에, 그 길로 부산의 절영도 바깥바다로 향했습니다. 그때 대마도에서 건너 온 무려 천여 척의 적선을 만나 서로 싸울 것을 작정하니, 왜선은 어지러이 흩어져 회피하므로 끝내 잡아 초멸할 수 없었습니다. 제가 탄 배와 다른 배 6척은 배를 조정하지 못하여 서생포 앞바다까지 표류하여 뭍으로 오르려고 할 즈음에 거의 모두 살류를 당하고, 저만 혼자 숲 속으로 들어가 기어가서 살게 되어 간신히 여기에 왔습니다."라고 하였다. 들고 보니, 매우 놀라운 일이다. 우리나라에서 믿는 것은 오직 수군에 있는데, 수군이 이와 같으니 다시는 가망이 없을 것이다. 거듭 생각할수록 분한 간담이 찢어지는 것만 같다. 또 선장 이엽(李曄)이

동산산성 | 산청군 신안면 백마산에 있는 산성. 단성현 북쪽 7리 지점에 위치한다.(신증동국여지승람) 사진은 산성 정상에 남아 있는 성벽의 바위들이다.
산성전망 | 산성위에서 내려다 본 전망. 사방이 산인데 남강이 내려다보이며 서쪽으로는 단성, 남쪽으로는 적벽산, 동쪽으로는 집현산이 보인다.
받침돌 | 산성위에 깃발을 꽂았던 구멍 난 바위.
정개산성 | 하동군 옥종면 종화리에 소재. 사진은 정개산 정상부분이고 산성이 그 위에 있다.

왜적에게 붙잡혔다고 하니 더욱 애통하고 분하다. 손응남(孫應男)이 집으로 돌아갔다.

17일^{병오} 가끔 비가 내렸다. 아침에 이희남을 황여일에게 보내어 세남(世男)의 말을 전했다. 늦게 초계 군수가 벽견산성(碧堅山城)[50]에서 와서 만나고 돌아갔다. 송대립, 유황, 유홍(柳弘), 장득홍(張得弘) 등이 와서 만나고 날이 저물어서 돌아갔다. 변대헌(卞大獻), 정운룡(鄭雲龍), 득룡(得龍), 구종(仇從) 등은 초계의 아전들인데 어머니 집안과 같은 파의 사람으로서 와서 만났다. 큰비가

---

50 벽견산성은 삼가의 악견산성(岳堅山城)이다.(합천군 대병면 성리 산54-1) 1597년 가을 이정(李瀞 1541~1613)이 삼가의 악견산성장이 되어 해자와 성곽, 무기를 정비하고 창령의 화왕산성을 지키던 곽재우와 서로 호응하며 왜적을 격퇴하였다.《모촌집(茅村集)》

강정 | 정개산 아래 쪽에 해당하는 문암리 부근 강가에 이 정자가 있다. 7월 19일 이순신이 이희만의 집으로 가다가 여기서 진주목사와 만남을 가졌다.

종일 내렸다. 성명을 적지 않은 임명장을 신여길(申汝吉)이 바다 가운데서 분실한 일로 조사받으러 갔다. 경상 순찰사(이용순)가 그 기록을 가져갔다.

18일정미 맑음. 새벽에 이덕필과 변홍달이 와서 전하기를, "16일 새벽에 수군이 밤의 기습을 받아 통제사 원균과 전라 우수사 이억기, 충청 수사(최호) 및 여러 장수들이 다수의 피해를 입고 수군이 크게 패했다.[51]"고 하였다. 듣자니 통곡함을 참지 못했다. 얼마 뒤 원수(권율)가 와서 말하기를, "일이 이미 이 지경에 이르렀으니 어쩔 수 없다."고 하면서 사시(오전 10시경)까지 이야기를 나누었으나 마음을 안정하지 못했다. 나는 "내가 직접 연해 지방에 가서 듣고 본 뒤에 결정하겠다."고 말했더니, 원수가 매우 기뻐하였다. 나는 송

---

51 7월 14일 원균은 160여 척으로 출동했는데, 왜적들은 유인작전을 폈다. 아군은 가덕도로 후퇴했다가 왜적의 기습을 받아 4백여 명을 잃고 15일 오후 칠천도 부근으로 이동했는데, 도도 다카도라(藤堂高虎)와 와키자카 야스하루(脇坂安治) 등이 밤에 출동하여 칠천량을 포위했다. 16일 새벽 일본군이 공격하여 아침에 격전이 벌어지고 조선수군이 탈출하다 궤멸하였다. 전라우수사 이억기와 충청수사 최호가 전사하고, 원균은 고성 추원포에서 적의 추격을 받아 전사했다. 배설만이 전선 10여 척을 끌고 한산도로 탈출하였다.(칠천량 해전)

대립, 유황, 윤선각, 방응원, 현응진, 임영립, 이원룡, 이희남, 홍우공과 함께 길을 떠나 삼가현에 도착하니, 새로 부임한 수령이 나와서 기다리고 있었다. 한치겸(韓致謙)도 와서 오랫동안 이야기했다.

19일무신 종일 비가 계속 내렸다. 오는 길에 단성(丹城)의 동산산성(東山山城)* 에 올라가 그 형세를 살펴보니, 매우 험하여 적이 엿볼 수 없을 것이다. 그대로 단성현에서 유숙했다.

20일기유 종일 비가 계속 내렸다. 아침에 권문임(權文任)의 조카 권이청(權以淸)이 와서 만나고 수령도 와서 만났다. 낮에 진주 정개산성(定介山城)* 아래에 있는 강정(江亭, 강가 정자)*으로 갔다. 진주 목사가 와서 만났다. 굴동(屈洞, 하동 옥종)의 이희만(李希萬)52의 집에서 잤다.

21일경술 맑음. 일찍 출발하여 곤양군에 이르니 군수 이천추(李天樞)53가 고을에 있고, 백성들은 대부분 농사에 힘써서 혹은 이른 벼를 거두고, 혹은 보리밭을 갈았다. 점심을 먹은 뒤 노량에 도착하니, 거제 현령 안위(安衛)와 영등포 만호 조계종(趙繼宗) 등 십 여명이 와서 통곡하고, 피해 나온 군사와 백성들도 울부짖으며 곡하지 않는 이가 없었다. 경상 수사(배설)는 피해 달아나서 보이지 않았다. 우후 이의득이 보러 왔기에 패한 상황을 물었더니, 사람들은 모두 울면서 말하기를, "대장 원균이 적을 보고 먼저 달아나 육지로 올라가자, 여러 장수들도 모두 그를 따라 육지로 올라나서 이 지경에 이르렀다."고 하였다. 그들은 "대장의 잘못을 입으로 표현할 수 없고 그의 살점이라도 뜯어먹고 싶다."고 하였다. 거제의 배 위에서 자면서 거제 현령(안위)과 이야기하는데, 4경(새벽 2시경)에 이르도록 조금도 눈을 붙이지 못해 눈병을 얻었다.

---

52 이종(李琮)의 아들로 나중에 희만(喜萬)으로 고쳤다. 임진왜란이 발생하자 두 아들을 많은 군수품과 함께 전쟁터로 보냈고, 이순신의 휘하에서 많은 전공을 세웠다. 희만의 집은 원래 청룡리에 소재하는데 현재는 다른 집이 들어섰다.

53 이천추(1565~1610)는 호가 고란재(古蘭齋)로 예조좌랑과 세자시강원 설서를 지냈다.

응취루 | 사천시 곤양면 성내리에 소재. 정유년 7월 22일 이순신이 곤양에 도착하여 여기서 하루 유숙했다.

22일^{신해} 맑음. 아침에 배설(裵楔)이 와서 만나니, 원균의 패망한 일[54]을 많이 말했다. 식후에 남해 현령 박대남이 있는 곳에 가니, 병세가 거의 구할 수 없게 되었다. 싸움 말을 서로 바꿀 일을 다시 이야기했다. 종 평세(平世)와 군사 한 명을 데려오겠다고 했다. 오후에 곤양*에 가서 몸이 불편하여 잤다.

23일^{임자} 비가 오다가 개다가 했다. 아침에 노량에서 만든 공문을 송대립에게 주어 먼저 원수부에 보냈다. 뒤따라 출발하여 곤양 십오리원(十五里院, 사천 곤명 봉계리 원전)에 가니, 배흥립의 부인이 먼저 도착했다. 말에서 내려 잠깐 쉬고 진주 운곡(雲谷)[55]의 전에 유숙했던 곳에서 잤다. 백기도 와서 잤다.

---

54 선전관 김식(金軾)이 원균의 패전을 보고했다. "… 원균은 늙어서 행보하지 못하여 맨몸으로 칼을 잡고 소나무 밑에 앉아 있었습니다. 왜노 6, 7명이 칼을 휘두르며 원균에게 달려들었는데 그 뒤로 원균의 생사를 알 수 없었습니다."《선조실록》1597년 7월 22일)

55 운곡은 경남 하동군 옥종면 일대를 말한다. 이홍훈(李弘勛)의 후손인 이수안(李壽安)의《매당집(梅堂集)》에, 이에 관한 시와 기록이 있다. 〈이충무공의 난중일기를 읽고 지금의 운곡이란 곳이 곧 옛날의 굴동임을 알아냈다〉는 글로 제목을 삼아 한 구절을 지었다. 역사책에 남은 일들이 옛날과 같은데, 산천은 의구하되 물정만 변했네. 이공(이순신)이 그날에 분주했던 곳에서 정유년에 무고를 받았을 때 우리 집안의 선조 휘 홍훈을 찾아와 이 고을에서 5일간 머물

이홍훈가 | 하동 옥종면 청룡리 338-1번지 소재. 이홍훈은 종들을 데리고 곽재우의 화왕 산성으로 나아가 참전했고, 이순신이 칠천량 패보를 듣고 순시할 때 7월 24일부터 26일까지 3일간 여기서 유숙했다. 이순신이 복직되어 떠날 때 산성 수비를 잘 부탁했는데, 후에 산성이 함락되자 바다로 나아가 참전했다.

24일^{계축} 비가 계속 내려 그치지 않았다. 한치겸(韓致謙)과 이안인(李安仁)이 부찰사(한효순)에게로 돌아갔다. 정씨의 종 예손(禮孫)이 손씨의 종과 함께 돌아갔다. 식후에 이홍훈(李弘勛)의 집*으로 거처를 옮겼다. 방응원이 정개산성에서 와서, "황여일이 산성에 와서 연해의 사정을 보고 들은 대로 전했다."고 하였다. 군량 2섬, 말먹이 콩 2섬과 말 말굽에 편자 박는 징 7벌을 가져 왔다. 이날 저녁에 배조방장(배경남)이 와서 만나고 술로 위로했다.

25일^{갑인} 늦게 갰다. 황여일이 편지를 보내 문안했다. 조방장 김언공(金彦恭)⁵⁶이 와서 만나고는 그 길로 원수부로 갔다. 배수립이 와서 만나고 이곳 주인 이홍훈도 와서 만났다. 남해 현령 박대남이 그의 종 용산(龍山)을 보내어 내일 들어오겠다고 보고했다. 저녁에 배흥립이 병이 난 것을 가서 보니, 고통이 심했다. 매우 걱정되었다. 송득운을 황여일에게 보내어 문안했다.

26일^{을묘} 비가 오다 개다 했다. 일찍 밥을 먹고 정개산성 아래의 송정(松亭)

렀는데, 주민들은 굴동의 이름도 몰랐다고 한다.

56 김언공은 왕을 의주로 호종한 공으로 담양부사에 임명되었다. 영천과 진주에서 의병활동을 하고, 순천 부사 겸 우위장으로서 고금도와 벽파정에서 전공을 세웠다.

손경례의 집터 | 진주시 수곡면 원계리에 소재. 현재는 손경례의 후손이 사는 집만 남아 있다. 손경례는 선비로서 임진왜란 때 모병하였고, 정유년 7월 27일 이순신이 그의 집에 묵었다. 이순신과 군사대책을 논하고 정개산성에서 말을 달리고 진배미에서 군사훈련을 하였다.
진배미 | 이순신이 손경례와 대책을 논의하고 군사훈련을 한 곳이다.

아래로 가서 황여일과 진주 목사와 함께 이야기했다. 해가 저물어서 숙소로 돌아왔다.

27일병진 종일 비가 내렸다. 이른 아침에 정개산성 건너편 손경례(孫景禮)*의 집으로 옮겨 머물렀다. 늦게 동지(同知) 이천(李薦)과 판관 정제(鄭霽)가 체찰사에게서 와서 전령을 전했다. 함께 저녁을 먹었다. 이천은 배경남이 있는 곳에서 잤다.

28일정사 비가 내렸다. 이희량(李希良)이 와서 만났다. 초경(밤 8시경)에 동지(同知) 이천(李薦)과 진주 목사, 소촌의 찰방 이시경(李蓍慶)[57]이 와서 밤에 이야기하다가 3경(자정 경) 후에 돌아갔다. 논한 일이 모두 대응 계책에 대한 일이었다.

29일무오 비가 오다가 개다가 했다. 아침에 이천(李薦)과 함께 밥을 먹고는 그를 체찰사(이원익) 앞으로 보냈다. 늦게 냇가로 나가 군사를 점검하고 말을 달렸는데, 원수(권율)가 보낸 데는 모두 말이 없고 활과 화살도 없어 쓸모가 없

---

57 이시경은 선조가 피난을 갈 때 종군하여 한양에 침입한 왜적을 물리치니, 유성룡은 시경이 왜군의 진법에 능숙함을 인정했다. 선조가 요동에 가는 문제로 부친이 통곡 절식하다 죽었는데, 정유재란 때 복수의 의지로써 진주 남강에서 많은 적들을 물리치다가 전사했다.

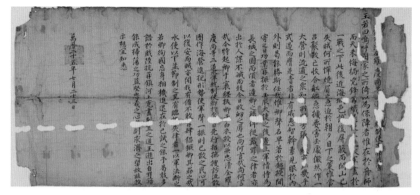

사명훈유교서 | 김명원과 이항복의 건의로 정유년 7월 23일 선조가 이순신을 삼도수군통제사에 복직시킨다는 명령을 내린 교서. 이와 〈사부유지(賜符諭旨)〉가 함께 내려지고, 8월 3일 이순신이 이를 받았다. 보물 1564-3호. 사진 문화재청 ⓒ

었다. 매우 한탄스러웠다. 저녁에 들어올 때 배흥립과 남해 현령 박대남을 만났다. 밤새도록 큰비가 왔다. 찰방 이시경에게 사람을 보내어 안부를 물었다.

8월

1일^{기미} 큰비가 와서 물이 불었다. 늦게 이찰방(이시경)이 와서 만났다. 조신옥과 홍대방 등이 와서 만났다.

2일^{경신} 잠시 갰다. 홀로 병영 마루에 앉았으니 그리운 마음이 어떠하랴. 비통함이 그치지 않는다. 이날 밤 꿈에 임금의 명령을 받을 징조가 있었다.

3일^{신유} 맑음. 이른 아침에 선전관 양호(梁護)[58]가 뜻밖에 들어와 교서(敎書)와 유서(諭書)*를 주었는데, 그 왕명서 내용은 곧 삼도통제사를 겸하라는 명령이었다. 공손히 절을 한 뒤에 삼가 받았다는 편지를 써서 봉해 올렸다. 이

---

58 양호(?~1623)는 정의현감과 제주 목사를 역임했다. 광해군 때에 이이첨 등과 결탁하여 왕의 총애를 받았고, 탐학으로 인해 탄핵을 받았으나 국왕의 비호로 무마되었다.

행보역 | 하동군 횡천면 횡천리에 소재. 사진에서 보이는 뒷쪽의 작은 산 아래가 행보역이 있었던 터다.(원로 주민의 증언)
압록강원 | 압록원. 곡성군 죽곡면 압록리와 구례군 경계 소재. 압록원은 곡성 30리 지점 동남쪽 원유곡(原楡谷) 경계에 있는 압록진(鴨綠津)의 언덕에 있다.《해동지도》사진은 압록강 유역이다.

날 바로 길을 떠나 곧장 두치(豆峙) 가는 길에 들어 초경(밤 8시경)에 행보역 (行步驛)*에 이르러 말을 쉬게 하고, 삼경 말(새벽 1시경)에 길에 올라 두치에 이르니, 날이 새려고 했다. 남해 현령(박대남)은 길을 잃고 강가의 정자로 잘 못 들어갔기에 말에서 내려서 불렀다. 쌍계동(하동 화개)에 이르니, 어지러운 암석들이 뾰족하게 솟아 있고 막 내린 비에 물이 넘쳐흘러 간신히 건넜다. 석주관에 이르니, 이원춘(李元春)과 유해(柳海)가 병사를 매복시키고 지키다가 나를 보고는 적을 토벌할 일에 대해 많이 이야기했다. 저물녘 구례현에 이르

곡성의 강정 | 곡성군 능파리의 능파정. 신숭겸의 후손인 신대년(申大年)이 아우들과 함께 급제하고 여기에 정자를 짓고 풍류를 즐겼다. 옥산 장성식의 시에, "충무공이 이 강정(江亭)에 유숙했다."고 하였다.(《조선환여승람》〈곡성편〉노승석 역, 2002)

니, 온 경내가 적막했다. 성 북문 밖(구례 봉북리)의 전날 묵었던 주인집에서 잤는데, 주인은 이미 산골로 피난을 갔다고 했다. 손인필(孫仁弼)이 바로 와서 만났는데, 곡식을 지고 왔고, 손응남은 때 이른 감을 바쳤다.

4일일술 맑음. 아침 식사 후에 압록강원(鴨綠江院)*에 가서 점심밥을 짓고 말의 병도 치료했다. 고산 현감(高山縣監, 최진강)이 군인을 건네 줄 일로 와서 수군의 일을 많이 말했다. 오후에 곡성(谷城)에 가니, 관사와 마을이 온통 비어 있었다. 이 고을에서 유숙했다. 남해현령 박대남이 곧장 남원으로 갔다.

5일계해 맑음. 아침 식사 후 옥과 땅에 이르니, 피난민들이 길에 가득하였다. 매우 놀라운 일이다. 말에서 내려서 앉아 그들을 타일렀다. 고을에 들어갈 때 이기남(李奇男)의 부자를 만나 함께 고을에 도착하니, 정사준과 정사립이 마중 나와서 함께 이야기했다. 옥과 현감(홍요좌)은 처음에는 병을 핑계 삼아서 나오지 않다가, 얼마 후 와서 만났다. 그를 잡아다가 처벌하려고 했기 때문에 보러 나온 것이다.

6일갑자 맑음. 이 날은 옥과에 유숙했다. 초경에 송대립 등이 적을 정탐하고 왔다.

구치 | 순천시 승주읍 비월재. 현재 이곳은 폐쇄되어 지번이 없다. 이순신이 구덕령, 원종의, 옥구현감, 배경남 등을 여기서 만나 수군재건을 위한 소집명령을 전달했다.
조양창외성 | 보성군 조성면 우천리 고내마을 소재. 정유년 8월 9일부터 10일까지 여기에 머물면서 군량을 확보했다. 현재 이 터에 외성의 일부가 남아 있다.

7일을축 맑음. 이른 아침에 길에 올라 곧장 순천으로 가는데, 도중에 선전관 원집(元潗)을 만나 임금의 왕명서를 받았다. 전라병마사(이복남)의 군사들이 모두 괴멸하여 돌아가는 것이 길에 줄을 이으므로 말 3필과 활, 화살을 약간 빼앗아 왔다. 곡성의 강정(江亭)*에서 잤다.

8일병인 새벽에 출발하여 부유창(순천 주암 창촌리)에서 아침밥을 먹으려는데 병사(兵使) 이복남이 이미 명령하여 불을 놓았다. 광양 현감 구덕령(具德齡)59, 나주 판관 원종의(元宗義), 옥구 현감(김희온) 등이 부유창 아래에 있다가 내가 당도한 것을 듣고 급히 달려가 배경남과 함께 구치(鳩峙)*로 갔다. 내가 즉시 말에서 내려 앉아 명령을 내렸더니, 동시에 와서 인사하였다. 내가 피해 옮겨 다니는 것을 말거리로 삼아 꾸짖었더니, 모두 그 죄를 병사 이복남에게로 돌렸다. 곧장 길에 올라 순천에 도착하니, 성 안팎에는 인적도 없이 적막했다. 승려 혜희(慧熙)가 와서 인사하므로 의병장의 임명장을 주고, 또 총통 등을 옮겨 묻게 했다. 장전과 편전은 군관들에게 나누어 소지하게 하고 그대로 그 관부(순천부)에서 잤다. 여기에 ….

9일정묘 맑음. 일찍 출발하여 낙안에 이르니, 5리의 길에 까지 사람들이 많이

---

59 구덕령이 1596년 11월부터 광양현감으로 근무하였다.《광양읍지》임진왜란 때 비호장군이라고 불렸는데, 신립장군과 함께 참전하였다.

양산항(梁山杭) 집터 | 보성군 득량면 송곡리 다전마을 소재. 이순신은 8월11일부터 14일까지 4일동안 양산항 (1554~1634) 집에 유숙하며 장계7통을 올리고 각 관원과 군관들에게 소집명령을 내렸다. 현재 이 집은 없어지고 사진에 보이는 대숲이 양산항의 집터이다.

나와 인사하였다. 백성들이 흩어져 달아난 까닭을 물으니, 모두들 말하기를, "병사(이복남)가 적이 임박해왔다고 전하자 창고에 불을 지르고 달아난 까닭에 백성들도 도망하여 흩어졌다."고 하였다. 관사로 가니 적막하여 인기척도 없었다. 순천 부사 우치적(禹致績)[60]과 김제 군수 고봉상(高鳳翔) 등이 와서 인사했다. 늦게 보성의 조양창(兆陽倉)*에 가서 김안도(金安道)의 집에서 잤다.

10일^{무진} 맑음. 몸이 불편하여 그대로 김안도의 집에 유숙했다.

11일^{기사} 맑음. 아침에 양산항(梁山杭)[61]의 집*으로 옮겨서 유숙했다. 송희립과 최대성이 와서 만났다.

12일^{경오} 맑음. 계본을 등서했다. 그대로 유숙했다. 거제 현령(안위)과 발포

---

60 오응정(吳應鼎)이 정유년 7월에 부임하여 8월에 순천부사를 그만두었다고 하는데, 이때 우치적 이 다시 맡은 것으로 보인다.

61 양산항(1554~1634)은 의병을 모집하고 정유년 8월 13일 이순신이 찾아와서 하룻밤 유숙하여 보성 열선루에서 국사를 논의하며 며칠 동안 머물렀다. 기존에는 양산항의 항자가 '원(沅)' 또는 '항(沆)'자로 잘못되어 있었는데,《제주양씨파보》에 근거하여 '건널 항(杭)'자로 바로 잡았다.《정 유일기》II 8월 11일자에 나오는 양산항도 마찬가지다.

열선루터 | 보성군청에 있던 초석 4기가 보성 읍성터로 이전됨. 이순신이 이곳에서 수전을 폐지하고 육전을 하라는 왕명서를 박천봉에게 받는다. 이에 "금신전선 상유십이(今臣戰船尙有十二)"가 적힌 장계를 올리게 되는데, 바로 여기서 작성한 것으로 추정하고 있다.

만호(소계남)가 와서 만났다.

13일^{신미} 맑음. 거제 현령과 발포 만호가 와서 인사하고 돌아갔다. 수사(배설)와 여러 장수 및 피란하여 나온 사람들이 유숙하고 있다는 소식을 들었다. 우후 이몽구(李夢龜)가 오긴 했으나 만나지 않았다. 하동 현감(신진)을 통해 진주 정개산성과 벽견산성은 병사(이복남)가 스스로 밖의 진을 파괴시켰다는 소식을 들으니 비통하다.

14일^{임신} 맑음. 아침에 이몽구에게 곤장 80대를 쳤다. 식후에 장계 7통을 봉하여 윤선각(尹先覺)에게 주어 보냈다. 오후에 어사(임몽정(任蒙正)⁶²)를 만날 일로 보성군에 가서 잤다. 밤에 큰비가 물 쏟아지듯 내렸다.

15일^{계유} 비가 계속 오다가 늦게 쾌청하였다. 식후에 열선루(列仙樓)*에 나가 공무를 보니, 선전관 박천봉(朴天鳳)이 왕명서를 가지고 왔다. 그것은 8월 7일에 작성한 것이었다. 영의정 유성룡은 경기 지방으로 나가 순행 중이라고

---

62 임몽정(1559~1602)은 임진왜란 때 병조정랑이 되었으나 의주로 피난하는 선조를 호종하지 않은 죄로 파직되었다. 1597년 부교리가 되어 선유어사로 한산도를 순방하였다.

군영구미 | 보성군 회천면 전일 2리의 군학(群鶴) 마을로 추정한다. 이순신이 삼도수군통제사에 복직된 뒤 출항하여 나간 곳인데, 현재 김명립의 비와 노거수, 성터가 남아 있다.

하니, 바로 잘 받았다는 장계를 작성하였다. 보성의 군기를 검열하여 네 마리 말에 나누어 실었다. 저녁에 밝은 달 비치는 누대 위에서 마음이 매우 편치 않았다.

16일갑술 맑음. 아침에 보성 군수와 군관 등을 굴암(屈巖)으로 보내어 피난 간 관리들을 찾아내게 했다. 선전관 박천봉이 돌아가기에 그편에 나주 목사와 어사 임몽정에게 답장을 보냈다. 사령들을 박사명(朴士明)의 집에 보냈더니, 사명의 집은 이미 비었다고 했다. 오후에 궁장(弓匠) 지이(智伊)와 태귀생(太貴生), 선의(先衣), 대남(大男) 등이 들어왔다. 김희방과 김붕만도 왔다.

17일을해 맑음 아침 식사 후에 곧장 장흥 땅 백사정(白沙汀, 보성 회천 명교바다)로 갔다. 점심 후에 군영구미(軍營仇未)*로 가니, 온 경내가 이미 무인지경(無人之境)이 되었다. 수사 배설(裵楔)은 내가 탈 배를 보내지 않았다. 장흥의 군량을 감독관과 하급 관리가 모두 훔쳐 갔는데 관리들이 나누어 가져갈 때에 마침 가서 붙잡아다가 중한 장형(杖刑)을 내렸다. 그대로 유숙했다.

회령포 | 장흥군 회진면 회진리 소재. 이순신이 여기서 배설이 가져온 12척의 배를 인계받았다.
회령진성 | 남해의 왜적을 방어하는 수군기지로 이순신이 회령의 관사에서 유숙하고 군대를 정비했다. 여기에는 본래 동문, 서문, 남문, 객사, 동헌 등이 있었으나 지금은 터만 남아 있다.

18일^{병자} 맑음. 회령포(會寧浦)*에 갔더니, 경상 수사 배설이 배 멀미를 핑계 대므로 만나지 않았다. 회령포 관사에서 잤다.

19일^{정축} 맑음. 여러 장수들이 교서에 숙배하는데, 배설은 교서에 공경히 맞이하여 절하지 않았다. 그 능멸하고 오만한 태도를 이루 말할 수 없기에 그의 관리에게 곤장을 쳤다. 회령포만호 민정붕(閔廷鵬)이 전선에서 받은 물건을 사사로이 피란민 위덕의 등에게 준 죄로 곤장 20대를 쳤다.

20일^{무인} 맑음. 앞 포구가 매우 좁아서 이진(梨津, 해남 북평 이진리)으로 진을 옮겼다.

21일^{기묘} 맑음. 날이 새기 전에 곽란이 나서 심하게 아팠다. 몸을 차게 했다는 생각이 들어서 소주를 마셨더니 조금 후 인사불성이 되어 거의 구하지 못하게 될 뻔했다. 밤새도록 새벽까지 앉아 있었다.

22일^{경진} 맑음. 곽란이 점점 심해져서 일어나 움직일 수가 없었다.

23일^{신사} 맑음. 통증이 매우 심해져서 배에 머무르기가 불편하여 배를 버리고 바다에서 나와 육지에서 잤다.

24일^{임오} 맑음. 일찍 도괘(刀掛)*에 가서 아침밥을 먹었다. 어란(於蘭) 앞바다*에 도착하니, 가는 곳마다 이미 텅 비었다. 바다 가운데서 잤다.

25일^{계미} 맑음. 그대로 어란포에 머물렀다. 아침 식사를 할 때 당포의 포작

도괘 | 해남군 북평면 남성리에 소재. 바다에 돌출한 연안의 형태가 긴 칼모양과 같아서 이곳을 칼괭이라고도 한다
어란앞바다 | 해남 송지면 어란리에 소재.

갈두 | 해남 송지면 송호리에 소재. 조선 수군이 정유년 8월 28일 일본선 8척을 추격하여 쫓아 낸 곳이다.
벽파진 | 진도군 고군군 벽파리에 소재. 정유년 8월 29일부터 이순신이 지휘하는 수군이 벽파진에 주둔하고 9월 7일 해전
을 치렀다.

(해산물 진상 어민)이 방목한 소를 훔쳐 끌고 가면서 허위 경보를 알리기를,
"왜적이 왔다. 왜적이 왔다."고 하였다. 나는 이미 그것이 거짓임을 알고 허
위 경보를 낸 두 사람을 잡아다가 바로 목을 베어 걸게 하니, 군중의 인심이
크게 안정되었다.

26일^{갑신} 맑음. 그대로 어란포에 머물렀다. 임준영(任俊英)이 말을 타고 와서
고하기를, "왜적이 이진(梨津)에 도착했다."고 고하였다. 우수사(김억추)가 왔다.

27일^{을유} 맑음. 그대로 어란(於蘭) 바다 가운데에 머물렀다.

28일^{병술} 맑음. 적선 8척이 뜻하지 않게 들어오자 여러 배들이 두려워 겁을
먹고 피하려 하고, 경상 수사(배설)가 피하여 후퇴하려고 하였다. 나는 동요

하지 않고 적선이 가까이 오자 호각을 불어 깃발을 지휘하며 뒤쫓게 하니, 적선들이 물러갔다.[63] 갈두(葛頭)*까지 뒤쫓아 갔다가 돌아왔다. 저녁에는 장도(獐島, 해남 송지 내장(內長))로 옮겨 정박했다.

29일정해 맑음. 아침에 벽파진(碧波津)*으로 건너갔다.

30일무자 맑음. 그대로 벽파진에 머물렀다.

9월

1일기축 맑음. 그대로 벽파진에 머물렀다.

2일경인 맑음. 정자 위로 내려가 앉았는데, 포작(해산물 진상 어민) 점세(占世)가 제주에서 와서 인사했다. 이날 새벽에 배설이 도망갔다.

3일신묘 비가 뿌렸다. 뜸 아래에서 머리를 움츠리고 있으니, 생각이 어떠하겠는가.

4일임진 북풍이 크게 불었는데 각 배들을 겨우 보전했다. 천행이다.

5일계사 북풍이 크게 불어, 각 배들을 지킬 수가 없었다.

6일갑오 바람이 그치는 듯 했으나 물결은 자지 않았다.

7일을미 맑음. 바람이 비로소 잠잠하다. 탐망하는 군관 임중형(林仲亨)이 와서 보고하기를, "적선 55척 가운데 13척이 이미 어란 앞 바다에 이르렀는데, 그 뜻이 우리 수군에 있다."고 했다. 그래서 각 배를 엄하게 신칙하였다. 신시(오후 4시경)에 적선 13척이 곧장 아군의 진 친 곳으로 향해 왔다. 우리 배들도 닻을 올려 바다로 나가 맞서서 공격하여 나아가니, 적선들이 배를 돌려 달아났다.* 먼 바다까지 쫓아갔지만, 바람과 물결에 모두 거슬려 배가 갈수 없으

---

63 이날 이순신부대가 13척의 전선으로 어란포 앞바다에서 왜선 8척을 물리쳤다.(어란포해전)

벽파진전첩비 | 이날 이순신부대가 13척의 전선으로 벽파진 앞바다에서 왜선 13척을 물리쳤다.(벽파진 해전)

므로 벽파진으로 되돌아왔다. 아마도 밤의 경보가 있을 것 같았다. 2경(오후 10시경)에 적선이 포를 쏘아 밤의 경보를 알리자, 아군의 여러 배들이 겁을 먹은 것 같으므로 다시 엄하게 명령을 내렸다. 내가 탄 배가 곧장 적선을 향해 연달아 포를 쏘니 적의 무리는 저항하지 못하고 3경(자정 경)에 물러갔다. 그들은 일찍이 한산도에서 승리했던 자들이었다.

8일^{병신} 맑음. 적선이 오지 않았다.

9일^{정유} 맑음. 오늘이 곧 9일(중양절)이다. 군사들에게 음식을 먹이려는데 마침 부찰사(한효순)의 군량과 계속 대주는 제주에서 소 5마리를 얻어 왔다. 녹도 만호(송여종)와 안골포 만호(우수)를 시켜 그것을 잡아 장병들에게 먹이고

감보도 | 진도시 고군면 벽파리 앞바다에 있는 섬.

있을 때, 적선 2척이 곧장 감보도(甘 甫島)*로 들어와 우리 배의 많고 적음을 정탐했다. 영등포 만호 조계종이 끝까지 뒤쫓았으나 잡지는 못했다.

10일^{무술} 맑음. 적의 무리들이 멀리 달아났다.

11일^{기해} 맑음.

달마산 | 해남군 송지면 서정리에 소재. 산 정상에 기암괴석이 있고 능선에 억새풀과 상록수가 장관을 이룬다.

12일^{경자} 비가 계속 내렸다.

13일^{신축} 맑았으나 북풍이 크게 불었다.

14일^{임인} 맑았으나 북풍이 크게 불었다. 임준영이 육지를 정탐하고 달려와서 말하기를, "적선 55척이 벌써 어란 앞바다에 들어왔다."고 하였다. 또 말하기를, "포로가 되었다가 도망쳐 온 김중걸(金仲乞)이 전하여 말하기를, '이달 6일에 달마산(達磨山)*에서 피난하다가 왜적에게 붙잡혀 묶여서 왜선에 실렸는데, 이름 모르는 김해 사람이 왜장에게 청하여 결박을 풀어주게 하니, 밤에 김해 사람이 중걸의 귀에 대고 몰래 말하기를,「(왜군이) 조선 수군 십여 척이 우리 배를 쫓아와서 혹 사살하고 배를 불태웠으니 보복하지 않을 수 없다. 여러 배를 불러 모아 조선 수군들을 모조리 죽인 뒤 곧장 경강(京江, 뚝섬과 양화도 사이의 한강)으로 올라가자」고 했다."는 것이었다. 이 말을 비록 다 믿지는 못하겠으나 그럴 리가 없는 것도 아니므로 전라우수영에 전령선을 보내어 피난민들을 즉시 육지로 올라가도록 당부하였다.

15일^{계묘} 맑음. 조수의 흐름을 따라 여러 배를 거느리고 우수영 앞바다로 들어가 거기서 머물러 잤다. 밤의 꿈에 이상한 징조가 많았다.

16일^{갑진} 맑음. 이른 아침에 망보는 군사가 와서 보고하기를, "적선이 무려

명량 | 해남 문내면 학동리와 진도군 군내면 녹진리 사이해협. 서해와 남해의 조수가 좁은 수로를 통해 교차하면서 물살이 빨라 우는 소리가 20리 밖에서도 들린다고 한다. 너비 325m, 가장 깊은 곳의 수심 19m, 유속은 11.5노트임.
명량대첩비각 | 문내면 동외리 소재. 정유년 9월 16일 이순신이 진도 벽파정 아래 진을 치고 우수영 앞바다의 급류를 이용하여 일본군을 물리친 상황이 자세히 적혀 있다. 이민서 지음.
양도 | 우수영앞 문내면 선두리 소재. 명량해전 당일 이순신이 우수영앞바다 양도부근에서 13척으로 일본선 133척과 교전하여 31척을 분멸했다. 사진은 실제 교전한 장소이다.

2백여 척이 명량(鳴梁)*을 거쳐 곧장 진치고 있는 곳(양도 부근)*으로 향해 온다.”고 했다. 여러 장수들을 불러 거듭 약속할 것을 밝히고 닻을 올리고 바다로 나가니, 적선 133척[64]이 우리의 배를 에워쌌다. 지휘선이 홀로 적선 가운데로 들어가 탄환과 화살을 비바람같이 발사했지만, 여러 배들은 바라만 보고서 진격하지 않아 앞일을 헤아릴 수 없었다. 배 위에 있는 군사들이 서로 돌아보며 얼굴빛이 질려있었다. 나는 부드럽게 타이르면서 “적이 비록 천 척

---

64 이를 근거하여 명량해협에 진입한 왜군의 전투선인 세키부네(關船)가 133척이었음을 알 수 있다. 이외 후방 녹도부근에 머문 안타케부네(安宅船) 70여 척과 어란진에 머문 전선까지 포함하면 도합 300여 척인 것으로 추정한다.

이라도 감히 우리 배를 곧바로 공격하지 못할 것이니, 조금도 동요하지 말고 힘을 다해 적을 쏘라."고 말했다. 그러고서 여러 배들을 돌아보니, 이미 1마장(馬場)(약 2km)쯤 물러나 있었고, 우수사 김억추(金億秋)[65]가 탄 배는 멀리 떨어져 있어서 묘연했다. 배를 돌려 곧장 중군 김응함(金應誠)의 배에 다가가서 먼저 목을 베어 효시하고자 했지만, 내 배가 머리를 돌리면 여러 배들이 차츰 멀리 물러

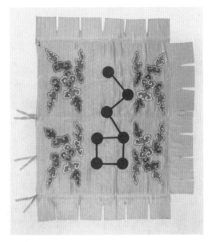

초요기 | 대장이 장수를 부를 때 사용한 지휘기. 사진은 바탕이 황색이니 중군을 부를 때 사용한 기이다. 국립고궁박물관ⓒ

나고 적선이 점차 다가와서 사세가 낭패되었을 것이다. 중군의 군령내리는 기와 초요기(招搖旗, 대장 지휘기)를 세우니 김응함의 배가 점차 내 배로 가까이 오고 거제현령 안위의 배도 왔다. 내가 뱃전에 서서 직접 안위를 불러 말하기를, "네가 억지 부리다 군법에 죽고 싶으냐?"고 하였고, 다시 불러 "안위야, 감히 군법에 죽고 싶으냐? 물러나 도망간들 살 것 같으냐?"라고 했다. 이에 안위(安衛)가 황급히 적과 교전하는 사이에 곧장 들어가니, 적장의 배와 다른 적의 두 척의 배가 안위의 배에 개미처럼 달라붙었고, 안위의 격군 7, 8명은 물에 뛰어들어 헤엄치니 거의 구할 수 없었다. 나는 배를 돌려 곧장 안위의 배 쪽으로 들어갔다. 안위의 배 위에 있는 군사들은 결사적으로 난격하고 내가 탄 배 위의 군관들도 빗발치듯 난사하여 적선 2척을 남김없이 모두 섬멸하였다. 매우 천행한 일이었다. 우리를 에워쌌던 적선 31척도 격파되니 여러 적들이 저항하지 못하고 다시는 침범해 오지 못했다. 그곳에 정박하고

---

65 김억추(1548~1618)는 김충정의 아들이다. 순창군수로서 선조를 의주까지 호종하고 수군대장을 지내어 대동강을 방어했다. 정유재란 때 전라우수사로서 이순신을 도와 잔선을 수습하여 거북선 모양으로 꾸미는 일을 했고, 명량해전에 전공을 세웠다.

당사도 | 신안군 암태면 당사리 소재하는 암태도에 딸린 섬. 이순신이 명량해전을 마친 뒤 정박한 곳이다. 사진 신안군청 ⓒ
여오을도 | 신안근 지도읍에 있는 어의도(於義島). 정유년 9월 17일 이순신이 여기에 가서 피난민들을 확인했다. 사진 신안군청 ⓒ

자 했으나 물이 빠져 배를 정박하기에 알맞지 않으므로 건너편 포구로 진을 옮겼다가 달빛 아래 다시 당사도(唐笥島)*로 옮겨 정박하여 밤을 지냈다.

17일^{을사} 맑음. 여오을도(汝吾乙島)*에 이르니, 피난민들이 무수히 와서 정박하고 있었다. 임치 첨사(홍견)는 배에 격군이 없어서 나오지 못한다고 했다.

18일^{병오} 맑음. 그대로 그곳에 머물렀다. 임치 첨사가 왔다.

19일^{정미} 맑음. 일찍 출발하여 칠산도(七山島, 영광 낙월면)를 건너는데, 바람은 약하고 하늘은 맑아서 배를 몰기에 매우 좋았다. 법성포 선창에 이르니, 적

홍룡곶 | 영광군 홍농읍 계마항. 사진은 계마항 앞바다이다. 정유년 9월 19일 이순신 홍룡곶 앞바다에서 하룻밤을 보냈다.
고군산도 | 군산시 옥도면 선유도리 소재. 정유년 9월 21일부터 10월 3일까지 이순신이 여기에 머물면서 휴식하고 명량대첩보고서를 작성하여 조정에 올렸다.

들이 벌써 침범하여 혹 인가에 불을 지르기도 하였다. 해질 무렵 홍룡곶(洪龍串)*으로 돌아가 바다 가운데서 잤다.

20일무신 맑고 바람도 순조로왔다. 배를 몰아 고참도(古參島, 부안 위도(蝟島))에 가니 피난민들이 무수히 배를 정박하고 있었다. 이광보(李光輔)도 와서 만나고 이지화(李至和) 부자도 왔다.

21일기유 맑음. 새벽에 출발하여 고군산도(古群山島)*에 가니, 호남 순찰사(박홍로)는 내가 만나러 들어왔다는 말을 듣고서 배를 타고 옥구(沃溝)로 갔다고 하였다.

22일경술 맑음.

23일신해 맑음.

24일임자 맑음.

25일계축 맑음.

26일갑인 맑음. 이날 밤에는 식은땀이 온몸을 적셨다.

27일을묘 맑음. 송한(宋漢)이 대첩(大捷)에 관한 보고문을 가지고 배를 타고 올라갔다. 정제(鄭霽)도 충청 수사

망주봉 | 선조때 망주봉 기슭에 조선 수군기지가 설치되었고, 절제사가 관하 8개 현의 해상방어를 담당했다. 이순신이 망주봉에서 북쪽을 바라보며 망궐례를 행했다는 설화가 있다.

법성포창 | 조선시대 전라도의 전세와 대동미를 거두어 서울로 운송하기 위한 창고이었다. 여기에 조선수군기지가 있었다. 사진은 법성포창의 진성이다.

(권준)에게 전령을 가지고 갔다. 몸이 매우 불편해서 밤새도록 고통스러웠다.

28일병진 맑음. 송한과 정제가 바람에 막혀 되돌아 왔다.

29일정사 맑음. 송한 등이 바람이 순하여 떠나갔다.

10월

1일무오 맑음.

2일기미 맑음. 아들 회(薈)가 가정 식구들의 생사를 알아볼 일로 올라갔다. 홀로 배 위에 앉았으니 온갖 생각이 다 떠올랐다.

3일경신 맑음. 새벽에 배를 출발하여 돌아오다가 변산(부안 변산반도)을 거쳐 곧장 법성포로 내려가니, 바람이 매우 부드럽고 따뜻하기가 봄날과 같았다. 저물어서 법성포* 선창 앞으로 갔다.

4일신유 맑음.

5일임술 맑음.

6일계해 맑고 흐리다가 간혹 눈비가 내리기도 했다.

7일갑자 흐린 구름이 걷히지 않고 비가 오다 개다 했다.

8일을축 맑음. 바람이 순해지는 것 같았다. 새벽에 …….

송사를 읽고(讀宋史)[66]

아, 슬프도다. 그 때가 어느 때인데, 강(綱)[67]은 떠나고자 했던가. 떠난다면 또 어디로 가려 했던가. 사람의 신하 된 자가 임금을 섬김에는 죽음만이 있고 다른 길은 없다[人臣事君, 有死無貳].[68] 이러한 때를 당하여 나라의 위태함은 거의 머리털 하나로 3만근을 당기는 것과 같아서, 바로 사람의 신하된 자가 몸을 던져 나라에 보답할 때이니, 떠나간다는 말은 정말 마음 속에서 싹트게 해서는 안 될 것이로다. 하물며 이를 감히 입 밖에 낼 수 있겠는가.

그러한즉 강(綱)을 위한 계책으로는 어찌해야 하겠는가. 체면을 깎고 피눈물 흘리며 충심을 드러내고 일의 형세가 이 지경에 이르러서 화친할 이유가 없음을 분명히 말할 것이다. 말한 것을 따르지 않을지라도 죽음으로써 이어 갈 것이다. 이 역시 수긍하지 않는다면 우선 그들의 계책을 따르되 자신이 그 사이에 간여하여 마음을 다해 사태를 수습하고 죽음 속에서 살 길을 구한

---

66 이순신이 《송사(宋史)》를 읽고 느낀 소감을 쓴 독후감이다.

67 강(綱)은 남송 때 고종 조구(趙構)의 신하인 이강(李綱)이다. 1126년 금인(金人)이 누차 침략하자, 이강이 유수가 되어 금과 싸워 승리했다. 이듬해 좌상이 되어 '십의(十議)'를 건의하여 항금정책을 주장했다. 그러나 이에 맞서는 화의파 황잠선, 왕백언 등의 반대로 지장을 받게 되자, 결국 떠날 것을 청했다. 이에 파직되고 그의 항금정책도 모두 폐기되었다.(《송사》본기 23권)

68 "남송의 고종이 금나라를 방문했을 때 이약수(李若水)가 따라갔는데, 금인이 고종에게 금나라 옷을 입으라고 협박하자, 약수가 대항하다가 얻어맞고 붙잡혔다. 점한령(粘罕令, 금인)이 약수에게 순종만 하면 부귀하게 해 준다고 설득했으나 그는 거절했다. 다시 그의 부하가 노부모를 뵙게 해준다고 달랬지만, 약수는 '충신사군 유사무이(忠臣事君, 有死無二)'라며 거절하였다."(《송사》〈열전 · 이약수〉편)

다면, 만에 하나라도 혹 구제할 수 있는 이치가 있을 것이다. 강(綱)의 계책이 여기에서 나오지 않고 떠나기를 구하고자 했으니, 이 어찌 사람의 신하된 자로서 몸을 던져 임금을 섬겨야 하는 도리를 저버릴 수 있겠는가.

정유일기 II
丁酉日記

이순신의 주요활동 및 그 외 주요 사건은《정유일기》I 과 같다.

《정유일기》는 이순신이 먼저 일기를 적었다가 나중에 다시 재작성
하여 두 책이므로, 이를 I·II로 나누었다.《정유일기》I 은 4월 1일
부터 10월 8일까지 적혀 있고,《정유일기》II는 8월 4일부터 12월
30일까지 적혀있다. 이로 인해 이 두 일기는 8월 4일부터 10월 8일
까지 66일간의 일기가 서로 중복되어 있다. 전서본은 이 두 일기를
합본하는 과정에서 많은 내용이 생략되었는데, 여기에서는 원본 내
용 그대로 번역하였다.

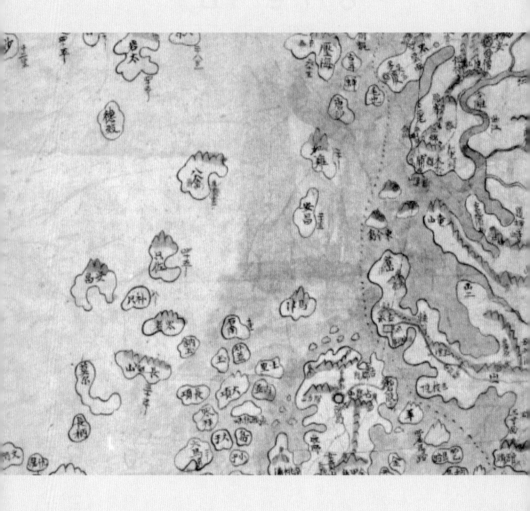

정유년 Ⅱ(속편)(1597)

8월

*4일과 5일자 일기의 훼손부분을 상당수 새롭게 복원했다.

4일 군대의 말을 보내 왔다. 아산 집에 (…) 왔다. (…) 압록원에 걸어가서 점심을 지을 때 고산 현감 최진강이 군인을 병사(兵使)에게 건네주려고 했으나 (…) 어긋나서 길을 잃고 흩어졌다고 한다. 또한 원균에게 망령됨이 많다고 말했다. 낮에 곡성현에 이르니, 민가에서 불 때는 연기가 끊어졌다. (…) 에서 잤다.

5일계해 맑음. (…) 거느리고 온 군사를 건네 줄 곳이 없어서 이제 이 압록원에 이르니, 전라 병사(이복남)가 경솔히 후퇴하는 기색이 매우 한탄스러웠다. 점심을 먹은 뒤에 곡성현에 도착하니 온 경내가 이미 비었고 말먹일 풀도 구하기 어려웠다. 여기서 그대로 잤다.

6일갑자 맑음. 아침 식사 후 길에 올라 옥과 땅에 이르니 순천과 낙안의 피난민들이 길에 가득히 쓰러져 남녀가 서로 부축하며 갔다. 그 참혹한 모습을 차마 볼 수 없었다. 그들은 울부짖고 곡하며 말하기를, "사또께서 다시 오셨으니 우리들에게 살 길이 생겼다."라고 하였다. 길 옆에 대괴정(大槐亭)*이 있기에 내려가 앉아 말을 쉬게 하였다. 순천의 군관 이기남(李奇男)이 와서 만났는데, "백성들이 장차 골짝에 굴러 죽을 것이다"고 말했다. 옥과현에 이르니

대괴정-당산나무 | 곡성군 겸면 괴정마을에 소재. 현재는 이 터에 4백여 년된 당산나무가 있다.

현감은 병을 핑계로 나오지 않았다. 정사준과 정사립이 먼저 도착하여 관아 문 앞에 와서 내가 오기를 기다리고, 조응복과 양동립도 우리 일행을 따라 왔다. 나는 현감(홍요좌)이 병을 핑계로 나오지 않기에 잡아다가 곤장을 치려 고 하였는데, 현감 홍요좌가 먼저 그 의도를 알고 급히 나왔다.

7일^{을축} 맑음. 일찍 출발하여 곧장 순천의 길로 가니 고을과 10리쯤 떨어진 길에서 왕명서를 갖고 오는 선전관 원집(元澗)을 만났다. 길 옆에 싸리나무를 꺾어 펴고 앉아서 이야기를 나누는데,[1] 병사(兵使)가 거느린 군사들이 모두 패하여 후퇴하여 갔다. 이날 닭이 울 때 송대립이 순천 등지에서 정탐하고 왔다. 석곡강정(石谷江亭)*에서 잤다.

---

1 이는 이순신이 원집과 길에 앉아서 지난 이야기를 나눈 것을 비유한 말이다. 이 내용은 초(楚)나 라 때 오거(伍擧)와 성자(聲子)가 정교(鄭郊) 땅에서 만나 길에서 싸리를 꺾어 펴고 앉아 옛이야기 를 나누었다는 고사에서 나온 말이다.(《좌전》 양공26년)

8일^{병인} 맑음. 새벽에 출발하여 곧장 부유(富有)로 들어가다가 중도에 이형립(李亨立)을 병마사에게로 보냈다. 부유에 도착하니 병사 이복남(李福男)이 이미 부하들을 시켜 불을 놓았는데, 오직 잿더미만 남아 있어서 보기에도 참혹하였다. 점심 식사 후

석곡강정 | 곡성의 강정으로 능파정이라고 한다.

에 구치(鳩峙)에 이르니 조방장 배경남, 나주 판관 원종의, 광양 현감 구덕령이 병사를 매복시킨 곳에 있었다. 저물녘 순천부에 이르니 관사의 창고 곡식은 예전처럼 남아 있으나 병기 등의 물건들은 병사(兵使)가 처리하지 않고 후퇴하여 달아났으니, 매우 놀라운 일이다. 상동(上東, 순천부 내) 땅에 들어가 사방을 돌아보니 적막하였다. 오직 승려 혜희(惠熙)만이 와서 인사하기에 그에게 승병의 임명장을 주었다. 병기 중에 장전과 편전은 군관들에게 져 나르게 하고, 총통과 운반하기 어려운 잡다한 물건들은 깊이 묻고 표를 세워두도록 했다. 그대로 웃방에서 잤다.

9일^{정묘} 일찍 출발하여 낙안군*에 이르니 관사의 창고 곡식과 병기가 모두 타 버렸다. 관리와 촌민들도 눈물 흘리며 말하지 않는 이가 없었다. 얼마 뒤 순천 부사 우치적과 김제 군수 고봉상이 산골에서 내려와서, 병사(兵使)의 잘

낙안동헌대문 | 순천시 낙안면 동내리에 소재. 우측은 낙안읍성 입구에 있는 낙안 동문이다.

못된 행태를 자세히 말하면서 하는 짓을 생각하면 패망할 것을 알만하다고 했다. 점심 식사 후에 길에 올라 십리쯤 되는 곳에 이르니 길가에 어른들이 늘어서서 다투어 술병을 바치는 데, 받지 않으면 울면서 억지로 권했다. 저녁에 보성군 조양창(兆陽倉, 보성군 조성면 우천리 고내마을)에 이르니, 사람은 한 명도 없고 창고 곡식은 예전처럼 봉해져 있었다. 군관 4명을 시켜 맡아서 지키게 하고 나는 김안도(金安道)의 집에서 잤다. 그 집주인은 이미 피난 간 상태였다.

10일무진 맑음. 몸이 몹시 불편하여 그대로 머물렀다. 배흥립도 함께 머물렀다.

11일기사 맑음. 아침에 박곡(朴谷) 양산항(梁山杭)의 집으로 옮겼다. 이집 주인도 이미 배를 타고 바다로 나갔고,[2] 곡식은 가득히 쌓여 있었다. 늦게 송희립과 최대성이 와서 만났다.

12일경오 맑음. 아침에 장계 초본을 수정했다. 늦게 거제 현령(안위)과 발포 만호(소계남)가 들어와서 명령을 들었다. 그 편에 배설의 겁내하는 기색을 들으니 더해지는 탄식을 참지 못했다. 권세 있는 가문에 아첨하여 감당 못할 자리에 함부로 올라가 나랏일을 크게 그르쳤는데도 조정은 살피지 못하고 있으니 어찌하겠는가. 보성 군수(반혼)[3]가 왔다.

13일신미 맑음. 거제 현령 안위와 발포 만호 소계남이 고하고 돌아갔다. 우후 이몽구가 전령을 받고 들어왔는데, 본영의 군기와 군량을 하나도 옮겨 싣지 않았기에 곤장 80대를 쳐서 보냈다. 하동 현감 신진(申蓁)이 와서, "3일에 장군이 떠나간 후 진주의 정개산성과 벽견산성의 군사들이 모두 패하여 흩어지고 스스로 불을 지르기까지 하였다."고 전하였다. 매우 비통한 일이다.

---

2 원균이 칠천량에서 패전한 이후 영호남의 사대부들이 바다에 배를 띄워 피난한 배가 천여 척인데, 흩어져서 여러 섬으로 갔다고 하였다.(《사호집(沙湖集)》《오사호전(吳沙湖傳)》)

3 반혼은 1597년 7월부터 보성군수로 근무하였다.《보성읍지》반혼은 무과에 급제하고 장인이 최광연(崔廣淵)이다.

이진성 | 해남군 북평면 이진리 소재. 사진은 성의 중앙부분이다.

14일일신 아침에 여러 가지의 장계 7통을 봉하는 것을 감독하고 윤선각에게
주어 올려 보냈다. 저녁에 어사 임몽정을 만날 일로 보성군에 갔다. 이날 밤
에 큰비가 내렸다. 열선루에서 잤다.

15일계유 비가 계속 내리다가 늦게 갰다. 선전관 박천봉이 왕명서를 가지고
왔는데, 8월 7일에 작성한 것이었다. 곧 바로 잘 받았다는 장계를 작성하였
다. 술을 과음하여 잠들지 못했다.

16일갑술 맑음. 선전관 박천봉이 돌아갔다. 활장이 이지(李智)와 태귀생(太貴
生)이 와서 만나고 선의(先衣)와 대남(大男)도 왔다. 김희방과 김붕만이 뒤따라
왔다.

17일을해 맑음. 이른 새벽에 길에 올라 백사정(白沙汀)에 가서 말을 쉬게 했
다. 군영구미에 가니 온 경내가 이미 무인지경이었다. 수사 배설이 내가 탈
배를 보내지 않았다. 장흥 사람들이 많은 군량을 임의대로 훔쳐 다른 곳으로
가져갔기에 잡아다가 곤장을 쳤다. 날이 벌써 저물어서 그대로 머물러 잤다.
배설이 약속을 어긴 것이 매우 한스럽다.

괘도포 | 도괘(칼괭이) 포구. 《정유일기》 | 8월 24일에는 "도괘"로 되어 있는데 같은 명칭이다. 도괘가 2개인데 사진은 우측에 있는 도괘 포구이다.

18일^{병자} 맑음. 늦은 아침에 곧장 회령포에 갔더니, 배설이 배멀미를 핑계로 나오지 않았다. 다른 장수들은 보았다.

19일^{정축} 맑음. 여러 장수들로 하여금 교서(敎書)와 유서(諭書)에 숙배하게 하였는데, 배설은 교서와 유서를 공경하여 맞지 않았다. 그 태도가 매우 놀랍기에 이방과 하급관리에게 곤장을 쳤다. 회령포 만호 민정붕은 전선에서 음식을 받아다가 위덕의 등에게 술과 음식을 사사로이 내준 까닭에 곤장 20대를 쳤다.

20일^{무인} 맑음. 포구가 좁아서 이진(梨津)* 아래 창사(倉舍, 해남 북평 남창리)로 진을 옮겼는데, 몸이 몹시 불편하여 음식도 먹지 못하고 신음하였다.

21일^{기묘} 맑음. 4경(새벽 2시경)에 곽란이 일어났다. 몸을 차게 한 것으로 생각하여 소주를 마시고 치료하려 했는데, 인사불성이 되어 거의 구하지 못할 뻔했다. 구토를 10여 차례하고 밤새도록 고통스러웠다.

22일^{경진} 맑음. 곽란으로 인사불성이 되었다. 방귀도 나오지 않았다.

23일^{신사} 맑음. 병세가 매우 위중해져 배에 머무르기가 불편하였다. 실제 전쟁터가 아니기에 배에서 내려 포구 밖에서 잤다.

24일임오 맑음. 아침에 괘도포*에 이르러 아침을 먹었다. 낮에 어란(於蘭) 앞 바다에 가니 곳곳이 이미 비어 있었다. 바다 가운데서 잤다.

25일계미 맑음. 그대로 머물렀다. 아침을 먹을 때 당포의 어부가 피난민의 소 2마리를 훔쳐 끌고 와서는 잡아먹으려고 왜적이 왔다고 허위 경보를 하였다. 나는 이미 그 사실을 알고서 배를 움직이지 않게 고정시키고, 즉시 그들을 잡아오게 했더니 과연 짐작한 대로였다. 군대의 사정이 비로소 안정되었으나 배설은 이미 도망갔다. 허위 경보한 두 사람의 목을 베어 걸게 하고 순회하여 보이게 하였다.

26일갑신 맑음. 그대로 어란의 바다에 머물렀다. 늦게 임준영이 말을 타고 와서 보고하기를, "적선이 이미 이진(梨津)에 도착했다."고 했다. 전라 우수사(김억추)가 왔다. 배의 격군과 기구가 규모를 이루지 못했으니[4] 놀랄 일이다.

27일을유 맑음. 그대로 머물렀다. 배설이 와서 만났는데, 두려워서 떠는 기색이 역력하였다. 내가 급한 목소리로, "수사는 피난 갔던 것이 아닌가?"라고 물었다.

28일병술 맑음. 묘시(오전 6시경)에 적선 8척이 뜻하지 않게 돌입하자, 아군의 여러 배들은 겁을 먹고 후퇴하려는 계획이 있는 것 같았다. 나는 동요하는 기색을 띠지 않고 호각을 불어 깃발을 휘두르며 추격하게 하니, 여러 배들은 회피하지 못하고 일시에 갈두(葛頭)까지 추격하였다. 그러나 적선이 멀리 달아났기에 끝까지 뒤쫓지 않았는데 뒤따르는 왜선이 50여 척이라고 했다. 저녁에 장도(獐島)에 진을 쳤다.

29일정해 맑음. 아침에 벽파진을 건너서 진을 쳤다.

30일무자 맑음. 그대로 벽파진에서 머물면서 정탐군을 나누어 보냈다. 늦게 배설은 적이 많이 몰려올 것을 걱정하여 도망가기 위해 배속된 여러 장수들을 소집하였다. 나는 그 속뜻을 알고 있었지만, 때가 아직 분명하게 드러나지

---

4 이루지 못했다(不成)는 새로운 해석이다.(《일기초》) 명량해전 이전에 조선 수군의 잔선을 수습하여 13척을 모으는 과정에서 이 내용을 근거하여 김억추가 전선 1척을 가져온 것으로 추정한다.

않았기에 먼저 발설하는 것은 장수가 취할 계책이 아니었다. 가만히 참고 있을 때 배설이 종을 시켜 청원서[所志]를 올리기를, "병세가 몹시 위중하여 조리를 하고자 한다."고 하였다. 내가 육지에 올라가 조리할 일로 결재해서 보냈더니, 배설은 우수영에서 육지로 올라갔다.

9월

1일기축 맑음. 나는 벽파정 위로 내려가 앉았다. 점세(占世)가 제주에서 왔는데, 소 5마리를 싣고 와서 바쳤다.

2일경인 맑음. 배설이 도주했다.

3일신묘 아침에는 맑더니 저녁에 비가 뿌렸다. 밤에는 북풍이 불었다.

4일임진 맑으나 북풍이 크게 불었다. 배가 각기 고정되지 않아 여러 배들이 겨우 보전했다.

5일계사 북풍이 크게 불었다.

6일갑오 바람이 조금 가라앉았으나 추위가 사람에게 엄습하니 격군들 때문에 매우 걱정되었다.

7일을미 맑음. 탐망하는 군관 임중형이 와서 보고하기를, "적선 55척 가운데 13척이 이미 어란(於蘭) 앞바다에 도착했는데, 그들의 뜻이 필시 우리 수군에 있다."고 하였다. 그래서 여러 장수들에게 전령하여 재삼 타이르고 경계하였다. 신시(오후 4시경)에 적선 13척이 과연 쳐들어왔는데, 우리의 여러 배들이 닻을 올려 바다로 나가 추격하자, 적선은 뱃머리를 돌려 피해 달아났다. 먼 바다 밖까지 쫓아갔지만 바람과 물결이 모두 거스르고 복병선이 있을 것을 염려하여 끝까지 쫓아가지는 않았다. 벽파정으로 돌아와서 여러 장수들을 소집하여 약속하기를, "오늘밤에는 반드시 적의 경보가 있을 것이니 모든 장수들은 각자 미리 알아서 대비할 것이요, 조금이라도 명령을 어기면 군법대로 할 것이다."라고 재삼 거듭 밝히고서 헤어졌다. 밤 2경(오후 10시경)에 왜적이 과연 쳐들어오니 야간에 경보하여 탄환을 많이 발사했다. 내가 탄 배가 곧바로 앞장서서 지자포(地字砲)를 쏘니 강산이 진동하였다. 적의 무리들도 범할 수 없음을 알고 네 번이나 나왔다가 물러났다 하면서 화포만 쏘다가 3경 말(새벽 1시경)에 아주 후퇴하여 달아났다.

8일병신 맑음. 여러 장수들을 불러 대책을 논의했다. 우수사 김억추(金億秋)는 겨우 만호에만 적합하고 장수의 임무를 맡길 수 없는데, 좌의정 김응남이 그와 친밀한 사이라고 해서 함부로 임명하여 보냈다. 그러니 조정에 사람이 있다고 할 수 있겠는가. 다만 때를 못 만난 것을 한탄할 뿐이다.

9일정유 맑음. 이날은 곧 9일(중양절)이다. 일년 중의 좋은 명절이므로 내 비록 복중의 사람이지만, 여러 장수와 병졸들에게는 음식을 먹이지 않을 수 없었다. 그래서 제주에서 나온 소 5마리를 녹도와 안골포 두 만호(萬戶)에게 주어서 장병들에게 먹이도록 분부했다. 늦게 적선 2척이 어란에서 곧장 감보도(甘甫島)로 와서 우리 수군의 많고 적음을 정탐하였다. 이에 영등포 만호 조계종이 끝까지 추격하니 적의 무리들은 당황하고 형세가 급박하자 배에 실었던 여러 가지 물품들을 모두 바다 가운데에 던져버리고 달아났다.

10일무술 맑음. 적선이 멀리 달아났다.

11일기해 흐리고 비 올 징후가 있었다. 홀로 배 위에 앉았으니 그리운 생각에 눈물이 흘렀다. 천지사이에 어찌 나와 같은 자가 있겠는가. 아들 회(薈)는 내 심정을 알고 심히 불편해하였다.

12일경자 종일 비가 뿌렸다. 배 뜸 아래에서 심회를 스스로 가눌 수가 없었다.

13일신축 맑았지만 북풍이 크게 불어서 배가 고정할 수 없었다. 꿈이 예사롭지 않으니 임진년 대첩할 때와 대략 같았다. 무슨 징조인지는 알 수 없었다.

14일임인 맑음. 북풍이 크게 불었다. 벽파정 맞은편에서 연기가 나기에 배를 보내어 싣고 오니 바로 임준영이었다. 그가 정탐한 내용을 갖고 보고하기를, "적선 2백여 척 가운데 55척이 먼저 어란 앞바다에 들어왔다."고 하였다. 또 말하기를, "붙잡혔다가 도망해 돌아온 김중걸(金仲傑)이 전하는 말에, '내가 이달 6일 달마산에서 왜적에게 붙잡혀 묶인 채로 왜선에 실렸는데 다행히 임진년에 포로가 된 김해사람을 만나 왜장에게 청하여 결박을 풀고 함께 배를 탔다.'고 합니다." 한밤중에 왜놈들이 깊이 잠들었을 때 김해사람이 귀에 대고 몰래 이야기하기를, "왜놈들이 모여서 의논하기를, '조선 수군 10여 척이 우리 배를 쫓아와 혹 사살하고 배를 불태웠으니 매우 애통하고 분한 일이다. 각처의 배를 불러 모아 합세해서 모두 섬멸해야 한다. 그후 곧장 서울로 올라가자.'고 했다."는 것이다. 이 말이 비록 모두 믿을 수는 없으나 그럴 리가 없는 것도 아니기에 곧바로 전령선을 보내어 피난민들을 타일러 급히 육지로 올라가도록 하였다.

15일계묘 맑음. 조수(潮水)를 타고 여러 장수들을 거느리고 우수영 앞바다로 진을 옮겼다. 벽파정 뒤에 명량(鳴梁)이 있는데 수가 적은 수군이 명량을 등지고 진을 칠 수 없기 때문이다. 여러 장수들을 불러 모아 약속하기를, "병법에 이르기를 '반드시 죽고자 하면 살고 반드시 살고자 하면 죽는다[必死則生, 必生則死.]'⁵고 하였고, 또 '한 사나이가 길목을 지키면 천 명도 두렵게 할 수 있다[一夫當逕, 足懼千夫.]'⁶고 했는데, 이는 오늘의 우리를 두고 이른 말이다. 너희 여러 장수들이 조금이라도 명령을 어김이 있다면, 즉시 군율을 적용하여 조금도 용서하지 않을 것이다."라고 하고 재삼 엄중히 약속했다. 이날 밤

---

5 전국시대 오기(吳起)의 《오자》〈치병〉에서 인용한 글이다. "무릇 병사가 싸움을 벌인 곳과 시체가 널린 곳에서는 반드시 죽으려하면 살고 살기를 바라면 죽는다" 《오자》 내용 중의 "행(幸)"자가 여기서는 "필(必)"자로 되어 있다.

6 《오자》〈여사〉에서 인용한 글이다. 무후(武侯)가 형벌과 상(賞)에 대해 묻자, 오기가 답하였다. "임금께서 병사 5만으로 신의 군사를 이기지 못하면 제후에게 웃음거리가 되고 권력을 잃을 것이지만, 이제 죽게 될 병사 한 명을 넓은 들에 잠복시킨다면 뒤쫓는 천명의 군사도 매우 두려워 할 것입니다. 그것은 갑자기 뛰쳐나와 자기를 해칠까봐 그런 것입니다. 그러므로 한 사람이 목숨을 던지면 천명도 두렵게 할 수가 있습니다(一人投命 足懼千夫)."

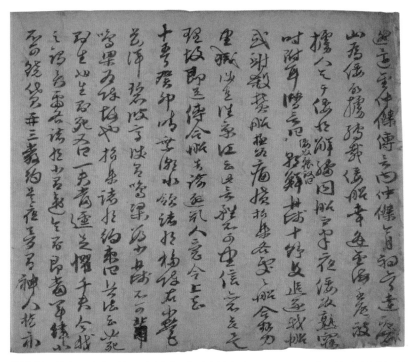

꿈에 어떤 신인(神人)[7]이 가르쳐 주기를 "이렇게 하면 크게 이기고, 이렇게 하면 지게 된다."고 하였다.

16일갑진 맑음. 이른 아침에 별망군(別望軍, 임시의 망군)이 와서 보고하기를, "적선들이 헤아릴 수 없을 정도로 많이 명량(鳴梁)을 거쳐 곧장 진을 친 곳(양도 부근)을 향해 온다."고 했다. 곧바로 여러 배에 명령하여 닻을 올리고 바다로 나가게 하니, 적선 130여척이 우리의 여러 배들을 에워쌌다. 여러 장수들은 스스로 적은 군사로 많은 적을 대하는 형세임을 알고 회피할 꾀만 내고 있었다. 우수사 김억추(金億秋)가 탄 배는 이미 2마장(馬場)(약 4km) 밖에 있었

7 신인은 양생하여 득도한 신선을 말한다. 《사기》〈봉선서〉에, "배를 더욱 늘려서 띄우고는 바다 가운데 신선이 사는 산이 있다고 말한 자 수 천명에게 봉래산의 신인을 찾으라고 명했다."고 한다.

다. 나는 노를 재촉해서 앞으로 돌진하여 지자(地字), 현자(玄字) 등의 각종 총통을 이리저리 쏘니, 탄환이 나가는 것이 바람과 우레 같았다. 군관들은 배 위에 빽빽이 들어서서 빗발처럼 난사하니, 적의 무리가 저항하지 못하고 나왔다 물러갔다 했다. 그러나 적에게 몇 겹으로 포위되어 형세가 장차 어찌 될지 헤아릴 수 없으니, 온 배안에 있는 사람들은 서로 돌아보며 얼굴빛이 질려있었다. 나는 부드럽게 타이르기를, "적선이 비록 많아도 우리 배를 바로 침범하기가 어려울 것이니 조금도 마음 흔들리지 말고 더욱 심력을 다해서 적을 쏘라."고 하였다. 여러 장수들의 배를 돌아보니 먼 바다로 물러가 있고, 배를 돌려 군령을 내리려하니 여러 적들이 물러간 것을 이용해 공격할 것 같아서 나가지도 물러나지도 못하는 상황이었다. 호각을 불게하고 중군에게 명령하는 깃발을 세우고 또 초요기(招搖旗, 대장기)를 세웠더니, 중군장 미조항 첨사 김응함의 배가 점점 내 배에 가까이 왔는데, 거제현령 안위(安衛)의 배가 먼저 도착했다. 나는 배 위에 서서 직접 안위를 부르며 말하기를, "안위야, 군법에 죽고 싶으냐? 안위야, 군법에 죽고 싶으냐? 도망간들 어디 가서 살 것이냐?"라고 말하였다. 그러자 안위도 황급히 적선 속으로 돌진하여 들어갔다. 또 김응함을 불러서 말하기를, "너는 중군장이 되어서 멀리 피하고 대장을 구하지 않으니, 그 죄를 어찌 피할 것이냐? 당장 처형하고 싶지만 적의 형세가 또한 급하니 우선 공을 세우게 해주겠다."라고 하였다. 두 배가 먼저 교전하고 있을 때 적장이 탄 배가 그 휘하의 배 2척에 지령하니, 일시에 안위의 배에 개미처럼 달라붙어서 기어가며 다투어 올라갔다.[8] 이에 안위와 그 배에 탄 군사들이 각기 죽을힘을 다해서 혹은 능장(稜杖)*을 잡고 혹은 긴 창을 잡고 혹은 수마석(水磨石, 반들거린 돌) 덩어리를 무수히 난격하였

---

8 일본부대는 먼 바닷길을 빠르게 건너와 조선을 침투하기 위해 쾌속선인 세키부네(關船)를 전투선으로 사용했다. 세키부네에 승선한 왜군들은 조선의 판옥선에 올라가서 교전하는 등선백병전을 주로 사용한 반면, 조선 수군은 일본보다 무기력이 우세했기 때문에 포격전술을 주로 사용하였다. 세키부네는 선체가 판옥선보다 작고 낮으며 일본군이 주로 조총을 사용했기 때문에 간혹 소형 대포 1개를 탑재했다.

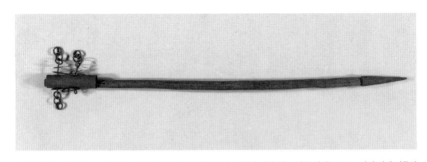

능장 | 밤에 순찰할 때나 전쟁할 때 사용한 휴대용 나무방망이다. 나무가 각이 지고 나무 길이는 150㎝인데 위에 쇠두껍을 덮고 두세 개의 비녀장을 꽂고 양쪽에 쇳조각을 삽입하였다. 사진 국립중앙박물관 ⓒ

다. 배 위의 군사들이 거의 힘이 다하자, 내 배가 뱃머리를 돌려 곧장 쳐들어가서 빗발치듯 난사하였다. 적선 3척이 거의 뒤집혔을 때 녹도 만호 송여종과 평산포의 대장(代將, 대행하는 장수) 정응두(丁應斗)의 배가 잇달아 와서 협력하여 사살하니 왜적이 한 놈도 살아남지 못했다. 항복한 왜인 준사(俊沙)는 안골에 있는 적진에서 투항해온 자인데, 내 배 위에 있다가 바다를 굽어보며 말하기를, "무늬 놓은 붉은 비단옷 입은 자가 바로 안골진에 있던 적장 마다시(馬多時)입니다."라고 말했다. 나는 선상요원[無上] 김돌손(金乭孫)을 시켜 갈구리로 낚아 뱃머리에 올리게 하니, 준사(俊沙)가 날뛰면서 "이 자가 마다시입니다."라고 말하였다. 그래서 바로 시체를 토막을 내게 하니, 적의 기세가 크게 꺾였다. 아군의 여러 배들은 적이 침범하지 못할 것을 알고 일시에 북을 치고 함성을 지르며 일제히 나아가 각기 지자(地字)와 현자(玄字) 총통을 발사하니 소리가 산천을 진동하였고, 화살을 빗발처럼 쏘아 적선 31척을 격파하자 적선들은 후퇴하여서 다시는 가까이 오지 못했다. 우리의 수군이 싸움하던 바다에 정박하기를 원했지만 물살이 매우 험하고 바람도 역풍으로 불며 형세 또한 외롭고 위태로워 당사도(唐筍島)로 옮겨 정박하고 밤을 지냈다. 이번 일은 실로 천행(天幸)한 일이었다.

17일을사 맑음. 어외도(於外島, 신안 지도읍 어의도(於義島))에 이르니 피난선이

임환(1561~1608) 묘소 | 김천일의 종사관으로서 정유재란 때 이순신이 보화도에서 식량이 없을 때 자기 집의 곡식 수백 석을 바쳤다. 전라 의병장으로서 그가 이끈 부대를 '진사군(進士軍)'이라 불렀고 왜교성전투 때 유정부대와 연합하여 참전했다.

무려 3백여 척이 먼저 도착해 있었다.[9] 나주 진사 임선(林愃), 임환(林懽)*, 임업(林㸁) 등이 와서 만났다. 우리 수군이 크게 승첩한 것을 알고 서로 다투어 치하하고 또 많은 양식을 가져와 관군에게 주었다.

18일^{병오} 맑음. 그대로 어외도에 머물렀다. 내 배에 탔던 순천 감목관 김탁(金卓)과 진영의 종 계생(戒生)이 탄환에 맞아 죽었다. 박영남과 봉학(奉鶴) 및 강진 현감 이극신(李克新)도 탄환을 맞았으나 중상에 이르지는 않았다.

19일^{정미} 맑음. 일찍 출발하여 배를 몰았다. 바람이 약하고 물살도 순하여 무사히 칠산도(七山島) 바다를 건넜다. 저녁에 법성포로 가니, 흉악한 적들은 육지를 통해 들어와서 인가와 창고에 불을 질렀다. 해가 질 무렵 홍농(弘農, 영광 홍농읍) 앞으로 가서 배를 정박시키고 잤다.

---

9 이때 바다 날씨가 한창 추웠는데 이순신이 피란선 몇 백 척이 온 것을 보고 그들에게 양식과 옷을 군사들에게 보급하도록 하였다. 그리고 그 피란선들을 조선 수군이 있는 후방의 바다쪽에 배치시킴으로써 조선이 성대해 보이게 하는 위장 전술을 펴기도 했다.《행록》

20일^{무신} 맑음. 새벽에 출항하여 곧장 위도(蝟島)에 이르니, 피난선이 많이 정박해 있었다. 황득중과 종 금이(金伊) 등을 보내어 종 윤금(允金)을 찾아 잡아오게 했더니, 과연 위도 밖에 있기에 묶어다가 배에 실었다. 이광축과 이광보가 와서 만났고, 이지화 부자도 왔다. 날이 저물어 그곳에서 잤다.

21일^{기유} 맑음. 일찍 출발하여 고군산도에 도착했다. 호남 순찰사(박홍로)가 "내가 왔다는 소식을 듣고 배를 타고 급히 옥구로 향했다."고 하였다. 늦게 거센 바람이 크게 불었다.

22일^{경술} 맑으나 북풍이 크게 불었다. 그대로 머물렀다. 나주목사 배응경과 무장 현감 이람(李覽)[10]이 와서 만났다.

23일^{신해} 맑음. 승첩에 대한 장계 초본[11]을 수정했다. 정희열(丁希悅)이 와서 만났다.

24일^{임자} 맑음. 몸이 불편하여 신음했다. 김홍원(金弘遠)이 와서 만났다.

25일^{계축} 맑음. 이날 밤은 몸이 몹시 불편하고 식은땀이 온 몸을 적셨다.

26일^{갑인} 맑음. 몸이 불편하여 종일 나가지 않았다.

27일^{을묘} 맑음. 송한(宋漢), 김국(金國), 배세춘(裵世春) 등이 승첩에 대한 장계를 가지고 뱃길로 올라갔다. 정제(鄭霽)는 충청 수사(권준)에게 갈 부찰사(한효순)의 공문을 가지고 함께 갔다.

28일^{병진} 맑음. 송한과 정제가 바람에 막혀 되돌아 왔다.

29일^{정사} 맑음. 장계와 정 판관(정제)이 다시 올라갔다.

---

10 이람(1550~?)은 1591년 별시 병과에 합격했다. 임진왜란 때 무장현감을 지냈다.《무장읍》〈관안〉을 보면 "1596년 2월에 현감으로 와서 무술년에 갔다."고 하였다.

11 이날 이순신이 명량대첩에 대해 보고서를 올렸다. "한산도가 무너진 이후 병선과 병기가 거의 다 유실되었습니다. 신이 김억추 등과 전선 13척, 초탐선 32척을 수습하여 해남현 해로의 중요한 입구를 차단했는데, 적의 전선 1백 30여 척이 이진포로 들어오기에 신이 김억추, 조방장 배흥립, 거제 현령 안위 등과 함께 진도 벽파정 앞바다에서 적을 맞아 죽음을 무릅쓰고 힘껏 싸웠습니다.(…)"《선조실록》11월 10일자)

10월

1일^{무오} 맑음. 아들 회(薈)를 보내서 제 어머니도 보고 여러 집안 사람의 생사도 알아오도록 하였다. 마음이 몹시 초조하여 편지를 쓸 수 없었다. 병조(兵曹)의 역참의 일을 보는 이가 공문을 가지고 내려 왔는데, "아산의 고향집이 이미 분탕을 당하고 잿더미가 되어 남은 것이 없다."고 전하였다.

2일^{기미} 맑음. 아들 회가 배를 타고 올라갔는데 잘 갔는지 알 수가 없다. 내 마음을 말로 다할 수 있겠는가.

3일^{경신} 맑음. 새벽에 배를 출발하여 법성포에 돌아왔다.

4일^{신유} 맑음. 여기서 유숙했다. 임선(林愃)과 임업(林㦪)이 붙잡혔다가 적에게 빌어 임치(臨淄)로 돌아와서 편지를 보내왔다.

5일^{임술} 맑음. 그대로 머물게 되어 마을 집으로 내려가 잤다.

6일^{계해} 흐리고 가끔 비가 뿌렸다. 진눈깨비가 내렸다.

7일^{갑자} 바람이 순하지 않고 비가 오다가 개다 했다. 소문에 호남의 안팎에 적선들이 완전히 없어졌다고 한다.

8일^{을축} 맑고 바람도 약했다. 배를 출발하여 어외도에 가서 잤다.

9일^{병인} 맑음. 일찍 출발하여 우수영*에 가니, 성 안팎에 인가가 하나도 없고, 또한 사람의 자취도 없어서 보기에 참혹하였다. 저녁에 해남의 흉악한 적들이 머물러 진을 쳤다.[12]는 소문을 들었다. 초저녁에 김종려(金宗麗), 정조(鄭詔), 백진남(白振南)[13] 등이 와서 만났다.

10일^{정묘} 4경(새벽 2시경)에 비가 뿌리고 북풍이 크게 불어 배가 다닐 수 없

---

12 시마즈 요시히로(島津義弘)가 해남에 게시문을 세우고 "조선의 농민이 촌으로 돌아와 거주하고 농경에 힘쓰게 할 것이라."고 관원을 시켜 호소했다고 하였다.《도진가문서(島津家文書)》

13 백진남(1564~)은 백광훈의 아들이다. 선조를 의주까지 호종하고 격문을 지어 의병을 모집했다. 정유재란 때 수천석의 곡식으로 이순신을 도왔다. 명량해전 때 정운희, 김성원, 마하수, 문영개 등과 함께 피란선을 동원하여 조선수군의 후방을 지원했다.

전라우수영 | 해남군 문내면에 소재. 우수영이 훼손되어 현재 일부 성벽이 남아 있다. 사진은 해남연해부근에 남은 우수영 성벽이다.

어 그대로 머물렀다. 2경(밤 10시경)에 중군장 김응함이 와서, "해남에 있던 적들이 달아나 후퇴하는 모습이 많았다."[14]고 전했다. 이희급(李希伋)의 부친이 적에게 붙잡혔다가 빌고서 풀려났다고 한다. 마음이 불편하여 앉았다 누웠다 하다가 새벽이 되었다. 우우후 이정충이 배에 왔으나 만나지 않은 것은 바깥 섬에 도망가 있었기 때문이다.

11일무진 맑음. 4경(새벽 2시경)에 바람이 그치는 것 같기에 첫 나팔을 불고 닻을 올렸다. 바다 가운데로 가서 정탐인 이순(李順), 박담동(朴淡同), 박수환(朴守還), 태귀생(太貴生)을 해남으로 보냈다. 해남에는 연기가 하늘에 가득했

14 1597년 10월 10일 시마즈(島津)의 형세는 해남의 근처 과도(鍋島)에 진을 치고 강진의 진영과 교체했다고 한다.《면고연장방 고려일기》

안편도 | 발음도라고도 하는데, 밤이면 물의 용솟음치는 소리가 들리기 때문에 붙여진 이름이다. 이곳은 지형상황을 볼 때 안좌도로 추정된다. 사진 신안군청 ©

월출산 | 영암군 영암읍 일대. 안좌도에서 동쪽을 바라보면 나주와 영암으로 이어지는 월출산맥과 이어진다. 사진은 월출산의 천황봉을 찍은 것이다.

비금도 | 신안군 비금면에 소재하는 안좌도 왼쪽에 있는 섬이다. 사진 신안군청 ©

다고 하니, 이는 필시 적의 무리들이 달아나면서 불을 지른 것이다. 낮에 안편도(安便島)*에 가니, 바람이 순하고 날씨도 화창했다. 육지에 올라가 정상의 산봉우리에서 배를 감출 곳을 살펴보니, 동쪽 전망에는 앞에 섬이 있어서 멀리 바라볼 수 없으나 북쪽으로는 나주와 영암의 월출산*에 통하였고, 서쪽으로는 비금도(飛禽島)*에 통하여 시야가 훤하게 트였다. 조금 있으니 중군장(김응함)과 우치적이 올라오고, 조효남(趙孝南), 안위, 우수(禹壽)가 잇따라 왔다. 날이 저물어 산봉우리에서 내려와 언덕에 앉았으니, 조계종이 와서 왜적들의 형편을 말하고, 또 왜적들이 우리 수군을 몹시 꺼린다고 했다. 이희급의 부친이 와서 인사하고 또 적에게 사로잡혔던 상황을 전하는데, 비통한 심정을 참을 수가 없었다. 저녁에는 온화한 기운이 봄과 같아 아지랑이가 허공에 나부끼고 비 올 징후가 많았다. 초경(밤 8시경)에 달빛이 비단결 같아 홀로 배의 창가에 앉았으니 온갖 생각이 다 떠올랐다. 2경(밤 10시경)에 식은땀이 몸을 적셨다. 3경(자정 경)에 비가 왔다. 이 날 전라우수사(김억추)가 군량선을 부리는 하인들에게 무릎을 심하게 때렸다고 한다. 놀라운 일이다.

12일기사 비가 계속 내리다가 미시 초(오후 1시경)에 맑게 갰다. 아침에 우수사(김억추)가 와서 하인의 무릎을 때린 잘못에 대해 사과하였다. 가리포 첨사(이응표)와 장흥 부사(전봉) 등 여러 장수들이 와서 인사하고 종일 이야기했다. 정탐선이 나흘이 지나도 오지 않은 것이 걱정이 되었다. 흉악한 적들이 멀리 달아나 그 뒤를 쫓아가서 돌아오지 않는 것으로 생각된다. 그대로 발음도(發音島, 안좌도)에 머물렀다.

13일경오 맑음. 아침에 배조방장(배흥립)과 경상 우후(이의득)가 와서 만났다. 조금 있으니, 정탐선이 임준영을 싣고 왔다. 그 편에 적의 기별을 들으니, "해남에 들어와 웅거한 적들이 10일에 우리 수군이 내려오는 것을 보고 11일에 빠짐없이 달아났는데, 해남의 향리 송언봉(宋彦逢)과 신용(愼容) 등이 적진으로 들어가서 왜놈을 꼬드기어 그 곳의 선비들을 많이 죽였다."고 하였다. 애통하고 분함을 참지 못했다. 곧바로 순천 부사 우치적, 금갑도 만호 이정표, 제포 만호 주의수(朱義壽), 당포 만호 안이명(安以命), 조라포 만호 정공청(鄭公淸) 및 군관 임계형(林季亨), 정상명, 봉좌(逢佐)15, 태귀생, 박수환(朴壽還) 등을 해남으로 보냈다. 늦게 언덕의 자리 위로 내려가 앉아 배흥립과 장흥 부사 전봉(田鳳) 등과 함께 이야기했다. 이날 우수영 우우후 이정충이 뒤로 처졌던 죄를 처벌했다. 우수사의 군관 배영수가 와서 고하기를, "수사의 부친이 바깥 바다로부터 살아 돌아왔다."고 하였다. 이날 새벽꿈에 우의정(이원

---

15 봉좌는 정유재란 때 군관으로서 임계형과 정상명, 우치적 등의 장수들과 합세하여 해남에 주둔한 왜적들을 공격하여 머리 13급을 베어 가지고 왔다.

이면 묘소 | 현충사내 소재. 이순신의 셋째 아들. 이면(李葂)의 처음 이름은 염(苒)이고, 후에 면으로 고쳤다. 말타기와 활쏘기를 잘했고 이순신을 가장 많이 닮아서 이순신이 가장 아낀 아들이다. 명량해전 직후에 모친을 모시고 아산집에 가 있었는데, 마을에서 분탕하는 왜적을 공격하다가 길에서 21세의 나이로 복병의 칼을 맞고 죽었다.

익)을 만나 조용히 이야기했다. 낮에 선전관 4명이 법성포에 내려왔다는 말을 들었다. 저녁에 중군 김응함(金應諴)을 통해 들으니, "섬 안에 모르는 어떤 사람이 산골에 숨어서 소와 말을 도살한다."고 하므로, 황득중과 오수 등을 보내어 찾아내게 하였다. 이날 밤 달빛은 비단결 같고 잔바람도 일지 않는데 홀로 뱃전에 앉았으니 마음이 편치 않았다. 뒤척거리며 앉았다 누웠다 하면서 밤새도록 잠들지 못하고 하늘을 우러러 탄식만 더할 뿐이다.

14일^{신미} 맑음. 4경(새벽 4시경)에 꿈을 꾸니 내가 말을 타고 언덕 위로 가다가 말이 발을 헛디뎌 냇물 가운데로 떨어졌으나 거꾸러지지는 않았다. 막내 아들 면(葂)*을 붙잡고 안은 형상이 있는 듯하다가 깨었다. 이것은 무슨 징조인지 모르겠다. 늦게 조방장 배흥립과 우후 이의득이 와서 만났다. 배 조방장의 종이 영남에서 와서 적의 형세를 전했다. 황득중 등이 와서 고하기를 "내수사(內需司)의 종 강막지(姜莫只)라는 자가 소를 많이 기르기 때문에 왜놈들이 12마리를 끌고 갔다."고 했다. 저녁에 어떤 사람이 천안에서 와서 집안 편지를 전하는데, 아직 봉함을 열기도 전에 뼈와 살이 먼저 떨리고 마음이 조급해지고 어지러웠다. 대충 겉봉을 펴서 열(葆)이 쓴 글씨를 보니, 겉면에 '통곡(慟哭)' 두 글자가 씌어 있었다. 마음으로 면(葂)이 전사했음을 알게 되어 나도 모르게 간담이 떨어져 목 놓아 통곡하였다. 하늘이 어찌 이처럼 인자하지 못한 것인가. 간담이 타고 찢어지는 듯하다. 내가 죽고 네가 사는 것이 당연한 이치이거늘, 네가 죽고 내가 살았으니, 어찌하여 이치에 어긋난 것인가. 천지가 어둡고 밝은 해조차도 빛이 바랬구나. 슬프다. 내 아들아! 나를 버리고 어디로 간 것이냐. 영특한 기질이 남달라서 하늘이 세상에 남겨 두지 않는 것인가. 내가 지은 죄 때문에 화가 네 몸에 미친 것이냐. 이제 내가 세상에서 끝내 누구를 의지할 것인가. 너를 따라 죽어 지하에서 함께 지내고 함께 울고 싶건만, 네 형, 네 누이, 네 어미도 역시 의지할 곳이 없어 아직은 참고 연명한다마는 마음이 죽고 형상만 남은 채 부르짖어 통곡할 따름이다. 하룻밤 지내기가 일 년 같다. 이날 2경(오후 10시경)에 비가 내렸다.

15일일신 비바람이 종일 불었다. 누웠다 앉았다 하면서 하루 내내 뒤척거렸다. 여러 장수들이 와서 문안하지만 어찌 얼굴을 들 수 있으랴. 임홍(林葒), 임중형(林仲亨), 박신(朴信)[16] 등이 왜적의 정세를 살피려고 작은 배를 타고 흥양과 순천 앞 바다로 나갔다.

16일계유 맑음. 우수사(김억추)와 미조항 첨사(김응함)를 해남으로 보냈다. 해남 현감(유형)도 보냈다. 나는 내일이 막내 아들의 죽음을 들은 지 나흘째가 되는 날인데 마음대로 통곡하지도 못했다. 소금 굽는 사람 강막지(姜莫只)의 집으로 갔다. 2경(오후 10시경)에 순천 부사(우치적), 우후 이정충, 금갑도 만호(이정표), 제포 첨사(주의수) 등이 해남에서 돌아왔는데, 왜적의 머리 13급과

---

16 박신은 김천일의 휘하로서 진주에 가서 전공을 세웠다. 그 후 진주성이 다시 함락되자 의병을 모아 이순신에게 가서 많은 왜적을 참살하였다. 정유년 사천에서 아우 박의(朴儀)를 데리고 기효근, 이광좌와 함께 왜적과 싸우다가 형제가 진중에서 전사하였다.

남도포석성 | 진도군 임회면 남동리에 소재하는 석성. 남해에서 서해로 가는 요새지에 있음. 조선초기 왜구를 막기 위해 축조했고 수군만호가 근무하여 남도포수군만호진성이라고 한다.

투항해 들어갔던 송원봉(宋元鳳) 등의 머리를 베어가지고 왔다.

17일^{갑술} 맑으나 종일 바람이 크게 불었다. 새벽에 향을 피우고 곡을 하는데, 하얀 띠를 착용하고 있으니, 비통함을 어찌 견딜 수 있으랴. 우수사가 와서 만났다.

18일^{을해} 맑음. 바람이 그치는 것 같았다. 우수사는 배를 부릴 수 없어 바깥 바다에서 잤다. 강막지가 와서 알현하고 임계형과 임준영도 와서 알현하였다. 삼경 초(밤 11시경)에 꿈을 꾸었다.

19일^{병자} 맑음. 새벽꿈에 고향집의 종 진(辰)이 내려왔는데 내 죽은 아들이 생각나서 통곡을 하였다. 늦게 조방장과 경상우후가 와서 만났다. 백 진사(백 진남)가 와서 만나고 임계형이 와서 알현했다. 김신웅(金信雄)의 아내, 이인세 (李仁世), 정억부(鄭億夫)를 붙잡아 왔다. 거제 현령(안위), 안골포 만호(우수), 녹도 만호(송여종), 웅천 현감(김충민), 제포 첨사(주의득), 조라포 만호(정공청), 당포 만호(안이명), 전라 우우후(이정충)가 보러 왔는데, 적을 잡았다는 공문을 가져와서 바쳤다. 윤건(尹健) 등의 형제가 왜적에게 붙었던 사람 두 명을 붙잡아 왔다. 어두울 무렵 코피가 한 되 남짓 흘렀다. 밤에 앉아 생각하느라 눈물이 났다. 어찌 말로 다하리요. 금세에 죽은 혼령이 되었으니 끝내 불효가 이 지경에 이르게 된 것을 어찌 알랴. 비통한 마음은 꺾이고 찢어지는 듯하여 억누르기 어렵다.

20일정축 맑고 바람도 잤다. 이른 아침에 미조항 첨사(김응함), 해남 현감(유형), 강진 현감(이극신)이 해남현의 군량을 수송하기 위해 돌아간다고 보고하고, 안골포만호 우수(禹壽)도 돌아간다고 보고하였다. 늦게 김종려(金宗麗), 정수(鄭遂), 백진남이 보러 와서 윤지눌(尹志訥)의 잘못된 행태를 말하였다. 김종려를 소음도(所音島, 발음도) 등 13개 섬의 소금 굽는 곳의 염전감독관으로 정하여 보냈다. 군영에 속한 사화(士化)의 모친이 배 안에서 죽었다고 하기에 바로 매장하도록 군관에게 분부하였다. 남도포(강응표)*와 여도(김인영)의 두 만호가 와서 알현하고 돌아갔다.

21일무인 4경(새벽 4시경)에 비가 오다 눈이 오다 했다. 바람이 몹시 차가워 뱃사람들이 추워서 얼지 않을까 걱정이 되어 마음이 안정되지 않았다. 진시(아침 8시경)에 눈보라가 크게 일었다. 정상명이 와서 보고하기를, "무안현감 남언상(南彦祥)이 들어 왔다."고 했다. 언상은 원래 수군에 속한 관리로서 자신을 보전하려는 계책을 세우고자 하여 수군에 오지 않고 몸을 산골에 숨겼다. 이미 한 달을 넘기고 적이 물러간 뒤에야 중벌을 받을까 두려워 비로소 나타났다. 그의 행태가 매우 놀랍다. 늦게 가리포 첨사(이응표) 및 배 조방장(배경남)과 경상 우우후(이의득)가 와서 인사했다. 종일 눈보라가 쳤다. 장흥 부사(전봉)가 와서 잤다.

22일기묘 아침에 눈이 오고 늦게 갰다. 상흥 부사와 함께 식사를 했다. 오후에 군기시(軍器寺, 무기관리 관청) 직장(종7품) 선기룡(宣起龍) 등 3명이 왕명서와 의정부의 공고문을 가지고 왔다. 해남 현감(유형)이 적에게 붙었던 윤해

황원 | 해남군 황산면과 화원면 일대. 《신증동국여지승람》〈해남현〉조에, "황원의 폐현이 해남현의 서쪽 15리에 있다. 후에 해남현에 속하고 목장이 있다."고 하였다. 여기에 있는 목장이 황원목장이다. 평야가 누렇고 넓다.

(尹海)와 김언경(金彦京)을 결박하여 올려 보냈기에 나장(羅將)이 있는 곳에다 굳게 가두어 두도록 하였다. 무안 현감 남언상은 가리포의 전선에 가두었다. 우수사가 황원(黃原)*에서 와서 김득남(金得男)을 처형했다고 하였다. 진사 백진남이 와서 만나고 돌아갔다.

23일경진 맑음. 늦게 김종려와 정수가 와서 만났다. 배조방장(배경남)과 우후(이의득), 우수사 우후(이정충)도 왔다. 적량과 영등포 만호가 잇따라 왔다가 저녁에 돌아갔다. 이날 낮에 윤해와 김언경을 처형했다. 대장장이 허막동(許莫同)을 나주로 보내려고 초경(밤 8시경)에 종을 시켜 불렀더니 배가 아프다고 했다. 싸움말의 떨어진 말굽에 편자를 박았다.

24일신사 맑음. 해남에 있던 왜군의 식량 322섬을 실어왔다. 초경에 선전관 하응서(河應瑞)가 왕명서를 가지고 들어왔는데, 그것은 우후 이몽구를 처형할 일에 관한 것이다. 그 편에 들으니, "명나라 수군이 강화도에 도착했다"고 한다. 2경(밤 10시경)에 땀이 나서 등을 적셨는데 삼경 말(새벽 1시경)에 그쳤다. 사경 말(새벽 3시경)에 또 선전관과 의금부 도사가 왔다고 한다. 날이 밝았을 때 들어오니, 선전관은 권길(權吉)이고, 의금부 도사는 훈련원 주부 홍지수(洪之壽)이었다. 무안 현감(남언상), 목포 만호(방수경), 다경포 만호(윤승남)를 잡아 갈 일로 여기에 온 것이다.

25일임오 맑음. 몸이 몹시 불편했다. 윤련(尹連)이 부안(扶安)에서 왔다. 종 순화(順花)가 아산에서 배를 타고 와서 집안의 편지를 받아 보고 마음이 불편하여 뒤척거리며 혼자 앉아 있었다. 초경(밤 8시경)에 선전관 박희무(朴希茂)가 왕명서를 가지고 왔는데, "명나라의 수군이 배를 정박하기에 적합한 곳을 파악하여 급히 보고하라."는 것이다. 양희우(梁希雨)가 장계를 가지고 서울로 올라갔다가 되돌아왔다. 충청 우후(원유남)가 편지를 보내고 또 홍시 백 개를 보내 왔다.

26일계미 새벽에 비가 뿌렸다. 조방장(배경남) 등이 와서 만났다. 김종려, 백진남, 정수 등이 와서 만났다. 이날 밤 이경에 식은땀이 몸을 적셨는데, 온돌이 너무 더웠기 때문이다.

27일갑신 맑음. 영광 군수(전협)의 아들 전득우(田得雨)가 군관으로서 인사하러 왔는데, 바로 그를 부친이 있는 곳으로 돌려보냈다. 그가 홍시 백 개를 가지고 왔다. 밤에 비가 뿌렸다.

28일을유 맑음. 아침에 여러 가지 보고서를 봉하는 것을 감독하여 피은세(皮銀世)에게 주어서 보냈다. 늦게 강막지(姜莫只)의 집에서 나와 지휘선으로 옮겨 탔다. 저녁에 소금 굽는 곳의 도서원(都書員)[17] 걸산(巨叱山)이 큰사슴을 잡아 바치기에 군관들에게 주어 나누어 먹게 했다. 이날 밤에는 잔바람도 일지 않았다.

29일병술 맑음. 4경(새벽 4시경)에 첫 나팔을 불고 배를 출발하여 목포로 향하

---

17 도서원은 중앙이나 지방관아에서 행정실무를 맡은 서원들의 우두머리이다. 지방의 서원은 주로 세금 징수업무를 맡았다.

보화도 | 목포시 달동 고하에 있는 고하도(高下島)인데, 이순신이 명량대첩을 이룬 뒤 이곳을 진영으로 삼았다.
모충각 | 정유재란 때 이순신이 군량을 비축하여 군영을 정비한 공을 기념하기 위해 세운 비각이다. 이 안에 있는 비석은
"고하도유허기사비"이고, 고하도로 진영을 옮긴 내용 등을 기록했다.

는데, 이미 비와 우박이 섞여 내리고 동풍이 약간 불었다. 목포에 갔다가 보
화도(寶花島)*로 옮겨 정박하니, 서북풍을 막을 것 같고 배를 감추기에 매우
적합했다. 그래서 육지에 올라 섬 안을 돌아보니, 형세를 이룬 곳이 매우 많
으므로 진을 치고 집 지을 계획을 세우고자 했다.

30일정해 맑으나 동풍이 불고 비올 징조가 많았다. 아침에 집 지을 곳에 내
려가 앉았으니, 여러 장수들이 와서 인사했다. 해남 현감(유형)도 와서 적에
게 붙었던 자들이 한 행위를 전했다. 일찍 황득중을 시켜 목수를 데리고 섬
북쪽의 산 밑으로 가서 집 지을 재목을 벌목해 오게 했다. 늦게 적에게 붙었
던 해남의 정은부(鄭銀夫)와 김신웅(金信雄)의 부인과 왜놈에게 지시하여 우리

나라 사람을 죽인 자 2명과 선비 집안의 처녀를 강간한 김애남(金愛南)의 목을 모두 베어 걸었다. 저녁에 양밀(梁謐)[18]은 도양장(道陽場)의 둔전 곡식[19]을 멋대로 나누어 준 일로 곤장 60대를 쳤다.

11월

1일^{무자} 비가 내렸다. 아침에 사슴 가죽 2장이 물에 떠내려 왔기에 명나라 장수에게 선물로 주고자 했다. 괴이하다. 미시(오후 2시경)에 비가 갰으나 북풍이 크게 불어 뱃사람들은 추위에 괴로워했다. 나는 선실에서 웅크리고 앉아 있으니, 심사가 매우 초조하여 하루를 지내는 것이 일 년 같았다. 비통함을 어찌 말로 다하랴. 저녁에 북풍이 크게 불어 밤새도록 배가 흔들리니 사람들이 스스로 안정할 수 없었다. 땀이 나서 몸을 적셨다.

2일^{기축} 흐렸지만 비는 오지 않았다. 일찍 들으니 "전라 우수사(김억추)의 전선이 바람에 표류하다가 바위에 걸려 부서졌다."고 한다. 매우 애통하고 분한 일이다. 병선의 군관 당언량(唐彦良)에게 곤장 80대를 쳤다. 선창에 내려가 앉아서 다리 만드는 것을 감독했다. 그 길로 새 집 짓는 곳으로 올라갔다가 어두워서 배로 내려왔다.

3일^{경인} 맑음. 일찍 새집 짓는 곳으로 올라가니 선전관 이길원(李吉元)이 배설을 처단할 일[20]로 들어왔다. 배설은 이미 성주(星州) 본가로 갔는데, 그 본가로 가지 않고 곧장 여기로 왔다. 그 개인사정에 따른 죄가 매우 심하다. 선전

---

18 양밀은 구례 현감을 지냈다. 무주 도호부의 명부에 "무술(1598)년 관청에서 붙잡아 갔다"는 기록이 있다.

19 기존 판본과 달리 둔전의 곡식으로 해석했다. (박혜일 등,《이순신의 일기초》참고)

20 권율이 배설을 선산(善山)에서 붙잡아 서울로 보내므로 참수되었다.(《선조실록》1599년 3월 6일자)

녹도진성 만호비군 | 녹도진성 입구에 세워져 있는 역대 만호들의 비석이다.

관을 녹도의 배로 보냈다.

4일신묘 맑음. 일찍 새집 짓는 곳으로 올라갔다. 이길원이 머물렀다. 진도군수 선의문(宣義問)이 왔다.

5일임진 맑음. 따뜻하기가 봄날과 같다. 일찍 새집 짓는 곳으로 올라갔다가 날이 저물어서 배로 내려왔다. 영암 군수 이종성(李宗誠)[21]이 와서 밥을 30말을 지어 일하는 군인들에게 먹였다. 또 말하기를, "군량미 2백 섬을 준비하고, 벼 7백 섬도 준비하였다."고 한다. 이날 보성 군수와 흥양 현감(최희량(崔希亮))*에게 군량창고 짓는 것을 살펴보게 했다.

6일계사 맑음. 일찍 새집 짓는 곳으로 올라가 종일 배회하느라 해가 저무는 것도 몰랐다. 새집에 지붕을 덮고 군량 곳간도 지었다. 전라 우수사의 우후(이정충)가 벌목해 올 일로 황원장(黃原場)*으로 갔다.

7일갑오 맑고도 따뜻했다. 아침에 해남의 의병이 왜인의 머리 1급과 환도(環

─────────

21 이종성은 1597년 8월부터 기해년까지 영암 군수로 근무하였다.《영암읍지》

刀) 한 자루를 가져와 바쳤다. 이종호와 당언국(唐彦國)을 잡아왔기에 거제의 배에 가두었다. 늦게 전 홍산 현감 윤영현(尹英賢)과 생원 최집(崔潗)이 와서 만났는데, 군량으로 벼 40섬과 쌀 8섬을 가져와 바쳤다. 며칠 간의 양식으로 도움이 될 만하다. 본영의 박주생(朴注生)이 왜인의 머리 2급을 베어 왔다. 전 현령 김응인(金應仁)이 와서 만났다. 이대진(李大振)의 아들 순생(順生)이 윤영현을 따라왔다. 저녁에 새집의 마루를 다 만들었다. 여러 수사가 와서 만났다. 이날 밤 3경(자정 경) 꿈에 면(葂)이 죽던 모습이 보여 울부짖으며 곡을 했다. 진도 군수(선의문)가 돌아갔다.

8일을미 맑음. 4경(새벽 4시경) 꿈에 물에 들어가 물고기를 잡았다. 이날은 따뜻하고 바람이 없었다. 새방의 벽에 흙을 발랐다. 이지화(李至和) 부자가 와서 만났다. 마루를 만들었다.

9일병신 맑고 따뜻하기가 봄날 같다. 전라 우수사(김억추)가 와서 만나고 강진 현감(송상보)은 고을로 돌아갔다.

10일정유 눈 비가 섞여 내리고 서북풍이 크게 일어 간신히 배를 타고 건넜

무숙사 | 최희량(1560~1651)의 신위를 모신 사당. 나주시 다시면에 소재. 최희량은 정유재란 때 흥양현감으로서 이순신을 도와 전공을 세웠고 노량해전에서 이순신이 전사하자 귀향했다.

다. 이정충이 와서 말하기를, "장흥의 적들이 달아났다."고 하였다.

11일^{무술} 맑고 바람도 약해졌다. 식후에 새집에 올라가니 평산(平山)의 새 만호가 임명장을 바쳤는데, 그는 하동 현감(신진)의 형인 신훤(申萱)이었다. 전하는 말에 "숭정대부로 포상하여 승진하라는 명령이 이미 나왔다."고 한다. 장흥 부사와 배 조방장이 와서 만났다. 저녁에 우후 이정충이 왔다가 초경(밤 8시경)에 돌아갔다.

12일^{기해} 맑음. 이날 늦게 영암과 나주 사람들이 타작을 못하게 했다고 해서 결박되어 왔기에 그 중 주모자를 적발하여 처형하고, 나머지 4명은 각 배에 가두었다.

13일^{경자} 맑음.

14일^{신축} 맑음. 해남 현감 유형(柳珩)이 와서 윤단중(尹端中)이 무리한 일을 한 것을 많이 전했다. 또 말하기를, "아전들이 법성포로 피난갔다가 돌아올 때 바람을 만나 배가 기울어져 전복되었는데, 바다 가운데서 그를 만났어도 구조하여 건져주지는 않고 배의 물건만 빼앗아 갔다."고 하였다. 그래서 그를 중군선(中軍船)에 가두고, 김인수(金仁守)는 경상도 수영의 배에 가두었다. 내

일은 아버님의 제삿날이라 출입하지 않을
것이다.

15일임인 맑음. 따뜻하기가 봄날과 같다.
식후에 새집에 올라갔다. 늦게 임환(林懽)과
윤영현(尹英賢)이 와서 만났다. 오늘 밤에
송한(宋漢)이 서울에서 이곳으로 들어왔다.

16일계묘 맑음. 아침에 조방장(배흥립)과 장
흥 부사(전봉) 및 진중에 있는 여러 장수들
이 함께 와서 만났다. 군공을 조사한 기록
을 살펴보니 거제 현령 안위가 통정대부가
되고, 그 나머지도 차례대로 관직에 임명되
었다. 내게는 은자(銀子) 20냥을 상금으로
보냈다.[22] 명나라 장수 경리(經理) 양호(楊

양호거사비 | 서울 남가좌동 명지대 내 소재.
정유재란 때 조선에 원군으로 온 명나라 경리
양호를 기리기 위해 세운 공덕비. 1598년 8월
에 세움.

鎬)*가 붉은 비단 한 필을 보내면서 말하기를, "배에 이 붉은 비단을 걸어 주
고 싶으나 멀어서 할 수 없다."[23]고 했다. 영의정(유성룡)의 답장도 왔다.

17일갑진 비가 계속 내렸다. 경리 양호의 파견관이 초유문(招諭文)[24]과 면사
첩(免死帖)[25]을 가지고 왔다.

18일을사 맑음. 따뜻하기가 봄날과 같다. 윤영현(尹英賢)이 와서 만났다. 정한

---

22 이 부분이 전서본에는 "은자 20냥을 친한 신하에게 상금으로 하사했다."로 되어 있다.

23 경리 양호가 치하하기를, "근래에 이런 승첩은 없었다. 내가 직접 가서 붉은 비단을 걸어주고자
하나, 길이 멀어서 가지 못한다."하고는, 백금과 붉은 비단을 보내어 표창하였는데, 이는 중국 사
람들이 폐백으로써 서로 축하하는 예식이다.〈이충무공신도비〉

24 초유문은 적 또는 적에게 붙었던 자들을 너그럽게 용서한다는 포고문이다. 여기에는 격려와 권
장의 뜻이 들어 있다. 김성일의《학봉집》을 보면, "초유문을 지어 도내에 포고하였는데, … 격려
하고 권장하는 말이 수천 마디였다."고 하였다.

25 면사첩은 죽음을 면하게 한다는 내용을 담은 증서이다. 명나라의 군문 형개(邢玠)와 경리 양호가
면사첩 3만장을 인출하여 차관 3명을 통해 동로·중로·서로의 3협에 나누어 보냈다.《선조실
록》1597년 12월 23일)

기(鄭漢己)도 왔다. 몸에서 땀이 났다.

19일병오 흐림. 배조방장(배경남)과 장흥 부사(전봉)가 와서 만났다.

20일정미 비가 계속 내리고 바람도 계속 불었다. 임준영이 와서 완도(莞島)를 정탐한 내용을 전하는데, 적선이 없다고 하였다.

21일무신 맑음. 송응기(宋應璣)²⁶ 등이 산에서 일할 군인을 거느리고 해남의 소나무가 있는 곳으로 갔다. 이날 저녁에 순생(順生)이 와서 잤다.

22일기유 흐리다가 개다 했다. 저녁에 김애(金愛)가 아산에서 돌아왔고, 왕명 서를 모시고 가져 온 사람이 월초 10일에 아산에서 왔는데, 모두 편지를 가지고서 왔다. 밤에 진눈개비가 내리고 바람도 크게 불었다. 장흥에 있던 적이 20일에 달아났다는 소식이 왔다.

23일경술 바람이 크게 불고 눈도 크게 내렸다. 이 날 승첩에 대한 장계를 썼다. 저녁에 얼음이 얼었다고 한다. 아산 집에 편지를 쓰니 눈물을 거둘 수 없었다. 아들을 생각하니 감정을 가누기 어려웠다.

24일신해 비와 눈이 내렸다. 서북풍이 연이어 불었다.

25일임자 눈이 내렸다.

26일계축 비와 눈이 내렸다. 추위가 갑절이나 심했다.

27일갑인 맑음. 이날 장흥의 승첩 계본을 수정했다.

28일을묘 맑음. 계본을 봉했다. 무안에 사는 진사 김덕수(金德秀)²⁷가 군량으로 벼 15섬을 가져와 바쳤다.

29일병진 맑음. 유격장 마귀(麻貴)²⁸의 차관 왕재(王才)가 "물길로 명나라 군

---

26 송응기는 훈련원 주부로서 이순신의 휘하에서 활동했다. 정유재란 때는 의병을 모집하였고 왜 군과 싸우다가 일본에 포로로 붙잡혀 갔는데, 끝까지 굴복하지 않고 유정(惟政)의 도움으로 귀 국할 수 있었다. 삼척부사를 역임하였다.

27 김덕수는 명량해전 때 벼 50포를 배에 실어 와서 군량을 공급하였다. 이순신이 노량해전에서 전 사했다는 소식을 듣고 강호에 자취를 감추고 세상에 나아가는 것을 좋아하지 않았다.

28 마귀는 명나라에서 전쟁을 평정하기 위해 조선에 파견한 장수이다. 형개와 양호가 대대적으로 왜적을 공격하기 위해 4로[동로[마귀]·중로[동일원]·서로[유정]·수로[진린]] 병진작전을 세웠는데, 마귀는 동로를 맡았다.

사가 내려온다."고 했다. 전희광(田希光)과 정황수(鄭凰壽)가 오고 무안 현감도
왔다.

12월

1일정사 맑고 온화했다. 아침에 경상 수사 이순신(李純信)이 진영에 왔다. 나는
복통을 앓아 늦게 수사를 만나고 함께 이야기하며 온종일 방책을 논의했다.

2일무오 맑음. 날씨가 매우 따뜻하여 봄날과 같다. 영암의 지방의병장 유장춘
(柳長春)[29]이 왜적을 토벌한 연유를 보고하지 않았기에 곤장 50대를 쳤다. 홍
산 현감 윤영현, 김종려, 백진남, 정수(鄭邃) 등이 와서 만났다. 2경(오후 10시
경)에 땀에 젖었다. 북풍이 크게 불었다.

3일기미 맑으나 바람이 크게 불렀다. 몸이 불편하였다. 경상 수사가 와서 만
났다.

4일경신 맑음. 매우 추웠다. 늦게 김윤명(金允明)에게 40차례 곤장을 쳤다. 장
흥의 향교 유생 기업(基業)이 군량을 훔쳐 실은 죄로 곤장 30대를 쳤다. 거제
현령(안위) 및 금갑도 만호(이정표)와 천성보 만호(윤흥년)는 타작하는 데서 돌
아왔다. 무안 현감(남언상)과 전희광 등이 돌아갔다.

5일신유 맑음. 아침에 군공을 세운 여러 장수들에게 상으로 내린 임명장을
나누어 주었다. 김돌손(金乭孫)이 봉학(奉鶴)을 데리고 함평 땅으로 가서 포작
(해산물 진상 어민)을 찾아 모았다. 정응남(鄭應男)이 점세(占世)를 데리고 진도
로 갔는데, 새로 배를 만드는데 죄상을 조사할 일로 함께 나간 것이다. 해남

---

29 유장춘(1533~?)은 본관이 고흥이고 영암에 거주하였다. 1583년(51세) 별시 병과에 급제하였다.

의 독동(禿同)을 처형했다. 전 익산 군수 고종후(高從厚)[30]가 왔고, 김억창(金億昌), 광주의 박자(朴仔), 무안의 나덕명(羅德明)도 왔다. 도원수의 군관이 왕명서를 가지고 왔는데, "이번에 선전관을 통해 들으니, 통제사 이순신(李舜臣)이 아직도 권도(權道)[31]를 따르지 않아서 여러 장수들이 걱정거리로 여긴다고 한다. 개인 사정이 비록 간절하긴 하나 나랏일이 한창 다급하다. 옛사람이 말하기를, '전쟁 진터에서 용맹이 없으면 효가 아니다.'[32]라고 하였다. 전쟁 진터에서의 용기는 소찬(素饌)을 하여 기력이 곤핍한 자가 능히 할 수 있는 일이 아니다. 예법에도 원칙과 방편이 있으니, 일정한 법도만을 고수할 수 없는 것이다. 경(卿)은 내 뜻을 깊이 깨닫고 육식을 하여 방편을 따르도록 하라."고 하였다. 왕명서와 함께 고기음식을 하사하셨으니, 더욱 더 마음이 비통하였다. 해남의 강간, 약탈한 죄인들을 함평현감(손경지)이 자세히 조사했다.

6일임술 나덕준(羅德峻)과 정대청(鄭大淸)의 아우 응청(應淸)이 와서 만났다.

7일계해 맑음.

8일갑자 맑음.

9일을축 맑음. 종 목년(木年)이 들어왔다.

10일병인 맑음. 조카 해(荄), 아들 열 및 진원(珍原) 현감(심륜)과 윤간(尹侃), 이언량(李彦良)이 들어왔다. 배 만드는 곳에 나가 공무를 보았다.

11일정묘 맑음. 경상 수사(이순신)와 조방장(배경남)이 와서 만났다. 전라우수사(이시언(李時言))[33]도 왔다.

---

30 고종후는 고성후(高成厚 1549~?)의 오기로 보인다. 고종후는 진주성 전투에서 순절하였으므로 정유년에는 생존하지 않았다. 고성후는 고경명의 형인 고경조(高敬祖)의 아들로서 1593년부터 1594년까지 익산군수로 근무하였다. 혹은 고성원(高成原)으로 기록된 곳도 있다.

31 권도는 상제가 비상사태로 전쟁에 나아가 힘을 내기 위해서 육식하는 것이다. 부모상에는 육식하지 않고 소식하는 것이 예법이므로, 전쟁중 출사하여 육식하는 것을 권도로 본 것이다.

32 "전쟁 진터에서 용맹이 없으면 효도가 아니다(戰陣無勇 非孝也)."라는 말은 증자(曾子)가 한 말이다.(《예기》〈제의〉)

33 이시언(?~1624)은 임진왜란 때 경주성을 탈환하는 데 전공을 세우고 1594년 전라병사가 되어 1596년 이몽학의 난을 평정하였다. 1599년 정유재란으로 없어진 진해루지에 진남관을 세웠다.

12일무진 맑음.

13일기사 가끔 눈이 내렸다.

14일경오 맑음.

15일신미 맑음.

16일임신 맑다가 늦게 눈이 왔다.

17일계유 눈과 바람이 뒤섞여 혹독하였다. 조카 해와 작별했다.

18일갑술 눈이 내렸다. 새벽에 해(荄)는 어제의 취기가 아직 깨지도 않았는데 배를 출발시켰다. 마음이 편치 않았다.

19일을해 종일 눈이 내렸다.

20일병자 진원(珍原) 현감의 모친과 윤간(尹侃)이 올라갔다. 우후(이몽구)가 교서에 숙배했다.

21일정축 눈이 내렸다. 아침에 홍산 현감(윤영현)이 목포에서 와서 만났다. 늦게 배 조방장(배경남)과 경상 수사(이순신)가 보러 와서 크게 취하여 돌아갔다.

22일무인 비와 눈이 섞여 내렸다. 함평 현감(손경지)이 들어왔다.

23일기묘 눈의 깊이가 3치[寸](약 9cm)이다. 전라 순찰사(황신)가 진영에 도착한다는 소식이 먼저 왔다.

24일경진 눈이 오다 개다 했다. 아침에 이종호를 순찰사(황신)에게 보내어 문안했다. 이날 밤 나덕명(羅德明)이 와서 이야기하는데, 머무르는 것을 싫어하는 줄도 모르니 한심하다. 2경(오후 10시경)에 집에 보낼 편지를 썼다.

25일신사 눈이 내렸다. 아침에 열(葆)이 돌아갔는데, 제 어미의 병 때문이다. 늦게 경상 수사(이순신)와 배조방장(배경남)이 와서 만났다. 유시(오후 6시경)에 순찰사가 진중에 와서 함께 군사의 일을 논의하였는데, 연해안의 19개 고을을 오로지 수군에 배속시키기로 하였다. 저녁에 방안으로 들어가 조용히 이야기하였다.

1597년 11월 12일 전라우수사로서 치계한 내용이 있다.《선조실록》

26일원오 눈이 내렸다. 관찰사(황신)와 함께 방에 앉아서 군사 계책에 대해 조용히 이야기했다. 늦게 경상 수사와 배조방장이 와서 만났다.

27일계미 눈이 내렸다. 아침 식사 후에 순찰사(황신)가 돌아갔다.

28일갑신 맑음. 경상 수사(이순신)와 배조방장이 와서 만났다. 비로소 들으니 경상수사가 지닌 물건이 왔다고 한다.(이하 마멸됨)

29일을유 맑음. 김인수(金仁秀)를 놓아 주었다. 윤□□에게 곤장 30대를 치고서 놓아 주었다. 영암의 유향소의 우두머리가 심문를 받고,(…) 석방되었다. 저녁에 두우(杜宇, 인명)가 종잇감으로 백지(白紙), 상지(常紙)를 모두 50개(…)를 가져왔다. 초경(밤 8시경)에 5명이 뱃머리에 왔다고 하기에 고을의 종을 보냈다. (…) 그것이 무슨 뜻인지 알 수가 없다. 거제 현령(안위)의 망령됨을 알 수 있다. 변화 … 끓는 물에 의해 팔과 손가락을 다쳤다고 한다.

30일병술 입춘이다. 눈보라가 몰아치고 추위가 몹시 심했다. 배조방장(배경남)이 와서 만나고 여러 장수들이 모두 와서 만났다. 평산포 만호(정응두)와 영등포 만호(조계종)는 오지 않았다. 부찰사(홍이상(洪履祥))[34]의 군관이 편지를 가지고 왔다. 오늘밤은 한 해를 마치는 그믐밤이라 비통한 마음이 더욱 심하였다.

---

34 홍이상(1549~1615)은 예조참의로서 선조를 의주까지 호종하고 1593년 명나라에 성절사로 다녀와 경상도 관찰사가 되었고, 1596년 7월에 경기감사에 임명되었다.

무술일기
戊戌日記

이순신의 주요 활동

2월 18일 보화도에서 고금도로 진영을 옮기고, 7월 16일 명나라 도독 진린과 연합작전을 계획했다. 24일 절이도 해전에서 송여종이 포획해 적군의 머리 40급을 진린에게 주고 계금에게 5급을 주었다. 11월 12일 후 진린의 묵인으로 탈출한 왜선이 지원을 요청하고, 11월 18일 새벽 유키나가를 구출하기 위해 일본선 5백 척이 노량과 남해에 집결했다. 19일 새벽 조명군이 일본군과 교전하여 해뜰 무렵 일본선 2백여 척을 분멸했다. 이때 이순신이 날아온 유탄을 맞고 전사했다.

그 외 주요 사건

1월 명나라 섭방영 부대가 평양에 도착하고, 2월 가토 기요마사가 화친을 요구했다. 3월 조명군이 4로(동·중·서·수)작전을 계획했다. 5월 명나라 제독 유정 부대 만 3천명이 의주에 오고, 6월 진린이 전라도에 오고 유정과 동일원이 한양에 왔다. 7월 고금도해전이 치러지고, 8월 히데요시가 죽자 일본군이 철수하기 시작했다. 9월 4로 공격이 실시되고 10월 2일 왜교성 전투가 발생하여 7회 교전했으나 실패로 끝났다. 11월 가토 기요마사가 철수했다. 노량해전이 끝나고 유키나가가 도망갔다.

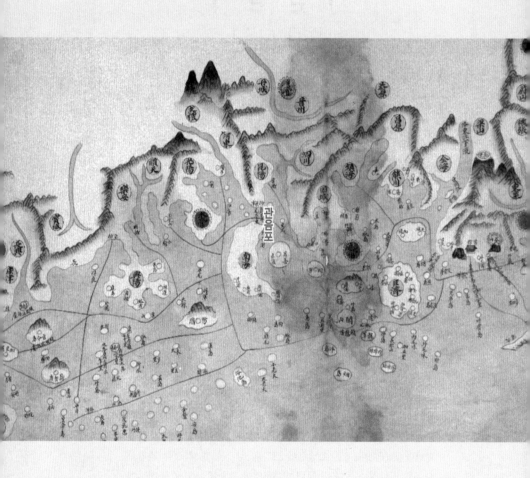

관음포, 《동국여도》사진 규장각한국학연구원/서울대중앙도서관 ⓒ

무술년(1598)
노량에서 큰 전공을 세우고 장렬히 전사하다

1월

1일정해 맑음. 늦게 잠깐 눈이 내렸다. 경상 수사(이순신)와 조방장 및 여러 장수들이 모두 와서 모였다.

2일무자 맑음. 나라(인순왕후)의 제삿날이라 출근하지 않았다. 이날 새로운 배를 만들어 흙더미에 올렸다. 해남 현감(유형)이 와서 만나고 돌아갔다. 송대립, 송득운, 김붕만이 각 고을로 나갔다. 진도 군수(선의문)가 와서 보고 돌아갔다.

3일기축 맑음. 이언량, 송응기 등이 산(山) … .

4일경인 맑음. 무안 현감(남언상)에게 곤장을 쳤다. (…) 수사에게 … 했더니, 우수사가 … 왔다.(이후 1월 5일에서 9월 14일까지 빠져있음.)

* 아래는 명나라 장수들이 준 선물 목록이다.

　명나라 격장 계금(季金)이 준 물품. 4월 26일.
　청운비단 1단, 남운비단 1단, 비단버선 1쌍, 구름무늬 신 1켤레, 향기(香棋) 1벌, 향패 1벌, 절명차 2근, 향춘(香椿) 2근, 사청다(四靑茶) 사발 10개, 산닭 4마리.

고금도 | 고금면 덕동리 덕동에 소재. 이순신이 무술년 2월 17일 보화도에서 이곳 고금도로 통제영을 옮겼다.
이순신 활터 | 고금도 정상에 있음. 이순신이 고금도에 주둔했을 때 은행나무 있는 곳에서 활쏘기 연습을 했다고 한다. 은행나무는 수령이 약 480여년 되었다.

【고금도 통제영 이야기】

"고니시 유키나가(小西行長)는 예교에 웅거하고 2월 13일에는 히데이에(平秀可)도 군사를 거느리고 여기에 왔습니다. 우리 수군은 멀리 나주의 보화도에 있어서 낙안과 흥양 등의 일본군이 멋대로 다녀 매우 통분합니다. 온화한 바람이 부니 바로 흉적들이 발동할 때이므로 2월 16일에 보화도에서 배를 몰아 17일에 강진의 고금도*로 진을 옮겼습니다. 고금도가 호남 좌우도에 있어서 안팎의 바다를 제어할 수 있고 산봉우리가 중첩되고 망보는 것이 연이어 있어서 형세의 빼어남이 한산도 보다 배나 됩니다."-《선조실록》무술년 3월 18일-

보화도에 있을 때는 거리가 멀어 일본군을 견제하기가 어려웠기 때문에 전라좌우도의 해상을 제어할 수 있는 고금도로 통제영을 옮겼다. 고금도가 예교와 그 일대 지역을 출입하는 일본군을 공격할 수 있는 전략적인 요새이었다. 이때 고금도에는 전선이 명량해전 때의 13척 이외에 40척이 추가되었는데, 이 중 30척은 칠천량 패전 이후 전선 제조를 담당한 한효순이 선조의 명을 받고 변산*에서 만든 전선으로 추정된다. 이때 이순신은 고금도 해전에서 수군의 전선 40척으로 왜선 16척을 격퇴시켰다.

변산 선소터 | 부안군 진서면 수군진터 앞 소재. 옛날에는 변산 일대의 유일한 선소였으므로 이곳을 한효순이 전선 만든 곳으로 추정한다. 지금은 매립되어 논으로 사용됨.

이때(2월 하순) 명나라 제독 동일원(董一元)과 유정(劉綎)이 대군을 거느리고 압록강을 건너 왔고, 수군의 제독 진인(陳璘)이 절강의 수군 5백여 척을 거느리고 서해를 건너와 당진에 정박하고 그대로 전라도로 내려갔다가 고금도로 향하였다.

3월 3일 조선의 남부 내륙에는 일본군의 국지적인 공격이 연이어 발생했다. 이에 명나라 총사령관인 군문 형개(邢玠)가 서울로 돌아와 경리 양호(楊鎬)와 상의하고 드디어 군사를 나누어 수륙 4로 병진작전을 계획했다. 즉 마귀가 동로[울산, 가토군]를, 동일원이 중로[사천, 시마즈군]를, 유정이 서로[순천, 고니시군]를, 진린이 수로[순천, 고니시군]를 각각 담당했다. 이때 총 병력이 약 14만 2천 7백여 명이었다.

천총 강인약(江鱗躍)이 준 물품.

춘명차 1봉, 화합 1개, 등부채 1개, 복리(服履) 1켤레.

천총 주수겸(朱守謙)이 준 물품.

술잔 6개, 주사잔 2개, 소합 1개, 찻잎 1봉, 신선로 1개, 안애(雁埃) 2개.

천총 정문린(丁文麟)이 준 물품.

여름버선 1켤레, 비단동정 1방(方), 우차(雨茶)[1] 1봉, 호초 1봉.

파총 진자수(陳子秀)가 준 물품.

수보(繡補)[2] 1부[흉배], 시 쓴 부채 1개, 향선(香線)[3] 10가닥.

육경(陸卿)이 준 물품.

꽃무늬 수건 1개.

허(許) 파총이 준 물품.

청포와 홍포 각 1개, 금부채 2개, 꽃무늬 수건 1개.

10월 4일 유격 복일승(福日升)이 준 물품.

청포 1단, 남포 1단, 금부채 4자루, 젓가락 2단, 산닭 2마리, 절인 양고기 1척.

---

1 우다는 곡우 때 수확한 차이다. 원래 주차(珠茶)에서 분리되어 나온 장형의 차인데, 잎이 가늘고 짧으며 잎 아래에는 어린 싹이 고르다. 향기가 순정하고 맛이 농후하며 끓이면 황록색을 띤다.

2 수보는 수놓아 만든 장식품으로 명나라 때 문무백관의 관복을 말한다. 가슴과 등 부위에 새나 짐승 따위를 수놓아 벼슬의 고하를 나타냈고, 가슴과 등에 수놓은 것을 흉배(胸背)라 하였다.

3 향선은 향의 일종으로 선향(線香)이라고 한다. 향 가루로 만드는데 가늘고 긴 것이 실과 같아서 이르는 말이다

유격 왕원주(王元周)가 준 물품.

금띠 1개, 상감한 책상자 1개, 향합 1개, 거울 받침대 1개, 금부채 2개, 견사 1봉, 찻병 1병, 빗 2개.

천총 오유림(吳惟林)이 준 물품.

허리띠 1개, 명함 20장.

파총 진국경(陳國敬)이 준 물품.

꽃차 1봉, 화주배 1쌍, 구리찻숟갈 2벌, 가는 찻숟갈 1벌, 혼례첩 1개, 혼례서첩 5장, 서간첩 10장, 향로[古折束]⁴ 8장, 붉은 주사 젓가락 10쌍.

계영천(季永荐)이 준 물품.

진금부채 1개, 땀수건 1방, 부들 부채 1자루, 수건 2장.

기패 왕명(王明)이 준 물품.

남포 1단, 베개 장식 1벌, 청견사 약간.

파총 공진(龔璡)이 준 물품.

붉은 종이 1벌, 절강차 1봉, 차숟갈 6벌, 자수침 1포.

중군 왕계자(王啓子)가 준 물품.

남색띠 1벌, 빗(大, 小) 2개.

-7월 24일, 복병장 녹도만호 송여종이 전선 8척을 거두나가 적선 11척을

---

4 고절간은 향로의 일종으로 조형이 매우 섬세하다. 노구(爐口)·노이(爐耳)·노각(爐脚)에 꽃무늬를 선명하게 장식하였다.

묘당도유적 | 완도군 고금면 덕동리에 소재. 1598년 7월 16일 진린이 수군 5천명을 거느리고 와서 주둔한 곳이다. 현재는 이곳에 충무사가 있는데, 이는 본래 진린이 세운 관왕묘이었다.

절이도해전지 | 고흥군 금산면 소재 앞바다. 송여종 부대만이 왜적을 포획하고 명나라 군사들은 한명도 포획하지 못하여 진린(陳璘) 도독이 격분해 하자, 이순신이 진린에게 40여 급을 보내고 계금에게 5급을 보냈다.

절이도목장성 | 고흥군 금산면의 적대봉과 용두봉 중간지점에 위치함. 절이도는 물과 풀이 풍족하여 말을 방목하는데 매우 적합했다.

나로도 │ 고흥군 봉래면과 동일면 사이 소재. 사진은 나로도 연안. 고흥군청ⓒ

절이도(折尒島)*에서 만났다. 6척을 전부 포획하여 적군의 머리 69급(級)을 베고 용기를 발휘하여 진영으로 돌아왔다. −(일기초)

*위 내용은 기존의 《난중일기》에 없고 〈일기초〉에 있는 새로운 일기로, 이순신의 휘하장수인 송여종이 절이도해전에서 승첩한 내용을 적은 것이다.

9월

15일정유 맑음. 명나라 도독 진린(陳璘)[5]과 함께 일시에 군대를 움직여 나로

---

5 진린은 명나라 광동 출신인데, 1597년 수군제독으로서 왜군정벌을 위해 5천 군사를 거느리고 조선에 왔다. 처음에는 조선 군사를 침범하고 백성을 괴롭히며 말썽을 부렸으나 이순신의 처사에 감복하여 적극 협조했다. 고니시 유키나가가 예교에서 탈출하려고 진린에게 뇌물을 주고 퇴각을 요청했으나 이순신의 반대로 성사되지 못했다. 고금도와 순천예교, 노량 해전에서 많은 전공을 세웠다.

도독인 | 1598년 8월 말일경 명나라 신종이 이순신에게 하사한 인장. 사진 **통영충렬사** ⓒ

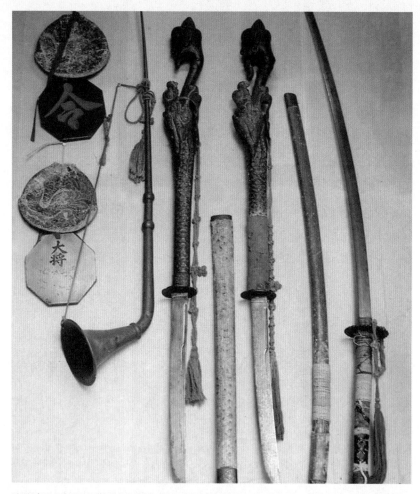

팔사품 | 명나라 신종이 이순신에게 내려준 8종 15개의 유물(도독인1 · 호두령패 · 귀도 · 참도 · 독전기 · 홍소령기 · 남소령기 · 곡나팔 각2). 통영 충렬사에 소장. 보물 440호 사진 문화재청 ⓒ

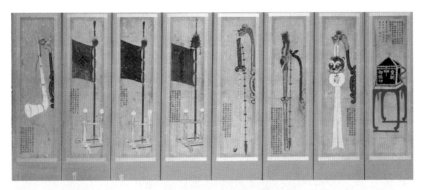

팔사품도 | 1861년 통제사 신관호가 팔사품을 그린 병풍으로 정침에 항상 비치했다. 사진 통영 충렬사ⓒ

【절이도해전 이야기】

송여종이 이끈 수군이 일본군의 수급 70급을 베고 명군은 먼 바다에 있다가 하나도 포획하지 못했다. 이를 본 진린이 크게 노하자, 이순신은 진린에게 40여 급을 보내고 계금에게 5급을 보냈다. 이 해전지역은 금당도와 거금도 일대이다. 이때 이순신이 진린에게 말했다.

"대인께서 와서 아군을 통제하고 있으니, 아군의 승첩은 명나라 장수의 승첩입니다. 어찌 감히 우리가 사사로이 하겠습니까. 머리를 모두 드릴 터이니, 대인께서는 속히 황조(명나라 조정)에 아뢰소서. 대인께서 이곳에 온 지 오래지 않아서 적들을 공격하여 잡았으니, 이 큰 공을 황조에 고하면 어찌 아름다운 일이 아니겠습니까."

－윤휴, 〈통제사이충무공유사〉－

진린은 크게 기뻐하며 "이순신은 작은 나라의 사람이 아니니 중국 조정에 들어가면 마땅히 천하의 대장이 될 것이다."라 하고, 선조에게 글을 올려, "이 통제는 천하를 다스릴 재주와 세운을 만회한 공로[經天緯地之才, 補天浴日之功]가 있다."고 하였다. 그 뒤(8월 말경) 명나라 황제에게 보고되어 이순신에게 도독인을 하사하여 통제영에 간직하고, 이때 수군 도독(水軍都督)에 임명되었다.(《이순신의 신도비》, 〈윤행임의 기록〉)

순천왜교성 | 왜교성은 순천시 해룡면 신성리에 소재. 일본식 성곽(전남도기념물 171호)으로, 고니시 유키나가가 축조하고 1만 3천 7백명의 병력을 주둔했던 곳이다. 9월 20일부터 10월 4일까지 조명군과 일본군과의 전쟁이 있었다.
순천왜교성문지 | 이 문지는 왜교성과 외성을 연결하는 출입문이다. 기존에 남은 터에 복원한 것이다.

도(羅老島)*에 가서 잤다.

16일무술 맑음. 나로도에 머물면서 도독과 함께 술을 마셨다.

17일기해 맑음. 나로도에 머물며 진린과 함께 술을 마셨다.

18일경자 맑음. 미시(오후 2시경)에 군사를 움직여 방답에 가서 잤다.

19일신축 맑음. 아침에 좌수영 앞바다로 옮겨 정박하니, 보이는 것들이 비참했다. 3경(자정 경)에 달빛을 받으며 하개도(何介島, 여수 부근)로 옮겨 정박했다가 날이 밝기 전에 군사를 움직였다.

(무술년 9월 20~10월 4일)

1598년 8월 18일 도요토미 히데요시(豊臣秀吉)가 후시미(伏見城)에서 질병으로 죽자, 일본군들이 철수하기 시작했다. 이에 군문 형개의 명을 받은 명나라 제독[마귀·동중원·유정·진린]들이 4로 병진[울산·사천·순천·수로]작전을 계획했다. 그 후 유정이 순천에서 유키나가와 강화를 약속하고 유키나가를 유인할 계책을 세웠다.

9월 19일 이순신은 전라좌수영 앞바다로 진영을 옮기고 20일 새벽에 출동했다. 강화장소에 유키나가는 3천 병력을 이끌고 왔고, 유정이하 모든 장수들은 변복하고 군사 수백 명을 데리고 왔다. 이때 요시토시(義智)가 강화장소에 가려고 하자, 우협의 군사가 먼저 불화살로 공격하니, 유키나가 등이 달아났다. 이때 소반의 과일과 면, 고기 등이 예교에서 10리에 낭자했다. 명군이 일본군의 머리를 벤 것이 모두 98급이다.

왜교성을 포위할 때 진린은 수군 천여 척을 거느리고 이순신을 선봉으로 삼고 와두·묘도를 지나 나아갔다. 유정이 먼저 진격하고 조명군이 수륙으로 협공하니 일본군의 기세가 크게 꺾였다. 이순신은 진린과 함께 일본군들이 장도(獐島)에 비축한 식량과 우마를 가져오고, 포로 3백 여명을 송환했다. 유정은 공성기구를 많이 만들었는데, 이로써 왜교성전투가 본격적으로 시작되었다.(1차)

21일 진린이 유정과 수륙공격을 하는데, 참정 왕사기는 감군 등자룡·계금·이순신 등과 연합하여 고금도를 출발하여 왜교를 공격하였다. 이때 해남현감 유형(柳珩)이 일본군 8명을 죽이고, 허사인(許思仁)이 남해의 일본군을 추격하여 그들의 전리품을 빼앗아 와서 진린에게 바쳤다.(2차) 22일 사시(巳時)에 진린 부대가 출동하여 일본군의 머리 십여 급을 베었다. 이때 계금이 왼쪽 어깨에 부상을 입고 명군 11명이 죽고 지세포 만호(강지욱)와 옥포 만호(이담)가 탄환에 맞았다. 오후에 조수가 빠져 유정이 철수를 명하고, 진린도 철수하여 10월 1일까지 대기했다.(3차)

장도 | 여수 율촌면에 소재. 현재는 장도 일대가 매립되었고 섬이 축소된 형태로 남아 있다.

충무사 | 순천시 해룡면 신성리 산28-1 소재. 왜교성전투 이후 주민들이 지어 이순신을 배향한 사당으로 일제 때 소각되었다가 1947년 다시 지었다.

소서행장비 | 왜교성 천수대에 있다가 충무사내로 옮겨졌다. 비석 앞면에 소서행장지성지(小西行長之城趾, 소서행장의 성터)라고 적혀 있다.

느티나무 | 4백여 년 된 노거수로 충무사 내에 있다.

10월 2일 인시에 4로군과 광동군, 유정의 기병 만여 명이 공격했으나 왜성 진입에 실패했다. 서쪽 명군이 진입했으나 일본군의 공격으로 명군에 사상자가 많았고 육군이 진원하지 않아 후퇴했다. 한낮에 일본군이 도발하여 광동군의 사상자가 60여 명이었고 조선수군은 많은 적병을 죽였다. 저녁에 조명군이 후퇴할 때 유정은 전의를 상실했다. 이때 이순신의 처종형 황세득과 이청일이 죽었다.(4차)

3일 조명 수륙군의 부조화로 각 진영의 공성기구들이 모두 일본군에 의해 타버리거나 빼앗겼다. 한밤중 유정이 진린, 이순신과 협공했으나 조명군의 화약이 떨어져 후퇴하는데 조수가 빠져 명군과 적이 서로 육박하여 사상자가 매우 많았다. 이때 이순신이 경선(輕船)으로 명군 2백 여명을 구했다. 항구에 걸린 조선 전선 3척을 일본군이 빼앗아갔지만, 버티다가 이튿날 아침 조수가 들어와 탈출하였다. 육군이 돕지 않아 수군이 참패하자, 진린이 격분했다.(5차)

4일 이른 아침 이순신이 왜교성을 공격하자 일본군이 달아났다. 사시에 조선 수군이 패전한 수군을 호위했는데, 진린이 수군을 총동원하여 왜성을 공격했으나 일본군의 강한 반격으로 철수하였다. 진린이 유정의 진영에 가서 수(帥)자 기를 찢고 "심장이 약하다."며 질책하니, 유정은 "장관 중에 사람이 없는데, 어찌 혼자서 할 수 있겠소."라고 하였다.(6차)

결국 유정은 전쟁 실패로 황제의 위엄을 훼손시킬 수 없다는 명분론을 구실 삼아 10월 6일 아침에 철수를 결정했다. 4로병진작전은 수로를 담당한 진린만이 적극성을 보였을 뿐 실패로 끝나고, 삼로의 명군은 멀리 후퇴했다. 그러나 이순신은 진린과 함께 그대로 왜교의 앞바다에 남아 날마다 도전하여 적이 감히 움직이지 못하였다.

묘도입구 | 묘도(고양이섬)는 여수시 묘도동에 소재함. 사진은 남쪽에서 본 묘도 입구이고 왼쪽에 묘도대교가 있다. 당시 진린이 수군 천여 척을 거느리고 이순신을 선봉으로 삼아 와두·묘도를 경유했는데,《조선이순신전》에는 이곳을 이순신의 출동지로 그 위치를 설명했다.

묘도봉수대 | 봉화산 봉수대(전망대) 묘도동 산 160번지에 소재. 북쪽으로는 광양이, 동쪽으로는 10km 전망에 관음포가, 남쪽으로는 영취산을 낀 여수가, 서쪽으로는 왜교성이 보인다.

20일임인 맑음. 진시(아침 8시경)에 묘도(猫島)*에 이르니, 명나라 육군 제독 유정이 벌써 진군했다. 수군과 육군이 모두 협공하니 왜적의 기세[6]가 크게

---

6 이때 순천의 왜교성전투가 시작되었는데 조명연합군이 왜교성을 공격하여 왜적의 기세가 크게 꺾였다. 우의정 이덕형의 치계에, "명나라 군사가 먼저 대포를 쏘자 소서행장이 놀라 소굴로 달아났고, 명나라 군사들이 일시에 적의 소굴로 진격하고 수군도 때맞추어 예교 앞 바다에 정박하자, 적의 기세가 이미 꺾이어 나와 싸우지 못합니다."라고 하였다.(《선조실록》1597년 9월 26일)

계금장군비 | 보령시 오천 충청수영 소재. 계금장군의 공덕비로 비석이름은 "유격장군계공 청덕비"이다. 1598년 4월 전쟁 중에 세워짐. 2008년 노승석이 이 비문의 미상을 포함한 전문을 완역함.

꺾이고 두려워하는 기색이 역력했다. 수군이 드나들며 대포를 쏘았다.

21일계묘 맑음. 아침에 진군하여 혹은 화살을 쏘기도 하고 혹은 대포를 쏘기도 하였다. 종일 적과 싸웠으나 조수가 매우 얕아 가까이 다가가서 싸울 수 없었다. 남해의 적이 가벼운 배를 타고 들어와서 정탐할 때 허사인(許思仁) 등이 추격하니, 왜적은 육지에 올라 산으로 올라갔다. 그들의 배와 여러 가지 물건들을 빼앗아 와서 바로 도독(진린)에게 바쳤다.

22일갑진 맑음. 아침에 진군하여 출입하다가 명나라 유격장 계금*이 왼쪽 어깨에 탄환을 맞았는데 중상에 이르지는 않았다. 명나라 군사 11명이 탄환을 맞고 죽었다. 지세포 만호(강지욱)와 옥포 만호(이담)도 탄환에 맞았다.

23일을사 맑음. 도독이 화를 내어 서천 만호(소희익) 및 홍주의 대행 장수와 한산 대장에게 각각 곤장 7대씩 치고, 금갑도 만호(이정표), 제포 첨사(이의

수), 회령포 만호(민정붕)에게도 함께 곤장을 15대씩 쳤다.

24일병오 맑음. 진대강(陳大綱)[7]이 돌아갔다. 원수(권율)의 군관이 공문을 가지고 왔다. 충청 병사(이시언)의 군관 김정현(金鼎鉉)이 왔다. 남해 사람 김덕유(金德酉) 등 다섯 명이 나와서 그 경계에 있는 왜적의 정보를 전하였다.

25일정미 맑음. 진대강이 돌아와서 유제독의 편지를 가져와 전했다. 이날 육군은 비록 공격을 하려고 했으나 무기가 완전하지 못하였다. 김정현이 와서 만났다.

26일무신 맑음. 육군의 준비가 아직 갖춰지지 못했다. 저녁에 정응룡(鄭應龍)이 와서 북도(함경도)의 일을 말했다.

27일기유 아침에 잠시 비가 뿌리고 서풍이 크게 불었다. 아침에 명나라 군문 형개(邢玠)[8]가 글을 보내어 수군이 신속히 진군한 것을 칭찬하였다. 식후에 진도독(진린)을 만나서 조용히 이야기했다. 종일 바람이 크게 불었다. 저녁에 신호의(愼好義)가 와서 만나고 잤다.

28일경술 맑으나 서풍이 크게 불어 크고 작은 배들이 드나들 수가 없었다.

29일신해 맑음.

30일임자 맑음. 이날 저녁 명나라의 유격장 왕원주, 유격장 복일승, 파총 이천상[9]이 배 백여 척을 거느리고 진영에 도착했다. 이날 밤 등불이 매우 밝아 적의 무리들의 간담이 떨어졌을 것이다.

---

7 진대강은 명나라 장수로 표하천총(票下千摠)으로 보병 3백 90인을 이끌고 제독 유정을 따라 왔다. 《상촌고》

8 형개는 산동 사람으로 정유재란이 발생하자 중국 조정이 형개를 총독군문으로 삼아 경리 양호와 함께 파견하였다. 무술년 9월 형개가 제독들을 4로에 보내어 대대적으로 왜적을 정벌하였다. 11월 이순신이 노량해전에서 왜선 2백 여척을 분멸하고 전사 한 뒤 진린이 수습하고 돌아가자, 기해년 5월 형개도 부하를 데리고 돌아갔다.

9 왕원주, 복일승, 이천상은 군문 형개가 경리 양호와 함께 왜군을 정벌하기 위해 각 장수들을 4로(路)에 보냈을 때, 함께 따라 온 명나라 장수들로 모두 진린의 휘하이다.

충장사 | 이순신의 처종형인 황세득의 사당. 천안 직산에 소재.

10월(무술년)

1일계축 맑음. 도독(진린)이 새벽에 유제독(유정)에게 가서 잠깐 서로 이야기했다.

2일갑인 맑음. 묘시(오전 6시경)에 군대를 진군하게 했는데, 우리의 수군이 먼저 전장에 나가 오시까지 싸워 많은 적을 죽였다. 사도 첨사(황세득(黃世得)*가 적탄에 맞아 전사하고,¹⁰ 이청일도 역시 죽었다. 제포 만호 주의수, 사량 만호 김성옥, 해남 현감 유형, 진도 군수 선의문, 강진 현감 송상보 등은 탄환을 맞았으나 죽지는 않았다.

---

10 이순신이 진린과 함께 나아가 싸우던 중에 첨사 황세득이 탄환에 맞아 죽었는데, 황세득은 이순신의 처종형이다. 이에 여러 장수들이 들어와 조상하니, 이순신은 "황세득이 나라 일에 죽었으니, 그 죽음은 영광스러운 것이다."라고 하였다.(《이순신신도비명》)

3일을묘 맑음. 도독(진린)이 유제독의 비밀 서신에 의하여 초저녁에 나가 싸웠는데, 3경(자정경)까지 공격하다가 명나라의 사선(沙船) 19척과 호선(虎船) 20여 척이 불에 탔다. 도독의 안절부절 못하는 모습을 이루 말할 수 없었다. 안골포 만호 우수는 탄환에 맞았다.

4일병진 맑음. 이른 아침에 왜적을 공격하러 배를 나아가게 하여 종일 싸웠는데, 적들은 황급하게 달아났다.

5일정사 맑음. 서풍이 크게 불어 각 배들을 간신히 정박하고 하루를 지냈다.

6일무오 맑았으나 서북풍이 크게 불었다. 도원수(권율)가 군관을 보내어 편지를 전하는데, "유제독(유정)이 후퇴하여 달아나려고 한다."[11]고 했다. 애통하고 분한 일이다. 나랏일이 장차 어떻게 될 것인가.

7일기미 맑음. 아침에 송한련이 군량 4섬, 조 1섬, 기름 5되, 꿀 3되를 바치고, 김태정(金太丁)이 쌀 2섬 1말을 바쳤다.

군무를 위한 일이다. 이달 3일 유총병(유정)이 손수 작성한 서신에 의하여 그날 밤에 긴 밀물에서 교전을 벌였다. 나의 임무는 곧 각 장병들의 배를 거느려 앞으로 나아가는 것이었으니, 각 관병들은 격분하여 제 한 몸 돌보지 않고 곧장 왜선에 돌진하여 불태우고 10여 척을 끌어내었다. 왜적은 산성 위에서 총포가 이미 다하여 관병이 승리하였다. 한창 전쟁에 전념하고 있을 때 마침 조수가 막 빠져나가는 것을 보았는데, 나의 임무는 병사를 철수하라고 호령하는 것이었다. 앞에 있는 배들의 함성은 성대하고 대포소리는 우레와 같아서 호령을 듣지 못하였다. 이에 사선(沙船)[12] 19척과 (…) 우병사가 (…)

---

11 유정이 후퇴하려고 하자, 진린이 크게 노하여 그의 수(帥)자 깃발을 찢고 꾸짖었다. 유정은 탄식하며 여러 장수들을 탓하였고, 중간에 패보를 듣고 철수하려고 하자 이덕형이 제지했다. 이에 유정은 응하는 척하다가 권율에게 철수를 명하고 후퇴하였다. 감군 왕기(王琦)가 이를 알고 유정의 장수 왕지한(王之翰)과 관원의 목을 베려하자, 유정은 부득이 다시 순천에 나아갔다. 《임진록》무술년 10월)

12 사선은 바닥이 평평하고 얕은 배이다. 물이 얕은 연안에서 항해하기가 편리하다.

하게 되었다. 왜놈에게 빼앗길까 염려되어 배에다 화약을 함께 싣고 스스로 불을 질러 태워버렸다. 진을 친 곳에서 생포한 왜적과 전사한 담당군사를 분명하게 조사하고 별도로 보고하는 것을 제외하고 (…).

사선 25척, 호선 77척, 비해선(飛海船) 17척, 잔선(刻船) 9척.

8일경신 맑음.

9일신유 육군이 이미 철수하였으므로 도독과 함께 배를 거느리고 바닷가 정자에 도착하였다.

10일임술 좌수영(여수)에 이르렀다.

11일계해 맑음.

12일갑자 나로도에 이르렀다.(이후 10월 13일부터 11월 7일까지는 빠져있음.]

11월

8일 명나라 도독의 관부에 가서 위로연을 베풀어 종일 술을 마시고[13] 어두워져서야 돌아왔다. 조금 뒤 도독(진린)이 보자고 청하기에 바로 나아갔다. 도독이 말하기를[14], "순천 왜교(倭橋)*의 적들이 10일 사이에 철수하여 도망한다는 기별*이 육지로부터 급히 알려왔으니, 급히 진군하여 돌아가는 길을 끊어 막자."고 하였다.

---

13 "종일 술을 마시고", "도독이 말하기를" : 새로 추가된 〈일기초〉내용으로, 1968년 이은상이 처음으로 해독하였다.

14 무술년 8월 도요토미 히데요시가 죽자 많은 왜장들이 철수하기 시작했다. 유정과 권율이 섬진강의 육로와 사천(泗川)을 차단하자 유키나가가 크게 두려워했다. 10월 11일 진린과 이순신이 왜교의 왜군에게 날마다 도전하자 16일 유키나가는 유정에게 철수하도록 도와달라고 부탁했다. 유정이 이를 허락하여 군사 40명을 왜교로 보내주었다.《난중잡록》무술년 10월)

순천 왜교성 | 성문입구에 있는 계단 석문.

9일 도독과 함께 일시에 군대를 움직여서 백서량(白嶼梁)*에 가서 진을 쳤다.

10일 좌수영 앞바다에 가서 진을 쳤다.

11일 묘도(猫島)에 가서 진을 쳤다.[15]

12일

13일 왜선 10여 척[16]이 장도(獐島, 여수 율촌면)에 모습을 드러내어 곧바로 도독과 약속하고 수군을 거느리고 쫓아갔다. 왜선은 물러나 움츠리고 온종일 나오지 않았다. 도독과 함께 장도로 돌아와 진을 쳤다.

---

15 《선조실록》무술년 12월조에, "이순신이 말하기를 '왜선이 나간 지 4일이니 지원병이 반드시 올 것이다. 우리가 묘도 등지로 가서 차단시켜야 한다.' 하였다. 묘도가 이순신이 후퇴한 진지이고, 유키나가의 도주 경유지이다. 11월 12일 행장이 먼저 왜선 10여 척을 출발시켜 묘도 밖에 이르니, 우리 수군이 모두 처부수어 죽였다고 하였다.《난중잡록》)

16 유키나가는 유정의 도움으로 먼저 왜선 10척을 출발시키지만, 조선수군이 모두 물리쳤다.(2차 장도해전) 유키나가가 진린에게 뇌물을 주자, 진린은 이순신에게 길을 열어주자고 했다. 그러나 이순신은 "나는 적을 내버리고 우리 백성들을 죽일 수 없다."며 거절했다.

백서량 | 여수시 화양면 백야곶(힛도)과 백야도 사이의 해협. 아래 사진은 백야대교 아래 부근임.

14일 왜선 2척이 강화할 일로 중류에까지 나오니, 도독(진린)이 왜의 통역관을 시켜 왜선을 맞이하고, 조용히 한 개의 붉은 기(旗)와 환도(環刀) 등의 물건을 받았다.[17] 술시(오후 8시경)에 왜장이 작은 배를 타고 도독의 관부로 들어와서 돼지 2마리와 술 2통을 도독에게 바쳤다고 한다.

15일 이른 아침에 도독에게 가보고 잠시 이야기하고 돌아왔다. 왜선 2척이 강화할 일로 도독의 진중에 기듭 드나들었다.

---

17 조용히 ~받았다. : 새로 추가된 〈일기초〉내용으로, 1968년 이은상이 처음으로 해독하였다.

16일 도독이 진문동(陳文同)을 왜군의 진영에 들여보냈는데, 얼마 뒤 왜선 3
척이 말 한 필과 창, 칼 등의 물품을 가져와 도독에게 바쳤다.[18]

17일 어제 복병장 발포 만호 소계남(蘇季男)과 당진포 만호 조효열(趙孝悅)
등이 왜의 중간 배[中船] 1척[19]이 군량을 가득 싣고 남해에서 바다를 건너 올
때 한산도 앞 바다까지 쫓아갔다. 왜적은 언덕을 따라 육지로 올라가 달아
났고, 포획한 왜선과 군량은 명나라 군사에게 빼앗기고 빈손으로 와서 보고
했다.

---

18 유키나가는 조선수군의 제지로 탈출이 어렵자, 진린에게 수차례 뇌물을 보내 도움을 요청했
   다. 왜인 통역관을 통해 은 백냥과 보검 50구를 진인에게 바치며 "전쟁에는 피를 보지 않는 것
   을 귀히 여기니, 길을 빌려 환국하게 해 주시오."라고 하자, 진린이 허락하였다. 그러나 유키
   나가가 보낸 배 여러 척을 이순신이 격퇴시켰다. 유키나가가 진린에게 항의하자, 진린은 "내가
   알 바 아니오. 이것은 통제사 이순신이 한 것이오."라고 하였다. 《난중잡록》 무술년 11월 19일 이전
   기록)

19 유카나가가 보낸 왜선 1척이 남해에 구원을 요청하여 곤양과 사천의 왜적들이 노량으로 집결하
   기로 한다. 18일 왜선 500여 척이 노량과 남해일대에 집결하였는데, 이때 명군의 전선 3백여 척
   이 곤양에 주둔하고, 이순신의 전선 60여 척은 남해 관음포에 주둔했다.

묘도동쪽전망 | 묘도에서 멀리 남해군 노량 앞바다가 보인다.
선장개 | 조선수군의 배를 감추고 정박한 묘도 연안. 개는 물가개(浦).

【노량해전 이야기】

  1598년 11월 11일 이순신이 진린과 함께 묘도*에 진을 치고, 고니시 유키나가가 묘도 밖으로 보낸 전선 10여 척을 격파했으며(12일), 수군 60척이 장도 해상에서 부산으로 가는 일본선 10여 척을 공격했다.(13일) 그러나 14일 진린은 유키나가의 많은 뇌물을 받고 길을 열어주도록 허락했다. 그후 심지어 진린이 이순신에게 강화하라고 하자, 이순신이 강하게 반대했다. 다시 일본 사자가 찾아오자 진린은 이순신이 거절했다며 다시 말할 수 없다고 했다.

  유키나가가 재차 간청하자, 결국 진인이 묵인했고, 그 결과 작은 배가 남해와 사천에 가서 구원을 요청했다. 17일 초저녁 사천의 적장 요시히로와 남해의 적장 야나가와 시게노부 등이 백 척으로 지원출동했다. 이들이 노량에 가까워지자, 유키나가가 횃불을 들어 호응했고, 이순신과 진린은 야간공격을 계획했다. 18일 유시에 사천의 요시히로와 남해의 소 요시토시(宗義智), 부산의 데라자와 마사나리(寺澤正成)와 다카하시 무네마스(高橋統増) 등이 연합한 일본선 500여 척이 노량과 남해 일대에 집결하였다.

  진린의 휘하부대 3백 여척이 도착했는데, 이순신이 진린에게 먼저 요격하겠다고 했으나 진린이 허락하지 않았다. 이순신이 출동을 강행하자 밤 10시경 진린도

관음포 | 남해군 고현면 차면리 소재. 고려말 팔만대장경 일부가 만들어졌다고 해서 관음이라고 함. 여기서 이순신이 전사했는데, 이 곳을 "이락포(李落浦)"라고도 한다.
이락사 | 이순신 전몰유허지 입구에 세워진 대문. 이 안쪽에 큰 별이 지다는 의미의 "대성운해(大星隕海)" 글씨가 걸린 유허지 비각(홍석주 지음)이 있다.

묘도를 함께 출발했다. 조선수군은 노량해협 우측인 남해의 관음포*에 주둔하고, 명군은 해협 좌측에 있는 곤양의 죽도에 주둔했는데, 한밤중에 일본선이 사천의 남해 수로로부터 운집하여 노량을 지나 왜교를 막 향하고 있었다.

19일 자정에 이순신이 배 위에서 하늘에 기도하기를, "이 원수를 제거한다면 죽어도 여한이 없겠습니다."라고 하자, 홀연히 바다 가운데로 큰 별이 떨어졌다. 조명군이 몰래 출발했는데, 동쪽의 적들은 관음포에서 조명군대를 기다리고 있었다. 이때 진린이 계금과 함께 출동하고 이순신이 앞장서서 나아가 진을 쳤다. 새벽 2시경 일본군이 발포하여 먼저 나갔던 배에 사망자가 많았는데, 이때부터 본격적인 노량해전이 시작되었다. 이순신이 부하들에게 명하기를 "일본군의 머리를 베는 자가 있으면 군령을 내릴 것이다."라고 하여, 머리 베는 것보다 전면전에 힘쓰도록 독려했다.

조명군이 좌우에서 장작불(柴火)을 마구 던지니 일본선이 연소되었다. 적이 불리해지자 관음포 항구로 후퇴하여 들어가니 날이 이미 새었다. 적은 뒤로 돌아갈 길이 없어 마침내 반격했는데 조명군들이 승세를 타서 육박전을 벌였다. 진린이 위급할 때 이순신의 정병이 왜장 1명을 쏘아 죽여 구출하고, 진린은 이순신 부대와 함께 호준포로 일본선을 격침시켰다.

충렬사 | 남해군 설천면 노량리 350번지 소재. 1632년 남해사람 김여빈과 고승후가 초가집 한 칸 사당을 세웠다. 1659년 통제사 정익이 다시 짓고 1662년 나라에서 충렬사라는 이름을 내렸다.
초빈터 | 이순신의 유해를 그 당시 이곳의 초막에 잠시 모셨다가 고금도로 옮겼다. 당시 초막은 지금의 가묘가 있는 자리에 있었고 가묘는 주민들이 만들었다.

이순신은 직접 북채를 잡고 지휘하여 먼저 나아가 일본군을 추격했는데 적의 포병이 배꼬리에 엎드려 이순신을 향하여 일제히 발사하여 이순신이 탄환을 맞았다. 이때 이순신은 "전쟁이 한창 급하니 부디 나의 죽음을 말을 하지 말라."고 말하고 눈을 감았다. 이순신부대는 일본군의 머리 9백급을 베고 일본선 2백 여척을 분멸했다. 시마즈 요시히로 등은 50척으로 도주했고 유키나가는 몰래 예교에서 배를 띄워 묘도의 서쪽 관문과 남해의 평산보, 부산 바다를 거쳐 비틀거리며 곧장 대마도로 건너갔다. 이때 유정이 왜교성에 대군을 거느리고 왔으나 얻은 것은 빈 성 뿐이었다.

충민공비 | 1632년 충렬사 옆에 세웠다. 1793년에 이순신의 5대손인 호남절도사 이명상(李命祥)이 이곳에 충무공비를 세우고 충민공비를 땅속에 묻었다가 1973년 7월 다시 복원하여 사당 앞에 충무공비와 나란히 세워졌다. '충민'은 1601년 내려진 여수 충민사의 사액 명칭을 인용한 것임.

◆ 《난중일기》의 역사 ────────

〈친필 원본(초고본)〉

이순신은 전쟁이 일어날 것을 대비하여 1592(임진)년 1월 1일부터 일기를 쓰기 시작했다. 매일같이 날짜와 간지 및 날씨를 빠뜨리지 않고 진영에서 직접 보고 들은 사실들을 실시간 적어 나갔는데, 부득이 출정하거나 사정이 있는 날은 빼더라도 상황이 주어지면 틈나는 대로 적었다. 그 결과 이순신이 전사하기 이틀 전인 1598(무술)년 11월 17일을 끝으로 무려 7년간 일기를 작성했다.

《난중일기》원본은 본래 연도별 《임진일기》·《계사일기》·《갑오일기》·《을미일기》·《병신일기》·《정유일기》·《무술일기》로 각각 나뉘어져 있다. 특히 《정유일기》는 두 책인데, 4월 1일부터 10월 8일까지 작성한 뒤 다시 8월 4일부터 12월 30일까지 재작성했다. 이로 인해 이 두 일기는 8월 4일부터 10월 8일까지 66일치가 중복되어 있다. 《을미일기》는 원본이 없고 활자본만 남아 있다.

본래 일기 안에는 "난중일기"라는 말이 없는데, 그렇다면 이는 언제 생긴 명칭일까. 바로 1795년 정조의 명으로 이순신의 문집인 《이충무공전서》를 간행할 당시 규장각 문신인 유득공과 검서관 윤행임이 이 7종의 일기를 편리상 하나로 묶어서 《난중일기》라고 칭한 데서 비롯한 것이다.

《난중일기》는 전편이 한자를 흘려 쓴 초서(草書)로 작성되어 있다. 왕희지 서체로 쓴 필획이 웅건한데, 특히 심하게 흘려 쓰거나 삭제와 수정을 한 부분에서 후대에 미상과 오독이 남게 되었다. 내용은 관아의 업무와 전쟁 및 출동 상황, 그리고 진영을 오고 간 사람들과의 이야기가 가장 많다. 혹은 장계와 편지, 옛 시문과 병서 내용, 자작한 시와 문장을 적기도 하고, 혹은 공사간의 인사 문제와 가족에 대한 안부 걱정, 진중에서 느끼는 울분과 한탄 등을 토로하기도 했다.

특히 《정유일기》가 두 번 작성된 데에는 아주 처절한 사연이 있다. 정유재란 발생 초기에 요시라의 간계로 인해 이순신이 삼도수군통제사에서 파직되고 억울한 옥살이를 하고 나와 백의종군하는 중에 모친의 상까지 당한 상황에서 일기를 제때에 다 적지 못하고 나중에 다시 적은 것이다. 이는 악순환되는 참담한 상황에서 적지 못한 내용을 후에 기억을 되살려 재작성한 것으로 보인다.

《난중일기》 원본은 이순신이 전사한 후 이순신의 종가에 대대로 소장되어 오다가 1959년 1월 23일에 《임진장초》 및 《서간첩》과 함께 국보 76호로 지정되었다. 1967년 난중일기의 도난 회수사건이 일어난 이듬해에 문화재관리국에서 영인본을 간행했다. 2013년 유네스코 세계기록유산에 등재된 이후 현충사의 수장고에 특별 관리되고 있다.

〈난중일기 이본(필사 · 활자본)〉

①《충무공유사》〈일기초〉

《난중일기》를 초록한 필사본으로《충무공유사》의〈일기초〉가 있다. 1693년 이후 미상인이 필사한 것인데, 총 325일치 중에 새로운 일기 32일치가 들어있다. 이 책은 이순신의 종가에 대대로 소장되어 왔고 이순신 집안사람이 옮겨 적은 것으로 추정한다. 기존에는 이 책의 제목이《재조번방지초》로 잘못되어 있었는데, 2007년 노승석이 이 책을 완역하면서 제목을《충무공유사》로 바로 잡았다.

1953년 설의식이《이순신수록(李舜臣手錄) 난중일기초(亂中日記抄)》를 간행하면서〈일기초〉의〈무술일기〉사진 1장을 처음 소개했다. 이에 대한 주(註)에, "조선사편수회 간행본에는 무술년 11월 8일부터 17일까지의 초고가 없다고 단언했으나 편자가 본 바에는 확실히 있다. 권두에 게재한 도판이 그것이다."*라고 하였다.

*설의식 1953,《이순신수록 난중일기초》해제, 수도문화사, 4쪽.

그후 1960년 이은상이《이충무공난중일기》(문화재연구자료 제1집)를 간행하면서 설의식이 소개한 위의 내용을 일기에 합하고, 1968년 이를 처음 번역하여 소개했다. 기존의 빠진 부분을 일부 복원한 것이다. 이에 대해 노승석이〈이순신의 충민공계초에 대한 서지적 고찰〉(국립문화재연구소, 2016)논문에서 상세히 밝혔다.

2000년 박혜일 외 3인 등이 〈이순신의 일기 '일기초'의 내용평가와 친필초본 결

손부분에 대한 복원〉《정신문화연구》봄호 제23권 제1호) 논문을 발표하여, 〈일기초〉
내용으로 《난중일기》의 결손부분을 복원할 수 있다고 평가하였다. 이 논문이
발표됨으로써 《난중일기》복원문제가 본격적으로 제기되었고, 이본 연구에
큰 영향을 주었다.

〈일기초〉에는 새로운 《을미일기》30일치와 《병신일기》1일치, 《무술일기》
1일치가 들어 있다. 이는 주로 개인적이고 가족적이며, 상관과 동료에 대한
불만과 감정을 토로한 내용들이다. 일종의 교정 내용과 첨지(籤紙)도 가끔 보
이고, 간혹 원본의 미상 및 누락 글자가 여기에는 정확히 적혀 있다. 〈일기
초〉를 원본 및 전서본과 대교한 결과 130여 곳의 차이를 발견했다. 이것이
비록 소량이지만, 판본상의 문제를 일부 해결한 점은 《난중일기》의 보충적인
자료로서 가치를 인정할 만하다.

② 전서본 《난중일기》

1792년 8월 19일 정조는 《이충무유사》를 읽고 감탄하여 이순신의 공업
을 표창하기 위해 이순신의 신도비를 짓고 이순신의 문집인 《이충무공전서》
간행을 명했다. 1793년 7월 21일 이순신을 영의정에 증직하고 1794년 10
월 4일 이순신의 묘소 앞에 신도비를 세웠다. 마침내 1795년에 내탕전의 비
용으로 《이충무공전서》가 간행되었고 이를 각 사당에 소장하게 했다.

그런데 2007년 필자는 전서본이 1716년 이순신의 현손인 이홍의(李弘毅)
가 이순신과 관계된 기록을 모아서 간행한 《충무공가승(忠武公家乘)》을 근거
하여 만든 사실을 처음으로 밝혀냈다. 다만 전서본에 장계와 《난중일기》를
별도로 추가한 것이다. 전서본은 1934년까지 모두 6차례 간행되었고, 이 6

간본은 2권이 추가되어 16권인데 일부 내용이 일본인들에 의해 조정되었다고 한다.

《이충무공전서》가 간행될 때 《난중일기》에 대한 해독작업이 처음 이루어졌는데, 그 과정에서 상당수가 누락되고 글자상의 많은 차이가 발생했다. 그러나 긴 내용을 줄이고 중복내용을 삭제한 것은 교감(校勘)의 한 방법이며, 음이 같은 다른 한자를 차용한 것은 가차(假借) 방법을 사용한 것이다. 설사 간혹 오독 글자가 있을지라도 전서본 《난중일기》의 가치를 폄훼해서는 안될 것이다. 전서본 일기는 7년 85개월인 2,539일 중에서 1593일치가 수록되었는데 원본보다 내용이 더 많다.

③ 《태촌집》의 〈충무공 난중일기〉

1594년 4월 삼가 현감 고상안(高尙顔 1553~1623)이 권율의 천거로 무과 별시의 시관이 되어 15일간 통영의 진영에서 이순신과 함께 머물렀다. 그때 별시의 무사선발을 마치고 도원수 권율과 전라좌수사 이억기, 충청수사 구사준, 장흥부사 황세득, 고성군수 조응도, 웅천현감 이운룡 등이 함께 이순신의 한산도음(閑山島吟)에 화운한 시 한 수를 짓고 이순신에게 바쳤다.

그의 문집 《태촌집》 권6, 〈부록〉에는 이 기간에 해당하는 이순신의 《난중일기》 9일치가 적혀있다. 즉, 갑오년 3월 30일과 4월 2일, 3일, 4일, 6일, 7일, 8일, 9일 12일의 일기이다. 이 일기 중에서 3월 30일과 4월 8일, 12일자의 내용이 원본보다 더 많다. (내용은 난중일기 본문 참조)

④ 조선사편수회의《난중일기초(亂中日記草)》

1935년 12월 20일 조선총독부의 관할하에 있던 조선사편수회가《난중일기초》를 간행했는데, 전서본이 간행된 이후 140년 만에 난중일기를 다시 해독한 것이다. 1928년 4월 나까무라 에이꼬(中村榮孝)가 이순신의 종손 이종옥(李種玉)씨를 방문하고, 1929년 2월 임경호(林敬鎬)가《난중일기》를 등사하고, 1930년 12월 홍희(洪熹)가 교정하고 에이꼬가 최종 검열했다. 이 책의 원고인《난중일기초본》이 현재 국사편찬위원회에 소장되어 있다.

이 책은《조선사료총간》제6,《난중일기초·임진장초》라는 이름으로 만들어졌다. 이는 당시 서울에서 일본인이 경영한 근택인쇄부에서 간행되었고, 1945년과 1978년 일본 동경에서 재간되었다. 이 책이 나오기까지 우리나라 학자로서 조선사편수회에 참여한 사람으로는, 박영효(朴泳孝)·이윤용(李允用)·어윤적(魚允迪)·이능화(李能和)·이병소(李秉韶)·윤영구(尹甯求)·정만조(鄭萬朝)·최남선(崔南善)·임번장(林繁藏)·엄창섭(嚴昌燮)·김대우(金大羽)·홍희 등이다.

이《조선사료총간》제6의 해설에는《난중일기초·임진장초》에 대한 편집과정에 대해 다음과 같이 적혀 있다.

《난중일기초》는 조선 선조 당시 임진·정유의 역(役)을 치를 때 수군의 명장으로 칭송받던 이순신이 전란 중에 스스로 필록한 일기이며,《임진장초》는 이순신이 전황을 기록한 장계와 장달의 등록이다. 이 모두의 원본은 이순신의 종손가 충청남도 아산군 염치면 백암리 이종옥씨의 소장에서 연유한 것이다. 본회에서는 수차에 걸친 조사결과, 지난 1928년(소화3) 2월에 이순신에 관한 문서, 기록 및 유물일체의 촬영을 마치고 조선사 편수의 사료를 만드는데, 이제 두 책을 활자본으로 발간함에 그 근거자료로서 하나의 큰 몫을 하게 된 것이 사실이다.(박혜일 번역)

《난중일기초》는 거의 원본의 형태를 살려 간혹 마멸되거나 판독이 불가능한 경우에 기호(□, ■)로 표기했고, 썼다가 지운 경우에도 기호를 붙였다. 또한 일기 상단의 두주에 설명을 달고 인명 및 지명 등에는 방주를 달았다. 하지만 이러한 노력을 기울였음에도 여기에는 미상·오독의 글자가 다수 발견되었다. 필자는 이를 포함한 백여 곳의 오류를 교감한 사례를 학회지와 박사논문을 통해 발표했다.

⑤ 그 외 《난중일기》 이본 및 번역서

1916년에 조선연구회의 주간인 일본인 아요야 나기 난메이(靑柳南冥(綱太郎) 1877~1932)가 전서본 《난중일기》를 일어로 번역하여 《원문화역대조(原文和譯對照) 이순신전집(李舜臣全集)》을 간행했다. 그는 1917년에 《난중일기》에 현토한 〈난중일기장(亂中日記狀)〉을 《이순신전집》에 실어 간행하였다. 이 두 가지는 모두 임진년 정월 1일부터 을미년 5월 29일까지만 실려 있다.

1955년 11월 30일에 벽초(碧初) 홍명희(洪明熹)의 아들 홍기문(洪起文 1903~1992)이 《리순신장군전집》을 번역하여 평양소재 국립출판사의 주필 이상호가 5천 부를 발행하였다. 이는 《충무공전서》를 기초로 번역하되 《난중일기》와 장계 초본, 시문, 편지 및 부록을 포함하였다. 특히 난중일기 번역본은, 전서본(신문관본과 통영본)과 조선사편수회의 《난중일기초》를 토대로 번역했다. 6·25전쟁 이후 북한에서 간행한 것이므로 내용에 북한사투리도 있다.

홍기문은 서두에서 "친필 초고본보다 전서본이 간략하게 된 것은 윤행임이 삭제하고 이두문을 임의로 수정한 것이다."라고 하여 난중일기 판본의 문제점을 지적하였다. 원본과 전서본을 합본하여 최초로 번역한 것이나, 원본을 확인하지 않고 번역하여 원본의 미상, 오독을 해결하지 못한 한계가 있다. 2013년 6월 필자가 홍기문의 난중일기를 국내에 최초로 공개했다.

1968년 이은상은 홍기문의 번역을 보완하고 원본과 전서본을 합본한《난중일기완역본》을 현암사에서 간행하였다. 그는 서문에서 "공의 친필 초고를 표준으로 하였고 전서에만 수록되어 있는 부분은 부득이 그것으로써 보충하였으며, 정유년의 일기는 초고 두 책이 모두 공의 친필기록이므로 그대로 다 번역했다."고 하였다. 이 번역본에 일부 오역이 있었지만 이것이 후대의 난중일기 번역에 근간이 되었다.

2004년에는 문화재청의 국가기록유산(www.memorykorea.go.kr)에 난중일기 판독내용 및 이미지가 게시되었는데, 이 판독 내용은 원본과 전서본의 활자내용이 수록되었다. 전서본은 교감된 내용과 동음가를 사용한 가차 글자가 많아 오류로 보일 수 있으나 이는 결코 오류가 아니며 오직 이본의 글자인 것이다.

2005년 필자는 원본과 전서본,《난중일기초》를 비교분석하여 오독 부분 100여 곳을 교감하여 완역을 시도하였다. 인명·지명 등의 잘못된 표기와 훼손이 심하거나 난필로 적힌 글자들을 새롭게 해독했다. 이에 관한 내용은《난중일기 완역본》(동아일보사)〈역자후기〉에서 확인할 수 있다.

2007년 3월 필자가《난중일기》중《임진일기》에 대해 전서본과 〈일기초〉를 대교한 표점 교감본(校勘本)을 순천향대학교 이순신연구소에서 간행하였다. 5월 서울대 원자핵공학과 박혜일 교수 외 3인이 원본을 활자화한《이순신의 일기초》(조광출판인쇄)를 간행하였는데, 그 서문을 보면, "노승석의《난중일기완역본》에서 판독 정정사항의 일부를 참고하였고, 전서본과《난중일기초》의 잘못된 판독을 바로잡았다."고 하였다.

그밖에 해외에서 간행된 판본으로는, 2001년에 일본의 공립여자대학(共立女子大學) 기타지마 만지(北島萬次) 교수가 동경의 평범사(平凡社)에서 간행한《난중일기》Ⅰ·Ⅱ·Ⅲ이 있다. 이는《난중일기》원문에 일본어 번역문을 함께 실었다. 한국에 나와 있는 번역서를 주로 참고하여 번역했고, 각주에 한국과 일본의 임란관련한 사료내용들을 많이 수록했다.

⑥ 노승석의《난중일기》연구성과

초서를 해독하는 데는 글자의 형태보다는 우선 전후 문맥을 고려해야 한다. 이를 교감의 원칙으로 삼고《난중일기》원본과 이본을 모두 정리하여 비교분석했다. 그 결과 모든 오류를 교감하여 원본의 결손부분을 복원함으로써 정본화된 원문을 만들었다. 이 내용을 우리한문학회에 보고하고 2008년 《난중일기의 교감학적 검토》논문으로 박사학위를 받은 후, 2010년 민음사에서《교감완역 난중일기》를 간행했다.

2013년 5월 새로 발굴한 홍기문의 난중일기 번역내용과 이순신이 나관중의《삼국지연의》를 인용한 문장을 수록하여《증보 교감완역 난중일기》(여해)를 간행했다. 그 후 2016년 고상안의《태촌집》에 들어있는 〈충무공난중일기〉9일치, 약포(藥圃) 정탁(鄭琢)의《임진기록》에서 이순신이 1594년 3월 10일에 작성한 장계 초본 1편 〈삼도수군통제사 이순신장계초(三道水軍統制使李

舜臣狀啓草)〉에서 찾은 명나라 담종인의 금토패문, 한효순의 《월탄연보》에서 이순신이 고금도해전을 치를 당시 조선수군의 배 40척이 나오게 된 근거 내용, 교감내용 2백 여 곳을 수록하여 《개정판 교감완역 난중일기》(여해)를 간행했다.

2017년 임계영의 문집 《삼도실기(三島實記)》《충무공이순신의 난중일기에서 절록하다(忠武公李舜臣 亂中日記節錄)〉에서 《난중일기》 계사년 2월 14일자에 해당하는 1일치 내용을 새롭게 찾았다. 기존 일기에는 "전라좌우의 여러 장수(全羅左右諸將)"로만 되어 있는데, 이 삼도실기에는 "전라좌도 의병장 임계영과 우도 의병장 최경회"로 자세히 기록되었다. 이 내용을 원문에 합본하여 기존의 판본을 모두 정리한《개정판 교감원문 난중일기》(여해)를 간행했다.

◆참고문헌 ────

1. 원전자료

이순신,《난중일기》,《서간첩》,《이충무공유사》최순선, 현충사 소장
윤행임 · 유득공,《이충무공전서》(규장각 1795),《이충무공전서》(한국고전번역원)
《난중일기초》, 조선사편수회(국립중앙도서관 1935)

2. 번역서

노승석,《충무공유사(忠武公遺事)》(현충사, 2008)
　　　《교감완역 난중일기》(민음사, 2010)
　　　《개정판 교감완역 난중일기》(여해, 2016)
　　　《개정판 교감원문 난중일기》(여해, 2017)
설의식,《이순신 수록 난중일기초(亂中日記抄)》(수도문화사 1953)
이은상,《국역주해 이충무공전서(상하)》(충무공기념사업회 1960)
　　　《난중일기》(현암사 1968)
　　　《완역 이충무공전서》상하(성문각 1989)
　　　《난중일기》(현암사 1993).
홍기문,《리순신장군전집》(평양국립출판사 1955)
北島萬次,《난중일기》Ⅰ · Ⅱ · Ⅲ(일본, 평범사, 2001)

3. 단행본 연구서

강신엽,《조선의 무기》(봉명, 2004)
노승석,《임진일기》(이순신연구소, 2007)
        《이순신의 승리전략》(여해고전연구소, 2013)
        《이순신의 리더십》(여해고전연구소, 2014)
        《이순신의 승리비결, 주역으로 풀다》(여해, 2017)
박혜일 외 3인,《이순신의 일기초》(조광출판인쇄, 2007)
《성웅이순신 사전(史傳)》(이충무공기념사업회 1960)
시산상칙(柴山尙則),《조선이순신전》(동경, 해행사 1892)
이은상,《이충무공일대기》(국학도서출판부 1946)
이형석,《임진전란사》(한국자치신문사 1974)
《충무공이순신과 현충사》(현충사 1999)

4. 논문

노승석,〈난중일기의 교감학(校勘學)적 검토-그 정본화를 위하여〉(성균관대학원 한문학
과 박사학위 논문, 2009)
        〈난중일기 초고본과 이본 교감 연구〉(우리한문학회, 2009)
        〈명량해전 중 오익창의 의병활동에 대한 고찰〉(호남학연구원, 2012)
        〈충무공, 최후까지 충성을 다하다〉(교보문고, 길위의 인문학, 2013)
        〈이순신의 충민공계초에 대한 서지적 고찰〉(국립문화재연구소, 2016)
박을수,〈이순신의 난중일기 연구〉(순천향어문연구집, 2001)
기타지마 만지,〈난중일기로 본 임진왜란〉(이순신연구소, 2003)

◆이순신 연보 ────────

연도	간지	연령	주요사항
1545(인종 1)	을사	1	3월 8일 자시 서울 건천동(서울 중구 인현동 1가 31-2번지)에서 출생.
유년기			서울을 떠나 아산 외가로 이사함(15세 이후 추정).
1565(명종 20)	을축	21	보성 군수 방진의 딸과 혼인하다.
1566(명종 21)	병인	22	10월, 무인이 될 것을 결심하고 무예를 본격적으로 배우기 시작함.
1567(명종 22)	정묘	23	2월, 맏아들 회(薈)가 태어남.
1571(선조 4)	신미	27	2월, 둘째아들 울(蔚)이 태어남.
1572(선조 5)	임신	28	8월, 훈련원 별과시험에 낙방, 낙마실족으로 골절됨.
1576(선조 9)	병자	32	2월, 식년 무과 병과 합격함. 12월, 함경도 동구비보(압록강상류지) 권관이 됨.
1577(선조 10)	정축	33	2월, 셋째 아들 염(苒)이 태어남.(후에 면(葂)으로 개명)
1579(선조 12)	기묘	35	2월, 훈련원 봉사가 됨. 10월, 충청병사의 군관이 됨.
1580(선조 13)	경진	36	7월, 전라좌수영의 발포 만호가 됨.
1581(선조 14)	신사	37	12월, 군기 경차관 서익의 모함으로 파직됨.
1582(선조 15)	임오	38	5월, 훈련원 봉사로 복직됨.
1583(선조 16)	계미	39	7월, 함경도 남병사의 군관이 됨. 10월, 건원보(함북 경원내) 권관이 됨. 11월, 훈련원 참군으로 승진함. 11월 15일 부친이 사망함.(향년 73세)
1584(선조 17)	갑신	40	1월, 부친의 부음을 듣고 분상(奔喪)함.

1586(선조 19)	병술	42	1월, 사복시 주부가 됨. 재직 16일만에 조산보 만호로 이임됨(유성룡 추천)
1587(선조 20)	정해	43	8월, 녹둔도 둔전관을 겸함. 10월, 이일의 무함으로 파직되어 백의종군함.
1588(선조 21)	무자	44	1월, 시전부락 여진족 정벌의 공으로 백의종군이 해제됨.
1589(선조 22)	기축	45	1월, 이산해와 정언신이 불차채용에 추천함. 전라관찰사 이광의 군관 겸 전라도 조방장이 됨. 11월, 선전관을 겸함. 12월, 정읍현감이 됨.
1590(선조 23)	경인	46	7월, 고사리진 병마첨절제사로 임명되나 대간의 반대로 무산됨. 8월, 만포진첨사로 임명되나 대간의 반대로 정읍현감에 유임됨.
1591(선조 24)	신묘	47	2월, 진도군수, 가리포진 첨사에 제수되었다가 전라좌도 수군절제사가 됨. 왜군 침략에 대비, 병기를 정비하고 거북선을 제작함.
1592(선조 25)	임진	48	1월, 본영 및 각 진에서 무예훈련함. 2월, 전선을 점검하고 발포 · 사도 · 여도 · 방답진을 순시함. 3월 37일, 거북선에서 대포를 시험하다. 4월 12일, 거북선에서 지자 · 현자포를 시험함. 4월 27일, 출전하라는 왕명이 내려짐. 5월, 옥포 · 합포 · 적진포해전 왜선 44척 격파. 가선대부 승자. 29일, 사천해전에 거북선 처음 사용함. 6월, 당포 · 당항포 · 율포해전 왜선 67척 격파. 자헌대부 승자. 7월, 견내량 · 안골포해전에서 왜선 79척을 격파하다. 정헌대부 승진. 9월 1일 부산포해전에서 왜선 백척을 격파하다.
1593(선조 26)	계사	49	2, 3월, 웅포해전을 치름(7차) 5월, 참전기간에 중단한 일기를 다시 쓰기 시작함. 정철총통 제작. 7월 15일 본영을 여수에서 한산도로 옮김. 8월 한산도에 통제영을 창설함. 8월 15일 삼도수군통제사 임명. 둔전 · 고기잡이 · 소금굽기 · 그릇굽기 등을 시행, 군량을 비축함.

			11월, 29일 장계를 올려 진중에 무과 설치를 청함.
1594(선조 27)	갑오	50	1월. 본영 격군 742명에게 주연을 베풂. 3월, 2차 당항포해전에서 왜선 31척을 격파함. 4월, 진중에서 무과 실시. 9월 29일에 1차 장문포에서 왜선 2척 분멸함. 10월, 곽재우 · 김덕령과 작전을 모의함. 영등포 · 장문포의 왜적을 공격함. 4일, 2차 장문포해전을 치름.
1595(선조 28)	을미	51	1월, 맏아들 회의 혼례를 치름. 2월, 원균이 충청병사로 이직하다. 도양 둔전의 벼 분급함. 5월, 두치 · 남원 등의 식량 운반. 소금 굽는 가마솥 제작함. 7월, 견내량에 주둔 삼도 수군을 모아 결진함. 8월, 체찰사 이원익이 진영에 내방하여 만남. 9월, 충청수사 선거이에게 시를 주고 송별함. 10월 명 사신 양방형이 부산에 감.
1596(선조 29)	병신	52	1월, 심안둔의 부하 5명 투항. 청어를 잡아 군량 5백섬 구함. 2월, 흥양둔전의 벼 352섬 수입. 4월, 장사를 가장한 부산의 정탐 왜병 4명 효수. 7월, 귀순 왜병이 광대놀이. 윤8월, 무과시험 개최. 체찰사 이원익과 순회 점검함. 겨울, 고니시 유키나가가 부하 요시라를 시켜 이순신을 모함하기 위해 간계를 부림.
1597(선조 30)	정유	53	가토 기요마사가 온다는 허위정보에 출동하지 않음. 이산해 · 김응남 등의 주장으로 압송, 서인과 대간들이 치죄 주장함. 2월 26일, 서울로 압송됨. 3월 4일, 옥에 갇힘. 옥중에 정사신의 위로편지 받음. 4월 1일, 정탁 및 대신들의 노력으로 특사됨. 4월 3일, 서울을 출발 과천, 수원, 오산, 평택, 둔포를 거쳐 아산의 어라산 선영에 도착함. 4월 11일, 모친상을 당함[향년 83세] 4월 13일, 해암에서 모친의 유해를 영접함. 4월 19일, 장례를 못치르고 출정을 떠남. 6월 8일, 초계의 도원수 권율의 막하로 들어감.(광덕, 공주, 은진, 여산, 삼례, 전주, 임실, 남원, 승주, 구례, 하동, 단계, 삼가를 경유함) 8월 3일, 삼도수군통제사에 재임명 교지를 받음.

			8월 30일, 벽파진에 진영 설치. 9월, 조정에서 육전을 명하나 "이제 신에게 아직도 12척의 전선이 있으니 죽을힘을 내어 싸우면 할 수 있다"고 장계함. 9월 15일, 장병들에게 "必死則生, 必生則死"로 전쟁을 독려함. 9월 16일, 명량해전에서 13척의 전선으로 왜선 133척과 싸워 31척을 격파함. 왜장 마다시 죽음. 10월, 왜적의 보복으로 아산집에 방화하고 셋째아들 면(葂)이 전사. 29일, 목포 보화도를 진영으로 삼음. 12월, 선조가 상중에 소식을 그치고 육식하기를 명함.
1598(선조 31)	무술	54	2월 18일, 고금도로 진영을 옮기고 경작하여 군량 비축에 힘씀. 7월 16일, 명나라 도독 진린과 연합작전을 함. 7월 24일, 절이도해전에서 송여종이 포획해온 적선 6척과 적군의 머리 40급을 진린에게 보냄. 10월 2일, 왜교전투에서 명 육군 유정과 협공. 명선 20여척이 피격됨. 11월, 도요토미 히데요시의 죽음으로 왜군이 철수 시작. 좌수영과 묘도에 진을 침. 11월 19일, 뇌물을 받은 진린이 왜선을 통과시켜 노량에 왜선이 집결하여 고니시 유키나가 구출 작전. 노량해전에서 적탄을 맞고 전사하다. "전쟁이 한창 급하니 나의 죽음을 말하지 말라"고 유언하다. 왜선 5백 여척과 싸워 2백 여척을 물리친 전공을 세움. 12월 4일 우의정에 추증됨.
1599(선조 32)	기해		2월 11일 아산 금성산 선영에 장사 지냄.(두사충 장지 선정)
1600(선조 31)	갑자		이항복의 주청으로 여수에 충민사 건립. 선조의 사액.
1603(선조 34)	정묘		부하들이 이순신을 추모하기 위해 타루비를 세움.
1604(선조 37)	무진		선무공신 1등에 책록되고, 덕풍부원군에 추봉, 좌의정에 추증됨.
1606(선조 39)	경오		통영에 충렬사를 건립함.(이운룡)
1614(광해 6)	갑인		음봉 어라산으로 15년만에 이장함. 국장지 선정.
1633(인조 11)	계유		남해현령 이정건이 남해 충렬사에 충민공비 건립.

1643(인조 21)	계미		'충무(忠武)'의 시호를 받음.
1793(정조 17)	계축		7월 21일 의정부 영의정에 추증됨.
1795(정조 19)	을묘		《이충무공전서》가 간행됨.
1935	을해		조선사편수회에서 《난중일기초》간행.
1953	계사		설의식의 《이순신수록 난중일기초》(수도문화사) 간행.《충무공유사》《일기초》일부 사진 최초 공개.
1960	경자		이은상의 《이충무공전서》 국역주해본 간행
1962 12.	임인		난중일기와 임진장초, 서간첩 국보 76호 문화재지정.
1967	정미		12월 31일, 난중일기 도난사건 발생.
1968	무신		1월 9일, 학생의 제보로 난중일기 절도범 체포, 난중일기 회수 이은상의 《난중일기》(현암사) 번역본 간행.
2008	무자		《충무공유사》현충사간행. 새로운 일기 32일치 발굴(노승석).
2010	경인		4월, 정본화된 교감완역본 난중일기 간행(민음사).
2013	계사		2월, 한국문학번역원에서 교감완역 난중일기를 베트남어 번역지원사업에 선정함. 6월, 1955년 홍기문의 최초 한글번역본 난중일기 발굴(노승석)6월, 유네스코 세계기록유산에 난중일기 등재됨.
2014	갑오		7월, 홍기문의 최초 한글번역본 반영한 《증보 교감완역 난중일기》출간함.(여해)
2016	병신		12월,《교감완역 난중일기》개정판 출간함.(여해) 담종인의 금토패문 발굴함.
2017	정유		9월,《교감원문 난중일기》개정판 간행(여해)
2019	기해		9월 이순신 관련 유적지 3백여 곳을 고증하여 위치를 찾음.(노승석) 10월《난중일기 유적편》간행.

지명(섬·누정 등)

유적지 고증에 도움 주신 분들의 명단

(가나다순)

강영석 강태진 김삼권 김영기 김용재 김일룡 김정호 남영식 노은두
박석진 박승운 박종길 박선호 백창석 배시남 서재심 서태전 송시종
신영희 오태문 유해열 이강중 이기현 이봉수 이연숙 이천룡 이종천
이건열 이완영 임용식 임정길 임종성 장경남 장제호 전영자 전재문
정규태 정윤정 조기석 조미선 조용섭 최미란 최영철 최정남

난중일기 유적편

1판 1쇄 인쇄 2019년 10월 10일
1판 1쇄 발행 2019년 10월 15일

———

지은이 | 이순신
옮긴이 | 노승석
펴낸이 | 盧承奭
교정 | 여해연구소 학술팀
펴낸곳 | 도서출판 여해

———

등록 | 2012년 9월 4일
번호 | 제25100-2012-000025호
주소 | 주소 서울 종로구 자하문로 97-16/1층
팩스 | 02) 3675-3412
전화 | 02) 999-5556
글·사진ⓒ노승석
ISBN 979-11-953152-7-7

———

이 도서의 국립중앙도서관 출판예정도서목록(CIP)은 서지정보유통지원시스템(http://seoji.nl.go.
kr)과 국가자료종합목록 구축시스템(http://kolis-net.nl.go.kr)에서 이용하실 수 있습니다.(CIP제
어번호 : CIP2019037639)